Die steuerliche Erfassung privater Veräußerungsgewinne

MANNHEIMER BEITRÄGE ZUM ÖFFENTLICHEN RECHT UND STEUERRECHT

Herausgegeben von Hans-Wolfgang Arndt

Band 26

PETER LANG
Frankfurt am Main · Berlin · Bern · Bruxelles · New York · Oxford · Wien

Monika Reimer

Die steuerliche Erfassung privater Veräußerungsgewinne

Reformüberlegungen für die deutsche Besteuerung unter Berücksichtigung der Rechtslage in Österreich, Großbritannien und den USA

PETER LANG
Europäischer Verlag der Wissenschaften

Die Deutsche Bibliothek - CIP-Einheitsaufnahme

Reimer, Monika:

Die steuerliche Erfassung privater Veräußerungsgewinne : Reformüberlegungen für die deutsche Besteuerung unter Berücksichtigung der Rechtslage in Österreich, Großbritannien und den USA / Monika Reimer. - Frankfurt am Main ; Berlin ; Bern ; Bruxelles ; New York ; Oxford ; Wien : Lang, 2001
(Mannheimer Beiträge zum Öffentlichen Recht und Steuerrecht ; Bd. 26)
Zugl.: Mannheim, Univ., Diss., 2001
ISBN 3-631-38319-3

D 180
ISSN 0944-7659
ISBN 3-631-38319-3

www.peterlang.de

Vorwort

Die vorliegende Arbeit wurde im Mai 2001 von der Fakultät für Rechtswissenschaft der Universität Mannheim als Dissertation angenommen. Sie wurde thematisch von Herrn *Prof. Dr. Hans-Wolfgang Arndt* angeregt und entstand während meiner Tätigkeit als wissenschaftliche Mitarbeiterin an dessen Lehrstuhl für Öffentliches Recht und Steuerrecht.

Während meiner Promotion habe ich in vielfacher Weise Unterstützung erfahren. Zu großem Dank verpflichtet bin ich meinem verehrten Doktorvater, Herrn *Prof. Dr. Hans-Wolfgang Arndt*. Das Vertrauen, das er mir entgegengebracht hat, die an seinem Lehrstuhl herrschenden hervorragenden Arbeitsbedingungen und seine stete Unterstützung des Promotionsvorhabens haben sehr zum Gelingen der Arbeit beigetragen. Mein Dank gilt aber auch den Herren *Prof. Dr. Egon Lorenz*, *Prof. Dr. Lothar Kuhlen* und *Prof. Dr. Karsten Otte* für die Übernahme der Prüfungen in Zivil- und Strafrecht sowie Herrn *Prof. Dr. Thomas Puhl* für die Übernahme des Zweitgutachtens.

Des weiteren möchte ich der Wirtschaftsprüfungsgesellschaft PwC Deutsche Revision AG, insbesondere Herrn *Prof. Dr. Dieter Endres*, danken, der von Beginn an großes Verständnis für meine Promotion zeigte und mir die Kontaktaufnahme zu ausländischen PwC-Kollegen sowie die Literaturrecherchen vor Ort sehr erleichterte.

Meinen Kolleginnen und Kollegen am Lehrstuhl, Herrn *Dr. Thomas Fetzer*, Herrn *PD Dr. Kristian Fischer*, Herrn *Dr. Holger Jenzen*, Frau *Heike Krapf*, Herrn *Andreas Schirra*, Frau *Sandra Schwarz*, Herrn *Jürgen Vogt* und Herrn *Dr. Michael Wiesbrock* danke ich für die in jeder Hinsicht gute und freundschaftliche Zusammenarbeit und den förderlichen Austausch von Gedanken und Argumenten. Frau *Gertrud Bruck* gilt mein Dank für die wertvollen Hinweise bei der Durchsicht des Manuskripts.

Großer Dank gebührt auch meiner Familie, besonders meinen Eltern, die auch meinen beruflichen Werdegang stets mit großem Interesse verfolgten und durch ihre vorbehaltlose Unterstützung letztlich erst ermöglichten. Ihnen sowie meinem Ehemann, der mich in meinem Promotionsvorhaben nachhaltig bestärkte und liebevoll unterstützte, widme ich daher diese Arbeit.

Frankfurt am Main, im Mai 2001 Monika Reimer

Inhaltsübersicht

Inhaltsverzeichnis

Tabellenverzeichnis

Abkürzungsverzeichnis

a.A.	anderer Ansicht
AfA	Absetzung für Abnutzung
AGBG	Gesetz zur Regelung des Rechts der Allgemeinen Geschäftsbedingungen
Abs.	Absatz
Abschn.	Abschnitt
a.F.	alter Form
AktG	Aktiengesetz
Anh.	Anhang
Anm.	Anmerkung
AO	Abgabenordnung
BDI	Bundesverband der Deutschen Industrie e.V.
BFH	Bundesfinanzhof
BFHE	Sammlung der Entscheidungen des Bundesfinanzhofs
BFH/NV	Entscheidungen des Bundesfinanzhofs
BGBl.	Bundesgesetzblatt
BGH	Bundesgerichtshof
BGHZ	Entscheidungen des Bundesgerichtshof in Zivilsachen
Bgld.	Burgenland
BlgNR	Beilagen zu den Stenographischen Protokollen des Nationalrates
BMF	Bundesministerium der Finanzen
BStBl.	Bundessteuerblatt
BT-Drs.	Bundestags-Drucksache
Buchst.	Buchstabe
BVerfG	Bundesverfassungsgericht
BVerfGE	Sammlung der Entscheidungen des Bundesverfassungsgerichts
BVerwG	Bundesverwaltungsgericht
BVerwGE	Entscheidungen des Bundesverwaltungsgerichts
BWG	österreichisches Bankwesengesetz
bzw.	beziehungsweise
Cat. No.	Catalogue Number
CDFI	Cahiers de Droit Fiscal International
dass.	dasselbe
DB	Der Betrieb
DEM	Deutsche Mark
ders.	derselbe
d.h.	das heißt

diess.	dieselbe
DJT	Deutscher Juristentag
DÖV	Die Öffentliche Verwaltung
Dok.	Dokumentation
DStJG	Deutsche Steuerjuristische Gesellschaft
DStR	Deutsches Steuerrecht
DStRE	Deutsches Steuerrecht Entscheidungsdienst
DStZ	Deutsche Steuerzeitung
DStZ/A	Deutsche Steuerzeitung/Ausgabe A
EFG	Entscheidungen der Finanzgerichte
Einf.	Einführung
ESt	Einkommensteuer
EStB	Der Ertragsteuerberater
EStDV	Einkommensteuerdurchführungsverordnung
EStG	Einkommensteuergesetz
EStR	Einkommensteuerrichtlinien
et al.	et altera
EU	Europäische Union
e.V.	eingetragener Verein
f. (ff.)	folgende (fortfolgende)
F.	Fach
FA	Finance Act
FAZ	Frankfurter Allgemeine Zeitung
FAZ-S	Sonntagsausgabe der Frankfurter Allgemeinen Zeitung
FG	Finanzgericht
FGO	Finanzgerichtsordnung
Fifo	First-in-first-out
FinArch	Finanzarchiv
FJ	Finanzjournal
FLD	Finanzlandesdirektion
FN-IDW	Fachnachrichten des Instituts der Wirtschaftsprüfer
FR	Finanzrundschau
GBP	Great Britain Pounds
gem.	gemäß
GG	Grundgesetz
GmbH	Gesellschaft mit beschränkter Haftung
GmbHG	Gesetz betreffend die Gesellschaften mit beschränkter Haftung
GmbHR	GmbH-Rundschau
GNOFÄ	Grundsätze für die Neuorganisation der Finanzämter und die Neuordnung des Besteuerungsverfahrens
Gr.	Gruppe
GrEStG	Grunderwerbsteuergesetz

Halbbd.	Halbband
HGB	Handelsgesetzbuch
Hifo	Highest-in-first-out
Hrsg.	Herausgeber
ICTA	Income Tax Act
IBFD	International Bureau of Fiscal Documentation
i.d.F.	in der Fassung
IDW	Institut der Wirtschaftsprüfer
IFSt	Institut "Finanzen und Steuern" e.V.
INF	Die Information über Steuer und Wirtschaft
IRC	Internal Revenue Code
i.S.d.	im Sinne des
i.S.v.	im Sinne von
IStR	Internationales Steuerrecht
i.V.m.	in Verbindung mit
IWB	Internationale Wirtschaftsbriefe
JuS	Juristische Schulung
KÖSDI	Kölner Steuerdialog
KWG	Kreditwesengesetz
Lifo	Last-in-first-out
lit.	litera
LSW	Lexikon des Steuer- und Wirtschaftsrecht
LStR	Lohnsteuerrichtlinien
m.w.N.	mit weiteren Nachweisen
NJW	Neue Juristische Wochenschrift
NÖ	Niederösterreich
Nr.	Nummer
NWB	Neue Wirtschaftsbriefe
NVwZ	Neue Zeitschrift für Verwaltungsrecht
NZ	Österreichische Notariatszeitung
OFD	Oberfinanzdirektion
o.g.	oben genannte
öBGBl	österreichisches Bundesgesetzblatt
öBMF	österreichisches Bundesfinanzministerium
öEStG	österreichisches Einkommensteuergesetz
öEStR	österreichische Einkommensteuerrichtlinien
öGrEStG	österreichisches Grunderwerbsteuergesetz
öInvestmentfondsG	österreichisches Investmentfondsgesetz
ÖJZ	Österreichische Juristenzeitung
öKStG	österreichisches Körperschaftsteuergesetz

ÖStZ	Österreichische Steuerzeitung
ÖStZB	Österreichische Steuerzeitung Beilage
o.V.	ohne Verfasser
PKW(s)	Personenkraftwagen
Preuß.	Preußisch
PublG	Gesetz über die Rechnungslegung von bestimmten Unternehmen und Konzernen (Publizitätsgesetz)
R	Richtlinie
Rdnr.	Randnummer
RdW	Recht der Wirtschaft
Reg(s).	Regulation(s)
REStG	Reichseinkommensteuergesetz
RFH	Reichsfinanzhof
RGBl.	Reichsgesetzblatt
RStBl.	Reichssteuerblatt
RIW	Recht der internationalen Wirtschaft
RIW/ADW	Recht der internationalen Wirtschaft/Außenwirtschaftsdienst des Betriebsberaters
rkr.	rechtskräftig
Rz.	Randziffer
S.	Seite
SA	Stamp Duties Management Act
Sch.	Schedule
Sec(s).	Section(s)
sog.	sogenannte
SP	Statements of Practice
StB	Der Steuerberater
Stbg	Die Steuerberatung
StbJb	Steuerberaterjahrbuch
StBp	Steuerliche Betriebsprüfung
StbKongRep	Steuerberaterkongreß-Report
SteuerStud	Steuer & Studium
st. Rspr.	ständige Rechtsprechung
StuB	Steuern und Bilanzen
StuW	Steuer und Wirtschaft
StVj	Steuerliche Vierteljahresschrift
StWK	Steuer- und Wirtschafts-Kurzpost
SWK	Steuer- und Wirtschaftskartei
TCGA	Taxation of Chargeable Gains Act
Teilbd.	Teilband
TMA	Taxes Management Act
Tz.	Textziffer

u.a.	und andere
u.ä.	und ähnliches
UK	United Kingdom
UmwStG	Umwandlungsteuergesetz
USA	United States of America
USD	US-Dollar
v.	vom
Vfg.	Verfügung
VfGH	österreichischer Verfassungsgerichtshof
VfSlg.	Sammlung der Erkenntnisse und wichtigsten Beschlüsse des österreichischen Verfassungsgerichtshofs
vgl.	vergleiche
Vol.	Volume
VwGH	österreichischer Verwaltungsgerichtshof
VVDStRL	Veröffentlichungen der Vereinigung der Deutschen Staatsrechtslehrer
WEG	Wohneigentumsgesetz
WM	Wertpapiermitteilungen
WPg	Die Wirtschaftsprüfung
Z	Ziffer
z.B.	zum Beispiel

Erstes Kapitel: Darstellung der Problematik

A. Problemstellung und Gang der Untersuchung

Die Steuerreformüberlegungen der vergangenen Jahre waren nachhaltig von der Zielsetzung bestimmt, eine Verbreiterung der einkommensteuerlichen Bemessungsgrundlage zu verwirklichen.[1] In bezug auf die aus der Veräußerung im Privatvermögen gehaltener Wirtschaftsgüter erzielten Gewinne wurde diese Zielsetzung jedoch nur in eingeschränktem Umfang umgesetzt. So wurde sowohl im Rahmen des Steuerentlastungsgesetzes 1999/2000/2002 vom 24.3.1999[2] als auch im Rahmen des Steuersenkungsgesetzes vom 23.10.2000[3] von einer Streichung der für die steuerliche Erfassung privater Veräußerungsgewinne relevanten Haltefristen und Beteiligungsgrenzen abgesehen und unter Beibehaltung des bisherigen Besteuerungskonzeptes lediglich eine Ausdehnung des Steuertatbestands vorgenommen. Während die von natürlichen Personen aus der Veräußerung im Betriebsvermögen gehaltener Wirtschaftsgüter erzielten Gewinne prinzipiell zur Besteuerung herangezogen werden, unterliegen die aus der Veräußerung im Privatvermögen gehaltener Wirtschaftsgüter erzielten Gewinne daher auch weiterhin nur ausnahmsweise der Besteuerung. Im Hinblick auf das von Rechtsprechung[4] und Literatur[5] für die Verteilung der Steuerlast allgemein anerkannte Gebot der Steuergerechtigkeit bestehen gegen diese nur in Ausnahmefällen vorgesehene steuerliche Erfassung privater Veräußerungserfolge aber Bedenken.[6]

---

1 Vgl. beispielsweise *Bundesministerium der Finanzen*, Petersberger Steuervorschläge, BMF-Schriftenreihe Heft 61, 1997, S. 4 und 15 ff.; *Deutscher Bundestag*, Entwurf eines Steuerentlastungsgesetzes 1999/2000/ 2002, BT-Drs. 14/265, S. 1 f.; *ders.*, Entwurf eines Gesetzes zur Senkung der Steuersätze und zur Reform der Unternehmensbesteuerung (Steuersenkungsgesetz), BT-Drs. 14/2683, S. 1; *Raupach*, Steuerreform, StbJb 1998/99, S. 7 ff.

2 Steuerentlastungsgesetz 1999/2000/2002 v. 24.3.1999, BGBl. I 1999, S. 402 ff.

3 Steuersenkungsgesetz v. 23.10.2000, BGBl. I 2000, S. 1433 ff.

4 Vgl. stellvertretend BVerfG v. 23.11.1976 - 1 BvR 150/75 -, BVerfGE 43, 108, 118; BVerfG v. 11.10.1977 - 1 BvR 343/73, 83/74, 183 und 428/75 -, BVerfGE 47, 1, 29; BVerfG v. 13.3.1979 - 2 BvR 72/76 -, BVerfGE 50, 386, 391; BVerfG v. 3.11.1982 - 1 BvR 620/78, 1335/78, 1104/79 und 363/80 -, BVerfGE 61, 319, 343 f. m.w.N.

5 Vgl. stellvertretend *Birk*, Besteuerung, StuW 1989, S. 212 f.; *Jachmann*, Vereinfachung, StuW 1998, S. 198; *Lang*, Bemessungsgrundlage, 1981/88, S. 1 und 97 f.; *Leibholz/Rinck/Hesselberger*, GG-Kommentar, Art. 3 Rz. 496; *Tipke*, Steuerrechtsordnung, Bd. I, 2000, S. 234 ff. m.w.N.; *Walz*, Steuergerechtigkeit, 1980, S. 155 ff.

6 Vgl. *Jachmann*, Gleichheit, 2000, S. 9 ff. und 122 ff.; *Kanzler*, Behandlung, FR 2000, S. 1247 f., 1252 f. und 1255; *Lang*, Bemessungsgrundlage, 1981/88, S. 58 ff. und 514 ff.;

Die Untersuchung dieser Problematik sowie die Erarbeitung eines Reformvorschlages bilden den Gegenstand der vorliegenden Arbeit. Dabei soll insbesondere auch geklärt werden, inwieweit eine umfassende Besteuerung privater Veräußerungserfolge praktisch durchführbar ist, da gerade Praktikabilitätserwägungen regelmäßig gegen eine Besteuerung sämtlicher im Privatvermögen erzielter Veräußerungsgewinne angeführt werden.[7] Ein Blick über die Grenze soll dazu dienen, festzustellen, wie in anderen Staaten hinsichtlich der Erfassung privater Veräußerungserfolge verfahren wird. Neben Österreich werden Großbritannien und die USA in die Untersuchung einbezogen. Auf den unmittelbaren EU-Nachbarn Österreich ist die Wahl gefallen, da er sich durch verschiedene, in der jüngeren Vergangenheit angestellte Reformüberlegungen auszeichnet. Großbritannien und die USA wurden ausgewählt, da sie in der Literatur[8] häufig als Beispiele für Staaten genannt werden, für die eine umfassende Besteuerung privater Veräußerungsvorgänge charakteristisch ist.

Der unmittelbar folgende Gliederungspunkt dient der Einordnung der Erfassung privater Veräußerungsvorgänge in den deutschen Einkommensteuertatbestand und der Darstellung, in welchem Umfang sie derzeit zur Besteuerung herangezogen werden. Vor diesem Hintergrund stellt sich im Zweiten Kapitel die Aufgabe, diese Handhabung im Hinblick auf ihre Vereinbarkeit mit dem Gebot der Steuergerechtigkeit zu beurteilen. Hierzu bedarf es zunächst der Konkretisierung des Steuergerechtigkeitspostulats, bevor in Anlehnung daran die Ungleichbehandlung betrieblicher und privater Veräußerungsgewinne natürlicher Personen untersucht wird. In diesem Zusammenhang wird vor allem auch auf die vom Bundesverfassungsgericht in seinen bisher zu dieser Problematik ergangenen Urteilen vertretene Auffassung und die mit einer umfassenden Besteuerung privater Veräußerungsgeschäfte verbundenen Problembereiche eingegangen.

Im Dritten Kapitel wird die steuerliche Behandlung privater Veräußerungsgeschäfte in Österreich, Großbritannien und den USA erläutert. Dabei wird zum einen auf den Besteuerungstatbestand dem Grunde sowie der Höhe nach eingegangen. Zum anderen werden die für die Besteuerung privater Veräußerungser-

---

Merkenich, Einkommensteuerrecht, 1982, S. 19, 26 f., 87 f. und 90; *Tipke*, Steuerrechtsordnung, Bd. II, 1993, S. 645 ff.

7 Vgl. stellvertretend *Bundesministerium für Wirtschaft und Finanzen*, Steuerreform, 1971, BMF-Schriftenreihe Heft 17, S. 72 f. und 83; *Crezelius*, in: Kirchhof/Söhn, EStG-Kommentar, § 23 Rdnr. A 23; *Förster*, Veräußerungsgewinnbesteuerung, in: Festschrift Flick, 1997, S. 733 f.; *Gaddum*, Steuerreform, 1986, S. 35.

8 Vgl. *Barnick*, Großbritannien, RIW/ADW 1975, S. 211; *Bundesministerium für Wirtschaft und Finanzen*, Steuerreform, BMF-Schriftenreihe Heft 17, 1971, S. 932, 934 f. und 937 f.; *Krause-Nehring*, Behandlung, 1972, S. 201; *Lang*, Bemessungsgrundlage, 1981/88, S. 514; *Merkenich*, Einkommensteuerrecht, 1982, S. 49 f.

folge relevanten verfahrensrechtlichen Regelungen vorgestellt. Abschließend erfolgt jeweils ein Vergleich mit den im geltenden deutschen Steuerrecht enthaltenen Regelungen.

Aus den im Zweiten und Dritten Kapitel gewonnenen Erkenntnissen wird im Vierten Kapitel ein Reformvorschlag für die steuerliche Erfassung privater Veräußerungserfolge abgeleitet. Dieser ist von der Zielsetzung bestimmt, sowohl dem Gebot der Steuergerechtigkeit als auch den Überlegungen zur praktischen Durchführbarkeit der Besteuerung privater Veräußerungsgeschäfte Rechnung zu tragen.

Die wesentlichen Ergebnisse der Arbeit werden im Fünften Kapitel zusammengefaßt.

B. Die Erfassung privater Veräußerungsgewinne in der Bundesrepublik Deutschland de lege lata

I. Der deutsche Einkommensteuertatbestand im Überblick

Im internationalen Vergleich wird das System der deutschen Einkommensteuer der Gruppe der synthetischen Gesamt- oder Einheitseinkommensteuern ("global income taxes") zugerechnet.[9] Diese zeichnet sich dadurch aus, daß die Gesamtheit der Einkünfte in eine einheitliche Bemessungsgrundlage eingeht, die die Ausgangsgröße für die Anwendung eines einheitlichen Einkommensteuertarifs bildet. Im Gegensatz dazu steht das analytische Schedulensystem ("schedular income taxes"), für das die Besteuerung des Einkommens getrennt nach verschiedenen Einkunftsarten charakteristisch ist. Das Gesamteinkommen hat bei diesem System als Bemessungsgrundlage keine Bedeutung. Vielmehr werden die verschiedenen, aus unterschiedlichen Quellen stammenden Einkünfte getrennt voneinander auf mehreren Listen ("schedules") erfaßt und mit unterschiedlichen Steuersätzen belastet.[10] Das Ideal einer Besteuerung, die Substitutionseffekte zwischen verschiedenen Formen der Einkommenserzielung weitgehend vermeidet, bildet die synthetische Einkommensteuer. Die analytische Schedulensteuer wird demgegenüber als rückständig angesehen.[11]

Das deutsche Einkommensteuerrecht nennt die für die Ermittlung des zu versteuernden Einkommens einer - aufgrund ihres Wohnsitzes oder gewöhnlichen Aufenthalts in Deutschland - unbeschränkt steuerpflichtigen natürlichen Person relevanten Einkunftsarten in § 2 Abs. 1 EStG.[12] Ihre Konkretisierung erfolgt in den §§ 13 bis 24 EStG. Es handelt sich dabei um die folgenden Einkünfte:

1) Einkünfte aus Land- und Forstwirtschaft
2) Einkünfte aus Gewerbebetrieb
3) Einkünfte aus selbständiger Arbeit
4) Einkünfte aus nichtselbständiger Arbeit
5) Einkünfte aus Kapitalvermögen

---

9 Vgl. *Andel*, Einkommensteuer, 1980, S. 333 f.; *Mennel*, Steuersysteme, StuW 1973, S.5; *Tipke/Lang*, Steuerrecht, 1998, S. 223 m.w.N.

10 Vgl. *Mennel*, Steuersysteme, StuW 1973, S. 5; *Wendt*, Tarifbegrenzung, FR 1993, S. 5.

11 Vgl. *Faltlhauser*, Verlockungen, in: Festschrift Ritter, 1997, S. 513 ff.; *Mennel*, Steuersysteme, StuW 1973, S. 5; *Tipke/Lang*, Steuerrecht, 1998, S. 223; *Wendt*, Tarifbegrenzung, FR 1993, S. 5. Kritisch hierzu *Kanzler*, Schedule, FR 1999, S. 365 ff.

12 Zu den nachfolgenden Ausführungen vgl. stellvertretend *Arndt*, Steuerrecht, 2000, S. 68 ff.

6) Einkünfte aus Vermietung und Verpachtung
7) Sonstige Einkünfte im Sinne des § 22 EStG

Vermögensmehrungen, die nicht unter eine dieser Einkunftsarten fallen, werden vom deutschen Einkommensbegriff nicht erfaßt und unterliegen somit nicht der Einkommensteuer. Beispiele hierfür sind Lotteriegewinne, Vermögensmehrungen durch Schenkungen oder Erbschaften sowie prinzipiell auch die Gewinne aus der Veräußerung dem Privatvermögen zuzurechnender Wirtschaftsgüter, für die eine Besteuerung nur ausnahmsweise zum Tragen kommt. Die Summe aller Einkunftsarten, vermindert um die in § 2 Abs. 3-5 EStG genannten Größen, wie z.B. Sonderausgaben und außergewöhnliche Belastungen, bilden das zu versteuernde Einkommen, auf das der linear-progressive Einkommensteuertarif mit einem maximalen Steuersatz von 48,5 % bei einem Einkommen von mehr als DEM 107.567 anzuwenden ist (§ 2 Abs. 6 EStG i.V.m. § 32a EStG).[13]

Mit der Bildung der Summe der Einkünfte als Ausgangsgröße für die Belastung mit der tariflichen Einkommensteuer, entscheidet sich der deutsche Gesetzgeber grundsätzlich für eine synthetische Einkommensteuer. Problematisch erscheint diesbezüglich aber, daß bei den Einkunftsarten zahlreiche Differenzierungen zu beachten sind.[14] Zu nennen sind hier z.B. unterschiedliche Einkunftsermittlungsmethoden, unterschiedliche Steuererhebungsarten, unterschiedliche Frei- oder Pauschbeträge und Steuerermäßigungen, die in ihrer Gesamtheit, wie *Tipke* ausführt, bewirken, "daß die deutsche Einkommensteuer ins Schedulenhafte zurückfällt".[15] Diese Tendenz wird durch das Steuersenkungsgesetz vom 23.10.2000[16] und den damit verbundenen Systemwechsel vom körperschaftsteuerlichen Vollanrechnungs- zum Halbeinkünfteverfahren, der auf der Ebene der Körperschaften zu einer Definitivbesteuerung des Einkommens, auf der Ebene der Anteilseigner zur hälftigen Besteuerung der empfangenen Gewinnausschüttungen führt, noch verstärkt.[17] Während Dividenden danach zukünftig nur noch

---

13 Bei den genannten Zahlen handelt es sich um die für den Veranlagungszeitraum 2001 relevanten Größen.

14 Für einen Überblick vgl. *Ernst&Young/BDI*, Unternehmenssteuerreform, 2000, S. 89 ff. und 185 f.; *Faltlhauser*, Verlockungen, in: Festschrift Ritter, 1997, S. 512; *Kanzler*, Schedule, FR 1999, S. 364; *Tipke*, Steuerrechtsordnung, Bd. II, 1993, S. 594 f.; *Wendt*, Tarifbegrenzung, FR 1993, S. 5.

15 Vgl. *Tipke/Lang*, Steuerrecht, 1998, S. 223.

16 Steuersenkungsgesetz, BGBl. I 2000, S. 1433 ff.

17 Vgl. *Ernst&Young/BDI*, Unternehmenssteuerreform, 2000, S. 89 f.

zur Hälfte zur Besteuerung herangezogen werden, finden Zinsen weiterhin in vollem Umfang steuerliche Berücksichtigung.[18]

II. Dualismus der Einkunftsarten

Gemäß § 2 Abs. 2 EStG sind als Einkünfte bei Land- und Forstwirtschaft, Gewerbebetrieb und selbständiger Arbeit der Gewinn (§§ 4-7 EStG) anzusetzen; bei den anderen Einkunftsarten ist demgegenüber der Überschuß der Einnahmen über die Werbungskosten (§§ 8-9a EStG) relevant. Diese unterschiedliche Art der Einkünfteermittlung bewirkt die Einteilung der Einkunftsarten in Gewinn- und Überschußeinkunftsarten und wird als Einkünftedualismus bezeichnet.[19] *Kirchhof* differenziert dabei zwischen dem "formellen" und dem "materiellen" Dualismus. Während beim formellen Dualismus auf die unterschiedliche Einkünfteermittlungstechnik als solche abgestellt wird, wird beim materiellen Dualismus vor allem der Besteuerungsgegenstand angesprochen.[20] Unterschiede ergeben sich bei den zwei Einkunftsartengruppen aus materieller Sicht insbesondere im Hinblick auf die Berücksichtigung der Wertänderungen des Vermögens.[21]

1. Gewinneinkunftsarten

Das deutsche Einkommensteuerrecht sieht für die Gewinneinkunftsarten ein umfassendes Besteuerungskonzept vor. So zählen zu den bei der jeweiligen Einkunftsart zu erfassenden Einkünften nicht nur die aus der laufenden Geschäftstätigkeit, sondern auch die aus der Veräußerung der dem Anlagevermögen eines Unternehmens zuzurechnenden Wirtschaftsgüter, wie z.B. eines betrieblich genutzten Kraftfahrzeuges oder Gebäudes, erzielten Einkünfte. Diese Handhabung ist auf den im Rahmen der sog. Reinvermögenszugangstheorie

---

18 Zur Ausgestaltung und zum Wirkungsbeginn des Halbeinkünfteverfahrens vgl. *PricewaterhouseCoopers*, Steuersenkungsgesetz, 2000, S. 29 ff. und 42 ff.; *Rödder/Schumacher*, Anwendung, DStR 2000, S. 1453 f.

19 Vgl. beispielsweise *Arndt/Piltz*, Grundzüge, 1996, S. 22.

20 Vgl. *Kirchhof*, in: Kirchhof/Söhn, EStG-Kommentar, § 2 Rdnr. C 5 ff. Diese Unterscheidung findet sich auch bei *Jakob*, Einkommensteuer, 1996, S. 23.

21 Ein weiterer Unterschied besteht bezüglich des Zeitpunkts der Einkünfteerzielung, der sich bei den Gewinneinkunftsarten grundsätzlich nach den Grundsätzen ordnungsmäßiger Buchführung und somit nach dem Realisations- und Imparitätsprinzip richtet, während bei den Überschußeinkunftsarten grundsätzlich die Zahlungsströme und somit das Zu-/Abflußprinzip ausschlaggebend ist; vgl. hierzu beispielsweise *Arndt/Piltz*, Grundzüge, 1996, S. 23 ff. Da es sich dabei jedoch vor allem um temporäre Unterschiede handelt, soll im Rahmen der vorliegenden Arbeit darauf nicht eingegangen werden.

vertretenen Einkommensbegriff zurückzuführen.[22] Neben den aus der Einkunftsquelle fließenden Einkünften werden somit grundsätzlich auch die Wertänderungen der Einkunftsquelle selbst ohne Gewährung steuerlicher Vergünstigungen dem Normalsteuersatz unterworfen.[23] Die Umsetzung dieser Grundsätze erfolgt durch den nach § 4 Abs. 1 EStG bzw. bei buchführenden Gewerbetreibenden nach § 5 Abs. 1 i.V.m. § 4 Abs. 1 EStG durchzuführenden Vergleich des Betriebsvermögens am Ende des betreffenden Wirtschaftsjahres mit dem Betriebsvermögen am Ende des vorangegangenen Wirtschaftsjahres korrigiert um Entnahmen und Einlagen (Betriebsvermögensvergleich). Bei Steuerpflichtigen, die ihren Gewinn durch die Bestimmung des Überschusses der Betriebseinnahmen über die Betriebsausgaben nach § 4 Abs. 3 EStG (Betriebseinnahmen/Betriebsausgaben-Überschußrechnung) ermitteln, ist die Erfassung der Wertänderungen der Einkunftsquelle ebenfalls gewährleistet.[24] Unabdingbar für die Erfassung der Wertänderungen ist, unabhängig von der jeweils zur Anwendung kommenden Gewinnermittlungsmethode, die Abgrenzung des dem Betrieb zuzurechnenden von dem dem Privatbereich zuzurechnenden Vermögen des Steuerpflichtigen. Vor dem Hintergrund des Fehlens gesetzlicher Definitionen erweist sich dies als problematisch.[25]

Nur in wenigen Ausnahmefällen sieht das deutsche Einkommensteuerrecht von einer Besteuerung des erzielten Veräußerungserfolgs im Zeitpunkt seiner Erzielung ab. Dabei handelt es sich regelmäßig nicht um die Gewährung einer endgültigen Steuerersparnis, sondern lediglich um eine Steuerstundung. Beispielhaft sei hier § 6b EStG[26] genannt.[27] Danach ist die Übertragung der bei Veräußerung

---

22 Zur Diskussion verschiedener Einkommensbegriffe vgl. Zweites Kapitel Punkt B.II. (S. 42 ff.).

23 Unter den Gewinnbegriff fallen nach § 16 EStG auch die Erfolge aus der Veräußerung geschlossener Komplexe eines Unternehmens (Gesamtbetrieb, Teilbetrieb und Mitunternehmeranteil). Im Gegensatz zum Vorgehen bei der Veräußerung einzelner Wirtschaftsgüter gelten für die Erfolge aus der Veräußerung von Gesamt- und Teilbetrieben sowie Mitunternehmeranteilen besondere Gewinnermittlungsvorschriften und steuerliche Vergünstigungen; vgl. hierzu *Biergans*, Einkommensteuer, 1992, S. 723 ff.; *Ernst&Young/ BDI*, Unternehmenssteuerreform, 2000, S. 139 ff.

24 Vgl. *Arndt/Piltz*, Grundzüge, 1996, S. 23. Speziell zur steuerlichen Erfassung der Vermögensänderungen bei der Gewinnermittlung nach § 4 Abs. 3 EStG vgl. *Segebrecht*, Einnahme-Überschußrechnung, 1996, S. 125 und 223 ff.

25 Vgl. *Arndt*, Betriebsvermögen, SteuerStud 1989, S. 221 ff.; *Biergans*, Einkommensteuer, 1992, S. 246 ff.; *Hoffmann*, in: Littmann/Bitz/Hellwig, EStG-Kommentar, §§ 4, 5 Rdnr. 91 ff. und §§ 4, 5 Anh. 1 Rdnr. 1 ff.; *Wassermeyer*, Abgrenzung, DStJG 3 (1980), S. 315 ff.

26 Die Übertragung stiller Reserven für den Fall der Gewinnermittlung nach § 4 Abs. 3 EStG ist in § 6c EStG geregelt; vgl. dazu *Glanegger*, in: Schmidt, EStG-Kommentar, 2000, § 6c Rz. 2 ff.

bestimmter Anlagegüter in Höhe der Differenz zwischen dem Veräußerungspreis und den (fortgeführten) Anschaffungs- oder Herstellungskosten aufgedeckten stillen Reserven auf Reinvestitionsgüter des Anlagevermögens innerhalb eines bestimmten Zeitraums gestattet. Bei Reinvestition im Wirtschaftsjahr der Veräußerung oder in dem der Veräußerung vorangegangenen Wirtschaftsjahr werden die aufgedeckten stillen Reserven durch Abzug des Veräußerungsgewinns von den Anschaffungs- bzw. Herstellungskosten steuerneutral auf das Reinvestitionsgut übertragen. Bei einer späteren Reinvestition wird die Versteuerung der stillen Reserven durch Bildung einer gewinnmindernden Rücklage im Wirtschaftsjahr der Veräußerung und Auflösung im Zeitpunkt der Übertragung auf das Reinvestitionsobjekt aufgeschoben.[28] Mit Wirkung vom 1.1.1999 sind nach § 6b EStG im wesentlichen nur noch Veräußerungen von Grund und Boden sowie von Gebäuden begünstigt. Dabei können die aus Grund und Boden stammenden stillen Reserven auch auf Gebäude übertragen werden, während die umgekehrte Übertragung nicht möglich ist. Die bis zum 31.12.1998 vorgesehene Begünstigung der Veräußerung von langfristig abnutzbaren beweglichen Wirtschaftsgütern, Schiffen, Anteilen an Kapitalgesellschaften und land- und forstwirtschaftlichen Betrieben zugehörigem lebendem Inventar ist, ebenso wie die Beachtung beweglicher abnutzbarer Wirtschaftsgüter und der von Unternehmensbeteiligungsgesellschaften angeschafften Anteile an Kapitalgesellschaften als Reinvestitionsobjekte, nicht mehr möglich.[29] In diesem Zusammenhang ist ferner bedeutsam, daß der von der Rechtsprechung im Rahmen des sog. Tauschgutachtens[30] für den Tausch "nämlicher", d.h. wert-, art- und funktionsgleicher Anteile an Kapitalgesellschaften praktizierte Besteuerungsverzicht ab dem Veranlagungszeitraum 1999 aufgrund der sich aus § 6 Abs. 6 EStG ergebenden Pflicht zur Aufdeckung stiller Reserven ebenfalls entfällt.[31] Eine Neuerung hat

---

27 Daneben ist auf den in R 35 EStR ("Übertragung stiller Reserven bei Ersatzbeschaffung") enthaltenen Besteuerungsaufschub hinzuweisen, der aber lediglich für den Fall des Ausscheidens eines Wirtschaftsguts infolge höherer Gewalt (z.B. Brand, Diebstahl) oder infolge bzw. zur Vermeidung eines behördlichen Eingriffs gegen Entschädigung gewährt wird; vgl. dazu *Biergans*, Einkommensteuer, 1992, S. 533 ff.; *Tipke/ Lang*, Steuerrecht, 1998, S. 362 f. Für einen Überblick bezüglich der bei sonstigen Veräußerungsgewinnen wie z.B. Betriebsübertragungen, Umwandlungen und Einbringungen gewährten Besteuerungsaufschübe, vgl. *Heinicke*, in: Schmidt, EStG-Kommentar, 2000, § 4 Rz. 67; *PricewaterhouseCoopers*, Steuersenkungsgesetz, 2000, S. 209 ff.

28 Einen Überblick gewährt *Biergans*, Einkommensteuer, 1992, S. 539 ff.; *Tipke/Lang*, Steuerrecht, 1998, S. 363 f.

29 Vgl. *Krauesel*, Änderungen, DStZ 1999, S. 415 f.; *Stuhrmann*, Steuerentlastungsgesetz, NJW 1999, S. 1660 f.

30 Vgl. Gutachten v. 16.12.1958 - I D 1/57 S -, BStBl. III 1959, S. 30 ff. Wegen der Einzelheiten vgl. das BMF-Schreiben v. 9.2.1998 - IV B 2 - S 1909 - 5/98 -, BStBl. I 1998, S. 163 ff.

31 Vgl. *Kraeusel*, Änderungen, DStZ 1999, S. 414 f.

hier das Steuersenkungsgesetz[32] mit der in § 3 Nr. 40 Satz 1 Buchst. a) i.V.m. § 3c Abs. 2 EStG enthaltenen Regelung gebracht. Danach sind ab dem 1.1.2002[33] aus der Veräußerung von Anteilen an Kapitalgesellschaften erzielte Gewinne bzw. Verluste in Anlehnung an das ab diesem Zeitpunkt für die Besteuerung von Dividenden relevante Halbeinkünfteverfahren bei Einzelunternehmen und Personengesellschaften grundsätzlich nur zur Hälfte steuerlich zu berücksichtigen. Diese mit einer endgültigen Steuerersparnis verbundene Begünstigung kommt jedoch insoweit nicht in Betracht, wie eine frühere Teilwertabschreibung auf die Anteile den Gewinn gemindert hat und nicht zwischenzeitlich durch eine Wertaufholung kompensiert wurde (§ 3 Nr. 40 Satz 1 Buchst. a) Satz 2 EStG).[34]

2. Überschußeinkunftsarten

Das bei den Überschußeinkunftsarten relevante Besteuerungskonzept ist enger gefaßt, als dies bei den Gewinneinkunftsarten der Fall ist. So werden Werterhöhungen bzw. Wertminderungen, die sich bei der Veräußerung eines Wirtschaftsguts ergeben, grundsätzlich nicht der Besteuerung unterworfen.[35] Dies gilt unabhängig davon, ob es sich bei dem dem Privatbereich zuzuordnenden Vermögen um sog. ertragbringendes Privatvermögen (Vermögen, dessen Ertrag innerhalb der Einkunftsarten 4 bis 7 erfaßt wird) oder um sog. ertragloses Privatvermögen (Vermögen, das nicht zur Erzielung von Erträgen führt oder dessen Erträge nicht einkommensteuerbar sind) handelt.[36] Steuerlich bedeutsam sind vielmehr grundsätzlich nur die aus dem zur Erzielung von Einkünften eingesetzten Vermögen fließenden laufenden Erträge. Die Überschußeinkunftsarten sind somit dem im

---

32 Steuersenkungsgesetz v. 23.10.2000, BGBl. I 2000, S. 1433 ff.

33 Dieser Zeitpunkt gilt für den Normalfall, daß das Wirtschaftsjahr der Kapitalgesellschaft, deren Anteile veräußert werden, dem Kalenderjahr entspricht. Weicht das Wirtschaftsjahr der Kapitalgesellschaft demgegenüber vom Kalenderjahr ab, kommt die Neuregelung erstmals für Gewinne bzw. Verluste zur Anwendung, die im Wirtschaftsjahr 2002/2003 entstehen; vgl. § 53 Abs. 4a und 8a EStG. Vgl. auch *Christoffel*, Grundzüge, StWK 2000, Gr. 7, S. 37; *PricewaterhouseCoopers*, Steuersenkungsgesetz, 2000, S. 60.

34 Vgl. *PricewaterhouseCoopers*, Steuersenkungsgesetz, 2000, S. 64; *Schaumburg/Rödder*, Unternehmenssteuerreform, 2000, S. 212 ff. Die in § 8b Abs. 2 KStG i.d.F. des Steuersenkungsgesetzes vorgesehene Befreiung des Veräußerungserfolgs in voller Höhe gilt lediglich für den Fall, daß es sich bei dem Veräußerer ebenfalls um eine Kapitalgesellschaft handelt; vgl. dazu *Dötsch/Pung*, Körperschaftsteuer, DB 2000, Beilage Nr. 10, S. 8 f.; *Institut der Wirtschaftsprüfer*, Hinweise, FN-IDW 2000, Sonderbeilage zu Heft 11/2000, S. 11 ff.; *Rödder/Schumacher*, Anwendung, DStR 2000, S. 1456.

35 Vgl. *Arndt/Piltz*, Grundzüge, 1996, S. 24 f.

36 Vgl. *Rose*, Ertragsteuern, 1997, S. 86.

Rahmen der sog. Quellentheorie vertretenen Einkommensbegriff angenähert.[37] Als Einkünfte ist der Saldo aus den Einnahmen (§ 8 EStG) und den Werbungskosten (§ 9 EStG) anzusetzen.

Die prinzipielle Nichterfassung von Wertveränderungen im Bereich des Privatvermögens wird an einigen Stellen des Einkommensteuerrechts durchbrochen. Dies gilt vor allem für die Veräußerung bestimmter Beteiligungen an Kapitalgesellschaften (§ 17 EStG) und die Erfassung privater Veräußerungsgeschäfte im Sinne des § 23 EStG (§ 22 Nr. 2 EStG).[38] Während die nach § 22 Nr. 2 EStG i.V.m. § 23 EStG zu erfassenden Veräußerungsgewinne zu den sonstigen Einkünften zählen, ist der nach § 17 EStG zu erfassende Gewinn den Einkünften aus Gewerbebetrieb zuzurechnen. Sind bei einem Veräußerungsgeschäft sowohl die Voraussetzungen für die Besteuerung nach § 17 EStG als auch die Voraussetzungen für die Besteuerung nach § 23 EStG erfüllt, hat § 23 EStG Vorrang (§ 23 Abs. 2 EStG).

III. Die Besteuerung privater Veräußerungsgewinne und Veräußerungsverluste nach §§ 23 und 17 EStG

1. Private Veräußerungsgeschäfte

a) Tatbestandsvoraussetzungen

Private Veräußerungsgeschäfte[39], bei denen der Zeitraum zwischen Anschaffung und Veräußerung eine bestimmte Frist nicht überschreitet, die Veräußerung vor dem Erwerb erfolgt oder es sich um ein Termingeschäft handelt, unterliegen nach § 22 Nr. 2 i.V.m. § 23 EStG als sonstige Einkünfte der Besteuerung. § 23 EStG findet keine Anwendung, sofern die Einkünfte zu einer anderen Einkunftsart gehören und es sich nicht um eine Beteiligung im Sinne des § 17 EStG handelt.

---

37 Zur Diskussion verschiedener Einkommensbegriffe vgl. Zweites Kapitel Punkt B.II. (S. 42 ff.)

38 Eine weitere Ausnahme bildet die Veräußerung sog. einbringungsgeborener Anteile i.S.d. § 21 UmwStG, bei denen es sich um im Privatvermögen gehaltene Anteile handelt, die durch Einbringung eines Betriebs, Teilbetriebs oder Mitunternehmeranteils in eine Kapitalgesellschaft gegen Gewährung neuer Anteile an dieser Gesellschaft unter dem Teilwert erworben wurden; vgl. hierzu *Dehmer*, UmwStG-Kommentar, 1996, § 21 Rz. 16 ff.

39 § 23 EStG wurde bis zur Änderung durch das Steuerentlastungsgesetz 1999/2000/2002 mit der Bezeichnung "Spekulationsgeschäfte" überschrieben. Diese Bezeichung war aber irreführend, da auf das tatsächliche Vorliegen einer Spekulationsabsicht nicht abgestellt wurde; vgl. grundlegend BFH v. 29.8.1969 - VI R 319/67 -, BStBl. II 1969, S. 705 f.

Nach § 23 Abs. 1 Satz 1 Nr. 1 und 2 EStG sind die Einkünfte aus der Veräußerung privater Wirtschaftsgüter, die innerhalb eines bestimmten Zeitraums seit ihrer Anschaffung veräußert werden, steuerlich zu berücksichtigen. Die hierfür relevante Frist[40] beträgt

- bei (bebauten und unbebauten) Grundstücken sowie grundstücksgleichen Rechten, wie z.B. Erbbaurechten und Wohneigentum i.S.d. §§ 1 ff. WEG,[41] 10 Jahre (bis Veranlagungszeitraum 1998: 2 Jahre) und
- bei anderen Wirtschaftsgütern ein Jahr[42] (bis Veranlagungszeitraum 1998: 6 Monate)

Die durch das Steuerentlastungsgesetz 1999/2000/2002[43] vorgenommene Fristverlängerung gilt für alle ab dem 1.1.1999 getätigten Transaktionen (§ 52 Abs. 1 Satz 1 EStG), unabhängig davon, ob es sich um Wirtschaftsgüter handelt, für die zu Beginn des Jahres 1999 die bis dahin gültige Frist bereits abgelaufen war oder nicht. Vor dem Hintergrund der bisherigen Rechtsprechung des Bundesverfassungsgerichtes zur Rückwirkungsproblematik[44] wird die Berücksichtigung dieser "Altfälle" in der Literatur als verfassungsrechtlich unbedenklich angesehen.[45] Dieser Auffassung hat sich auch das Finanzgericht Baden-Württemberg in seinem Beschluß vom 26.6.2000[46], der die rückwirkende Verlängerung der Haltefristen für den Bereich der Grundstücke zum Gegenstand hatte und diese als zulässig wertete, angeschlossen.

Die Veräußerung eines innerhalb der Zehnjahresfrist auf einem erworbenen Grundstück errichteten Gebäudes bzw. einer Eigentumswohnung unterliegt in Abweichung von der sonst für den Anwendungsbereich des § 23 EStG notwendigen Identität zwischen angeschafftem und veräußertem Wirtschaftsgut (Erfor-

---

40 Ausschlaggebend für die Fristberechnung ist das Verpflichtungsgeschäft, vgl. beispielsweise BFH v. 30.11.1976 - VIII R 202/72 -, BStBl. II 1977, S. 385; *Warnke*, in: Lademann/Söffing, EStG, § 23 Rz. 266 ff.

41 Zum Begriff der grundstücksgleichen Rechte vgl. *Warnke*, in: Lademann/ Söffing, EStG, § 23 Rz. 97 ff.

42 Auch bereits im Rahmen des Einkommensteuergesetzes 1934 (RGBl. I 1934, S. 1005) betrug die Frist ein Jahr.

43 Steuerentlastungsgesetz 1999/2000/2002 v. 24.3.1999, BGBl. I 1999, S. 402 ff.

44 Zum Rechtsstand vgl. stellvertretend *Arndt/Schumacher*, Rückwirkung, NJW 1998, S. 1538 f.

45 Vgl. *Glenk*, in: Blümich, EStG, § 23 Tz. 3; *Schwenke*, Vertrauensschutz, FR 1997, S. 49; *Wendt*, Änderungen, FR 1999, S. 353; a.A. *Birk/Kulosa*, Aspekte, FR 1999, S. 438; *Pleyer*, Verlängerung, NJW 1999, S. 3158 ff.; *Urban*, Neuregelung, NWB 1999, S. 664.

46 FG Baden-Württemberg v. 26.6.2000 - 2 V 13/00 -, EFG 2000, S. 1004 f.

dernis der Nämlichkeit)[47] ebenfalls der Besteuerung nach § 23 Abs. 1 Satz 1 Nr. 1 EStG. Dies gilt auch für die im Zusammenhang mit dem Grundstück veräußerten Außenanlagen und teilfertigen Gebäude bzw. Eigentumswohnungen sowie die in diesem Zeitraum vorgenommenen Ausbauten und Erweiterungen (§ 23 Abs. 1 Satz 1 Nr. 1 Satz 2 EStG).[48]

Als Beispiel für die anderen Wirtschaftsgüter werden im Gesetz ausdrücklich nur die Wertpapiere, zu denen neben Schuldverschreibungen insbesondere auch Aktien und GmbH-Anteile zählen, genannt. Darunter fallen aber auch alle beweglichen Wirtschaftsgüter des Steuerpflichtigen, wie z.B. Möbel, Kunst- und Schmuckgegenstände, Kraftfahrzeuge und Antiquitäten. Bei der Fristberechnung ergibt sich im Hinblick auf das Erfordernis der Nämlichkeit bei der Veräußerung gleichartiger Wertpapiere (z.B. Aktien desselben Unternehmens), die zu unterschiedlichen Zeitpunkten erworben wurden, eine Besonderheit. Wird die Identität aufgrund der Veräußerung aus einem Sammeldepot nicht nummernmäßig nachgewiesen,[49] kommt die Besteuerung nach § 23 EStG nur in Betracht, wenn - unter Zugrundelegung der Fifo-Methode[50] - ausgeschlossen werden kann, daß die veräußerten Wertpapiere außerhalb der Zwölfmonatsfrist erworben wurden.[51]

Typischer Fall der Anschaffung bzw. Veräußerung ist die Übertragung von Wirtschaftsgütern durch Kauf- bzw. Tauschvertrag.[52] Keine Anschaffung stellt

---

47 Vgl. BFH v. 29.3.1989 - X R 4/84 -, BStBl. II 1989, S. 652 f.; BFH v. 24.11.1993 - X R 49/90 -, BStBl. II 1994, S. 592.

48 Vgl. *Christoffel*, Steuerbereinigungsgesetz, LSW 2000, Gr. 19, S. 18 ff.; *Grützner*, Änderungen, NWB 2000, F. 3b, S. 5331 f.

49 Der Nachweis ist lediglich möglich, wenn der Steuerpflichtige die Wertpapiere selbst verwahrt oder sie bei einem Kreditinstitut in Einzelverwahrung gegeben hat (Selbst- und Streifbandverwahrung).

50 Verbrauchsfolgeverfahren, bei dem unterstellt wird, daß die zuerst angeschafften Wirtschaftsgüter zuerst veräußert wurden (first-in-first out). Zu den Verbrauchsfolgeverfahren vgl. grundlegend *Adler/Düring/ Schmaltz*, Rechnungslegung, Teilbd. 1, 1995, § 256 HGB Rdnr. 5 ff.

51 Vgl. BFH v. 24.11.1993 - X R 49/90 -, BStBl. II 1994, S. 592 f. Die Anwendung der Lifo-Methode (Verbrauchsfolgeverfahren, bei dem die zuletzt angeschafften Wirtschaftsgüter als zuerst veräußert gelten; last-in-first-out) und auch der Fifo-Methode wird dort zwar ausdrücklich abgelehnt, die Bestimmung der unter die Besteuerung fallenden Wertpapiere wird jedoch letztlich nach der Fifo-Methode vorgenommen, vgl. *Glenk*, in: Blümich, EStG, § 23 Rz. 138 ff.; *Fleischmann*, Wertpapiere, INF 1996, S. 417 ff.

52 Vgl. *Jansen*, in: Herrmann/Heuer/Raupach, EStG-Kommentar, § 23 Rz. 43 und 81. Als Anschaffung gilt auch die Überführung eines Wirtschaftsguts in das Privatvermögen eines Steuerpflichtigen durch Entnahme oder Betriebsaufgabe sowie bei einbringungsgeborenen Anteilen der Antrag nach § 21 Abs. 2 Satz 1 Nr. 1 UmwStG (§ 23 Abs. 1 Satz 2 EStG). Als Veräußerung fingiert wird die Einlage eines Grundstücks oder grundstücks-

der unentgeltliche Erwerb durch Schenkung bzw. Erbfall dar.[53] Ausschlaggebend für die Anwendbarkeit des § 23 EStG ist dort vielmehr der Zeitpunkt der Anschaffung durch den Rechtsvorgänger (§ 23 Abs. 1 Satz 3 EStG).[54]

Eine bedeutsame Erweiterung im Hinblick auf die Besteuerung privater Veräußerungsgeschäfte für den Bereich der sog. Finanzinnovationen[55] erfuhr § 23 Abs. 1 Satz 1 EStG durch die mit Wirkung vom 1.1.1999 als Nr. 4 aufgenommene Neuregelung zur Erfassung von Termingeschäften.[56] Nach der bisherigen Rechtsprechung unterlagen Transaktionen, die nicht die Lieferung von Wirtschaftsgütern zum Gegenstand hatten, nicht der Besteuerung.[57] Von der Besteuerung ausgenommen waren daher Geschäfte mit Optionen oder festen Kontrakten auf Indices und nicht lieferbare Basiswerte, deren Ziel allein der Differenzausgleich war (offene Differenzgeschäfte) sowie Optionsgeschäfte auf lieferbare Basiswerte, die nicht auf Ausübung der Option, sondern Differenzausgleich gerichtet waren (verdeckte Differenzgeschäfte).[58] Der Begriff der Termingeschäfte i.S.d. § 23 Abs. 1 Satz 1 Nr. 4 EStG umfaßt nunmehr alle Transaktionen, die ein Recht auf Zahlung eines Differenzausgleichs oder auf einen sonstigen Vorteil (z.B. Lieferung von Wertpapieren) einräumen, der sich nach Bezugsgrößen, wie beispielsweise der Wertentwicklung von Wertpapieren, Indices, Futures oder Zinssätzen, bestimmt.[59] Darunter fallen prinzipiell die derzeit auf dem Markt gehandelten Finanzinnovationen, die von Finanztermingeschäften über Swaps bis zu verschiedenen Ausgestaltungen von Optionsgeschäften reichen.[60] Voraus-

---

gleichen Rechts in das Betriebsvermögen, sofern die Veräußerung aus dem Betriebsvermögen innerhalb eines Zeitraums von zehn Jahren seit seiner Anschaffung erfolgt (§ 23 Abs. 1 Satz 5 EStG) sowie die verdeckte Einlage dieser Wirtschaftsgüter in eine Kapitalgesellschaft (§ 23 Abs. 3 Satz 7 EStG). Für einen Überblick vgl. *Risthaus*, Steuerbereinigungsgesetz, FR 2000, S. 130 ff.

53 Vgl. z.B. BFH v. 22.9.1987 - IX R 15/84 -, BStBl. II 1988, S. 250 m.w.N.

54 Zu den sich beim unentgeltlichen Erwerb von Wirtschaftsgütern im Hinblick auf die Anwendung des § 23 EStG ergebenden steuerlichen Konsequenzen, vgl. *Heinicke*, in: Schmidt, EStG-Kommentar, 2000, § 23 Rz. 20 ff.

55 Für einen Überblick vgl. *Harenberg/Irmer*, Finanzinstrumente, NWB 1995, F. 3, S. 9230 ff.; *Peter*, Finanzinnovationen, FR 1998, S. 545 ff.

56 Zur steuerlichen Behandlung der durch Investmentfonds getätigten Termingeschäfte beim Fondsbeteiligten vgl. OFD Kiel, Vfg. v. 29.4.1999 - S 2252 A - St 111 -, FR 1999, S. 1016 f.; *o.V.*, Steuerentlastungsgesetz, LSW 1999, Gr. 5, S. 1313.

57 Vgl. z.B. BFH v. 6.12.1983 - VIII R 172/83 -, BStBl. II 1984, S. 134; BFH v. 25.8.1987 - IX R 65/86 -, BStBl. II 1988, S. 248 ff.; BFH v. 13.10.1999 - IV R 220/85 -, BStBl. II 1989, S. 40.

58 Vgl. *Wendt*, Änderungen, FR 1999, S. 351 mit Hinweisen auf die Rechtsprechung und die Finanzverwaltung.

59 Vgl. BT-Drs. 14/443, S. 62.

60 Vgl. *Glenk*, in: Blümich, EStG, § 23 Rz. 53; *Kohlrust-Schulz*, Veräußerungsgewinne, NWB 1999, F. 3, S. 10781 f.; *o.V.*, Steuerentlastungsgesetz, LSW 1999, Gr. 5, S. 1344.

setzung für die Anwendbarkeit der Neuregelung ist es, daß der Zeitraum zwischen Erwerb und Beendigung des Rechts nicht mehr als ein Jahr beträgt. Die Behaltensfrist entspricht damit der des § 23 Abs. 1 Satz 1 Nr. 2 EStG, wodurch die Abgrenzung zwischen Differenz- und Liefergeschäften zukünftig unterbleiben kann.[61]

Zu den nach § 23 Abs. 1 Satz 1 Nr. 3 EStG bei den sonstigen Einkünften zu erfassenden Sachverhalten, die sich durch die Veräußerung des Wirtschaftsguts vor seinem Erwerb auszeichnen, zählen insbesondere Devisen- und Warentermingeschäfte in ihrer Grundform, bei denen der Verkäufer mit sinkenden Kursen rechnet und infolgedessen die bereits auf Termin veräußerten Wirtschaftsgüter noch nicht erworben hat. Die Regelung findet jedoch keine Anwendung, wenn die Verträge keine Lieferverpflichtung beinhalten.[62]

b) Steuerbefreiung bei Veräußerung selbstgenutzten Wohneigentums

Um insbesondere die berufliche Mobilität der Steuerpflichtigen nicht zu behindern, schließt § 23 Abs. 1 Satz 1 Nr. 1 Satz 3 EStG die Besteuerung als privates Veräußerungsgeschäft für den Fall der Veräußerung selbstgenutzten Wohneigentums ab dem 1.1.1999 aus.[63] Danach ist die Veräußerung eines Grundstücks steuerfrei, wenn es

- im Zeitraum zwischen Anschaffung oder Fertigstellung und Veräußerung ausschließlich zu eigenen Wohnzwecken verwendet wurde oder

---

Nach § 23 Abs. 1 Satz 1 Nr. 4 Satz 2 EStG gelten Zertifikate, die Aktien vertreten (sog. Indexzertifikate) sowie Optionsgeschäfte als Termingeschäfte. Diese Regelung ist unklar, da es sich sowohl bei Indexzertifikaten als auch bei Optionsscheinen um börsennotierte Wertpapiere handelt, deren Veräußerung während ihrer Laufzeit möglich ist und die daher Gegenstand eines nach § 23 Abs. 1 Satz 1 Nr. 2 EStG zu erfassenden Veräußerungsgeschäfts sein können. Um ein Termingeschäft i.S.d. § 23 Abs. 1 Satz 1 Nr. 4 EStG kann es sich bei diesen Papieren aber dann handeln, wenn es zur Ausübung der Option durch Glattstellung oder zur Abrechnung des Indexzertifikates am Laufzeitende kommt; vgl. *Glenk*, in: Blümich, EStG, § 23 Rz. 54; so auch *Niedenführ*, in: Herrmann/Heuer/Raupach, Sonderband Steuerreform, § 23 Anm. R 20; *Wendt*, Änderungen, FR 1999, S. 352 und 355; a.A. *Schlüter*, Optionsgeschäfte, DStR 2000, S. 229. Zu den verbleibenden nicht der Besteuerung unterliegenden Fällen vgl. *Hennig/Bengard*, Änderungen, BB 1999, S. 1902 f.; *Roser/Tesch*, Chancen, EStB 1999, S. 30 ff.; *Schlüter*, Optionsgeschäfte, DStR 2000, S. 226 ff.

61 Vgl. *Glenk*, in: Blümich, EStG, § 23 Rz. 55; *Wendt*, Änderungen, FR 1999, S. 351 f.

62 Vgl. *Glenk*, in: Blümich, EStG, § 23 Rz. 121; *Flume*, Differenzgeschäfte, DB 1978, S. 1097 f.; a.A. *Jansen*, in: Herrmann/Heuer/Raupach, EStG-Kommentar, § 23 Anm. 43, 46 und 155.

63 Vgl. BT-Drs. 14/23, S. 255.

- im Jahr der Veräußerung und in den beiden vorangegangenen Jahren zu eigenen Wohnzwecken genutzt wurde.

Auch wenn Grund und Boden für sich allein betrachtet eigenen Wohnzwecken nicht dienen kann, ist nach der herrschenden Literaturmeinung die Befreiungsvorschrift für das Gebäude bzw. die Eigentumswohnung und den zugehörigen Grund und Boden einheitlich anzuwenden.[64] Grund und Boden ist dabei nicht originär, sondern allein in Verbindung mit einem entsprechenden Gebäudeteil begünstigt. Die steuerfreie Veräußerung unbebauten Grund und Bodens ist folglich nicht möglich.[65] Diese Auffassung wird nunmehr auch vom Bundesfinanzministerium in seinem am 5.10.2000 zu der Besteuerung privater Grundstücksveräußerungsgeschäfte veröffentlichten Schreiben bestätigt.[66] Für die einheitliche Behandlung von Grund und Boden und Gebäude spricht vor allem der Umstand, daß ein selbsterrichtetes Gebäude nur dann in die Berechnung eines steuerpflichtigen Gewinns nach § 23 EStG einzubeziehen ist, wenn durch die Anschaffung und Veräußerung des zugehörigen Grund und Bodens innerhalb eines Zeitraums von zehn Jahren die Voraussetzungen für die Besteuerung nach § 23 Abs. 1 Satz 1 Nr. 1 EStG erfüllt sind.[67] Darüber hinaus läßt sich zur Rechtfertigung die in den Einkommensteuerrichtlinien[68] vorgesehene Zuordnung von Grund und Boden zum Betriebs- und Privatvermögen entsprechend der Nutzung der Gebäudeteile anführen. Eine nähere Aussage darüber, bis zu welcher Grundstücksgröße die Steuerbefreiung des Grund und Bodens reichen soll, läßt sich aber dem Schreiben des Bundesfinanzministeriums - ebenso wie den Beiträgen in der Literatur - nicht entnehmen. So wird lediglich ausgeführt, daß es sich um die für die entsprechende Nutzung erforderlichen und üblichen Grundstücksflächen handeln muß.[69]

Zweifelhaft ist der für die Befreiung erforderliche Umfang der Eigennutzung des Wohneigentums. Während der Steuerpflichtige im Rahmen der ersten Alternative, die bei nur kurzfristiger Nutzung eines Grundstücks Bedeutung erlangt,

---

64 Vgl. *Hartmann/Meyer*, Veräußerungsgeschäfte, FR 1999, S. 1090; *Herzig/ Lutterbach*, Besteuerung, DStR 1999, S. 522; *Kohlrust-Schulz*, Veräußerungsgewinne, NWB 1999, F. 3, S. 10778; *Kupfer*, Grundstücksverkäufe, KÖSDI 2000, S. 12275; a.A. *Glenk*, in: Blümich, EStG, § 23 Rz. 37 und *Korn/Strahl*, Zweifelsfragen, KÖSDI 1999, S. 11830, die strikt darauf abstellen, daß es sich bei Grund und Boden und dem darauf errichteten Gebäude um zwei unterschiedliche Wirtschaftsgüter handelt.

65 Vgl. *Hartmann/Meyer*, Veräußerungsgeschäfte, FR 1999, S. 1090.

66 Vgl. BMF-Schreiben v. 5.10.2000 - IV C 3 - S 2256 - 263/00 -, BStBl. I 2000, S. 1385 f. Vgl. auch *Rosarius*, Immobilienbereich, INF 2000, S. 710 f.

67 Vgl. *Herzig/Lutterbach*, Besteuerung, DStR 1999, S. 522 f.

68 R 13 Abs. 7 EStR mit Hinweisen auf die Rechtsprechung.

69 Vgl. BMF-Schreiben v. 5.10.2000 - IV C 3 - S 2256 - 263/00 -, BStBl. I 2000, S. 1386. Vgl. auch *Rosarius*, Immobilienbereich, INF 2000, S. 711.

dieses zwingend ausschließlich zu eigenen Wohnzwecken nutzen muß, fehlt bei der zweiten Alternative das Kriterium der Ausschließlichkeit. Hieraus wird im Schrifttum überwiegend abgeleitet, daß es dort in zeitlicher Hinsicht ausreichend ist, wenn das Grundstück im Jahr der Veräußerung sowie in den beiden vorangegangenen Jahren jeweils nur zeitweise zu eigenen Wohnzwecken genutzt wurde.[70] Demgegenüber wird vom Bundesfinanzministerium die Meinung vertreten, daß es sich bei der Nutzung zu eigenen Wohnzwecken zumindest um einen zusammenhängenden Zeitraum innerhalb der letzten drei Kalenderjahre handeln muß.[71] In räumlicher Hinsicht und bezüglich beider Alternativen zweifelhaft ist ferner, ob für die Fälle, in denen der Steuerpflichtige nur Teile des Grundstücks zu eigenen Wohnzwecken nutzt, wie z.B. eine Wohnung in einem Zweifamilienhaus, der Veräußerungserlös in Höhe des Umfangs der Nutzung zu eigenen Wohnzwecken von der Besteuerung ausgenommen ist oder in vollem Umfang der Steuerpflicht unterliegt. Sowohl vom Bundesfinanzministerium[72] als auch in der Literatur[73] wird dazu die Meinung vertreten, daß der auf den zu eigenen Wohnzwecken genutzten Gebäudeteil entfallende Veräußerungserfolg nicht in die Besteuerung einzubeziehen ist. Für diese anteilige Steuerbefreiung spricht insbesondere auch die in den Einkommensteuerrichtlinien für die Abgrenzung des Betriebs- vom Privatvermögen vorgenommene Qualifizierung der nicht in einem einheitlichen Nutzungs- und Funktionszusammenhang mit dem Gebäude stehenden Gebäudeteile als selbständige Wirtschaftsgüter.[74]

Eine quantitative Begrenzung der unter die Ausnahmeregelung fallenden Objekte ist weder dem Gesetzestext noch dem Schreiben des Bundesfinanzministeriums zu entnehmen, so daß der Steuerpflichtige mehrere Gebäude bzw. Woh-

---

70 Vgl. *Hartmann/Meyer*, Veräußerungsgeschäfte, FR 1999, S. 1095 f.; *Kohlrust-Schulz*, Veräußerungsgewinne, NWB 1999, F. 3, S. 10779 f.; *Korn*, Grundstücksveräußerungen, KÖSDI 2000, S. 12492 m.w.N.; a.A. *Risthaus*, Grundstück, DB 1999, S. 1034; *Niedenführ*, in: Herrmann/Heuer/Raupach, Sonderband Steuerreform, § 23 Anm. R 17.

71 Vgl. BMF-Schreiben v. 5.10.2000 - IV C 3 - S 2256 - 263/00 -, BStBl. I 2000, S. 1387. Kritisch dazu *Rosarius* (Immobilienbereich, INF 2000, S. 712), der im Ergebnis die Auffassung des Bundesfinanzministeriums teilt, für ihre Umsetzung aber eine Änderung des Gesetzeswortlauts als unumgänglich ansieht.

72 Vgl. BMF-Schreiben v. 5.10.2000 - IV C 3 - S 2256 - 263/00 -, BStBl. I 2000, S. 1386 und 1388.

73 Vgl. *Hartmann/Meyer*, Veräußerungsgeschäfte, FR 1999, S. 1091; *Kohlrust-Schulz*, Veräußerungsgewinne, NWB 1999, F. 3, S. 10779; *Korn*, Grundstücksveräußerungen, KÖSDI 2000, S. 12490; *Risthaus*, Grundstück, DB 1999, S. 1034.

74 Vgl. R 13 Abs. 4 EStR. Vgl. auch *Hartmann/Meyer*, Veräußerungsgeschäfte, FR 1999, S. 1091; *Kohlrust-Schulz*, Veräußerungsgewinne, NWB 1999, F. 3, S. 10779; *Korn*, Grundstücksveräußerungen, KÖSDI 2000, S. 12490; *Risthaus*, Grundstück, DB 1999, S. 1034; *Rosarius*, Immobilienbereich, INF 2000, S. 710.

nungen gleichzeitig wie auch nacheinander steuerfrei veräußern kann.[75] Die Grenze wird wohl dort zu ziehen sein, wo aufgrund der Anzahl der betreffenden Objekte Zweifel im Hinblick auf die erforderliche Eigennutzung entstehen.[76]

c) Ermittlung des Veräußerungserfolgs und steuerliche Begünstigung

Für die Ermittlung des Erfolgs der nach § 23 Abs. 1 Satz 1 Nr. 1-3 EStG zu berücksichtigenden Veräußerungsgeschäfte ist der Veräußerungserlös den (fortgeführten) Anschaffungs- oder Herstellungskosten sowie den Werbungskosten gegenüberzustellen.

Zum Veräußerungserlös rechnet alles, was der Veräußerer als Gegenleistung erhält. Nicht in Geld bestehende Leistungen sind mit ihrem gemeinen Wert zu berücksichtigen. Dies gilt ebenfalls für den Tausch von Wirtschaftsgütern, bei denen der gemeine Wert der empfangenen Wirtschaftsgüter als Veräußerungserlös anzusetzen ist.[77]

Die Anschaffungskosten umfassen neben dem für die Überführung des Wirtschaftsguts aus der fremden in die eigene Verfügungsmacht aufzuwendenden Anschaffungspreis, der beim Kauf dem Kaufpreis, beim Tausch dem gemeinen Wert des hingegebenen Wirtschaftsguts entspricht, die Anschaffungsnebenkosten wie z.B. Inseratskosten, Grunderwerbsteuer, Maklerhonorare und Notargebühren.[78] Als Anschaffungskosten der in Sammelverwahrung gehaltenen, bei ihrer Veräußerung als private Veräußerungsgeschäfte im Sinne des § 23 EStG zu qualifizierenden Wertpapiere, ist der Durchschnittswert der im Depot gehaltenen Wertpapiere gleicher Art zu bilden, die innerhalb des Zwölfmonatszeitraums vor der Veräußerung angeschafft wurden.[79] Die Herstellungskosten umfassen alle Aufwendungen, die durch den Verbrauch von Gütern und die Inanspruchnahme von Diensten für die Herstellung eines Gebäudes bzw. einer Eigentumswohnung bzw. deren Ausbau oder Erweiterung geleistet werden. Der Wert der eigenen Arbeitsleistung erhöht die Herstellungskosten allerdings

---

75 So im Ergebnis auch *Risthaus*, Zweifelsfragen, DB 2000, Beilage Nr. 13, S. 14; *Rosarius*, Immobilienbereich, INF 2000, S. 712.

76 Vgl. *Hartmann/Meyer*, Veräußerungsgeschäfte, FR 1999, S. 1090 und 1095; *Korn*, Grundstücksveräußerungen, KÖSDI 2000, S. 12490.

77 Vgl. FG Hamburg v. 26.11.1975 - VI 76/74 -, EFG 1976, S. 286 f., rkr.; *Heinicke*, in: Schmidt, EStG-Kommentar, 2000, § 23 Rz. 45.

78 Nach BFH v. 30.7.65 (- VI 264/64 U -, BStBl. III 1965, S. 663 f.) entspricht der Begriff der Anschaffungskosten in § 23 EStG dem bei den Gewinneinkunftsarten in § 6 EStG verwendeten; vgl. hierzu auch *Glenk*, in: Blümich, EStG, § 23 Tz. 152 ff.

79 Vgl. BFH v. 24.11.1993 - XR 49/90 -, BStBl. II 1994, S. 593; vgl. auch OFD Frankfurt, Vfg. v. 16.10.2000 - S 2256 A - 1 - St II 27, FR 2001, S. 46 f.; *Demuth/Strunk*, Besteuerung, DStR 2001, S. 60; *Fleischmann*, Wertpapiere, INF 1996, S. 418 ff.

nicht.[80] Die Anschaffungs- oder Herstellungskosten mindern sich um die Absetzungen für Abnutzung, erhöhte Absetzungen und Sonderabschreibungen, sofern diese zuvor bei den Einkünften aus nichtselbständiger Arbeit, Kapitalvermögen oder Vermietung und Verpachtung steuermindernd berücksichtigt wurden (§ 23 Abs. 3 Satz 3 EStG).[81] Keine Kürzung ist demgegenüber für die bei beweglichen Wirtschaftsgütern vorgenommenen, nach § 22 Nr. 3 EStG im Rahmen der sonstigen Einkünfte zu berücksichtigenden Abschreibungsbeträge vorzunehmen,[82] so daß es diesbezüglich zu einer steuerlichen Doppelberücksichtigung kommt.

Zu den Werbungskosten zählen nach der ständigen Rechtsprechung nur die im Zusammenhang mit dem Veräußerungsvorgang angefallenen Aufwendungen, die sog. Veräußerungskosten. Beispiele hierfür stellen Maklerprovisionen, Notariatskosten, Reisekosten und Grundbuchgebühren dar.[83] Schuldzinsen für den Erwerb von Wirtschaftsgütern, die nicht der Einkünfteerzielung dienen, werden ebenfalls zum Werbungskostenabzug zugelassen, wenn ein wirtschaftlicher Zusammenhang mit dem unmittelbaren Veräußerungsgeschäft besteht.[84] In der Literatur wird im Gegensatz dazu mittlerweile vermehrt die Auffassung vertreten, daß ein hinreichender wirtschaftlicher Zusammenhang der Aufwendungen mit den Einkünften im Sinne des § 22 Nr. 2 i.V.m. § 23 EStG auch während des gesamten Zeitraums zwischen Anschaffung und Veräußerung gegeben ist.[85] Werbungskosten stellen folglich neben den Schuldzinsen bei fremdfinanzierter Anschaffung des Veräußerungsobjekts insbesondere auch die Erhaltungsauf-

80 Vgl. BFH v. 29.6.1969 - VI R 319/67 -, BStBl. II 1969, S. 706. Beim unentgeltlichen Erwerb der veräußerten Wirtschaftsgüter sind die Anschaffungs- oder Herstellungskosten des veräußerten Wirtschaftsguts unter Zugrundelegung der vom Rechtsvorgänger getätigten Aufwendungen zu ermitteln; vgl. *Heinicke*, in: Schmidt, EStG-Kommentar, 2000, § 23 Rz. 47.

81 Nach dem Wortlaut des § 52 Abs. 39 Satz 3 EStG sind Absetzungsbeträge nur für die nach dem 31.7.1995 angeschafften und veräußerten Wirtschaftsgüter zu berücksichtigen. Bei der Nichtbenennung hergestellter Wirtschaftsgüter kann es sich vor dem Hintergrund der steuerlichen Erfassung selbsterstellter Gebäude bzw. Eigentumswohnungen nur um ein Redaktionsversehen handeln; vgl. *Glenk*, in: Blümich, EStG, § 23 Rz. 162; so im Ergebnis auch *Niedenführ*, in: Herrmann/Heuer/Raupach, Sonderband Steuerreform, § 23 Anm. R 13; *Risthaus*, Grundstück, DB 1999, S. 1033.

82 Vgl. *Warnke*, in: Lademann/Söffing, EStG, § 23 Anm. 358.

83 Vgl. grundlegend BFH v. 12.12.1996 - X R 65/95 -, BStBl. II 1997, S. 604 m.w.N. Vgl. auch *Warnke*, in: Lademann/Söffing, EStG, § 23 Anm. 339 m.w.N.

84 Vgl. BFH v. 1.8.1978 - VIII R 157/75 -, BStBl. II 1979, S. 31; BFH v. 23.1.1990 - IX R 8/85 -, BStBl. II 1990, S. 464 f.; BFH v. 4.10.1990 - X R 150/88 -, BFH/NV 1991, S. 237; vgl. auch *Heinicke*, in: Schmidt, EStG-Kommentar, 2000, § 23 Rz. 52.

85 Vgl. *Bansemer*, in: Littmann/Bitz/Hellwig, EStG-Kommentar, § 23 Rdnr. 141; *Glenk*, in: Blümich, EStG, § 23 Rz. 163 ff.; *Warnke*, in: Lademann/ Söffing, EStG, § 23 Anm. 341 ff.; a.A. *Heinicke*, in: Schmidt, EStG-Kommentar, 2000, § 23 Rz. 52.

wendungen bei Grundstücken sowie die Gebühren für die laufende Wertpapierverwaltung dar.[86] Voraussetzung für die Berücksichtigung dieser Aufwendungen als Werbungskosten im Rahmen der Erfolgsermittlung nach § 23 EStG ist jedoch, daß sie nicht bei einer vorrangigen Einkunftsart anzusetzen sind.[87]

Eine Sonderregelung für die Ermittlung des Veräußerungserfolgs gilt bei Termingeschäften im Sinne des § 23 Abs. 1 Satz 1 Nr. 4 EStG. Da es dort an einer effektiven Lieferung fehlt, ist der Differenzausgleich bzw. der durch den Wert einer veränderlichen Bezugsgröße bestimmte Geldbetrag oder Vorteil abzüglich der Werbungskosten als Gewinn bzw. Verlust anzusetzen (§ 23 Abs. 3 Satz 4 EStG).

Eine Sonderregelung zur steuerlichen Begünstigung der aus der Veräußerung von im Privatvermögen gehaltenen Anteilen an Kapitalgesellschaften erzielten, unter den Tatbestand des § 23 Abs. 1 Satz 1 Nr. 2 EStG fallenden Erfolge ist mit Wirkung vom 1.1.2002 durch das Steuersenkungsgesetz[88] in das Einkommensteuergesetz aufgenommen worden.[89] So finden nach § 3 Nr. 40 Satz 1 Buchst. j) i.V.m. § 3c Abs. 2 EStG - in Anlehnung an das ab diesem Zeitpunkt für die Besteuerung von Dividenden relevante Halbeinkünfteverfahren - diese Gewinne bzw. Verluste lediglich zur Hälfte steuerliche Berücksichtigung. Erreicht wird dies darüber, daß der Veräußerungspreis ebenso wie die Anschaffungs- und Werbungskosten jeweils nur zur Hälfte bei der Ermittlung des Veräußerungserfolgs anzusetzen sind.[90]

---

86 Auch wenn § 12 EStG für den Fall, daß die Aufwendungen durch die private Nutzung des Steuerpflichtigen verursacht sind, grundsätzlich dem Werbungskostenabzug entgegensteht, soll der Begriff der Lebensführungskosten für die Anwendung des § 23 EStG einschränkend dahingehend ausgelegt werden, daß zumindest solche Aufwendungen, die ohne oder durch fremde Nutzung des Veräußerungsobjekts angefallen wären, wie z.B. Schuldzinsen, berücksichtigungsfähig bleiben, vgl. *Glenk*, in: Blümich, EStG, § 23 Rz. 168 m.w.N.

87 Vgl. *Bansemer*, in: Littmann/Bitz/Hellwig, EStG-Kommentar, § 23 Rdnr. 146 ff.; *Glenk*, in: Blümich, EStG, § 23 Rz. 169 ff.

88 Steuersenkungsgesetz v. 23.10.2000, BGBl. I 2000, S. 1433 ff.

89 Ebenso wie bei der Veräußerung von im Betriebsvermögen gehaltenen Anteilen an Kapitalgesellschaften gilt dieser Zeitpunkt für den Normalfall, daß das Wirtschaftsjahr der Kapitalgesellschaft, deren Anteile veräußert werden, dem Kalenderjahr entspricht. Weicht das Wirtschaftsjahr der Kapitalgesellschaft demgegenüber vom Kalenderjahr ab, kommt die Neuregelung erstmals für Gewinne bzw. Verluste zur Anwendung, die im Wirtschaftsjahr 2002/2003 entstehen; vgl. § 52 Abs. 4a und 8a EStG. Vgl. auch *Christoffel*, Grundzüge, StWK 2000, Gr. 7, S. 20; *PricewaterhouseCoopers*, Steuersenkungsgesetz, 2000, S. 60 f.

90 Vgl. *Christoffel*, Grundzüge, StWK 2000, Gr. 7, S. 20; *Seifert*, Überblick, LSW 2000, Gr. 19, S. 58 ff.

Die einzelnen, in einem Veranlagungszeitraum nach § 23 EStG zu berücksichtigenden Veräußerungsgewinne und -verluste, sind zu saldieren. Für einen danach verbleibenden Veräußerungsgewinn sieht das Gesetz eine Freigrenze von DEM 1.000 vor (§ 23 Abs. 3 Satz 5 EStG).

d) Berücksichtigung von Verlusten

Die bei privaten Veräußerungsgeschäften erzielten Verluste können lediglich mit den bei anderen privaten Veräußerungsgeschäften erzielten Gewinnen ausgeglichen werden (§ 23 Abs. 3 Satz 6 EStG). Der Ausgleich mit anderen sonstigen Einkünften wie auch mit positiven Einkünften aus anderen Einkunftsarten ist somit nicht zulässig. Ein nach Berücksichtigung aller im Veranlagungszeitraum verwirklichten privaten Veräußerungsgeschäfte verbleibender Verlust kann ab dem Veranlagungszeitraum 1999 nach Maßgabe des § 10d EStG mit den im unmittelbar vorangegangenen Veranlagungszeitraum bzw. den folgenden Veranlagungszeiträumen erzielten steuerpflichtigen Veräußerungsgewinnen im Sinne des § 23 Abs. 1 EStG verrechnet werden (§ 23 Abs. 3 Satz 7 EStG i.V.m. § 52 Abs. 1 EStG). Den Hintergrund für diese Neuregelung bildet der Beschluß des Bundesverfassungsgerichts vom 30.9.1998[91], der bei den Einkünften nach § 22 Nr. 3 EStG a.F den völligen Ausschluß der Verlustverrechnung als verfassungswidrig und nichtig wertete.[92] Zweifelhaft ist aber, ob - entsprechend dem Vorgehen bei Altverlusten im Sinne des § 22 Nr. 3 EStG a.F.[93] - für die vor dem Veranlagungszeitraum 1999 bei den privaten Veräußerungsgeschäften verwirklichten Verluste die allgemeinen Grundsätze (vertikaler Verlustausgleich und Verlustrück- bzw. -vortrag) anzuwenden sind.[94] In dem Schreiben des Bundesfi-

---

91 BVerfG v. 30.09.1998 - 2 BvR 1818/91 -, BVerfGE 99, 88. Vgl. hierzu auch BFH v. 26.1.2000 – IX R 77/98, NV -, DStRE 2000, S. 739 f.; *Arndt/Jenzen*, Verlustverrechnung, DStR 1998, S. 1818 ff.; *Take*, Anmerkung, DStR 1998, S. 1743; *Weber-Grellet*, Verlustabzug, DStR 1998, S. 1781 ff.

92 Vgl. BT-Drs. 14/265, S. 181; *Heinicke*, in: Schmidt, EStG-Kommentar, 2000, § 23 Rz. 60; *Risthaus/Plenker*, Verlustverrechnungsmöglichkeiten, DB 1999, S. 610.

93 Vgl. BVerfG v. 30.09.1998 - 2 BvR 1818/91 -, DStR 1998, S. 1746; OFD Hannover, Vfg. v. 22.01.1999 - S 2257 - 24 - StO 223/S2257 - 41 - StH 215, DB 1999, S. 409.

94 So *Balmes*, Spekulationsverluste, DStR 2000, S. 1048; *Groß*, Verrechnung, StuB 2000, S. 8 m.w.N.; *Korn*, Grundstücksveräußerungen, KÖSDI 2000, S. 12494; *Risthaus/Plenker*, Verlustverrechnungsmöglichkeiten, DB 1999, S. 610; a.A. *Heinicke*, in: Schmidt, EStG-Kommentar, 2000, § 23 Rz. 60; *o.V.*, Verluste, StWK 1999, Gr. 27, S. 661 unter Hinweis darauf, daß § 23 Abs. 3 Satz 4 a.F. im Gegensatz zu § 22 Nr. 3 Satz 3 EStG a.F. - noch - nicht für nichtig erklärt wurde. Die Frage der Verfassungsmäßigkeit von § 23 Abs. 3 EStG a.F. und § 52 Abs. 1 EStG ist jedoch derzeit beim Bundesfinanzhof anhängig; vgl. Beschluß des FG Düsseldorf v. 13.9.1999 (- 17 V 4480/99 A (E) -, EFG 1999, S. 1128 f.), der dies bezweifelt und gegen den Beschwerde eingelegt wurde

nanzministeriums zur Besteuerung privater Grundstücksveräußerungsgeschäfte wird hierzu eine ablehnende Haltung eingenommen.[95]

2. Veräußerung wesentlicher Beteiligungen an Kapitalgesellschaften

a) Tatbestandsvoraussetzungen

Gemäß § 17 Abs. 1 EStG ist der Gewinn aus der Veräußerung einer im Privatvermögen gehaltenen Beteiligung an einer Kapitalgesellschaft bei den Einkünften aus Gewerbebetrieb zu erfassen, sofern der Veräußerer innerhalb der letzten fünf Jahre am Kapital der Gesellschaft wesentlich beteiligt war. § 17 EStG findet keine Anwendung, wenn zugleich der Tatbestand eines privaten Veräußerungsgeschäfts i.S.d. § 22 Nr. 2 i.V.m. § 23 EStG erfüllt ist (§ 23 Abs. 2 Satz 2 EStG).[96] Als tragender Rechtsgrund für die Besteuerung nach § 17 EStG wurde in der Vergangenheit in der Rechtsprechung[97] und überwiegend auch in der Literatur[98] die wirtschaftliche Vergleichbarkeit eines solchen Sachverhalts mit der Veräußerung von Mitunternehmeranteilen genannt.[99] In jüngerer Zeit wird demgegenüber zunehmend auf die Erfassung der wirtschaftlichen Leistungsfähigkeit abgestellt.[100]

Die unter § 17 EStG fallenden Anteile werden im Gesetz abschließend genannt. Dazu zählen neben Aktien und Anteilen an einer GmbH auch Kuxe, Genuß-

---

(Az. beim BFH: IX B 128/99); a.A. FG München v. 29.10.1999 - 8 K 3914/96 -, Nichtzulassungsbeschwerde eingelegt, EFG 2000, S. 126 f. (Az. beim BFH: IX R 73/00).

95 Vgl. BMF-Schreiben v. 5.10.2000 - IV C 3 - S 2256 - 263/00 -, BStBl. I 2000, S. 1390.

96 Ebenfalls vorrangig anzuwenden ist § 21 UmwStG i.V.m. § 16 EStG, wenn es sich bei den veräußerten Anteilen um einbringungsgeborene Anteile handelt; vgl. BFH v. 10.11.1992 - VIII R 40/89 -, BStBl. II 1994, S. 222 f.; BMF-Schreiben v. 4.5.1993 - IV B 2 - S 1909 - 18/93 -, DB 1993, S. 1164; *Schmidt*, Anmerkung, FR 1994, S. 158; *Statzkowski*, Besteuerungsrecht, DB 1996, S. 399 m.w.N.

97 Vgl. z.B. BVerfG v. 7.10.1969 - 2 BvL 3/66, 2 BvR 701/64 -, BVerfGE 27, 111, 128 ff.; BFH v. 10.12.1969 - I R 43/67 -, BStBl. II 1970, S. 311; BFH v. 21.12.1993 - VIII R 69/88 -, BStBl. II 1994, S. 649 m.w.N.; BFH v. 20.4.1999 - VIII R 58/97 -, DStR 1999, S. 930 f.

98 Vgl. z.B. *Friauf*, Wesentlichkeitsschwelle, DB 1995, Beilage 8, S. 4 m.w.N; *Hörger*, in: Littmann/Bitz/Hellwig, EStG-Kommentar, § 17 Rdnr. 4; *Niemann*, Mitunternehmer, DStZ 1992, S. 679 ff. m.w.N.

99 Zur Entstehungsgeschichte des § 17 EStG vgl. *Wolff-Diepenbrock*, Systematik, in: Festschrift Klein, 1994, S. 877 ff.; *Jäschke*, in: Lademann/ Söffing, EStG, § 17 Anm. 1 ff.

100 Vgl. BFH v. 16.5.1995 - VIII R 33/94 -, BStBl. II 1995, S. 872; BFH v. 18.1.1999 - VIII B 80/98 -, DStR 1999, S. 539; BFH v. 20.4.1999 - VIII R 58/97 -, DStR 1999, S. 930 f.; *Ebling*, in: Blümich, EStG, § 17 Rz. 6; *Kanzler*, Behandlung, FR 2000, S. 1252 f.; *Wacker*, Rechtsprechung, NWB 2000, F. 3, S. 11251.

scheine oder ähnliche Beteiligungen[101] sowie Anwartschaften auf Beteiligungen; und zwar unabhängig davon, ob sie entgeltlich oder unentgeltlich erworben wurden.[102] Eine wesentliche Beteiligung liegt vor, wenn der Veräußerer am Grund- oder Stammkapital der Kapitalgesellschaft[103] zu mindestens 10 % (bis einschließlich Veranlagungszeitraum 1998: zu mehr als 25 %) unmittelbar oder mittelbar beteiligt ist. Für die Bestimmung der Beteiligungshöhe sind die vom Veräußerer im Betriebsvermögen gehaltenen Anteile sowie einbringungsgeborene Anteile i.S.d. § 21 UmwStG zu berücksichtigen.[104] Die durch das Steuerentlastungsgesetz 1999/2000/ 2002[105] eingeführte Mindestbeteiligungsquote von 10 % gilt für alle ab dem 1.1.1999 vorgenommenen Veräußerungen (§ 52 Abs. 1 Satz 1 EStG), einschließlich der Veräußerung von Beteiligungen, die vor dem 1.1.1999 wegen Nichterreichens der Mindestbeteiligungsquote von mehr als 25 % (noch) keine wesentlichen Beteiligungen darstellten.[106] Eine weitere Absenkung der Wesentlichkeitsgrenze auf mindestens 1 % wird durch das Steuersenkungsgesetz vorgenommen.[107] Diese Mindestbeteiligungsquote kommt für die Veräußerung von Anteilen an Kapitalgesellschaften, deren Wirtschaftsjahr dem Kalenderjahr entspricht, erstmals ab dem 1.1.2002 zur Anwendung. Weicht das Wirtschaftsjahr der Kapitalgesellschaft demgegenüber vom Kalenderjahr ab, ist sie erstmals für Veräußerungen zu beachten, die im Laufe des Wirtschaftsjahres 2002/2003 erfolgen (§ 52 Abs. 34a EStG).[108] Eine Übergangsregelung ist im

---

101 Dabei handelt es sich insbesondere um Anteile an einer Vorgesellschaft; vgl. *Zimmermann/Schwier*, in: Bordewin/Brandt, EStG-Kommentar, § 17 Rz. 49 ff.

102 Vgl. BFH v. 18.1.1999 - VIII B 80/98 -, DStR 1999, S. 538 ff.

103 Die Höhe der Beteiligung am Gewinn und Verkaufserlös sowie die Stimmrechte sind nicht entscheidend, vgl. BFH v. 25.11.1997 - VIII R 29/94 -, BStBl. II 1998, S. 257 ff.

104 Vgl. BFH v. 10.11.1992 - VIII R 40/89 -, BStBl. II 1994, S. 223; *Ebling*, in: Blümich, EStG, § 17 Rz. 91. Nach *Hörger* (in: Littmann/Bitz/Hellwig, EStG-Kommentar, § 17 Rdnr. 21) und *Weber-Grellet* (in: Schmidt, EStG-Kommentar, 2000, § 17 Rz. 53) sind verschmelzungs- und spaltungsgeborene Anteile i.S.d. §§ 13, 15 UmwStG ebenfalls zu berücksichtigen. Umstritten ist, ob und gegebenenfalls in welchem Umfang Genußscheine, ähnliche Beteiligungen und Anwartschaften für die Ermittlung der Beteiligungsquote relevant sind; vgl. hierzu *Ebling*, in: Blümich, EStG, § 17 Rz. 88 f.; *Weber-Grellet*, in: Schmidt, EStG-Kommentar, 2000, § 17 Rz. 44 ff.

105 Steuerentlastungsgesetz 1999/2000/2002 v. 24.3.1999, BGBl. I 1999, S. 402 ff.

106 Vgl. BT-Drs. 14/23, S. 252; R 140 Abs. 2 EStR. Vgl. auch *Ebling*, in: Blümich, EStG, § 17 Rz. 82.

107 Vgl. Steuersenkungsgesetz v. 23.10.2000, BGBl. I 2000, S. 1433 ff. Angesichts dieser Mindestbeteiligungsquote hat der Gesetzgeber darauf verzichtet, weiterhin den Begriff der "wesentlichen Beteiligung" zu verwenden. Vielmehr lautet die Überschrift des § 17 EStG zukünftig "Veräußerung von Anteilen an Kapitalgesellschaften". Aus Vereinfachungsgründen und zur Abgrenzung gegenüber dem Tatbestand des § 23 EStG soll im Rahmen dieser Arbeit aber der Begriff der wesentlichen Beteiligung beibehalten werden.

108 Vgl. *Korn/Strahl*, Wirkungen, KÖSDI 2000, S. 12600; *PricewaterhouseCoopers*, Steuersenkungsgesetz, 2000, S. 60 ff.; *Sterzenbach*, Anteile, StuB 2000, S. 924.

Steuersenkungsgesetz - ebenso wie im Steuerentlastungsgesetz 1999/2000/2002 - nicht vorgesehen, so daß die vor dem 1.1.2002 in den Anteilen gebildeten stillen Reserven ebenfalls zur Besteuerung heranzuziehen sind.[109] Die Berücksichtigung dieser "Altfälle" dürfte vor dem Hintergrund der bisherigen Rechtsprechung des Bundesverfassungsgerichts zur Rückwirkungsproblematik[110] verfassungsrechtlich unbedenklich sein.[111]

Um zu vermeiden, daß die Besteuerung der Veräußerungsgewinne durch Teilveräußerungen umgangen werden kann, muß die wesentliche Beteiligung nicht im Zeitpunkt der Veräußerung bestehen. Entscheidend ist vielmehr, daß die Beteiligungsgrenze innerhalb der letzten fünf Jahre zu irgendeinem Zeitpunkt[112] erreicht wurde. Ist dies der Fall, ist ein Veräußerungsgewinn unabhängig vom Ausmaß des veräußerten Anteils und der Entstehungsgeschichte der wesentlichen Beteiligung steuerpflichtig.[113] Darüber hinaus wird auch der Gewinn aus der Veräußerung einer nicht wesentlichen Beteiligung erfaßt, die vom Gesellschafter neu erworben wurde, nachdem er zuvor innerhalb des Fünfjahreszeitraums eine wesentliche Beteiligung insgesamt veräußert hat und mithin vorübergehend nicht an der Gesellschaft beteiligt war.[114] Eine wesentliche Beteiligung des Veräußerers selbst ist nicht erforderlich, wenn ein Rechtsvorgänger, von dem der Veräußerer den veräußerten Anteil unentgeltlich erworben hat, innerhalb der letzten fünf Jahre wesentlich beteiligt war (§ 17 Abs. 1 Satz 5 EStG). Eine im Privatvermögen gehaltene nicht wesentliche Beteiligung wird durch die unentgeltlich hinzuerworbenen Anteile allerdings nicht zu einer wesentlichen Beteiligung, sofern dadurch nicht die Wesentlichkeitsgrenze erreicht wird.[115] Im Hinblick auf die durch das Steuerentlastungsgesetz 1999/2000/2002

---

109 Vgl. *Korn/Strahl*, Wirkungen, KÖSDI 2000, S. 12600; *Sterzenbach*, Anteile, StuB 2000, S. 924.

110 Zum Rechtsstand vgl. stellvertretend *Arndt/Schumacher*, Rückwirkung, NJW 1998, S. 1538 f.

111 Vgl. *Ebling*, in: Blümich, EStG, § 17 Tz. 10; *Schwenke*, Vertrauensschutz, FR 1997, S. 48; *Wendt*, Änderungen, FR 1999, S. 345 m.w.N.; a.A. *Birk/Kulosa*, Aspekte, FR 1999, S. 437 f.; *Strahl*, Hinweise, KÖSDI 2000, S. 12262; *Zimmermann/Schwier*, in: Bordewin/Brandt, EStG-Kommentar, § 17 Rz. 60.

112 Bereits eine juristische Sekunde genügt, vgl. BFH v. 7.7.1992 - VIII R 56/88 -, BFH/NV 1993, S. 25 f.

113 Vgl. BFH v. 18.1.1999 - VIII B 80/98 -, DStR 1999, S. 538; *Ebling*, in: Blümich, EStG, § 17 Rz. 109 ff.; *Zimmermann/Schwier*, in: Bordewin/Brandt, EStG-Kommentar, § 17 Rz. 35.

114 Vgl. BFH v. 20.4.1999 - VIII R 58/97 -, DStR 1999, S. 929 ff.

115 Vgl. BFH v. 29.7.1997 - VIII R 80/94 -, BStBl. II 1997, S. 727 ff. Für einen Überblick bezüglich der sich beim unentgeltlichen Erwerb von Anteilen im Hinblick auf die Anwendung des § 17 EStG ergebenden steuerlichen Konsequenzen vgl. *Jäschke*, in: Lademann/Söffing, EStG, § 23 Anm. 260 ff.

erfolgte Neuregelung der Mindestbeteiligungsquote ist umstritten, ob die Steuerbarkeit bei nach dem 31.12.1998 vorgenommenen Veräußerungen nicht wesentlicher Beteiligungen, für die innerhalb des vor dem 1.1.1999 bereits abgelaufenen Teils des Fünfjahreszeitraums eine Beteiligungshöhe zwischen 10 % und 25 % vorlag, gegeben ist.[116] Nach der herrschenden Meinung sind auch solche Veräußerungsvorgänge bei der Besteuerung nach § 17 EStG zu berücksichtigen.[117] Dies geschieht zum einen vor dem Hintergrund der bisherigen Rechtsprechung des Bundesverfassungsgerichts zur Rückwirkungsproblematik.[118] Zum anderen ist die Rechtsprechung des Bundesfinanzhofs zu nennen, der bei Veräußerung einer Beteiligung, die von einer nicht wesentlichen auf eine wesentliche Beteiligung angewachsen ist, die vor dem Beginn der Steuerverhaftung angesammelten Wertzuwächse der Besteuerung unterwirft.[119]

Zur Verwirklichung des Veräußerungstatbestands i.S.d. § 17 Abs. 1 Satz 1 EStG bedarf es grundsätzlich einer entgeltlichen Übertragung in Form eines Kauf- bzw. Tauschvertrages. Die Einbringung einer wesentlichen Beteiligung in eine andere Kapitalgesellschaft gegen Gewährung von Gesellschaftsrechten ist daher nach § 17 EStG steuerpflichtig.[120] Die von der herrschenden Meinung vertretene

---

116 Bezüglich der durch das Steuersenkungsgesetz regelmäßig ab dem 1.1.2002 zu berücksichtigenden Absenkung der Beteiligungsgrenze von 10 % auf 1 % stellt sich die dargestellte Problematik in entsprechender Weise. In der Literatur wurde dies aber bisher nicht aufgegriffen.

117 Vgl. z.B. *Dötsch/Pung*, Änderung, BB 1999, S. 1352 f.; *Ebling*, in: Blümich, EStG, § 17 Rz. 109; *Herzig/Förster*, Steuerentlastungsgesetz, DB 1999, S. 711; *Wacker*, Rechtsprechung, NWB 2000, F. 3, S. 11251 f.; *Wendt*, Änderungen, FR 1999, S. 345 m.w.N.; a.A. *Hörger/Mentel/Schulz*, Steuerentlastungsgesetz, DStR 1999, S. 568; *Schweyer*, Rückwirkung, BB 1999, S. 2375 ff.; *Strahl*, Hinweise, KÖSDI 2000, S. 12261 f.; so im Ergebnis auch *Schiffers*, Steuerreform, DStR 1997, S. 768.

118 Vgl. *Landsittel/Haug*, Absenkung, BB 1999, S. 2222; *Wendt*, Änderungen, FR 1999, S. 344 f. Allgemein zum Rechtsstand der Rückwirkungsproblematik vgl. *Arndt/Schumacher*, Rückwirkung, NJW 1998, S. 1538 f.

119 Vgl. BFH v. 30.3.1993 - VIII R 44/90 -, BFH/NV 1993, S. 597 ff.; BFH v. 19.3.1996 - VIII R 15/94 -, BStBl. II 1996; S. 212; BFH v. 18.1.1999 - VIII B 80/98 -, DStR 1999, S. 538 ff. m.w.N. Vgl. auch *Haritz/Slabon*, Hindernisse, GmbHR 1998, S. 1162; *Wacker*, Rechtsprechung, NWB 2000, F. 3, S. 11253 ff.; *Wendt*, Änderungen, FR 1999, S. 345.

120 Vgl. BFH v. 7.7.1992 - VIII R 54/88 -, BStBl. II 1993, S. 332. Es sei denn, das Umwandlungssteuergesetz sieht eine andere Beurteilung vor; vgl. BMF-Schreiben v. 9.2.1998 - IV B 2 - S 1909 - 5/98 -, BStBl. I 1998, S. 164; *Ebling*, in: Blümich, EStG, § 17 Rz. 31 und 141; *Zimmermann/Schwier*, in: Bordewin/Brandt, EStG-Kommentar, § 17 Rz. 31 und 122. Eine Einlage nach § 4 Abs. 1 Satz 5 und § 6 Abs. 1 Nr. 5 EStG ist gegeben, sofern ein Einzelunternehmer eine wesentliche Beteiligung an einer Kapitalgesellschaft in sein Betriebsvermögen überführt; vgl. BFH v. 25.7.1995 - VIII R 25/94 -, BStBl. II 1996, S. 684 ff.; *Weber-Grellet*, in: Schmidt, EStG-Kommentar, 2000, § 17 Rz. 108.

Auffassung, die im Tauschgutachten für den Tausch nämlicher, im Betriebsvermögen gehaltener Anteile vorgesehene Steuerneutralität auf den Tausch wesentlicher Beteiligungen des Privatvermögens[121] analog anzuwenden, ist durch die Überholung dieses Gutachtens aufgrund der in § 6 Abs. 6 Satz 1 EStG enthaltenen Neuregelung[122] bedeutungslos geworden. Auch beim Tausch dem Privatbereich zuzuordnender wesentlicher Beteiligungen ist daher ab dem Veranlagungszeitraum 1999 eine Gewinn- oder Verlustrealisierung vorzunehmen.[123]

b) Ermittlung des Veräußerungserfolgs und steuerliche Begünstigung

Für die Ermittlung der Einkünfte aus Gewerbebetrieb, die sich aus der Veräußerung einer im Privatvermögen gehaltenen wesentlichen Beteiligung ergeben, ist der Verkaufspreis bzw. beim Tausch der gemeine Wert der empfangenen Wirtschaftsgüter den Veräußerungs- und Anschaffungskosten gegenüberzustellen (§ 17 Abs. 2 Satz 1 EStG). Das Gesetz ordnet dadurch eine Gewinnermittlung "eigener Art" an,[124] die sich aus der Zwitterstellung des § 17 EStG ergibt. Während der Gewinn oder Verlust zu den Einkünften aus Gewerbebetrieb rechnet, gehört die Beteiligung zum Privatvermögen.[125]

Die Anschaffungskosten i.S.d. § 17 Abs. 2 EStG umfassen neben den für den Erwerb der Beteiligung erforderlichen Aufwendungen auch die nachträglichen Aufwendungen auf die Beteiligung (z.B. die Übernahme eines Verlusts der Kapitalgesellschaft).[126] Wurde die Beteiligung zu unterschiedlichen Anschaf-

---

121 Vgl. R 140 Abs. 4 EStR; BMF-Schreiben v. 9.2.1998 - IV B 2 - S 1909 - 5/98 -, BStBl. I 1998, S. 164; *Knobbe-Keuk*, Unternehmenssteuerrecht, 1993, S. 927 f.; *Zimmermann/Schwier*, in: Bordewin/Brandt, EStG-Kommentar, § 17 Rz. 119 m.w.N.; a.A. *Ebling*, Tausch, in: Festschrift Klein, 1994, S. 805 ff.

122 Vgl. Erstes Kapitel Punkt B.II.1. (S. 8).

123 Vgl. *Ebling*, in: Blümich, EStG, § 17 Rz. 137; *Zimmermann/Schwier*, in: Bordewin/Brandt, EStG-Kommentar, § 17 Rz. 117; a.A. *Hörger*, in: Littmann/Bitz/Hellwig, EStG-Kommentar, § 17 Rdnr. 30.

124 Vgl. BFH v. 17.10.1957 - IV 64/57 -, BStBl. III 1957, S. 443; BFH v. 8.4.1998 - VIII R 21/94 -, BStBl. II 1998, S. 662 f. m.w.N.

125 Auch wenn dabei kein Vermögensvergleich vorgenommen wird, folgt diese Gewinnermittlung im Grundsatz den in §§ 4-7e EStG enthaltenen Gewinnermittlungsvorschriften. Daher ist für die Gewinn- oder Verlustrealisierung der Zeitpunkt entscheidend, zu dem auch beim Betriebsvermögensvergleich nach §§ 4 und 5 EStG der Gewinn oder Verlust realisiert wäre. Das Zu- und Abflußprinzip, das sonst für die dem Privatvermögen zuzurechnenden Wirtschaftsgüter gilt, findet keine Anwendung; vgl. *Hörger*, in: Littmann/Bitz/Hellwig, EStG-Kommentar, § 17 Rdnr. 52; *Weber-Grellet*, in: Schmidt, EStG-Kommentar, 2000, § 17 Rz. 131.

126 Vgl. BFH v. 24.2.1987 - IX R 114/82 -, BStBl. II 1987, S. 812 f.; BFH v. 27.10.1992 - VIII R 87/89 -, BStBl. II 1993. Vgl. auch *Weber-Grellet*, in: Schmidt, EStG-Kommentar, 2000, § 17 Rz. 156 ff. Bei unentgeltlichem Erwerb der Anteile sind die Anschaffungsko-

fungskosten erworben, ist grundsätzlich von der Selbständigkeit der einzelnen Anteile auszugehen. Bei einer Teilveräußerung sind daher die individuellen Anschaffungskosten der veräußerten Anteile dem Veräußerungspreis gegenüberzustellen. Voraussetzung hierfür ist, daß eine Identifizierung der Anteile möglich ist. Dies kann beispielsweise bei GmbH-Anteilen über die Bezugnahme auf den notariellen Erwerbsakt, bei in Selbst- oder Streifbandverwahrung gehaltenen Aktien über den nummernmäßigen Nachweis erfolgen. Ist eine Identifizierung nicht möglich, ist der durchschnittliche Anschaffungspreis maßgeblich. So sind bei im Girosammeldepot gehaltenen Aktien die durchschnittlichen Anschaffungskosten sämtlicher Papiere derselben Art anzusetzen.[127] Kontrovers diskutiert wird die Ermittlung der Anschaffungskosten für Fälle, in denen nur infolge des Hinzuerwerbs weiterer Anteile eine wesentliche Beteiligung entstanden ist. Nach der Rechtsprechung sind sämtliche Anteile mit ihren historischen Anschaffungskosten anzusetzen, so daß der Mehrwert, der auf einen Zeitraum zurückzuführen ist, in dem noch keine wesentliche Beteiligung bestand, gleichfalls in die Besteuerung einbezogen wird.[128] In der Literatur wird demgegenüber überwiegend gefordert, den höheren (oder niedrigeren) gemeinen Wert der Anteile zum Zeitpunkt des Entstehens der wesentlichen Beteiligung als Anschaffungskosten anzusetzen.[129]

Bei den Veräußerungskosten handelt es sich - ebenso wie bei den privaten Veräußerungsgeschäften - um die in unmittelbarem sachlichen Zusammenhang mit dem Veräußerungsgeschäft stehenden Aufwendungen, wie z.B. Notar- und Anwaltskosten, Kosten für Zeitungsannoncen und Provisionen.[130] Die mit der Anschaffung einer Beteiligung verbundenen Schuldzinszahlungen fallen weder unter die Veräußerungskosten noch unter die zusätzlichen Anschaffungskosten,

---

sten des Rechtsvorgängers, bei mehrfacher unentgeltlicher Übertragung die Anschaffungskosten des Rechtsvorgängers, der die Anteile zuletzt entgeltlich erworben hat, anzusetzen (§ 17 Abs. 2 Satz 3 EStG).

127 Die Bestimmung der Anschaffungskosten unter Zugrundelegung der Lifo- oder Fifo-Methode ist nicht zulässig; vgl. BFH v. 15.2.1966 - I 95/63 -, BStBl. III 1966, S. 274; Gleichlautende Erlasse der obersten Finanzbehörden der Länder v. 20.6.1968, BStBl. I 1968, S. 986; *Hörger*, in: Littmann/Bitz/Hellwig, § 17 Rdnr. 62.

128 Vgl. BFH v. 10.12.1969 - I R 43/67 -, BStBl. II 1970, S. 310; BFH v. 30.3.1993 - VIII R 44/90 -, BFH/NV 1993, S. 597 ff. m.w.N.; BFH v. 18.1.1999 - VIII B 80/98 -, DStR 1999, S. 538 ff.

129 Vgl. *Birk/Kulosa*, Aspekte, FR 1999, S. 438; *Ernst&Young/BDI*, Unternehmenssteuerreform, 2000, S. 198 f.; *Hörger*, in: Littmann/Bitz/Hellwig, § 17 Rz. 62 m.w.N.; *Landsittel/Haug*, Absenkung, BB 1999, S. 2222 f.; *Weber-Grellet*, in: Schmidt, EStG-Kommentar, 2000, Rz. 159; *Wendt*, Änderungen, FR 1999, S. 345; a.A. *Ebling*, in: Blümich: EStG, § 17 Rz. 204.

130 Vgl. BFH v. 17.4.1997 - VIII R 47/95 -, BStBl. II 1998, S. 104 m.w.N.; *Ebling*, in: Blümich, EStG, § 17 Rz. 195 f.

sondern sind als Werbungskosten bei den Einkünften aus Kapitalvermögen zu berücksichtigen. Voraussetzung hierfür ist es, daß auf Dauer gesehen ein Einnahmenüberschuß zu erwarten ist.[131]

§ 17 Abs. 3 EStG gewährt für den so ermittelten Veräußerungsgewinn in Abhängigkeit vom Verhältnis des Nennwerts der veräußerten Anteile zum Nennkapital der Kapitalgesellschaft und der Höhe des Veräußerungsgewinns einen Freibetrag von maximal DEM 20.000. Werden vom Anteilseigner im selben Veranlagungszeitraum mehrmals Anteile derselben Kapitalgesellschaft veräußert, werden die dadurch erzielten Veräußerungsgewinne und -verluste für die Berücksichtigung des Freibetrages zusammengerechnet.[132] Der danach verbleibende Veräußerungsgewinn zählt zu den außerordentlichen Einkünften, für die auf Antrag die sog. Fünftelregelung zur Anwendung kommt (§ 34 Abs. 1 EStG). Danach beträgt die Steuer das Fünffache des Unterschiedsbetrages zwischen der Einkommensteuer für das um die begünstigten Einkünfte verminderte zu versteuernde Einkommen (verbleibendes zu versteuerndes Einkommen) und der Einkommensteuer für das verbleibende zu versteuernde Einkommen zuzüglich eines Fünftels der begünstigten Einkünfte. Die Fünftelregelung wurde im Rahmen des Steuerentlastungsgesetztes 1999/2000/2002[133] mit Wirkung ab dem Veranlagungszeitraum 1999 eingeführt und ersetzte die bis dahin geltende ermäßigte Besteuerung der außerordentlichen Einkünfte mit dem halben durchschnittlichen Steuersatz. In der Mehrzahl der Fälle beinhaltet dieses Vorgehen eine Steuerverschärfung gegenüber dem halben durchschnittlichen Steuersatz.[134]

Eine Neuregelung für die Besteuerung der nach § 17 EStG zu erfassenden Veräußerungserfolge sieht das Steuersenkungsgesetz[135] für die ab dem 1.1.2002 durchgeführten Veräußerungen vor.[136] So sind nach § 3 Nr. 40 Satz 1 Buchst. c)

---

131 Vgl. BFH v. 19.1.1993 - VIII R 74/91 -, BFH/NV 1993, S. 714; *Ebling*, in: Blümich, EStG, § 17 Rz. 194 ff.

132 Vgl. *Ebling*, in: Blümich: EStG, § 17 Rz. 238; *Weber-Grellet*, in: Schmidt, EStG-Kommentar, 2000, § 17 Rz. 193; a.A. *Hörger*, in: Littmann/Bitz/Hellwig, EStG-Kommentar, § 17 Rdnr. 79.

133 Steuerentlastungsgesetz 1999/2000/2002 v. 24.3.1999, BGBl. I 1999, S. 402 ff.

134 Vgl. *Gérard*, in: Lademann/Söffing, EStG, § 34 Rdnr. 140; *Lindberg*, in: Blümich, EStG, § 34 Rz. 116 ff.; *Seeger*, in: Schmidt, EStG-Kommentar, 2000, § 34 Rz. 4; *Stahl*, Fünftelregelung, KÖSDI 2000, S. 12339; *Sydow*, Besteuerung, NWB 2000, F. 3, S. 10766 ff.; *Wendt*, Änderungen, FR 1999, S. 336 und 787; a.A. *Urban*, Steuerfalle, FR 1999, S. 781 ff. Zu den Ausnahmen hiervon vgl. *Richter*, Vorteile, DStR 1998, S. 1951 f.; *Herzig/Förster*, Steuerentlastungsgesetz, DB 1999, S. 714 ff.

135 Steuersenkungsgesetz v. 23.10.2000, BGBl. I 2000, S. 1433 ff.

136 Wie auch bei der Veräußerung von im Betriebsvermögen gehaltenen bzw. unter die Regelung des § 23 EStG fallenden Anteilen an Kapitalgesellschaften gilt dieser Zeitpunkt für den Normalfall, daß das Wirtschaftsjahr der Kapitalgesellschaft, an der die Anteile

i.V.m. § 3c Abs. 2 EStG - in Anlehnung an das ab diesem Zeitpunkt für die Besteuerung von Dividenden relevante Halbeinkünfteverfahren - die dabei erzielten Gewinne bzw. Verluste nur zur Hälfte steuerlich zu berücksichtigen, indem der Veräußerungspreis ebenso wie die Anschaffungs- und Werbungskosten jeweils nur zur Hälfte anzusetzen sind.[137] Während von dem danach ermittelten Veräußerungserfolg der Freibetrag nach § 17 Abs. 3 EStG auch weiterhin abzusetzen ist, kommt die Fünftelregelung des § 34 EStG bei der steuerlichen Erfassung der unter § 17 EStG fallenden Veräußerungserfolge zukünftig nicht mehr zur Anwendung.

c) Berücksichtigung von Verlusten

Der Verlust aus der Veräußerung einer wesentlichen Beteiligung kann neben der Verrechnung mit den bei anderen unter § 17 EStG fallenden Veräußerungsvorgängen erzielten Gewinnen mit positiven Einkünften aus anderen Einkunftsarten verrechnet und beim Verlustrück- und Verlustvortrag nach § 10d EStG berücksichtigt werden.[138] Um zu vermeiden, daß ein zunächst nicht wesentlich beteiligter Anteilseigner insbesondere durch den kurzfristigen Zukauf weniger Anteile eine im Privatvermögen entstandene Wertminderung in den steuerlichen Verlustausgleich einbeziehen kann, enthält das Gesetz in § 17 Abs. 2 Satz 4 EStG ein Abzugsverbot.[139] Danach ist ein Veräußerungsverlust insoweit nicht berücksichtigungsfähig, als er auf entgeltlich erworbene Anteile entfällt, die nicht innerhalb der gesamten letzten fünf Jahre und damit ununterbrochen zu

---

gehalten werden, dem Kalenderjahr entspricht. Weicht das Wirtschaftsjahr der Kapitalgesellschaft demgegenüber vom Kalenderjahr ab, kommt die Neuregelung erstmals für Gewinne bzw. Verluste zur Anwendung, die im Wirtschaftsjahr 2002/2003 entstehen; vgl. § 52 Abs. 4a und 8a EStG. Vgl. auch *Christoffel*, Grundzüge, StWK 2000, Gr. 7, S. 20; *Gerhold*, Beteiligungsgrenze, SteuerStud 2000, S. 578 ff.; *Pricewaterhouse-Coopers*, Steuersenkungsgesetz, 2000, S. 60 ff.

137 Vgl. *Christoffel*, Grundzüge, StWK 2000, Gr. 7, S. 20; *Seifert*, Überblick, LSW 2000, Gr. 19, S. 58 ff.

138 Es sei denn, die vorrangigen Regelungen des § 2a Abs. 1 Nr. 4 EStG oder § 50c EStG finden Anwendung. § 50c EStG wurde durch das Steuersenkungsgesetz (BGBl. I 2000, S. 1433 ff.) allerdings grundsätzlich aufgehoben. Vgl. auch *Grützner*, Steuersenkungsgesetz, NWB 2000, F. 3b, S. 5400.

139 Vgl. BT-Drs. 13/901, S. 133. Zunächst wurde durch das Jahressteuergesetz 1996 (v. 11.10.1995, BGBl. I 1995, S. 1250) eine Verlustausgleichsbeschränkung eingeführt, die jedoch nach allgemeiner Ansicht über das zur Bekämpfung mißbräuchlicher Gestaltungen Erforderliche hinausging (vgl. z.B. *Haas*, Verlustausgleichsbeschränkung, 1997, S. 460 ff.; *Gerl/Sturm*, Verschärfung, DB 1996, S. 1102 ff.) und im Rahmen des Steuerentlastungsgesetzes 1999/2000/2002 neu geregelt wurde.

einer wesentlichen Beteiligung gehört haben.[140] Eingeschränkt wird das Verlustabzugsverbot jedoch für innerhalb der letzten fünf Jahre erworbene Anteile, deren Erwerb zur Begründung einer wesentlichen Beteiligung führte bzw. nach Begründung einer wesentlichen Beteiligung erfolgte.[141]

Beispiele:[142]

a) Eine bisher an der A-GmbH nicht beteiligte natürliche Person B erwirbt von einem oder mehreren Dritten im Jahr 1999 eine Beteiligung in Höhe von insgesamt 10 %. Im Jahr 2001 veräußert er die Beteiligung mit Verlust. Da es sich um einen Erwerb zur Begründung einer wesentlichen Beteiligung handelt, ist der Verlust berücksichtigungsfähig.
b) Im Jahr 1999 ist B an der A-GmbH zu 8 % beteiligt. Im Jahr 2000 erwirbt er weitere 2 %, so daß eine wesentliche Beteiligung entsteht. Im Jahr 2001 wird die Beteiligung veräußert. Der auf die im Jahr 2000 hinzuerworbenen Anteile entfallende Verlust ist bei der Veräußerung ohne Wartefrist berücksichtigungsfähig.

3. Verfahrensrechtliche Bestimmungen

Die Einkommensteuer eines unbeschränkt Steuerpflichtigen wird prinzipiell im Wege der Veranlagung unter Zugrundelegung der von ihm für das abgelaufene Kalenderjahr (Veranlagungszeitraum) abgegebenen Steuererklärung erhoben (§ 25 Abs. 1 i.V.m. § 36 Abs. 1 EStG). Die im Veranlagungszeitraum aus der Veräußerung wesentlicher Beteiligungen (§ 17 EStG) und aus privaten Veräußerungsgeschäften (§ 23 EStG) erzielten Einkünfte sind im Rahmen der Steuererklärung in der Anlage GSE ("Einkünfte aus Gewerbebetrieb") bzw. in der Anlage SO ("Sonstige Einkünfte") auszuweisen. Als Abgabefrist ist grundsätzlich der 31. Mai des Folgejahres relevant (§ 149 Abs. 2 AO). Wird mit der Erstellung der Steuererklärung ein Steuerberater betraut, endet die Abgabefrist allerdings regelmäßig erst mit dem 30. September des Folgejahres.[143] Anhand der Steuererklärung des Steuerpflichtigen wird die Einkommensteuer für das betreffende

---

140 Daneben ist in § 17 Abs. 2 Satz 4 EStG auch für den Fall des unentgeltlichen Erwerbs eine Regelung enthalten, die den Verlustabzug für Fälle ausschließen soll, in denen ein nicht wesentlich Beteiligter seine Verlustbeteiligung einem wesentlich Beteiligten schenkt.

141 Für eine umfassende Darstellung der Verlustberücksichtigungsregelungen mit Beispielen vgl. *Hörger*, in: Littmann/Bitz/Hellwig, EStG-Kommentar, § 17 Rdnr. 79g; *Wendt*, Änderungen, FR 1999, S. 346 ff.

142 Für die durch das Steuersenkungsgesetz eingeführte Mindestbeteiligungsquote von 1 % gelten die nachfolgenden Beispiele analog.

143 Vgl. beispielhaft die auf der Grundlage des § 109 Abs. 1 AO ergangenen Gleichlautenden *Erlasse der Länder* über Steuererklärungsfristen für den Veranlagungszeitraum 1999 v. 3.1.2000, BStBl. I 2000, S. 86 f.

Kalenderjahr von der Finanzverwaltung per Bescheid festgesetzt (§ 155 Abs. 1 AO i.V.m. § 25 Abs. 1 AO).

Zur Überprüfung der richtigen und vollständigen Erfassung der aus der Veräußerung im Privatvermögen gehaltenener Wirtschaftsgüter erzielten Erfolge beinhaltet das deutsche Steuerrecht nur wenige spezielle Kontrollmechanismen. Zu nennen ist hier die in § 54 EStDV für Notare geregelte Übersendungspflicht von Urkunden innerhalb einer Frist von 14 Tagen ab Aufnahme oder Beglaubigung, die die Verfügung über Anteile an Gesellschaften mit beschränkter Haftung oder ihre Umwandlung bzw. Auflösung zum Gegenstand haben.[144] Zielsetzung dieser Regelung ist es, die Zurverfügungstellung der für die Besteuerung nach § 17 EStG relevanten Informationen an das Finanzamt zu gewährleisten.[145] Aufgrund des Fehlens entsprechender Beurkundungspflichten für die Veräußerung von Anteilen an Aktiengesellschaften wird die Besteuerung bei den Finanzanlagen dadurch aber nur in eingeschränktem Umfang sichergestellt.[146] Für Immobilientransaktionen ist eine Kontrolle der Erfassung privater Veräußerungsgeschäfte demgegenüber darüber möglich, daß die beteiligten Notare, Gerichte und Behörden gemäß § 18 GrEStG innerhalb eines Zeitraums von 14 Tagen jeden auf einen Grundstückserwerb zielenden Vorgang dem für die Grunderwerbsteuer zuständigen Finanzamt mitzuteilen haben, das daraufhin eine Ausfertigung dieser Mitteilung an das Finanzamt des Veräußerers und des Erwerbers sowie an die Bewertungsstelle weiterleitet.[147] Da Grundstückserwerbe regelmäßig nicht ohne die Mitwirkung öffentlicher Stellen erfolgen können,[148] ist durch dieses Vorgehen dort eine weitgehend lückenlose Erfassung möglich.[149]

Im Rahmen der normalen Veranlagungsarbeiten ist eine Sicherstellung der Erfassung privater Veräußerungsgewinne, über den durch § 54 EStDV und § 18 GrEStG gewährten Umfang hinaus, kaum möglich.[150] Für die Intensität, mit der

---

144 Die Übersendungspflicht gilt darüber hinaus auch für Urkunden, die die Gründung, Kapitalerhöhung oder -herabsetzung von Gesellschaften mit beschränkter Haftung betreffen.

145 Ebenfalls gesichert werden soll die steuerliche Erfassung nach § 21 UmwStG; vgl. *Jäschke*, in: Lademann/Söffing, EStG, § 17 Anm. 373.

146 Vgl. *Jäschke*, in: Lademann/Söffing, EStG, § 17 Anm. 373.

147 Vgl. *Bilsdorfer*, Informationsquellen, 1999, S. 54.

148 Vgl. *Baur/Stürner*, Sachenrecht, 1999, § 22 Rdnr. 1 ff.

149 Vgl. *Förster*, Veräußerungsgewinnbesteuerung, in: Festschrift Flick, 1997, S. 734; *Heinz/Kopp/Mayer*, Verkehrsteuern, 1998, S. 182.

150 Für einen Überblick bezüglich der von den Finanzbehörden nach § 88 AO zu tragenden Feststellungslast für die Ermittlung der für die Besteuerung maßgebenden tatsächlichen und rechtlichen Verhältnisse (Untersuchungsgrundsatz) und der zwischenbehördlichen

die eingereichten Steuererklärungen einer Prüfung unterliegen, ist die nach dem gleichlautenden Ländererlaß zur Organisation der Finanzämter und Neuordnung des Besteuerungsverfahrens vom 19.11.1996[151] vorzunehmende Unterscheidung zwischen den "intensiv zu bearbeitenden" und den "übrigen" Steuerfällen ausschlaggebend. Neben der individuellen, beispielsweise aufgrund des Vorliegens einer Kontrollmitteilung oder sich ergebender Zweifelsfragen vorgenommenen Auswahl durch den jeweiligen Bearbeiter, werden die einer intensiven Fallbearbeitung unterliegenden Steuerfälle anhand verwaltungsintern festzulegender Prüffelder[152] sowie eines maschinellen Auswahlverfahrens bestimmt.[153] Bei letzterem handelt es sich um ein nach der Höhe der Einkünfte gewichtetes Stichprobenverfahren, bei dem die Wahrscheinlichkeit der Auswahl mit steigenden Einkünften zunimmt.[154] So werden z.B. 70 % der Steuerfälle mit positiven Einkünften über DEM 400.000 einer intensiven Prüfung unterzogen, während dies bei positiven Einkünften von DEM 150.000 und weniger nur bei 2 % der Fall ist. Ausführungen dazu, welche Maßnahmen eine intensive Fallbearbeitung umfaßt, sind im genannten Ländererlaß nicht enthalten, womit letztlich die individuelle Sorgfalt des jeweiligen Bearbeiters entscheidend sein dürfte.[155] In den "übrigen" Fällen ist eine vereinfachte Bearbeitung durchzuführen, bei der die Plausibilität im Vordergrund steht.[156]

Eine Außenprüfung im Sinne der §§ 193 ff. AO stellt bei natürlichen Personen, die keine gewerblichen, land- und forstwirtschaftlichen oder aus einer selbständigen Tätigkeit resultierenden Einkünfte und auch nicht für eine andere Person eine Steuerentrichtungspflicht haben, eher den Ausnahmefall dar und ist nur unter der Voraussetzung zulässig, daß die für die Besteuerung erheblichen Ver-

---

Amtshilfe beispielsweise in Form von Kontrollmitteilungen vgl. *Tipke/Lang*, Steuerrecht, 1998, S. 830 f., 855 und 857 ff.

151 BStBl. I 1996, S. 1391.

152 Für eine beispielhafte Aufzählung möglicher Prüffelder vgl. *Bilsdorfer*, Informationsquellen, 1999, S. 26 f.; *o.V.*, Steuerveranlagung, StWK 1997, Gr. 2, S. 102 f. Nach Tz. 6 des Gleichlautenden Ländererlasses v. 19.11.1996 (BStBl. I 1996, S. 1391) sind die Prüffelder variabel und können somit zwischen den einzelnen Bundesländern, aber auch zwischen den verschiedenen Oberfinanzdirektionen und darüber hinaus auch von Finanzamt zu Finanzamt unterschiedlich ausgestaltet sein.

153 Vgl. Gleichlautender Ländererlaß v. 19.11.1996 Tz. 2 ff., BStBl. I 1996, S. 1391.

154 Vgl. *Hoffmann* (Arbeitsweise, DStR 1997, S. 1192 f.) unter Hinweis auf die in einer nicht veröffentlichten bundeseinheitlichen Programmvorgabe enthaltenen Kriterien zur maschinellen Auswahl. Diese Vorgabe soll nach ihrer praktischen Erprobung noch optimiert werden. Steuerfälle, die regelmäßig Betriebsprüfungen unterliegen oder bei denen Betriebsprüfungen anstehen, werden nicht in die Stichprobe einbezogen.

155 Vgl. *Bilsdorfer*, Informationsquellen, 1999, S. 29.

156 Vgl. Gleichlautender Ländererlaß v. 19.11.1996 Tz. 4, BStBl. I 1996, S. 1391; *Hoffmann*, Arbeitsweise, DStR 1997, S. 1193 f.

hältnisse der Nachprüfung bedürfen und eine Überprüfung an Amtsstelle nicht zweckmäßig ist (§ 93 Abs. 2 Nr. 2 AO).[157] Im Gegensatz dazu stellt die Durchführung von Außenprüfungen bei den mit der Abwicklung von privaten Finanzanlagegeschäften betrauten Unternehmen die Regel dar. Für die Sicherstellung der Erfassung privater Veräußerungsvorgänge können darüber aber nur bedingt Erkenntnisse gewonnen werden. Zwar können die Betriebsprüfer bei der Außenprüfung von nicht als Kreditinstituten zu qualifizierenden Wertpapierhandelshäusern Kontrollmitteilungen in nahezu unbegrenztem Umfang schreiben.[158] Die dem Betriebsprüfer anläßlich der Außenprüfung eines Kreditinstituts zur Verfügung stehenden Guthabenkonten oder Depots dürfen, mit Ausnahme der CpD("Conto pro Diverse")-Konten[159], bei denen eine Legitimationsprüfung nach § 154 Abs. 2 AO nicht vorgenommen wird, zur Nachprüfung der ordnungsgemäßen Versteuerung aber nicht festgestellt oder abgeschrieben werden (§ 30a Abs. 3 Satz 1 AO). Kontrollmitteilungen sollen diesbezüglich ebenfalls unterbleiben (§ 30a Abs. 3 Satz 2 EStG),[160] wodurch neben der Kontrolle der steuerlichen Erfassung von Kapitaleinkünften auch die Kontrolle der steuerlichen Erfassung der unter die §§ 17 und 23 EStG fallenden Wertpapiere und Finanzin-

---

157 Die Voraussetzungen für die Zulässigkeit einer solchen Außenprüfung, die z.B. bei Personen mit erheblichen Überschußeinkünften aus Kapitalvermögen oder Vermietung und Verpachtung in Frage kommt, werden in Rechtsprechung und Literatur kontrovers diskutiert, vgl. *Tipke/Kruse*, AO-Kommentar, § 193 Tz. 9 ff. m.w.N.

158 So wohl geschehen bei der Außenprüfung der Lünener Ahag, der BAV in München und der Future Security in Rheda-Wiedenbrück; vgl. *Bohnenkamp*, Fiskus, Wirtschaftswoche v. 24.8.2000, S. 129. Vgl. auch *Schiffer*, Aktuell, StuB 2000, S. 731.

159 Das CpD-Konto stellt ein bankinternes Verrechnungskonto dar, auf dem Geschäftsvorfälle erfaßt werden, die nicht für das Kreditinstitut selbst, sondern für andere Personen oder Institutionen gebucht werden. Es wird ferner verwendet, wenn zum Zeitpunkt der Buchung die Zuordnung zu einer bestimmten Person nicht möglich ist. Vgl. hierzu *Carl/Klos*, Kontenwahrheitspflicht, NWB 1991, F. 2, S. 5635; *Müller-Brühl*, Kreditinstitute, 1990, S. 66 f.; *Weyand*, Banken, INF 1997, S. 554 f.

160 Die Auslegung dieser Sollvorschrift ist sehr umstritten, vgl. *Tipke/ Kruse*, AO-Kommentar, § 30a Tz. 15 ff. Für einen Überblick bezüglich der Zulässigkeit der Anfertigung von Kontrollmitteilungen bei der steuerlichen Außenprüfung von Kreditinstituten vgl. *Hamacher*, Banken, DB 1999, S. 1824 ff.; *Lübben/Zühlke*, Außenprüfungen, StBp 1999, S. 169 ff.; *Rüth*, Bankgeheimnis, DStZ 2000, S. 34 ff.; *Weber-Blank*, Kontrollmitteilungen, StBp 1997, S. 172 f. und 204 ff.; *Welke*, Banken, StWK 2000, Gr.2, S. 379 ff. Einen Überblick bezüglich der Zulässigkeit von Steuerfahndungsmaßnahmen bei Banken und der Erstellung von Kontrollmitteilungen anläßlich dieser Maßnahmen bieten *Fumi*, Befugnisse, FAZ v. 30.12.2000, S. 22; *ders.*, Weitergabe, EFG 2000, Beilage zu Heft 22, S. 169 f.; *Flore/Dörn/Gillmeister*, Steuerfahndung, 1999, S. 71 und 141 ff.; *Rolletschke*, Kontrollmitteilungen, DStZ 1999, S. 887. Vgl. auch BFH v. 25.7.2000 - VII B 28/99 -, BB 2000, S. 1872 ff.; BFH v. 4.9.2000 - I B 17/00 -, DB 2000, S. 2150 ff.

novationen erschwert wird.[161] So werden derzeitigen Schätzungen zufolge bei den privaten Veräußerungsvorgängen Steuerbeträge in Milliardenhöhe hinterzogen.[162] Als striktes Bankgeheimnis ist der durch § 30a AO gewährte Schutz allerdings nicht zu sehen, da an Kreditinstitute gerichtete Auskunftsersuchen unter Beachtung des auch sonst für die Informationsbeschaffung bei Nichtbeteiligten nach § 93 AO zu berücksichtigenden Grundsatzes der Subsidiarität prinzipiell möglich (§ 30 a Abs. 5 AO) sind.[163] Daß sich jedoch die vom Finanzgericht Münster in seinem Urteil vom 9.12.1999[164] vertretene Auffassung, an Kreditinstitute über Wertpapieranlagen ihrer Kunden in Luxemburg gerichtete Sammelauskunftsersuchen[165] als zulässig anzusehen, allgemein und somit auch hinsichtlich der Kontrolle der steuerlichen Erfassung privater Veräußerungserfolge durchsetzen wird, ist schwer vorstellbar. Gemäß dem Finanzgericht Münster sollen schon Erkenntnisse aus allgemeinen Publikationen, parallelen Steuerfahndungsprüfungen sowie Selbstanzeigen von Kunden einer Bank oder einer Sparkasse einen hinreichenden Anhaltspunkt für ein Sammelauskunftsersuchen gemäß § 208 Abs. 1 Nr. 3 AO bieten.[166] Abgesehen davon, daß es sehr umstritten ist, ob die genannten Erkenntnisse zur Rechtfertigung eines Sammelauskunftsersuchens als ausreichend anzusehen sind,[167] erscheint das angesprochene Urteil im Hinblick auf die in § 30a Abs. 2 AO enthaltene Regelung problematisch. Danach ist es den Finanzbehörden verboten, von Kreditinstituten zum Zwecke der allgemeinen Überwachung die einmalige oder periodische Mitteilung von Konten bestimmter Art oder bestimmter Höhe zu verlangen. Die vom Finanzgericht Münster für die Ablehnung eines durch das Auskunftsersuchen gegen die Regelung des § 30a Abs. 2 AO bedingten Verstoßes angeführte Argumentation, daß es sich bei dem konkreten Auskunftsersuchen um Angaben über Umtauschvorgänge, Anschaffungsvorgänge bzw. Einlösungsvorgänge handele, diese aber nicht als Auskünfte über Konten anzusehen seien,[168] kann kaum

---

161 So auch *Arbeitsgruppe "Steuerausfälle"*, Überprüfung, StB 1994, S. 449 f.; *Tipke*, Deklarieren, in: Festschrift Offerhaus, 1999, S. 829 ff.; *Tipke/Kruse*, AO-Kommentar, § 30a Tz. 17.

162 Vgl. *Nüssgens*, Einkünfte, StWK 2000, Gr. 4, S. 707; *o.V.*, Spekulationsgewinne, DM Extra 2000, Sonderheft 50, S. 110; *Schiffer*, Aktuell, StuB 2000, S. 731.

163 Vgl. *Arndt*, Allgemeines Steuerrecht, 1988, S. 158; *Carl/Klos*, Finanzmärkte, 1993, S. 32 ff.; *Rüsken*, in: Klein, AO-Kommentar, 1998, § 30a Rz. 1; *Weyand*, Banken, INF 1997, S. 554.

164 FG Münster v. 7.12.1999 - 6 K 5022/99 S -, rkr., EFG 2000, S. 299.

165 Konkret ging es um Steuerverkürzungen im Zusammenhang mit Tafelgeschäften in Luxemburg, vgl. FG Münster v. 7.12.1999 - 6 K 5022/99 S -, rkr., EFG 2000, S. 299.

166 Vgl. FG Münster v. 7.12.1999 - 6 K 5022/99 S -, rkr., EFG 2000, S. 300.

167 Vgl. *Rüsken*, in: Klein, AO-Kommentar, 2000, § 30a Rz. 14; *Schiffer*, Aktuell, StuB 2000, S. 731; *Tipke/Kruse*, AO-Kommentar, § 30a Tz. 9 und 14; *Tipke/Lang*, Steuerrecht, 1998, S. 838 f.

168 Vgl. FG Münster v. 7.12.1999 - 6 K 5022/99 S -, rkr., EFG 2000, S. 301.

überzeugen. Vielmehr mutet die vom Finanzgericht hierfür vorgenommene Abgrenzung eher als beliebige Interpretation des Kontobegriffs an.[169]

IV. Ergebnis

Das deutsche Einkommensteuerrecht zeichnet sich durch den Dualismus der Einkunftsarten aus. Während im Rahmen der Gewinneinkunftsarten das Gesamtergebnis der unternehmerischen Betätigung einschließlich der Gewinne und Verluste aus der Veräußerung der dem Betriebsvermögen zuzurechnenden Wirtschaftsgüter den Gegenstand der Besteuerung bildet, werden bei den Überschußeinkunftsarten grundsätzlich nur die dauerhaft aus einer Einkunftsquelle fließenden Erträge steuerlich erfaßt. Die bei der Veräußerung dem Privatvermögen zuzurechnender Wirtschaftsgüter realisierten Wertänderungen unterliegen daher nur ausnahmsweise der Besteuerung. Neben den unter die Regelung des § 17 EStG fallenden Veräußerungen wesentlicher Beteiligungen ist dies bei den nach § 23 EStG zu berücksichtigenden sonstigen privaten Veräußerungsgeschäften der Fall. Gerade durch das Abstellen auf das Nichtüberschreiten einer bestimmten zeitlichen Grenze zwischen dem Erwerb und der Veräußerung (bzw. der Beendigung des Rechts bei Vorliegen eines Termingeschäfts) im Rahmen des § 23 EStG wird die überwiegende Zahl privater Veräußerungsgeschäfte nicht besteuert. Selbst im Hinblick auf die derzeit geregelten Ausnahmetatbestände ist die vollständige Erfassung der privaten Veräußerungserfolge nach der geltenden Rechtslage jedoch nur in eingeschränktem Umfang gewährleistet.

---

169 Vgl. *Schiffer*, Aktuell, StuB 2000, S. 731. Ebenfalls kritisch hierzu *o.V.*, Abgabenordnung, IWB 2000, Heft Nr. 12, F. 1 Kurznachrichten, S. 443.

Zweites Kapitel: Das Gebot der Steuergerechtigkeit als Ausgangspunkt für die Erfassung privater Veräußerungsgewinne

Im Steuerrecht wird insbesondere die Zielsetzung verfolgt, die aus dem Finanzbedarf des Staates resultierende Steuerlast gerecht auf die Steuerpflichtigen zu verteilen.[170] Dies wird auch im Rahmen der Rechtsprechung des Bundesverfassungsgerichts deutlich, die bei der Verfassungsmäßigkeitsprüfung von Steuergesetzen regelmäßig das "Gebot der Steuergerechtigkeit" anführt. Entsprechend der Bedeutung des in Art. 3 Abs. 1 GG enthaltenen allgemeinen Gleichheitssatzes als einer grundlegenden Gerechtigkeitsvorstellung des Grundgesetzes,[171] wird der steuerspezifische Gerechtigkeitsgedanke daraus abgeleitet.[172]

A. Inhalt und Bedeutung des allgemeinen Gleichheitssatzes (Art. 3 Abs. 1 GG) für das Steuerrecht

I. Art. 3 Abs. 1 GG im Überblick

Nach Art. 3 Abs. 1 GG sind alle Menschen vor dem Gesetz gleich. Diese Bestimmung ist in zweifacher Hinsicht von Bedeutung:[173] Zum einen beinhaltet sie über Art. 1 Abs. 3 und Art. 20 Abs. 3 GG die Verpflichtung an den Gesetzgeber, daß die von ihm beschlossenen Gesetze inhaltlich mit dem Gleichheitsgrundsatz übereinstimmen müssen (Rechtsetzungsgleichheit).[174] Zum anderen beinhaltet sie die Verpflichtung an die Exekutive und die Judikative, das gesetzte Recht

---

170 Vgl. *Birk*, Besteuerung, StuW 1989, S. 212 f.; *Lang*, Bemessungsgrundlage, 1981/88, S. 1 und 97 f.; *Leibholz/Rinck/Hesselberger*, GG-Kommentar, Art. 3 Rz. 496; *Tipke*, Steuergerechtigkeit, StuW 1980, S. 287; *ders.*, Steuerrechtsordnung, Bd. I, 2000, S. 234 ff. m.w.N. Neben der fiskalischen Zielsetzung werden im Steuerrecht beispielsweise auch sozial- und wirtschaftspolitische Zielsetzungen verfolgt, bei denen der Lenkungscharakter überwiegt und sich das Steueraufkommen als Nebenprodukt ergibt. Im Rahmen dieser Arbeit soll darauf jedoch nicht eingegangen werden. Vgl. dazu *Mann*, Ideale, 1978, S. 342 ff.; *Tipke/Lang*, Steuerrecht, 1998, S. 220 f.

171 Vgl. *Huster*, Rechte, 1993, S. 29 ff.; *Rüfner*, in: Bonner Kommentar, GG, Art. 3 Abs. 1 Rdnr. 2 ff.

172 Vgl. BVerfG v. 8.12.1970 - 1 BvR 95/68 -, BVerfGE 29, 327, 335; BVerfG v. 23.11.1976 - 1 BvR 150/75 -, BVerfGE 43, 108, 118; BVerfG v. 11.10.1977 - 1 BvR 343/73, 83/74, 183 und 428/75 -, BVerfGE 47, 1, 29; BVerfG v. 13.3.1979 - 2 BvR 72/76 -, BVerfGE 50, 386, 391; BVerfG v. 3.11.1982 - 1 BvR 620/78, 1335/78, 1104/79 und 363/80 -, BVerfGE 61, 319, 343 f.

173 Vgl. *Arndt/Rudolf*, Öffentliches Recht, 2000, S. 151.

174 Vgl. BVerfG v. 23.10.1951 - 2 BvG 1/51 -, BVerfGE 1, 14, 52; BVerfG v. 23.2.1972 - 2 BvL 36/71 -, BVerfGE 32, 346, 360; BVerfG v. 24.3.1976 - 2 BvR 804/75 -, BVerfGE 42, 64, 72.

zugunsten und zu Lasten aller Betroffenen gleich anzuwenden (Rechtsanwendungsgleichheit).[175]

Für die konkrete Prüfung einer Verletzung des Art. 3 Abs. 1 GG sind zwei Lebenssachverhalte, die einem einheitlichen Oberbegriff als Bezugspunkt zugeordnet werden können, miteinander zu vergleichen.[176] Um eine Verletzung des Art. 3 Abs. 1 GG handelt es sich, wenn wesentlich Gleiches ungleich oder wesentlich Ungleiches gleich behandelt wird, obwohl die Rechtfertigung dieser Ungleich- bzw. Gleichbehandlung nicht möglich ist.[177] Nach der älteren Rechtsprechung des Bundesverfassungsgerichts ist dies bei einer Ungleichbehandlung der Fall, wenn sich keine vernünftigen, aus der Natur der Sache ergebenden oder sonstwie einleuchtenden Erwägungen für die Differenzierung finden lassen und diese daher als willkürlich anzusehen ist (sog. Willkürformel).[178] In seinen neueren Urteilen stellt das Bundesverfassungsgericht demgegenüber vermehrt darauf ab, ob "der Staat eine Gruppe von Normadressaten im Vergleich zu anderen Normadressaten anders behandelt, obwohl zwischen beiden Gruppen keine Unterschiede von solcher Art und solchem Gewicht bestehen, daß sie die ungleiche Behandlung rechtfertigen könnten" (sog. neue Formel).[179] Das Vorliegen irgendeines sachlichen (einleuchtenden) Grundes ist demnach für die Rechtfertigung einer Ungleichbehandlung nicht ausreichend, sondern wesentlich ist, daß der rechtfertigende Grund in einem angemessenen Verhältnis zur Ungleichbehandlung steht.[180] Die völlige Abkehr vom reinen Willkürverbot ist damit aber nicht verbunden, da das Bundesverfassungsgericht auch in seinen neueren Urteilen teilweise auf die älteren Formulierungen zur Willkür zurückgreift.[181]

---

175 Vgl. BVerfG v. 3.7.1973 - 1 BvR 368, 369/65 -, BVerfGE 35, 324, 335; BVerfG v. 27.6.1991 - 2 BvR 1493/89 -, BVerfGE 84, 239, 269.

176 Vgl. *Ipsen*, Staatsrecht II, 1998, S. 237 ff.; *Pieroth/Schlink*, Grundrechte, 2000, S. 102. Vgl. zu den nachfolgenden Ausführungen auch: *Arndt/Rudolf*, Öffentliches Recht, 2000, S. 151 ff.; *Osterloh*, in: Sachs, GG-Kommentar, Art. 3 Rdnr. 3 ff.; *Rüfner*, in: Bonner Kommentar, GG, Art. 3 Abs. 1 Rdnr. 5 ff.

177 Vgl. BVerfG v. 23.10.1951 - 2 BvG 1/51 -, BVerfGE 1, 14, 52; BVerfG v. 8.6.1988 - 2 BvL 9/85 und 3/86 -, BVerfGE 78, 249, 287.

178 Vgl. stellvertretend BVerfG v. 23.10.1951 - 2 BvG 1/51 -, BVerfGE 1, 14, 52; BVerfG v. 26.3.1980 - 1 BvR 121, 122/76 -, BVerfGE 54, 11, 26 m.w.N.

179 BVerfG v. 29.5.1990 - 1 BvL 20, 26, 184 und 4/86 -, BVerfGE 82, 60, 86. So auch bereits BVerfG v. 7.10.1980 - 1 BvL 50, 89/79, 1 BvR 240/79 -, BVerfGE 55, 72, 88.

180 Vgl. BVerfG v. 30.5.1990 - 1 BvL 2/83, 9, 10/84, 3/85, 11, 12, 13/89, 4/90 und 1 BvR 764/86 -, BVerfGE 82, 126, 146 m.w.N; *Gubelt*, in: von Münch/Kunig, GG-Kommentar, Bd. 1, 1999, Art. 3 Rz. 14.

181 Vgl. beispielsweise: BVerfG v. 10.2.1987 - 1 BvL 18/81 und 20/82 -, BVerfGE 74, 182, 200 m.w.N.; BVerfG v. 15.12.1987 - 1 BvR 563, 582/85, 974/85 und 1 BvL 3/86 -,

II. Konkretisierung des Art. 3 Abs. 1 GG für das Steuerrecht vor dem Hintergrund des Urteils des Bundesverfassungsgerichts vom 27.6.1991

In seiner bereichsspezifischen Konkretisierung für das Steuerrecht fordert Art. 3 Abs. 1 GG die steuerliche Lastengleichheit der Steuerpflichtigen sowohl im Hinblick auf ihre normative Steuerpflicht als auch im Hinblick auf die Durchsetzung des Besteuerungsanspruchs in der Steuererhebung.[182] Letzteres wurde insbesondere im Rahmen des Urteils des Bundesverfassungsgerichts vom 27.6.1991[183] zur Besteuerung von Einkünften aus Kapitalvermögen deutlich.[184]

In dem der Entscheidung zugrundeliegenden Sachverhalt erhob ein Ehepaar gegen seinen für den Veranlagungszeitraum 1981 ergangenen Einkommensteuerbescheid, durch den die von ihm gesetzmäßig deklarierten Zinserträge zur Besteuerung herangezogen wurden, erfolglos Klage und anschließend Verfassungsbeschwerde. Dabei rügten die Beschwerdeführer, daß die Vorschrift des § 20 Abs. 1 Nr. 8 EStG 1979[185], die Zinsen aus Kapitalforderungen jeder Art zu steuerbaren Einkünften erklärte, das Grundrecht des steuerehrlichen Bürgers auf Gleichbehandlung (Art. 3 Abs. 1 GG) verletze. Zur Begründung wurde angeführt, daß ein Teil der Bezieher von Einkünften aus sonstigen Kapitalforderungen durch Einkommensteuerbescheid zur Besteuerung herangezogen werde, ein anderer Teil der Personengruppe hingegen nicht.[186] Den Hintergrund dafür bildete der fehlende Quellensteuerabzug bei den Einkünften aus festverzinslichen Wertpapieren und aus Bauspar- sowie Sparguthaben, wodurch die tatsächliche Steuerbelastung dieser Einkünfte im Regelfall davon abhing, inwieweit sie vom Steuerpflichtigen in der Steuererklärung deklariert wurden. Steuerpflichtige, die

---

BVerfGE 77, 308, 338. Vgl. dazu auch *Osterloh*, in: Sachs, GG-Kommentar, Art. 3 Rdnr. 13 ff.; *Rüfner*, in: Bonner Kommentar, GG, Art. 3 Abs. 1 Rdnr. 25 ff.

182 Vgl. BVerfG v. 27.6.1991 - 2 BvR 1493/89 -, BVerfGE 84, 239, 271; BVerfG v. 10.4.1997 - 2 BvL 77/92 -, BVerfGE 96, 1, 6.

183 BVerfG v. 27.6.1991 - 2 BvR 1493/89 -, BVerfGE 84, 239 ff.

184 Um die Belastungsgleichheit nach einer einmal getroffenen Belastungsentscheidung ging es auch in den Beschlüssen des Bundesverfassungsgerichts v. 22.6.1995 zu den Einheitswerten bei der Vermögen- und Erbschaftsteuer (2 BvL 37/91, BVerfGE 93, 121 ff. bzw. 2 BvR 552/91, BVerfGE 93, 165 ff.; vgl. dazu *Arndt/Schumacher*, Steuerlast, NJW 1995, S. 2603 ff.). So lautet der Leitsatz 1 des Beschlusses zur Erbschaftsteuer: "Entscheidet sich der Gesetzgeber bei der Erbschaftsteuer für eine gesonderte Bewertung der zu besteuernden Güter, so muß er die einmal getroffene Belastungsentscheidung folgerichtig umsetzen und die Steuerpflichtigen - ungeachtet verfassungsrechtlich zulässiger Differenzierungen - gleichmäßig belasten."

185 Einkommensteuergesetz v. 21.6.1979 (BGBl. I 1979, S. 722 ff.) in der Fassung des Gesetzes zur Änderung des Einkommensteuergesetzes, des Körperschaftsteuergesetzes, und anderer Gesetze v. 20.8.1980 (BGBl. I 1980, S. 1545 ff.).

186 Vgl. BVerfG v. 27.6.1991 - 2 BvR 1493/89 -, BVerfGE 84, 239, 254 ff.

ihre Einkünfte aus Kapitalvermögen verschwiegen, wurden nur in seltenen Fällen zur Rechenschaft gezogen. Die wesentliche Ursache für diesen Erhebungsmangel bildete der Bankenerlaß zur Durchführung von Ermittlungen bei Kreditinstituten vom 31. August 1979[187], der inhaltlich weitgehend mit der heute in § 30a AO enthaltenen Regelung[188] übereinstimmt und eine wirksame Ermittlung und Kontrolle der Einkünfte aus Kapitalvermögen verhinderte. Aus gesamtwirtschaftlichen Gründen hatte der Gesetzgeber die Folgen des Bankenerlasses hingenommen, da er befürchtete, daß die Kapitalanleger ansonsten ihr Geld aus dem Inland abziehen würden.[189] Das Bundesverfassungsgericht kam demgegenüber zu dem Ergebnis, daß die in Kauf genommenen beträchtlichen Steuerverkürzungen[190] und die daraus folgende Ungleichheit des Belastungserfolgs nicht durch gesamtwirtschaftliche Gründe gerechtfertigt werden könnten und die Besteuerung der Einkünfte aus Kapitalvermögen nach § 20 Abs. 1 Nr. 8 EStG folglich gegen Art. 3 Abs. 1 GG verstoße.[191]

Das Bundesverfassungsgericht weist in seinem Urteil in aller Deutlichkeit darauf hin, daß materielle Steuergesetze in ein normatives Umfeld eingebettet sein müssen, das die Gleichheit der Belastung auch hinsichtlich des tatsächlichen Erfolgs prinzipiell gewährleistet.[192] Steuern, die nicht an der Quelle erhoben werden, sondern deren Festsetzung von der Erklärung des Steuerpflichtigen abhängen, stellen nach Auffassung des Bundesverfassungsgerichts erhöhte Anforderungen an die Steuerehrlichkeit des Steuerpflichtigen, die durch hinreichende, die steuerliche Belastungsgleichheit gewährleistende Kontrollmöglichkeiten abzustützen sind. Das Bundesverfassungsgericht befürwortet daher die Ergänzung des Deklarationsprinzips durch ein Verifikationsprinzip im Rahmen des Veranlagungsverfahrens.[193] Bloße Vollzugsmängel bei der Steuererhebung bewirken im Gegensatz dazu nach Auffassung des Bundesverfassungsgerichts nicht schon

---

187 BStBl. I 1979, S. 590.

188 Vgl. dazu Erstes Kapitel Punkt B.III.3. (S. 32 f.).

189 Vgl. BVerfG v. 27.6.1991 - 2 BvR 1493/89 -, BVerfGE 84, 239, 275 ff.

190 Vom Bundesrechnungshof wurde im Rahmen einer Prüfung zum Umfang der nicht erklärten und auch nicht dem Steuerabzug vom Kapitalertrag unterliegenden steuerpflichtigen Einkünfte festgestellt, daß sich die Deklarierungsquote bei den geprüften Finanzämtern zwischen 3,7 und 47,7 % bewegte, vgl. BT-Drs. 10/4367, S. 89 ff.

191 Vgl. BVerfG v. 27.6.1991 - 2 BvR 1493/89 -, BVerfGE 84, 239, 268 ff. Da diese vom BVerfG festgestellte Rechtslage bis zu diesem Zeitpunkt noch nicht erkannt worden war, erklärte das Gericht die Vorschrift zwar nicht für verfassungswidrig, verpflichtete den Gesetzgeber jedoch, spätestens mit Wirkung vom 1.1.1993 die Gleichheit durch hinreichende gesetzliche Vorkehrungen für die Zukunft zu gewährleisten; vgl. BVerfG v. 27.6.1991 - 2 BvR 1493/89 -, BVerfGE 84, 239, 284 f.

192 Vgl. BVerfG v. 27.6.1991 - 2 BvR 1493/89 -, BVerfGE 84, 239, 271.

193 Vgl. BVerfG v. 27.6.1991 - 2 BvR 1493/89 -, BVerfGE 84, 239, 273.

die Verfassungswidrigkeit einer Steuernorm.[194] Eine Erhebungsregelung, die sich gegenüber einem Besteuerungstatbestand aber in der Weise strukturell gegenläufig auswirkt, daß der Besteuerungsanspruch weitgehend nicht durchgesetzt werden kann und dies auf den Gesetzgeber zurückzuführen ist, hat die Verfassungswidrigkeit auch der materiellen Steuernorm zur Konsequenz. Die Ergebniszurechnung an den Gesetzgeber sieht das Bundesverfassungsgericht vor, wenn sich diesem die Erkenntnis aufdrängen mußte, daß durch die Erhebungsmodalitäten die Belastungsgleichheit nicht erreicht werden kann.[195]

Das Bundesverfassungsgericht macht in dem genannten Urteil somit deutlich, daß die Besteuerungstatbestände und die entsprechenden Erhebungsregeln aufeinander abzustimmen sind, um neben der gleichmäßigen Ausgestaltung der normativen Steuerpflicht auch die Gleichmäßigkeit der Vollzugsfolgen zu gewährleisten. Ist dies nicht der Fall, wird durch die materielle Steuernorm der Gleichheitssatz ebenfalls verletzt, da es an der gleichmäßigen Durchführung der einmal getroffenen Belastungsentscheidung fehlt. Es ist daher festzuhalten, daß für den Bereich des Steuerrechts der allgemeine Gleichheitsgrundsatz sowohl die rechtliche als auch die tatsächliche Gleichbelastung der Steuerpflichtigen verlangt.[196]

Bezüglich der Rechtfertigung von Ungleichbehandlungen ist für das Steuerrecht bedeutsam, daß aufgrund der durch Steuergesetze regelmäßig vorzunehmenden Regelung von Massenvorgängen Abweichungen von einer gerechten Verteilung der Steuerlast neben den bereits bei der allgemeinen Darstellung des Gleichheitssatzes genannten Rechtfertigungsgründen insbesondere auch aus Verwaltungsvereinfachungsgründen zugelassen werden.[197] So darf der Steuergesetzgeber im Hinblick auf die Praktikabilität und im Hinblick auf die angestrebte Ergiebigkeit der Besteuerung mit Typisierungen[198], Pauschalierungen[199], Durch-

---

194 Das Bundesverfassungsgericht (BVerfG v. 27.6.1991 - 2 BvR 1493/89 -, BVerfGE 84, 239, 272) führt dazu aus: "Das ist allerdings nicht schon bei einer Belastungsungleichheit der Fall, die durch Vollzugsmängel bei der Steuererhebung hervorgerufen wird, wie sie immer wieder vorkommen können und sich auch tatsächlich ereignen."

195 Vgl. BVerfG v. 27.6.1991 - 2 BvR 1493/89 -, BVerfGE 84, 239, 272.

196 Vgl. BVerfG v. 27.6.1991 - 2 BvR 1493/89 -, BVerfGE 84, 239.

197 Vgl. BVerfG v. 23.1.1990 - 1 BvR 306/86 -, BVerGE 81, 208, 237 unter Hinweis auf BVerfG v. 31.5.1988 - 1 BvR 520/83 -, BVerfGE 78, 214, 226 f.; BVerfG v. 8.10.1991 - 1 BvL 50/86 -, BVerfGE 84, 348, 359 f.; BVerfG v. 10.4.1997 - 2 BvL 77/92 -, BVerfGE 96, 1, 6. Vgl. zu dieser Problematik auch *Arndt*, Praktikabilität, 1983, S. 7 ff.; *ders.*, Gleichheit, NVwZ 1988, S. 789 f.; *Eckhoff*, Rechtsanwendungsgleichheit, 1999, S. 89 f.; *Leibholz/Rink/Hesselberger*, GG-Kommentar, Art. 3 Rz. 85 ff. und 555 ff.; *Rüfner*, in: Bonner Kommentar, GG, Art. 3 Abs. 1 Rdnr. 198, 205 ff.

198 Aufgrund einer Typisierung werden weitgehend gleichgelagerte Fälle unter Außerachtlassung ihrer Besonderheiten im einzelnen nach ihren wesentlichen Merkmalen zusam-

schnittssätzen, Vereinfachungsbefreiungen, Freibeträgen und Freigrenzen arbeiten.[200] Voraussetzung für die Vereinbarkeit von Vereinfachungsregelungen mit Art. 3 Abs. 1 GG ist aber, daß die damit verbundenen Härten und Ungerechtigkeiten lediglich eine verhältnismäßig kleine Zahl von Personen treffen, der Gleichheitssatzverstoß nicht sehr intensiv ist und nur unter Schwierigkeiten, zu denen auch die praktischen Erfordernisse der Verwaltung zählen, zu vermeiden wäre.[201]

B. Das Leistungsfähigkeitsprinzip als Fundamentalprinzip für eine gerechte Besteuerung

Um festzustellen, ob die Belastung der Steuerpflichtigen wesentlich gleich bzw. wesentlich ungleich ist, bedarf es eines Maßstabs, anhand dessen die Belastung ermittelt werden kann. Während Art. 134 der Weimarer Reichsverfassung[202] die Regelung enthielt, daß alle Staatsbürger ohne Unterschied im Verhältnis ihrer Mittel zu allen öffentlichen Lasten nach Maßgabe der Gesetze beitragen müssen, ist im Grundgesetz ein Maßstab zur Prüfung der steuerlichen Lastengleichheit nicht explizit enthalten.[203] Nach der mittlerweile ständigen Rechtsprechung des Bundesverfassungsgerichts verlangt das in Art. 3 Abs. 1 GG verankerte Gebot der Steuergerechtigkeit jedoch gerade für die Einkommensteuer, daß die Steuerlasten auf die Steuerpflichtigen im Verhältnis ihrer wirtschaftlichen Leistungsfähigkeit zu verteilen sind.[204] Es weist dem Leistungsfähigkeitsprinzip demnach verfassungsrechtlichen Rang zu.[205] Stellvertretend sei hier das Urteil des Bundesverfassungsgerichts vom 22.2.1984 genannt, in dem dies besonders deutlich wird:

---

mengefaßt und steuerlich gleichbehandelt; vgl. *Arndt*, Allgemeines Steuerrecht, 1988, S. 71.

199 Dabei handelt es sich um die Typisierung rechnerischer Grundlagen; vgl. *Tipke/Lang*, Steuerrecht, 1998, S. 104.

200 Vgl. *Leibholz/Rink/Hesselberger*, GG-Kommentar, Art. 3 Rz. 555 f.; *Osterloh*, in: Sachs, GG-Kommentar, Art. 3 Rz. 104 ff.; *Rüfner*, in: Bonner Kommentar, GG, Art. 3 Abs. 1 Rdnr. 205 f.; *Tipke/Lang*, Steuerrecht, 1998, S. 103 f. und 200 ff.

201 Vgl. BVerfG v. 8.10.1991 - 1 BvL 50/86 -, BVerfGE 84, 348, 359 f. m.w.N. Vgl. auch *Arndt*, Gleichheit, NVwZ 1988, S. 789 f.; *Leibholz/Rink/Hesselberger*, GG-Kommentar, Art. 3 Rz. 555.

202 Verfassung des Deutschen Reichs v. 11.8.1919, RGBl. 1919, S. 1383 ff.

203 Vgl. *Arndt*, Leistungsfähigkeit, in: Festschrift Mühl, 1981, S. 26; *Leibholz/Rink/Hesselberger*, GG-Kommentar, Art. 3 Rz. 496.

204 Vgl. BVerfG v. 3.11.1982 - 1 BvR 620/78, 1335/78, 1104/79 und 363/80-, BVerfGE 61, 319, 343 f. m.w.N.; BVerfG v. 22.2.1984 - 1 BvL 10/80 -, BVerfGE 66,214, 223; BVerfG v. 29.5.1990 - 1 BvL 20, 26, 184 und 4/86 -, BVerfGE 82, 60, 86.

205 Vgl. BVerfG v. 23.1.1990 - 1 BvL 4, 5, 6, 7/87 -, BVerfGE 81, 228, 238.

"Es ist ein grundsätzliches Gebot der Steuergerechtigkeit, daß die Besteuerung nach der wirtschaftlichen Leistungsfähigkeit ausgerichtet wird. Dies gilt insbesondere für die Einkommensteuer."[206]

Die herrschende Literaturmeinung hebt für den Bereich der Fiskalzwecknormen das Leistungsfähigkeitsprinzip als Fundamentalprinzip der Steuergerechtigkeit gleichfalls hervor.[207]

I. Inhalt und Konkretisierung des Leistungsfähigkeitsprinzips

Für die wirtschaftliche Leistungsfähigkeit eines Steuerpflichtigen ist seine finanzielle Belastbarkeit ausschlaggebend.[208] Zu der nach Maßgabe der Leistungsfähigkeit durchzuführenden Besteuerung sind daher nur solche Sachverhalte heranzuziehen, die eine entsprechende Zahlungsfähigkeit des Steuerpflichtigen zum Ausdruck bringen. Die bloße Erwerbsfähigkeit findet demgegenüber keine Berücksichtigung.[209] Steuerpflichtige, die danach die gleiche Leistungsfähigkeit aufweisen, sind gleich hoch zu besteuern (sog. horizontale Steuergerechtigkeit). Bei Steuerpflichtigen, die eine unterschiedliche Leistungsfähigkeit aufweisen, ist der Steuerpflichtige mit der höheren Leistungsfähigkeit steuerlich auch höher zu belasten (sog. vertikale Steuergerechtigkeit).[210]

Zur Konkretisierung des Leistungsfähigkeitsprinzips werden in der Literatur unterschiedliche Ansätze diskutiert. Als wichtigste Indikatoren für die Messung der Leistungsfähigkeit haben sich das Einkommen, das Vermögen und der Kon-

---

206 BVerfG v. 3.11.1982 - 1 BvR 620/78, 1335/78, 1104/79 und 363/80 -, BVerfGE 61, 319, 343 f. Demgegenüber wurde in der Vergangenheit vom Bundesverfassungsgericht zunächst die Auffassung vertreten, daß das Leistungsfähigkeitsprinzip nur eines von mehreren Differenzierungskriterien darstellt, nach denen der Steuerpflichtige als vergleichbar qualifiziert werden konnte; vgl. BVerfG v. 17.1.1957 - 1 BvL 4/54 -, BVerfGE 6, 55, 59. Zu dieser Rechtsentwicklung vgl. *Wiesbrock*, Verlustrückstellung, 1999, S. 101 ff.

207 Vgl. *Birk*, Leistungsfähigkeitsprinzip, 1983, S. 259; *Franke*, Demokratie, StuW 1984, S. 33 ff.; *Haller*, Steuern, 1981, S. 14 ff.; *Jachmann*, Vereinfachung, StuW 1998, S. 198; *Kirchhof*, Erneuerung, Stbg 1998, S. 389; *Lang*, Familienbesteuerung, StuW 1983, S. 104 ff.; *ders.*, Bemessungsgrundlage, 1988, S. 97 f.; *Schaumburg*, Leistungsfähigkeitsprinzip, in: Festschrift Tipke, 1995, S. 125 f.; *Tipke*, Steuerrechtsordnung, Bd. I, 2000, S. 492 ff.; *Tipke/Lang*, Steuerrecht, 1998, S. 86; *Walz*, Steuergerechtigkeit, 1980, S. 155 ff.

208 Vgl. BVerfG v. 22.2.1984 - 1 BvL 10/80 -, BVerfGE 66, 214, 223.

209 Vgl. *Birk*, Leistungsfähigkeitsprinzip, 1983, S. 167; *ders.*, Steuerrecht, 1998, S. 12; *Kirchhof*, Besteuerung, StuW 1985, S. 324 f.; *Kirchhof*, in: Kirchhof/Söhn, EStG-Kommentar, § 2 Rdnr. A 3; *Leibholz/Rinck/Hesselberger*, GG-Kommentar, Art. 3 Rz. 510.

210 Vgl. BVerfG v. 29.5.1990 – 1 BvL 20, 26, 184 und 4/86 -, BVerfGE 82, 60, 89. Vgl. auch *Arndt*, Existenzminimum, StVj 1993, S. 4 ff.

sum herauskristallisiert.[211] Der deutsche Steuergesetzgeber hat sich im Rahmen der Einkommensteuer für eine Anknüpfung an das Einkommen entschieden und hält daran, entgegen der teilweise in der Literatur[212] vorgebrachten Forderung nach einer konsumorientierten Besteuerung, in Übereinstimmung mit der herrschenden Literaturmeinung nach wie vor fest.[213] Die Ermittlung des die individuelle Leistungsfähigkeit repräsentierenden verfügbaren Einkommens erfolgt dabei nach dem sog. objektiven Nettoprinzip, das den Abzug der durch einen steuerpflichtigen Vorgang veranlaßten Aufwendungen von den zugehörigen Einnahmen vorsieht. Seinen Niederschlag hat das objektive Nettoprinzip in § 2 Abs. 2 EStG gefunden, der bei den Gewinneinkunftsarten als steuerbare Einkünfte den Gewinn, bei den Überschußeinkunftsarten den Überschuß der Einnahmen über die Werbungskosten nennt.[214] Auch das Bundesverfassungsgericht hat mittlerweile anerkannt, daß das aus dem Leistungsfähigkeitsprinzip abgeleitete objektive Nettoprinzip als Ausdruck der materiellen Richtigkeit eines Steueranspruchs dem geltenden Einkommensteuerrecht zugrundeliegt und weist ihm dadurch verfassungsrechtlichen Rang zu.[215] Durchbrechungen sollen aber zumindest bei Vorliegen gewichtiger Gründe möglich sein.[216]

II. Diskussion verschiedener Einkommensbegriffe

Die Notwendigkeit, den Begriff des Einkommens im Sinne des Nettoprinzips als Maßgröße für eine gerechte Besteuerung nach der wirtschaftlichen Leistungsfähigkeit zu konkretisieren, führte in der Vergangenheit zu einer Vielzahl von

---

211 Vgl. *Kraft*, Steuergerechtigkeit, 1991, S. 41 ff.; *Tipke/Lang*, Steuerrecht, 1998, S. 89 ff.

212 Vgl. *Rose*, Neuordnung, 1994, S. 233 ff.; *Wagner*, Leitideen, 1999, S. 25 ff. m.w.N.; *ders.*, Steuer, 1999, S. 15 ff.

213 Vgl. *Kirchhof*, Einnahmen, in: Isensee/Kirchhof, Handbuch des Staatsrechts, 1999, S. 139; *Koniarski*, Leistungsfähigkeit, 1984, S. 39 und 50; *Kraft*, Steuergerechtigkeit, 1991, S. 47 f.; *Richter*, Neugestaltung, 1994, S. 5 ff. m.w.N.; *Tipke*, Steuerrechtsordnung, Bd. II, 1993, S. 560 m.w.N.

214 Zur grundlegenden Bedeutung dieses Prinzips vgl. *Klein*, Zulässigkeit, DStZ 1995, S. 630 ff.; *Lang*, Einkommensteuerrecht, StuW 1981, S. 230; *Offerhaus*, Steuerreform, WPg 1998, S. 1038; *Söffing*, Nettoprinzip, StbJb 1988/89, S. 124 f.; *Tipke*, Steuerrechtsordnung, Bd. II, 1993, S. 590 f.; *Tipke/Lang*, Steuerrecht, 1998, S. 237 f. Darüber hinaus wird im deutschen Steuerrecht im Rahmen des sog. subjektiven Nettoprinzips der Abzug der zur Erhaltung der Existenz oder der zum Unterhalt der Familie notwendigen Aufwendungen zugelassen. Vgl. dazu *Lang*, Einkommensteuerrecht, StuW 1981, S. 230; *Söffing*, Nettoprinzip, StbJb 1988/89, S. 125 f.; *Tipke/Lang*, Steuerrecht, 1998, S. 243 ff.

215 Vgl. BVerfG v. 22.7.91 - 1 BvR 313/88 -, NJW 1992, S. 168 f.; BVerfG v. 30.9.1998 - 2 BvR 1818/91 -, BVerfGE 99, 88, 96. Zur verfassungsrechtlichen Verankerung des Nettoprinzips vgl. auch *Arndt/Jenzen*, Verlustverrechnung, DStR 1998, S. 1819 ff.; *Grotherr*, Disposition, BB 1998, S. 2341 f.; *Söffing*, Nettoprinzip, StbJb 1988/89, S. 123; *Söhn*, Aufwendungen, DStJG 3 (1980), S. 18.

216 Vgl. BVerfG v. 23.1.1990 - 1 BvL 4, 5, 6, 7/87 -, BVerfGE 81, 228, 237.

Theorien,[217] denen die Zielsetzung gemeinsam ist, den Besteuerungsgegenstand tatbestandlich abzugrenzen. Bedeutung haben dabei die Quellen-, Reinvermögenszugangs- und Markteinkommenstheorie gewonnen, die den deutschen Einkommensbegriff beeinflußt haben und die sich gerade bezüglich der Erfassung einmaliger bzw. unregelmäßig anfallender Einkünfte, zu denen insbesondere auch die privaten Veräußerungserfolge zählen, unterscheiden.[218]

1. Quellentheorie

Nach der vor allem von *Fuisting* geprägten Quellentheorie umfaßt das Einkommen "die Gesamtheit der Sachgüter, welche in einer bestimmten Periode (Jahr) dem Einzelnen als Erträge dauernder Quellen der Gütererzeugung (...) zur Verfügung stehen."[219] Hierunter fallen die aus einer dauerhaften, sich durch die Wiederholungsfähigkeit ihrer Vermögenszuflüsse auszeichnenden Einkommensquelle zufließenden Reinerträge. Einmalige Vermögensänderungen werden im Rahmen des quellentheoretischen Einkommensbegriffs nicht erfaßt. Dies gilt unabhängig davon, ob es sich um auf Wertschwankungen, Änderungen in der Zusammensetzung des Vermögens oder Kursschwankungen zurückzuführende Vermögensänderungen innerhalb der Quelle oder um außerordentliche Vermögenszuwächse handelt, die ihren Ursprung nicht in einer dauernden Einkommensquelle haben.[220] Insbesondere die Wertänderungen des Vermögens sind daher, ohne Unterschied ob sie beispielsweise durch Veräußerung realisiert wurden oder nicht, vom Einkommensbegriff ausgenommen. Die im geltenden Einkommensteuergesetz in den §§ 17 und 23 EStG enthaltenen Ausnahmen zur prinzipiellen Nichterfassung privater Veräußerungsgewinne sind mit der Quellentheorie daher nicht vereinbar.

Im Rahmen der Quellentheorie werden somit nur die regelmäßig wiederkehrenden Einkünfte dem Einkommen zugerechnet. Damit beschränkt sie sich auf einen Teilaspekt wirtschaftlicher Leistungsfähigkeit und läßt wichtige, wenn auch unregelmäßig auftretende Komponenten der wirtschaftlichen Leistungsfähigkeit außer Betracht. Dies ist vor allem für die privaten sowie die der nicht laufenden Geschäftstätigkeit zuzuordnenden betrieblichen Veräußerungsgewinne der Fall. Einer gerechten, an der wirtschaftlichen Leistungsfähigkeit ausgerichteten Be-

---

217 Einen Überblick bieten: *Kirchhof*, in: Kirchhof/Söhn, EStG-Kommentar, § 2 Rdnr. A 285 ff.; *Ohmer*, Grundlagen, 1996, S. 119 ff.; *Ruppe*, in: Herrmann/Heuer/Raupach, EStG-Kommentar, Einf. ESt Anm. 10 ff.

218 Vgl. *Lang*, Bemessungsgrundlage, 1981/88, S. 36 ff.; *Tipke/Lang*, Steuerrecht, 1998, S. 235 ff.

219 *Fuisting*, Steuerlehre, 1902, S. 110. Eine ausführliche Darstellung der Quellentheorie findet sich bei *Icking*, Einkommensteuerrecht, 1993, S. 4 ff.

220 Vgl. *Fuisting*, Steuerlehre, 1902, S. 148 ff.

steuerung kann der quellentheoretische Einkommensbegriff dadurch grundsätzlich nicht entsprechen.[221]

2. Reinvermögenszugangs- und Markteinkommenstheorie

In der insbesondere durch *Schanz* entwickelten Reinvermögenszugangstheorie wird das Einkommen "als Reinvermögenszugang eines bestimmten Zeitabschnitts" definiert. Dazu zählen "alle Reinerträge und Nutzungen, geldwerte Leistungen Dritter, alle Geschenke, Erbschaften, Legate, Lotteriegewinne, Versicherungskapitalien, Versicherungsrenten, Konjunkturengewinne jeder Art" abzüglich aller "Schuldzinsen und Vermögensverluste".[222] Die strikte Trennung zwischen Vermögensstamm und konsumierbarem Ertrag, die für die Quellentheorie charakteristisch ist, wird folglich in der Reinvermögenszugangstheorie nicht vorgenommen. Vielmehr werden neben den laufenden, regelmäßig wiederkehrenden Einkünften auch der Nutzungswert des eigenen Vermögens sowie alle einmaligen bzw. nicht regelmäßigen Wertzuflüsse dem Einkommensbegriff zugerechnet. Darunter fallen auch sämtliche Veräußerungsgewinne, ganz gleich ob sie im Betriebs- oder im Privatvermögen entstehen. Die Reinvermögenszugangstheorie sieht folglich für den Privatbereich eine Besteuerung vor, die weit über die derzeit im Rahmen der §§ 17 und 23 EStG vorgenommene steuerliche Belastung hinausgeht. Bis heute nicht abschließend geklärt ist die Frage, ob *Schanz* auch unrealisierte Wertänderungen der Besteuerung unterwerfen wollte, auch wenn vieles darauf hinweist.[223]

Im Hinblick auf die Zielsetzung, die wirtschaftliche Leistungsfähigkeit eines Steuerpflichtigen zu bestimmen und dadurch dem Gebot der Steuergerechtigkeit zu entsprechen, ist die Überlegenheit der Reinvermögenszugangstheorie gegenüber der Quellentheorie allgemein anerkannt.[224] Sowohl regelmäßig zufließende als auch nicht regelmäßig zufließende bzw. auf Wertveränderungen des Vermögensstamms zurückzuführende Erträge erhöhen die wirtschaftliche Leistungsfähigkeit und sind daher bei der Besteuerung grundsätzlich zu berücksichtigen. Im Hinblick auf die praktische Umsetzbarkeit ist die Reinvermögenszugangstheorie

---

221 Vgl. *Icking*, Einkommensteuerrecht, 1993, S. 19 m.w.N.; *Kirchhof*, in: Kirchhof/Söhn, EStG-Kommentar, § 2 Rdnr. A 320 m.w.N.; *Schneider*, Leistungsfähigkeit, 1978, S. 53 f.; *Tipke/Lang*, Steuerrecht, 1998, S. 236.

222 *Schanz*, Einkommensbegriff, FinArch 13. Jahrgang, Bd. 1, 1896, S. 24.

223 Von der Erfassung unrealisierter Wertänderungen gehen beispielsweise aus: Begründung zum Reichseinkommensteuergesetzentwurf v. 29.11.1919, FinArch 37. Jahrgang, Bd. 2, 1920, S. 242; *Fasselt*, Wertsteigerungen, 1948, S. 7; *Lang*, Bemessungsgrundlage, 1981/88, S. 38; *Tipke/Lang*, Steuerrecht, 1998, S. 235. Ausführlich zu dieser Problematik *Icking*, Einkommensteuerrecht, 1993, S. 12 ff. m.w.N.

224 Vgl. stellvertretend *Icking*, Einkommensteuerrecht, 1993, S. 19 f. m.w.N.; *Kirchhof*, in: Kirchhof/Söhn, EStG-Kommentar, § 2 Rdnr. A 330 m.w.N.

jedoch mit Schwierigkeiten verbunden, die eine konsequente Verwirklichung des dort vertretenen Einkommensbegriffs erschwert.[225] So ist beispielsweise fraglich, wie die Höhe des Nutzungswerts des eigenen Vermögens mit vertretbarem Aufwand bestimmt werden soll.[226] Mit Problemen verbunden ist ferner die praktische Umsetzung der Erfassung der im Privatvermögen erzielten einmaligen Erträge; und zwar insbesondere bezüglich der Veräußerung der der privaten Lebensführung dienenden Wirtschaftsgüter.[227] Dies gilt um so mehr, als selbst bei der im geltenden Steuerrecht nur ausnahmsweise vorgenommenen Besteuerung privater Veräußerungsgewinne die tatsächliche Durchführung nicht umfassend gewährleistet ist.[228]

Die Modifikation der Reinvermögenszugangstheorie zur Erreichung eines praktikableren Einkommensbegriffs wird im Rahmen der auf *Neumark*[229] und *Ruppe*[230] zurückzuführenden, vor allem aber durch *Lang*[231] konkretisierten Markteinkommenstheorie angestrebt.[232] Danach fallen unter den Einkommensbegriff prinzipiell nur die Einkünfte, die durch einen am Markt mit Einkünfteerzielungsabsicht vollzogenen Wertschöpfungsprozeß erwirtschaftet werden.[233] Nicht erfaßt werden demnach beispielsweise die nicht realisierten Vermögensmehrungen, die durch Erbschaften, Schenkungen und Lotteriegewinne erwirtschafteten Vermögensmehrungen sowie der Nutzungswert des eigenen Vermögens. Die aus der Veräußerung im Privatvermögen gehaltener Wirtschaftsgüter

---

225 Vgl. *Kirchhof*, in: Kirchhof/Söhn, EStG-Kommentar, § 2 Rdnr. A 331; *Tipke*, Steuerrechtsordnung, Bd. II, 1993, S. 565 f.; *Tipke/Lang*, Steuerrecht, 1998, S. 236.

226 Im deutschen Einkommensteuergesetz wurde die bis einschließlich Veranlagungszeitraum 1986 nach § 21 Abs. 2 Satz 1 i.V.m. § 21a EStG vorgesehene Nutzungswertbesteuerung durch das Wohneigentumsförderungsgesetz v. 15.5.1986 (BGBl. I 1986, S. 730 ff.) in Anlehnung an die zuvor in der Literatur vorgetragene Kritik beseitigt. Vgl. dazu *Clausen*, in: Herrmann/Heuer/Raupach, EStG-Kommentar, § 21a Anm. 3; *Jansen*, in: Herrmann/Heuer/Raupach, EStG-Kommentar, § 21 Anm. 179 und 210.

227 Vgl. *Neumark*, Einkommensbesteuerung, 1947, S. 42 ff.

228 Vgl. Erstes Kapitel Punkt B.III.3. (S. 29 ff.).

229 Vgl. *Neumark*, Einkommensbesteuerung, 1947, S. 41 ff.

230 Vgl. *Ruppe*, Einkunftsquellen, DStJG 1 (1978), S. 16.

231 Vgl. *Lang*, Bemessungsgrundlage, 1981/88, S. 18 f., 30 f. und 169 ff.; *ders.*, Reformentwurf, 1985, S. 29 ff., *ders.*, Entwurf, 1993, S. 139.

232 Einen Überblick über weitere Vertreter dieser Theorie bieten *Tipke*, Steuerrechtsordnung, Bd. II, 1993, S. 566 ff. und *Wittmann*, Markteinkommen, 1992, S. 6 ff. Die von *Kirchhof* (Ungleichbehandlung, Gutachten F zum 57. Deutschen Juristentag, 1988, S. F 16 ff.) vorgenommene verfassungsrechtliche Verankerung der von ihm vertretenen Markteinkommenstheorie in Art. 14 GG ist in der Literatur überwiegend auf Kritik gestoßen; vgl. *Beil*, Belastungsgrund, 2001, S. 99 ff. m.w.N.; *Steichen*, Markteinkommenstheorie, in: Festschrift Tipke, 1995, S. 371 m.w.N; *Wittmann*, Markteinkommen, 1992, S. 108 f. m.w.N.

233 Vgl. *Lang*, Reformentwurf, 1985, S. 31 ff.; *Wittmann*, Besteuerung, StuW 1993, S. 36.

realisierten Veräußerungsgewinne unterliegen demgegenüber grundsätzlich der Besteuerung.[234] *Lang* unterscheidet dabei aber zwischen dem der Erwirtschaftung von Vermögensmehrungen dienenden Privatvermögen, das er - neben den Wirtschaftsgütern des Betriebsvermögens - dem Bereich des sog. Erwerbsvermögens zuordnet und dem der privaten Lebensführung dienenden Privatvermögen, das er dem privaten Konsumbereich zuordnet. Während das Erwerbsvermögen nach *Lang* steuerlich zu berücksichtigen ist, ist für die Wirtschaftsgüter der privaten Lebensführung die Besteuerung nicht vorgesehen.[235] Die Qualifikation als Erwerbsvermögen hängt dabei lediglich davon ab, ob es sich um Wirtschaftsgüter handelt, die der Erzielung von Einkünften dienen. Auf das Vorliegen einer bestimmten Beteiligungshöhe oder das Nichtüberschreiten einer bestimmten Haltefrist, wie dies im Rahmen der §§ 17 und 23 EStG der Fall ist, kommt es im Gegensatz dazu nicht an. Als Erwerbsvermögen werden von den im Privatvermögen gehaltenen Wirtschaftsgütern daher insbesondere die Wertpapiere und die vom Steuerpflichtigen vermieteten bzw. verpachteten Wirtschaftsgüter angesehen, bei denen *Lang* auch die praktische Umsetzbarkeit bezüglich der Erfassung der Veräußerungserfolge als möglich erachtet.[236]

3. Der deutsche Einkommensbegriff und dessen historische Entwicklung

Im deutschen Einkommensteuergesetz umgrenzt der Gesetzgeber den Einkommensbegriff pragmatisch dahingehend, daß er die für die Besteuerung relevanten Einkunftsarten abschließend in § 2 Abs. 1 EStG aufzählt.[237] Als gemeinsames Strukturelement der insgesamt sieben Einkunftsarten wird in der Literatur teilweise der marktabhängige Erwerb angesehen und damit die Bedeutung der Markteinkommenstheorie für das deutsche Einkommensteuerrecht hervorgehoben.[238] Dieser Auffassung kann jedoch nur eingeschränkt zugestimmt werden,[239]

---

234 Vgl. *Handzik/Hellwig*, in: Littmann/Bitz/Hellwig, EStG-Kommentar, § 2 Rdnr. 27; *Lang*, Reformentwurf, 1985, S. 41 ff. und S. 65 f.; *Ruppe*, in: Herrmann/Heuer/Raupach, EStG-Kommentar, § 2 Anm. 17.

235 Vgl. *Lang*, Bemessungsgrundlage, 1981/88, S. 514 f.; *ders.*, Reformentwurf, 1985, S. 65 f.

236 Vgl. *Lang*, Bemessungsgrundlage 1981/88, S. 515.

237 Vgl. Begründung zum Entwurf eines Einkommensteuergesetzes v. 23.4.1925, FinArch 43. Jahrgang, Bd. 1, 1926, S. 170 f.; Begründung zum Einkommensteuergesetz v. 16.10.1934, RStBl. 1935, S. 34; Begründung zum Entwurf eines Dritten Steuerreformgesetzes, BT-Drs. 7/1470, S. 211; BFH v. 5.4.1974 - VI R 110/71 -, BFHE 112, 466, 469.

238 Vgl. *Biergans/Stockinger*, Einkommensbegriff, FR 1982, S. 5 f.; *Kirchhof*, in: Kirchhof/Söhn, EStG, § 2 Rdnr. A 363; *Jakob*, Einkommensteuer, 1996, S. 2 f.; *Lang*, Reformentwurf, 1985, S. 31 ff.; *Ruppe*, Einkunftsquellen, DStJG 1 (1978), S. 16; *Tipke/Lang*, Steuerrecht, 1998, S. 208 f. und 236; *Wittmann*, Markteinkommen, 1992, S. 57 f.

wie sich vor allem im Hinblick auf die Berücksichtigung privater Veräußerungsgewinne bei der deutschen Einkommensbesteuerung zeigt. Während die Markteinkommenstheorie grundsätzlich die Besteuerung aller am Markt realisierten privaten Veräußerungsgewinne vorsieht, werden im deutschen Einkommensteuerrecht private Veräußerungsgewinne nur bei Verwirklichung eines unter § 17 EStG oder § 23 EStG fallenden Veräußerungstatbestands der Besteuerung unterworfen. Diese unterschiedliche Vorgehensweise bei den in § 2 Abs. 1 Nr. 4-7 EStG geregelten Überschußeinkünften im Vergleich zu den in § 2 Abs. 1 Nr. 1-3 EStG geregelten Gewinneinkünften ist historisch bedingt und auf den Einfluß der Quellen- und Reinvermögenszugangstheorie auf die ausgehend vom preußischen Einkommensteuergesetz 1891 stattgefundene Entwicklung des deutschen Einkommensteuerrechts zurückzuführen.[240]

Durch das preußische Einkommensteuergesetz vom 24.6.1891[241] wurde die bis dahin in Preußen erhobene Klassen- und klassifizierte Einkommensteuer[242] zu einer einheitlichen Einkommensteuer zusammengefaßt und unter Zugrundelegung der Quellentheorie umfassend geändert.[243] Als Einkommen wurden dabei die Jahreseinkünfte aus den Quellen Kapitalvermögen, Grundvermögen, Pachten und Mieten, Handel und Gewerbe, Gewinn bringende Beschäftigungen, Rechte auf periodische Hebungen und Vorteile irgendwelcher Art erfaßt.[244] Außerordentliche Einnahmen aus Erbschaften, Schenkungen, Lebensversicherungen und der nicht gewerbsmäßig unternommenen Veräußerung von Grundstücken und

---

239 Ihre besondere Positivierung findet sie in dem in § 15 Abs. 2 EStG verankerten Begriff des Gewerbebetriebs, für dessen Vorliegen eine "selbstständige nachhaltige Betätigung" notwendig ist, "die mit der Absicht, Gewinn zu erzielen, unternommen wird und sich als Beteiligung am allgemeinen wirtschaftlichen Verkehr" und damit am Markt darstellt. Daneben werden jedoch auch nicht zwingend am Markt erzielte Einkünfte zur Besteuerung herangezogen. Als Beispiele hierfür sind die wiederkehrenden Bezüge (§ 22 Nr. 1 EStG) sowie die Unterhalts- (§ 22 Nr. 1 a EStG) und Versorgungsbezüge (§ 22 Nr. 4 EStG) zu nennen. Vgl. dazu *Söhn*, Besteuerung, in: Festschrift Tipke, 1995, S. 344 ff. und 352 ff.; *Wittmann*, Markteinkommen, 1992, S. 28 f. und 38 ff.

240 Vgl. *Icking*, Einkommensteuerrecht, 1993, S. 97 f.; *Kanzler*, Behandlung, FR 2000, S. 1247; *Lang*, Bemessungsgrundlage, 1981/88, S. 36 ff.; *Merkenich*, Einkommensteuerrecht, 1982, S. 147; *Tipke*, Einkünfteermittlung, in: Festschrift Paulick, 1973, S. 393; *Tipke/Lang*, Steuerrecht, 1998, S. 274 f.

241 Gesetzessammlung für die Königlich-Preußischen Staaten, 1891, S. 175 ff.

242 Zur Erläuterung dieser Steuern vgl. *Kirchhof*, in: Kirchhof/Söhn, EStG-Kommentar, § 2 Rdnr. A 392.

243 Zu den nachfolgenden Ausführungen vgl. Begründung zum Entwurf eines Einkommensteuergesetzes v. 3.11.1890, FinArch 7. Jahrgang, Bd. 2, 1890, S. 277 ff. Für einen Überblick zu der vor dem Jahre 1891 stattgefundenen Rechtsentwicklung, vgl. *Huchatz/Daenner*, in: Herrmann/Heuer/Raupach, EStG-Kommentar, Dok. 1 Anm. 2 ff.; *Kirchhof*, in: Kirchhof/Söhn, EStG-Kommentar, § 2 Rdnr. A 386 ff.

244 § 7 preuß. EStG 1891.

ähnlichen Erwerbungen wurden nach der in der Quellentheorie vorzunehmenden Unterscheidung zwischen dem Vermögensstamm und den daraus erzielten laufenden Erträgen vom Einkommensbegriff demgegenüber nicht erfaßt.[245] Eine Ausnahme davon galt für die zu Spekulationszwecken vorgenommene Veräußerung von Grundstücken und ähnlichen Erwerbungen, ohne aber näher darzulegen, unter welchen Umständen dies der Fall sein sollte. Zur Begründung für die Durchbrechung der Quellentheorie wurde angeführt, daß der Charakter des unmittelbaren Vermögenszuwachses bei den Spekulationseinkünften nicht gegeben sei.[246]

Das Reichseinkommensteuergesetz vom 29.3.1920[247] beinhaltete den Übergang von der Quellentheorie zur Reinvermögenszugangstheorie.[248] Danach war der "Gesamtbetrag der in Geld oder Geldeswert bestehenden Einkünfte", unabhängig davon, "ob es sich um einmalige oder wiederkehrende Einkünfte handelt oder aus welchem rechtlichen oder tatsächlichen Grund sie dem Steuerpflichtigen zugeflossen sind", insbesondere unter Berücksichtigung der durch "einzelne Veräußerungsgeschäfte" erzielten Gewinne zu berücksichtigen.[249] In Durchbrechung der Reinvermögenszugangstheorie waren Grundstücke, die länger als 10 Jahre gehalten wurden, sowie Möbel, Hausrat und andere bewegliche Wirtschaftsgüter, die nicht mit der Absicht der Wiederveräußerung erworben wurden, von der Besteuerung ausgenommen.[250] Zur Begründung wurde bei den Grundstücken die damals bei der Veräußerung eines Grundstücks auf den Gewinn erhobene Wertzuwachssteuer[251] genannt. Bei den beweglichen Wirtschaftsgütern wurden praktische Probleme bei der Umsetzbarkeit angeführt.[252] Eine weitere Einschränkung der aus der Veräußerung im Privatvermögen gehaltener Wirtschaftsgüter erzielten Veräußerungserfolge fand durch das Gesetz zur Änderung des Einkommensteuergesetzes vom 24.3.1921[253] statt, das für den Privatbereich die Besteuerung einmaliger Veräußerungsgewinne generell auf solche Wirtschaftsgüter beschränkte, die zu dem Zweck einer gewinnbringenden Wiederveräußerung erworben wurden (Spekulationsgewinne).

---

245 § 8 preuß. EStG 1891.

246 Vgl. Begründung zum Entwurf eines Einkommensteuergesetzes v. 3.11.1890, FinArch 7. Jahrgang, Bd. 2, 1890, S. 278.

247 RGBl. 1920, S. 359 ff.

248 Zu den nachfolgenden Ausführungen vgl. Begründung zum Reichseinkommensteuergesetzentwurf v. 29.11.1919, FinArch 37. Jahrgang, 1920, Bd. 2, S. 237 ff.

249 §§ 4, 5 und 11 Nr. 5 REStG 1920.

250 § 12 Nr. 12 und 13 REStG 1920.

251 Vgl. dazu *Weininger*, Besteuerung, 1974, S. 5 f.

252 Vgl. Begründung zum Reichseinkommensteuergesetzentwurf v. 29.11.1919, FinArch 37. Jahrgang, Bd. 2, 1920, S. 241.

253 RGBl. 1921, S. 313 ff.

Im Rahmen des Reichseinkommensteuergesetzes vom 10.8.1925[254] bekannte sich der Gesetzgeber nicht explizit zu einem der beiden Einkommensbegriffe, sondern bestimmte aus Gründen der praktischen Durchführbarkeit das Einkommen pragmatisch, indem er einen abschließenden Katalog von acht Einkunftsarten einführte.[255] In Abhängigkeit von der jeweiligen Einkunftsart wurde der Gewinn bzw. der Überschuß der Einnahmen über die Ausgaben der Besteuerung zugrundegelegt.[256] Während bei den Gewinneinkünften neben den laufenden Erträgen auch die Wertänderungen des Vermögens erfaßt wurden,[257] blieben im Rahmen der Überschußeinkünfte die Wertänderungen des Vermögens prinzipiell unberücksichtigt. Hiervon ausgenommen waren jedoch die bei Veräußerung wesentlicher Beteiligungen an Kapitalgesellschaften oder bei Spekulationsgeschäften erzielten Erfolge.[258] Im Unterschied zu den vorangegangenen Einkommensteuergesetzen, in denen das subjektive Moment der Wiederholungsabsicht im Vordergrund stand, wurde der Tatbestand eines Spekulationsgeschäfts dahingehend konkretisiert, daß für sein Vorliegen auf das Nichtüberschreiten bestimmter Fristen (Spekulationsfristen) zwischen der Anschaffung und Veräußerung der Wirtschaftsgüter[259] bzw. auf die Veräußerung der Wirtschaftsgüter vor ihrem Erwerb abgestellt wurde. Bereits durch das REStG 1925 wurde folglich der im heutigen Einkommensteuerrecht relevante Dualismus der Einkunftsarten mit der Anlehnung an die Reinvermögenszugangstheorie bei den Gewinneinkunftsarten und, mit wenigen Ausnahmen, an die Quellentheorie bei den Überschußeinkunftsarten begründet. Diese Rechtsentwicklung wurde durch das Einkommensteuergesetz vom 16.10.1934[260] fortgesetzt.[261] Lediglich der Katalog der Einkunftsarten wurde von acht auf sieben gekürzt, indem die "wie-

---

254 RGBl. I 1925, S. 189 ff.

255 Im Rahmen der Begründung zum Entwurf eines Einkommensteuergesetzes v. 23.4.1925 (FinArch 43. Jahrgang, Bd. 1, 1926, S. 170 f.) wird dargelegt, daß weder die Quellen- noch die Reinvermögenszugangstheorie als alleinige Grundlage für geeignet angesehen werden.

256 §§ 6 und 7 REStG 1925.

257 § 6 Abs. 1 Nr. 2 REStG 1925 und § 7 Abs. 2 Nr. 1 REStG 1925 i.V.m. §§ 29 und 30 REStG 1925.

258 § 6 Abs. 1 Nr. 8 REStG 1925 und § 7 Abs. 2 Nr. 2 REStG 1925 i.V.m. §§ 30 Abs. 3 und 42 Abs. 1 REStG 1925.

259 Nach § 42 Abs. 1 Nr. 1 REStG 1925 war beim Grundbesitz eine Frist von zwei Jahren, bei den beweglichen Wirtschaftsgütern eine Frist von drei Monaten relevant. Der Steuerpflichtige hatte damals aber noch die Möglichkeit, den Gegenbeweis zu erbringen, daß das veräußerte Wirtschaftsgut nicht zum Zwecke einer gewinnbringenden Wiederveräußerung angeschafft wurde (§ 42 Abs. 2 Nr. 3 REStG 1925). Diese Möglichkeit ist durch das EStG 1934 (RGBl. I, S. 1005 ff.) gestrichen und seitdem nicht wieder eingeführt worden; vgl. *Warnke*, in: Lademann/Söffing, EStG-Kommentar, § 23 Anm. 28.

260 RGBl. I 1934, S. 1005 ff.

261 Vgl. Begründung zum Einkommensteuergesetz v. 16.10.1934, RStBl. 1935, S. 34.

derkehrenden Bezüge" und die "sonstigen Leistungsgewinne" zu der Einkunftsart "sonstige Einkünfte" zusammengefaßt wurden.[262] In seinen wesentlichen Grundstrukturen unverändert liegt das Einkommensteuergesetz 1934 auch noch dem derzeit geltenden Einkommensteuergesetz zugrunde.[263] Dies gilt insbesondere für den Dualismus der Einkunftsarten. Zwar werden zur Begründung der prinzipiellen Nichterfassung privater Veräußerungsgewinne vom Gesetzgeber vor allem Probleme bei der praktischen Durchführbarkeit angeführt. Diese Handhabung erscheint im Hinblick auf die gerade bei der Einkommensteuer nach Art. 3 Abs. 1 GG angestrebte steuerliche Belastung der Steuerpflichtigen entsprechend ihrer wirtschaftlichen Leistungsfähigkeit und die diesbezüglich gegen eine unter Zugrundelegung der Quellentheorie durchgeführte Besteuerung geäußerte Kritik aber problematisch.

C. Die Ungleichbehandlung betrieblicher und privater Veräußerungsgewinne und Art. 3 Abs. 1 GG

Die mit dem Dualismus der Einkunftsarten derzeit verbundene Ungleichbehandlung betrieblicher und privater Veräußerungsgewinne im deutschen Einkommensteuerrecht wird anhand des nachfolgenden Beispiels unmittelbar deutlich:

> Von den Steuerpflichtigen A und B werden unabhängig voneinander bebaute Nachbargrundstücke zu Anschaffungskosten von jeweils DEM 650.000 erworben. Während A in der Folgezeit sein Grundstück für seinen Gewerbebetrieb nutzt, nutzt B sein Grundstück zur Vermietung. Nach Ablauf von 15 Jahren veräußern A, dessen Gewerbebetrieb dadurch nicht beendet wird, und B die Grundstücke an den Steuerpflichtigen C zu einem Veräußerungspreis von je DEM 1.000.000 und erzielen dadurch einen Veräußerungserfolg von je DEM 350.000. Im Gegensatz zu A, bei dem der Veräußerungserfolg zu den steuerpflichtigen Einkünften aus Gewerbebetrieb nach § 15 Abs. 2 EStG gehört, unterliegt der Veräußerungserfolg des B, aufgrund des Überschreitens der nach § 23 Abs. 1 Nr. 1 EStG für Grundstücke relevanten Haltefrist von zehn Jahren, nicht der Besteuerung als privates Veräußerungsgeschäft.

Obwohl in dem gewählten Beispiel bei den beiden Steuerpflichtigen der Veräußerungserfolg identisch ist, unterscheidet sich die steuerliche Behandlung somit in Abhängigkeit davon, ob das Grundstück dem Betriebsvermögen zuzurechnen ist, wie das bei A der Fall ist, oder zum Privatvermögen zählt, wie das bei B der Fall ist.

---

[262] Dabei wurde auch die Spekulationsfrist bei den beweglichen Wirtschaftsgütern von drei Monaten auf ein Jahr ausgedehnt (§ 23 Abs. 1 Nr. 1 Buchst. b EStG 1934).

[263] Vgl. *Huchatz/Daenner*, in: Herrmann/Heuer/Raupach, EStG-Kommentar, Dok. 1 Anm. 51 ff.; *Kirchhof*, in: Kirchhof/Söhn, EStG-Kommentar, § 2 Rdnr. A 449 ff.

I. Bisher vom Bundesverfassungsgericht vertretene Auffassung und Kritik an dieser Auffassung

Das Bundesverfassungsgericht hat die unterschiedliche steuerliche Erfassung betrieblicher und privater Veräußerungseinkünfte in seinen hierzu ergangenen Beschlüssen vom 9.7.1969[264] und 7.10.1969[265] nicht beanstandet.

In dem Beschluß vom 9.7.1969, in dem die Vereinbarkeit des § 23 Abs. 1 Satz 1 Nr. 1 EStG 1961[266] mit Art. 3 Abs. 1 GG untersucht wurde, sah das Bundesverfassungsgericht es als gerechtfertigt an, den bei Veräußerung eines Betriebsgrundstücks erzielten Gewinn generell der Besteuerung zu unterwerfen, den bei Veräußerung eines Grundstücks des Privatvermögens erzielten Gewinn hingegen lediglich bei Nichtüberschreiten der Spekulationsfrist steuerlich zu berücksichtigten. Zur Begründung führt das Bundesverfassungsgericht unter Zugrundelegung der Willkürformel[267] an, daß der Gesetzgeber die ihm hinsichtlich der Erschließung von Steuerquellen zustehende Freiheit "nicht in sachlich ungerechtfertigter, willkürlicher Weise mißbraucht."[268] Es legt jedoch nicht näher dar, warum dies hinsichtlich der prinzipiellen Erfassung betrieblicher Veräußerungsgewinne im Vergleich zur prinzipiellen Nichterfassung privater Veräußerungserfolge nicht der Fall sein soll. Der zur Rechtfertigung der unterschiedlichen - in Abhängigkeit von dem Überschreiten bzw. Nichtüberschreiten der Spekulationsfrist vorgenommenen - Behandlung privater Veräußerungsgewinne genannte "sachlich einleuchtende Grund (...), daß der Gesetzgeber Gewinne aus Veräußerungsgeschäften über Gegenstände des Privatvermögens nur dann als 'Einkünfte' qualifizieren zu können glaubt, wenn sie innerhalb verhältnismäßig kurzer Zeit erzielt worden sind",[269] ist ebenfalls wenig überzeugend.[270]

Mit einer gerechten, an der wirtschaftlichen Leistungsfähigkeit orientierten Besteuerung ist dieses Vorgehen grundsätzlich nicht vereinbar.[271] Für die wirtschaftliche Leistungsfähigkeit ist es irrelevant, ob ein privat angeschafftes

---

264 BVerfG v. 9.7.1969 - 2 BvL 20/65 -, BVerfGE 26, 302.

265 BVerfG v. 7.10.1969 - 2 BvL 3/66 und 2 BvR 701/64 -, BVerfGE 27, 111.

266 Einkommensteuergesetz in der Fassung v. 15.8.1961, BGBl. I 1961, S. 1254 ff.

267 Vgl. Zweites Kapitel Punkt A.I. (S. 36).

268 BVerfG v. 9.7.1969 - 2 BvL 20/65 -, BVerfGE 26, 302, 310.

269 BVerfG v. 9.7.1969 - 2 BvL 20/65 -, BVerfGE 26, 302, 313.

270 *Tipke* (Einkünfteermittlung, in: Festschrift Paulick, 1973, S. 399) geht sogar noch weiter, indem er ausführt: "Der Begründungssatz ist eine bloße Floskel." Ähnlich *Lang* (Bemessungsgrundlage, 1981/88, S. 58), für den sich die Begründung, "wie ein Einleitungssatz zu einer Begründung liest".

271 Vgl. *Jachmann*, Gleichheit, 2000, S. 122 ff.; *Lang*, Bemessungsgrundlage, 1981/88, S. 58 ff.; *Merkenich*, Einkommensteuerrecht, 1982, S. 87 f. und 90; *Tipke*, Steuerrechtsordnung, Bd. II, 1993, S. 645 ff.

Grundstück vor oder nach Ablauf der Spekulationsfrist mit Gewinn veräußert wird. Beim Gewerbetreibenden A, der sein Grundstück in dem eingangs geschilderten Beispiel mit einem Erfolg von DEM 350.000 veräußert, erhöht sich die Leistungsfähigkeit in gleichem Umfang wie beim Steuerpflichtigen B, der sein bisher vermietetes Grundstück mit dem gleichen Gewinn veräußert. Zwar wird vom Bundesverfassungsgericht in verschiedenen Urteilen auch die Auffassung vertreten, daß das Prinzip der Leistungsfähigkeit nicht in reiner Form angewendet werden muß.[272] Die Handlungsfreiheit endet aber dort, wo die ungleiche Behandlung der geregelten Sachverhalte nicht mehr mit einer am Gerechtigkeitsgedanken ausgerichteten vereinbar ist, weil es an der Rechtfertigung für die Ungleichbehandlung fehlt.[273]

Zur Rechtfertigung der nur teilweisen Besteuerung privater Veräußerungsgewinne werden in der Literatur überwiegend Probleme bei der verwaltungstechnischen Umsetzbarkeit angeführt.[274] Den Hintergrund hierfür bildet vor allem die fehlende Buchführung bei nicht gewerblich tätigen natürlichen Personen, die eine umfassende und korrekte Ermittlung sowie Erfassung privater Veräußerungsgewinne erschwert.[275] Im Hinblick darauf, daß in einigen ausländischen Staaten bereits seit vielen Jahren eine umfassende Besteuerung privater Veräußerungsgewinne vorgenommen wird, erscheinen diese Schwierigkeiten jedoch durchaus bewältigbar.[276] Zudem ist einzuwenden, daß sich insbesondere in den Bereichen des Grund- und Wertpapiervermögens die zur Durchführung der Besteuerung erforderlichen Informationen zu den Anschaffungs- bzw. Herstellungskosten regelmäßig aus Unterlagen entnehmen ließen, die der Steuerpflichtige beispielsweise von seinem Kreditinstitut erhält oder die ihm unmittelbar selbst vorliegen, da er sie für die Inanspruchnahme von Abschreibungen benö-

---

272 Vgl. BVerfG v. 2.10.1969 - 1 BvL 12/68 -, BVerfGE 27, 58, 68; BVerfG v. 23.11.1976 - 1 BvR 150/75 -, BVerfGE 43, 108, 120 f.; BVerfG v. 11.10.1977 - 1 BvR 343/73, 83/74, 183 und 428/75 -, BVerfGE 47, 1, 30; BVerfG v. 10.2.1987 - 1 BvL 18/81 und 20/82 -, BVerfGE 74, 182, 199 f.

273 Vgl. BVerfG v. 9.7.1969 - 2 BvL 20/65 -, BVerfGE 23, 302, 310; BVerfG v. 10.2.1987 - 1 BvL 18/81 und 20/82 -, BVerfGE 74, 182, 200.

274 Vgl. *Bundesministerium für Wirtschaft und Finanzen*, Steuerreform, BMF-Schriftenreihe Heft 17, 1971, S. 72 f. und 83; *Crezelius*, in: Kirchhof/Söhn, EStG-Kommentar, § 23 Rdnr. A 23; *Gaddum*, Steuerreform, 1986, S. 35.

275 Vgl. *Altorfer*, Privatvermögen, 1959, S. 168; *Lang*, Einkommensteuer, 1987, S. 22 f.; *Tipke*, Einkünfteermittlung, in: Festschrift Paulick, 1973, S. 399; *Wissenschaftlicher Beirat beim Bundesministerium der Finanzen*, Gutachten, 1967, BMF-Schriftenreihe Heft 9, S. 24 f.

276 Vgl. *Krause-Nehring*, Behandlung, 1972, S. 201; *Merkenich*, Einkommensteuerrecht, 1982, S. 49 f.

tigt.[277] Selbst das Bundesverfassungsgericht steht in seinem Urteil vom 9.6.1969 einer umfassenden Besteuerung privater Veräußerungsgewinne offen gegenüber, indem es darlegt: "Der Gesetzgeber wäre nicht gehindert, Gewinne aus jeder Veräußerung von Gegenständen des Privatvermögens zu besteuern." Den Ausgangspunkt dafür sieht das Bundesverfassungsgericht darin, daß es sich bei den betrieblichen und privaten Veräußerungsgewinnen wirtschaftlich und rechtlich gesehen um den gleichen Vorgang handelt.[278]

In dem Beschluß vom 7.10.1969, in dem die Vereinbarkeit des § 17 Abs. 1 Satz 1 und Satz 3 EStG 1965[279] mit Art. 3 Abs. 1 GG untersucht wurde, machte das Bundesverfassungsgericht erneut deutlich, daß der Gesetzgeber sämtliche privaten Veräußerungsgewinne der Besteuerung unterwerfen könnte. Wiederum unter Zugrundelegung der Willkürformel sah es aber sowohl die generell unterschiedliche Besteuerung der betrieblichen im Vergleich zu den privaten Veräußerungsgewinnen, als auch die unterschiedliche - in Abhängigkeit vom Überschreiten bzw. Nichtüberschreiten einer Beteiligungshöhe von 25 % vorgenommene - Behandlung der aus der Veräußerung im Privatvermögen gehaltener Kapitalgesellschaftsanteile erzielten Gewinne als "sachlich vertretbar" an.[280] Zur Begründung der steuerlichen Erfassung dem Privatvermögen zuzurechnender wesentlicher Beteiligungen stellt es dabei auf die "Nähe" solcher Beteiligungen zur Geschäftsführung der Gesellschaft, die damit verbundenen Einflußmöglichkeiten und auf die Vergleichbarkeit mit Anteilen an Personengesellschaften ab.[281] Wie im Beschluß vom 9.7.1969 sind diese Differenzierungen im Hinblick auf die Besteuerung nach der wirtschaftlichen Leistungsfähigkeit wenig überzeugend[282] und mit den entsprechenden Argumenten zu kritisieren. Dies gilt um so mehr, als auch der Bundesfinanzhof in seinen neueren Urteilen zu § 17 EStG zunehmend die Erfassung der wirtschaftlichen Leistungsfähigkeit in den Vordergrund stellt.[283] Darüber hinaus ist auch das für die unterschiedliche Behandlung des Veräußerungserfolgs im Privatvermögen gehaltener Kapitalgesellschaftsanteile genannte Argument unterschiedlicher Einflußmöglichkeiten durch das Absenken der Beteiligungsgrenze auf mindestens 10 % ab dem Veranla-

---

277 Vgl. *Lang*, Bemessungsgrundlage, 1981/88, S. 59 f.; *Tipke*, Steuerrechtsordnung, Bd. II, 1993, S. 649.

278 Vgl. BVerfG v. 9.7.1969 - 2 BvL 20/65 -, BVerfGE 26, 302, 312.

279 Einkommensteuergesetz in der Fassung v. 14.5.1965, BGBl. I 1965, S. 377 ff.

280 Vgl. BVerfG v. 7.10.1969 - 2BvL 3/66 und 2 BvR 701/64 -, BVerfGE 27, 111, 127 f.

281 Vgl. BVerfG v. 7.10.1969 - 2BvL 3/66 und 2 BvR 701/64 -, BVerfGE 27, 111, 128 ff.

282 Vgl. *Lang*, Bemessungsgrundlage, 1981/88, S. 504; *Merkenich*, Einkommensteuerrecht, 1982, S. 87 f.; *Tipke*, Steuerrechtsordnung, Bd. II, 1993, S. 647 ff.

283 Vgl. BFH v. 16.5.1995 - VIII R 33/94 -, BStBl. II 1995, S. 872; BFH v. 18.1.1999 - VIII B 80/98 -, DStR 1999, S. 539; BFH v. 20.4.1999 - VIII R 58/97 -, DStR 1999, S. 930 f.; *Ebling*, in: Blümich, EStG, § 17 Rz. 6.

gungszeitraum 1999 bzw. auf mindestens 1 % ab dem Veranlagungszeitraum 2002 hinfällig geworden.[284]

Es ist daher festzuhalten, daß es unter dem Blickwinkel des für das Einkommensteuerrecht mittlerweile allgemein anerkannten Prinzips der Besteuerung nach der wirtschaftlichen Leistungsfähigkeit sehr fraglich ist, ob bei erneuter Entscheidung durch das Bundesverfassungsgericht die mit dem Dualismus der Einkunftsarten verbundene Ungleichbehandlung nochmals gebilligt würde.[285] Dies gilt insbesondere auch unter dem Aspekt, daß die genannten Beschlüsse zur Rechtfertigung der Ungleichbehandlungen auf die "Willkürformel" abstellen, während in den neueren Urteilen des Bundesverfassungsgerichts verstärkt die "neue Formel" herangezogen wird, die grundsätzlich höhere Anforderungen an die Rechtfertigung einer Ungleichbehandlung stellt.[286] So ist die prinzipielle Nichterfassung privater im Vergleich zur prinzipiellen Erfassung betrieblicher Veräußerungsgewinne letztlich vor allem auf die unterschiedliche Behandlung der Veräußerungsgewinne im Rahmen der Gewinneinkunftsarten auf der einen Seite und der Überschußeinkunftsarten auf der anderen Seite zurückzuführen. Vom Bundesverfassungsgericht selbst wurde in drei Urteilen jedoch dargelegt, daß die unterschiedlichen Einkunftsarten allein zur Begründung einer Differenzierung nicht ausreichen.[287]

II. In der Literatur vertretene Auffassungen

Die in der Literatur vertretenen Auffassungen zur steuerlichen Erfassung privater Veräußerungsgewinne reichen von der Forderung nach der steuerlichen Berücksichtigung sämtlicher Veräußerungsgewinne bis hin zur Beibehaltung der nur ausnahmsweise durchzuführenden Besteuerung privater Veräußerungsgeschäfte gemäß den derzeit im Einkommensteuergesetz in den §§ 17 und 23 EStG enthaltenen Regelungen.[288]

Die von den Befürwortern einer Ausdehnung der steuerlichen Erfassung privater Veräußerungsgewinne vorgesehenen Änderungen differieren teilweise stark voneinander, wenn ihnen auch die Zielsetzung der Besteuerung nach der wirtschaftlichen Leistungsfähigkeit gemeinsam ist. Nur wenige Autoren, für die

---

284 Vgl. *Schulte*, Absenkung, DB 2000, S. 1044.

285 Im Ergebnis so auch *Lang* (Einkommensteuerrecht, StuW 1981, S. 228), der für die weitestmögliche Überwindung des Dualismus nur zwei legale Wege sieht: "die erneute Anrufung des Bundesverfassungsgerichts und die Gesetzesänderung".

286 Vgl. Zweites Kapitel Punkt A.I. (S. 36).

287 Vgl. BVerfG v. 8.10.1991 - 1 BvL 50/86 -, BVerfGE 84, 348, 363; BVerfG v. 10.4.1997 - 2 BvL 77/92 -, BVerfGE 96, 1, 6; BVerfG v. 30.9.1998 - 2 BvR 1818/91 -, BVerfGE 99, 88, 95.

288 Vgl. *Kohlrust-Schulz*, Veräußerungsgewinne, NWB 1999, F. 3, S. 10775.

stellvertretend *Altorfer*[289], der *Wissenschaftliche Beirat beim Bundesministerium der Finanzen aus dem Jahr 1967*[290], und *Wolff-Diepenbrock*[291] genannt werden sollen, fordern die Erfassung sämtlicher Veräußerungsgewinne. Die überwiegende Mehrheit strebt demgegenüber die umfassende Besteuerung der Gewinne aus der Veräußerung des sog. Erwerbsvermögens an.[292] Diese Auffassung ist vor allem auf *Lang*[293] zurückzuführen, der sich im Rahmen der von ihm vertretenen Markteinkommenstheorie für die prinzipielle Gleichbehandlung betrieblicher und privater Veräußerungsvorgänge einsetzt, insbesondere aus Gründen der verwaltungstechnischen Durchführbarkeit aber die steuerliche Erfassung privater Veräußerungserfolge auf die dem Erwerbsvermögen zuzurechnenden Wirtschaftsgüter beschränken will. Hierunter fallen neben den Wirtschaftsgütern des Betriebsvermögens auch alle zur Einkunftserzielung eingesetzten Wirtschaftsgüter des Privatvermögens. Speziell davon betroffen ist der Bereich der Wertpapiere sowie der Bereich der sonstigen Wirtschaftsgüter, die vom Steuerpflichtigen zu Vermietungs- bzw. Verpachtungszwecken genutzt werden. Ausgenommen sind die der privaten Lebensführung dienenden Wirtschaftsgüter, wie beispielsweise der Hausrat, die *Lang* dem privaten Konsumbereich zurechnet.[294]

Die Gegner einer Erweiterung der Besteuerung privater Veräußerungsgewinne sehen demgegenüber die gleichmäßige Besteuerung betrieblicher und privater Veräußerungseinkünfte sowohl aufgrund verwaltungstechnischer Probleme bei der Durchführbarkeit als auch im Hinblick auf die mit einer Ausdehnung der Steuerpflicht regelmäßig verbundene Besteuerung von Scheingewinnen sowie der Progressionswirkung als nicht vertretbar an.[295] Auf diese Problembereiche, die auch den Befürwortern einer erweiterten Steuerpflicht bewußt sind,[296] soll nachfolgend näher eingegangen werden.

---

289 *Altorfer*, Privatvermögen, 1959, S. 184 ff.

290 *Wissenschaftlicher Beirat beim Bundesministerium der Finanzen*, Gutachten, 1967, BMF-Schriftenreihe Heft 9, S. 25.

291 *Wolff-Diepenbrock*, Systematik, in: Festschrift Klein, 1994, S. 884.

292 Vgl. stellvertretend *Jachmann*, Gleichheit, 2000, S. 122 ff.; *Raupach*, Niedergang, 1985, S. 103 ff.; *Tipke*, Steuerrechtsordnung, Bd. II, 1993, S. 650 m.w.N.

293 *Lang*, Bemessungsgrundlage, 1981/88, S. 501 ff; *ders.*, Reformentwurf, 1985, S. 31 ff. und 65 ff.

294 Vgl. *Lang*, Reformentwurf, 1985, S. 59, 65 f. und 97.

295 Vgl. stellvertretend *Crezelius*, in: Kirchhof/Söhn, EStG-Kommentar, § 23 Rdnr. A 23; *Gaddum*, Steuerreform, 1986, S. 18 und 35.

296 Vgl. stellvertretend *Lang*, Bemessungsgrundlage 1981/88, S. 514 ff.; *ders.*, Reformentwurf, 1985, S. 66 f.; *Tipke/Lang*, Steuerrecht, 1998, S. 430 f.

III. Problembereiche bei der Erfassung privater Veräußerungsgewinne

1. Praktikabilität

Bei einer umfassenden Besteuerung privater Veräußerungsgewinne bestehen in mehrfacher Hinsicht Probleme bezüglich der praktischen Durchführbarkeit.[297] Zunächst ist die Ermittlung des Veräußerungserfolgs zu nennen. Nicht gewerblich tätige Personen führen gewöhnlich keine Bücher, so daß sich die Frage stellt, aus welchen Unterlagen die Informationen zur Durchführung der Besteuerung entnommen werden könnten. Dies gilt insbesondere für die der privaten Lebensführung dienenden, dem Konsumvermögen zuzurechnenden Wirtschaftsgüter der Steuerpflichtigen, wie z.B. Hausrat, Kleidung, privater PKW u.ä. Der Steuerpflichtige selbst hat im Konsumbereich - im Gegensatz zum Wertpapier- und Immobilienbereich - normalerweise kein Interesse daran, die entsprechenden Rechnungsbelege langfristig aufzubewahren. Über Dritte können diese Unterlagen nach der heutigen Rechtslage ebenfalls nicht erlangt werden. Aber auch wenn die Rechtslage einem solchen Vorgehen nicht entgegenstehen würde, könnten die entsprechenden Informationen darüber oftmals nicht erzielt werden, da derartige Anschaffungsvorgänge häufig anonym erfolgen.[298] Ein weiterer Problembereich im Hinblick auf das Konsumvermögen besteht bezüglich der dem Steuerpflichtigen entstandenen Aufwendungen, durch die die Lebensdauer des Wirtschaftsguts verlängert, der Wert erhöht oder die Substanz erhalten wurde. Nach dem objektiven Nettoprinzip sind die durch einen steuerpflichtigen Vorgang veranlaßten Aufwendungen von den zugehörigen Einnahmen abzuziehen, so daß die vorgenannten Aufwendungen neben den Anschaffungs- bzw. Herstellungkosten bei Veräußerung zu berücksichtigen wären. Im Bereich des Konsumvermögens sind diese Aufwendungen aber zumindest teilweise durch die private Lebensführung verursacht, für die das in § 12 EStG enthaltene Abzugsverbot gilt. Die damit verbundenen Abgrenzungsschwierigkeiten der durch die Veräußerung veranlaßten und infolgedessen abziehbaren von den durch die private Lebensführung veranlaßten und infolgedessen nicht abziehbaren Aufwendungen sind offensichtlich.[299]

Für die praktische Durchführbarkeit einer umfassenden Besteuerung privater Veräußerungsvorgänge ist ferner der Aspekt der Sicherstellung der Erfassung

---

297 Vgl. *Bundesministerium für Wirtschaft und Finanzen*, Steuerreform, BMF-Schriftenreihe Heft 17, 1971, S. 83; *Crezelius*, in: Kirchhof/Söhn, EStG-Kommentar, § 23 Rdnr. A 23.

298 Vgl. *Bundesministerium für Wirtschaft und Finanzen*, Steuerreform, BMF-Schriftenreihe Heft 17, 1971, S. 83 ff.; *Lang*, Bemessungsgrundlage, 1981/88, S. 58 ff.; *Merkenich*, Einkommensteuerrecht, 1982, S. 48 f. und 94.

299 Vgl. *Durchlaub*, Privatvermögen, 1993, S. 31; *Merkenich*, Einkommensteuerrecht, 1982, S. 53.

der Veräußerungserfolge durch die Steuerpflichtigen in ihrer Steuererklärung bedeutsam, aus dem sich die Frage nach der Kontrolle durch die Finanzverwaltung ergibt.[300] Wie das Bundesverfassungsgericht im Rahmen des Zinsurteils[301] bei der Besteuerung von Einkünften aus Kapitalvermögen hervorhob, verlangt der allgemeine Gleichheitssatz für den Bereich des Steuerrechts sowohl die rechtliche als auch die tatsächliche Gleichbelastung der Steuerpflichtigen.[302] Vor dem Hintergrund, daß bereits bei der derzeit nur nach den §§ 17 und 23 EStG vorgesehenen Besteuerung privater Veräußerungsgewinne die tatsächliche Durchführung des Besteuerungsanspruchs nicht umfassend gewährleistet ist,[303] ist offen, wie diese Problematik bei Ausweitung der zu berücksichtigenden Tatbestände bewältigt werden kann.[304] Die Notwendigkeit der Kontrolle wird umso deutlicher, als speziell im Hinblick auf die steuerliche Erfassung durch § 23 Abs. 1 Nr. 1 Buchst. b EStG 1997[305] beim Bundesfinanzhof ein Verfahren anhängig ist. Gegenstand des Verfahrens bildet dabei die Fragestellung, ob der Kläger in seinem Grundrecht nach Art. 3 Abs. 1 GG dadurch verletzt ist, daß die Finanzverwaltung die in die Steuererklärungen aufzunehmenden Angaben zu den nach § 23 EStG steuerlich zu berücksichtigenden Wertpapiertransaktionen vielfach nur entgegennimmt, ohne eine Kontrolle der Ehrlichkeit der Steuerpflichtigen durchzuführen.[306] Im Vorverfahren beim Schleswig-Holsteinischen Finanzgericht[307] wurden diese Vollzugsmängel und die hierdurch bedingten Belastungsunterschiede unter Hinweis auf das Zinsurteil des Bundesverfassungsgerichts als nicht verfassungswidrig angesehen. Zur Begründung trägt das Finanzgericht vor, daß die "Vollzugsmängel vornehmlich auf die angespannte Personallage der Finanzämter und der Praxis des sog. maßvollen Gesetzesvollzugs" zurückzuführen seien. Um ein strukturelles, dem Gesetzgeber zuzurechnendes Erhebungsdefizit, das - wie beim Zinsurteil - die Verfassungswidrigkeit auch der materiellen Steuernorm zur Folge hätte, handelt es sich nach Auffassung des Finanzgerichts demgegenüber nicht.[308] Angesichts der Tatsache, daß einer wirksamen Kontrolle insbesondere die Regelung des § 30a AO entgegensteht, die weitgehend mit dem Bankenerlaß aus dem Jahre 1979 übereinstimmt, der wiederum den Ausgangspunkt für die Verletzung des allgemeinen Gleichheitssatzes durch die Besteuerung der Einkünfte aus Kapitalvermögen im Rah-

---

300 Vgl. *Crezelius*, in: Kirchhof/Söhn, EStG-Kommentar, § 23 Rdnr. A 23; *Glenk*, in: Blümich, EStG, § 23 Rz. 10; *Lang*, Bemessungsgrundlage, 1981/88, S. 514 f.

301 BVerfG v. 27.6.1991 - 2 BvR 1493/89 -, BVerfGE 84, 239.

302 Vgl. Zweites Kapitel Punkt A.II. (S. 39).

303 Vgl. Erstes Kapitel Punkt B.III.3. (S. 29 ff.).

304 Vgl. *Crezelius*, in: Kirchhof/Söhn, EStG-Kommentar, § 23 Rdnr. A 23.

305 Einkommensteuergesetz in der Fassung v. 16.4.1997, BGBl. I 1997, S. 821 ff.

306 Az. beim BFH: IX R 62/99.

307 Schleswig-Holsteinisches FG v. 23.9.1999 - V 7/99 -, EFG 2000, S. 178 ff.

308 Vgl. Schleswig-Holsteinisches FG v. 23.9.1999 - V 7/99 -, EFG 2000, S. 178 f.

men des Zinsurteils bildete, erscheint diese Argumentation durchaus angreifbar.[309]

Zusammenfassend ist daher festzuhalten, daß sich bei einer umfassenden Besteuerung privater Veräußerungsgewinne sowohl bezüglich der Ermittlung des Veräußerungserfolgs als auch der Kontrolle der Berücksichtigung dieser Besteuerungsvorgänge seitens der Finanzverwaltung Probleme ergeben, die es zu klären gilt.

2. Scheingewinne und Progressionswirkung

Eine umfassende Besteuerung privater Veräußerungsvorgänge beinhaltet auch die Problematik der sog. Scheingewinnbesteuerung.[310] Der Ermittlung der Einkünfte liegt im deutschen Steuerrecht das Nominalwertprinzip zugrunde. Es gilt der Grundsatz "Mark=Mark", durch den der Kaufkraftverlust des Geldes unberücksichtigt bleibt.[311] Dies führt in Zeiten der Inflation[312] zum einen dazu, daß die bei Veräußerung eines Wirtschaftsguts berechnete nominelle Wertsteigerung neben der den Realgewinn umfassenden Komponente auch eine inflationsbedingte Komponente aufweist, die als Scheingewinn[313] bezeichnet und steuerlich ebenfalls erfaßt wird.[314] In Abhängigkeit von der Länge des Zeitraums zwischen Anschaffung bzw. Herstellung und Veräußerung eines Wirtschaftsguts nimmt bei fortschreitender Geldentwertung der Scheingewinnanteil am Veräußerungs-

---

309 Vgl. *Tipke* (Deklarieren, in: Festschrift Offerhaus, 1999, S. 831), der unter Verweis auf das Zinsurteil des Bundesverfassungsgerichts § 23 Abs. 1 Nr. 1 Buchst. b EStG für verfassungswidrig erklärt; vgl. dazu auch *Riebsamen*, Spekulationssteuer, FAZ-S v. 27.2.2000, S. 33. *Glenk* (in: Blümich, EStG, § 23 Rz. 10) sieht in der Besteuerung nach § 23 EStG ebenfalls einen Verstoß gegen den Gleichheitssatz, da ein Ermittlungsinstrumentarium zur gleichmäßigen und vollständigen Steuerfestsetzung fehle.

310 Vgl. *Crezelius*, in: Kirchhof/Söhn, EStG-Kommentar, § 23 Rdnr. A 23; *Durchlaub*, Privatvermögen, 1993, S. 72 ff.; *Förster*, Veräußerungsgewinnbesteuerung, in: Festschrift Flick, 1997, S. 736; *Gaddum*, Steuerreform, 1986, S. 18; *Institut "Finanzen und Steuern"*, Geldentwertung, 1999, S. 6 f.; *Lang*, Bemessungsgrundlage, 1981/88, S. 515 f.; *Merkenich*, Einkommensteuerrecht, 1982, S. 70 ff.

311 Vgl. *Jakob*, Einkommensteuer, 1996, S. 11; *Kirchhof*, Ungleichbehandlung, Gutachten F zum 57. Deutschen Juristentag, 1988, S. F 37 f.; *Tipke/Lang*, Steuerrecht, 1998, S. 238 f.

312 Die in der Bundesrepublik Deutschland gegenwärtig relevante Inflationsrate liegt bei durchschnittlich 1-2%; vgl. *o.V.*, Kerninflation, FAZ v. 12.1.2001, S. 14; *Statistisches Bundesamt*, Preisindices, 2001, S. 6 ff.

313 Zum Begriff des Scheingewinns vgl. *Grotherr*, Scheingewinnbesteuerung, 1987, S. 51 f.

314 Vgl. *Durchlaub*, Privatvermögen, 1993, S. 82; *Merkenich*, Einkommensteuerrecht, 1982, S. 70; *Tipke*, Steuerrechtsordnung, Bd. II, 1993, S. 503 f.

erfolg zu.[315] Zum anderen entstehen im Hinblick auf vom Steuerpflichtigen aufgenommenes Fremdkapital inflationsbedingt aber auch Realgewinne, die nicht der Besteuerung unterliegen.[316] Das Nominalwertprinzip kollidiert daher mit dem Leistungsfähigkeitsprinzip, das die Besteuerung der tatsächlichen, d.h. realen Leistungsfähigkeit des Steuerpflichtigen verfolgt.[317] Ein Ausgleich der zur Besteuerung herangezogenen Scheingewinne durch die auf der Verbindlichkeitsseite real vorhandenen, steuerlich aber nicht erfaßten Gewinne findet im Bereich der Überschußeinkünfte regelmäßig nur in eingeschränktem Umfang statt. Zwar werden Immobilien häufig fremdfinanziert. Das Grundvermögen zeichnet sich bei nicht gewerblich tätigen natürlichen Personen aber regelmäßig durch eine lange Haltedauer aus, so daß das Problem der Scheingewinnbesteuerung im Vergleich zur Nichterfassung der auf der Verbindlichkeitsseite entstehenden Realgewinne in den Vordergrund tritt. Beim Wertpapiervermögen überwiegt demgegenüber meist die Eigenfinanzierung, so daß das Problem der Scheingewinnbesteuerung dort direkt zum Tragen kommt.[318]

Mit der inflationsbedingten Scheingewinnbesteuerung unmittelbar verbunden ist die als "kalte Progression" bezeichnete erhöhte Steuerbelastung des Steuerpflichtigen. Durch die nominell, nicht aber real verwirklichten Veräußerungsgewinnanteile wird die Bemessungsgrundlage des Steuerpflichtigen erhöht und eine höhere Progressionsstufe relevant. Dies führt dazu, daß beim Steuerpflichtigen nicht nur Gewinne erfaßt werden, die von ihm real nicht erwirtschaftet wurden, sondern diese ebenso wie die anderen im Veranlagungszeitraum erziel-

---

315 Eine Übersicht zur Abgrenzung realer Wert- und inflationsbedingter Preissteigerungen für die Veräußerung bebauter und unbebauter Grundstücke bietet *Durchlaub*, Privatvermögen, 1993, S. 75 ff.

316 Vgl. *Durchlaub*, Privatvermögen, 1993, S. 82 f.; *Flämig*, Steuerreformvorschlag, StbKongRep 1969, S. 437 f.; *Lang*, Bemessungsgrundlage, 1981/88, S. 516; *Tipke/Lang*, Steuerrecht, 1998, S. 238.

317 Vgl. *Durchlaub*, Privatvermögen, 1993, S. 84 f.; *Esser*, Geldentwertung, 1999, S. 17 f.; *Sendlhofer*, Spekulationsertragsteuer, ÖStZ 1999, S. 535; *Tipke*, Steuerrechtsordnung, Bd. II, 1993, S. 503 m.w.N. Zu der höchst kontrovers diskutierten Frage, ob die Besteuerung von Scheingewinnen auch einen Verstoß gegen Art. 14 GG darstellt, auf die hier jedoch vor dem Hintergrund der offensichtlichen Kollision der Scheingewinnbesteuerung mit dem Leistungsfähigkeitsprinzip nicht eingegangen werden soll, siehe *Durchlaub*, Privatvermögen, 1993, S. 88 ff. m.w.N. und *Merkenich*, Einkommensteuerrecht, 1982, S. 70 ff. m.w.N.

318 Vgl. *Durchlaub*, Privatvermögen, 1993, S. 102 ff.; *Esser*, Geldentwertung, 1999, S. 70 f.; *Lang*, Bemessungsgrundlage, 1981/88, S. 515.

ten Einkünfte zudem verschärft besteuert werden, obwohl sich die Leistungsfähigkeit durch den Scheingewinn real nicht erhöht hat.[319]

Selbst in Zeiten der Geldwertstabilität ist bei Veräußerung eines mehrere Jahre gehaltenen Wirtschaftsguts die Progressionswirkung zu beachten. Durch die progressive Ausgestaltung des Einkommensteuertarifs wird der aufgrund der Durchführung der Abschnittsbesteuerung im Veranlagungszeitraum seiner Vereinnahmung zu erfassende Veräußerungsgewinn nicht nur relativ, sondern auch absolut höher besteuert, als dies bei Zuordnung auf die Zeiträume der Entstehung der Fall wäre.[320] Auch hierin ist eine Kollision mit dem Leistungsfähigkeitsprinzip zu sehen, da es an einer nachhaltigen Erhöhung der Leistungsfähigkeit des Steuerpflichtigen, die durch einen höheren Steuersatz belastet werden soll, fehlt. Vielmehr handelt es sich bei dem Veräußerungserfolg um zusammengeballte Einkünfte, die ihren Entstehungsgrund zumindest teilweise in vorangegangenen Zeiträumen haben.[321] Eine Berücksichtigung dieser Progressionswirkung wird im geltenden deutschen Steuerrecht durch die in § 34 EStG enthaltene Fünftelregelung zur Steuerermäßigung bei der Erfassung der nach § 17 EStG steuerpflichtigen Veräußerungserfolge angestrebt. Dieses Vorgehen wird jedoch allgemein als unbefriedigend angesehen, da die über die Fünftelregelung zu erreichende Progressionsglättung letztlich vorrangig davon abhängt, auf welchen Betrag sich das übrige Einkommen im Veranlagungszeitraum der Veräußerung beläuft und dadurch vielfach zu gering ausfällt.[322] Neben den mit der Besteuerung von Scheingewinnen verbundenen Problemen, ist daher auch die mit der "normalen" Progressionswirkung verbundene Problematik bei einer umfassenden Besteuerung privater Veräußerungsvorgänge zu klären.

---

319 Vgl. *Arndt/Schumacher*, Grundrechte, AöR, Bd. 118, 1993, S. 542; *Durchlaub*, Privatvermögen, 1993, S. 80.

320 Vgl. *Merkenich*, Einkommensteuerrecht, 1982, S. 96.

321 Vgl. *Borggreve*, in: Littmann/Bitz/Hellwig, EStG-Kommentar, § 34 Rdnr. 1; *Merkenich*, Einkommensteuerrecht, 1982, S. 96 f.; *Sendlhofer*, Spekulationsertragsteuer, ÖStZ 1999, S. 536; a.A. *Saage*, Ausgleich, StuW 1998, S. 233 f.

322 Vgl. *Borggreve*, in: Littmann/Bitz/Hellwig, EStG-Kommentar, § 34 Rdnr. 4a; *Henning/Hundsdoerfer/Schult*, Progressionsglättung, DStR 1999, S. 133 ff.; *Sydow*, Besteuerung, NWB 2000, F. 3, S. 10766; *Wendt*, Änderungen, FR 1999, S. 336 ff. (mit Rechenbeispielen). *Jahndorf/Lorscheider* (Besteuerung, FR 2000, S. 433 ff.) sehen die Regelung des § 34 Abs. 1 Satz 2 EStG darüber hinaus als verfassungswidrig an. Kritisch zu dem bis einschließlich des Veranlagungszeitraums 1998 zur Anwendung gekommenen halben durchschnittlichen Steuersatz: *Juchum*, Reform, DB 2000, S. 343 ff.; *Krause-Nehring*, Behandlung, 1972, S. 210 ff.; *Merkenich*, Einkommensteuerrecht, 1982, S. 97; *Sydow*, Besteuerung, NWB 2000, F. 3, S. 10766.

D. Ergebnis

Bei der Verteilung der Steuerlast auf die Steuerpflichtigen steht das Gebot der Steuergerechtigkeit im Vordergrund, das sich aus Art. 3 Abs. 1 GG ergibt. Insbesondere für den Bereich der Einkommensteuer beinhaltet es, daß die Steuerpflichtigen entsprechend ihrer wirtschaftlichen Leistungsfähigkeit, die sich nach ihrer finanziellen Belastbarkeit bemißt, zur Besteuerung herangezogen werden. Vor diesem Hintergrund ist die bei Veräußerung im Privatvermögen gehaltener Wirtschaftsgüter nur in den Ausnahmefällen der §§ 17 und 23 EStG vorgesehene steuerliche Erfassung des Veräußerungserfolgs im Gegensatz zur generellen Erfassung betrieblicher Veräußerungserfolge zu kritisieren. Für die wirtschaftliche Leistungsfähigkeit eines Steuerpflichtigen ist es irrelevant, ob ein veräußertes Wirtschaftsgut dem Privat- oder Betriebsvermögen zuzurechnen ist. Zwar hat das Bundesverfassungsgericht in der unterschiedlichen Behandlung privater und betrieblicher Veräußerungserfolge bisher keine Verletzung des Art. 3 Abs. 1 GG gesehen. Es ist jedoch zu beachten, daß diese Urteile in einer Zeit ergingen, in der dem Leistungsfähigkeitsprinzip noch nicht der Stellenwert zugewiesen wurde, wie dies mittlerweile allgemein der Fall ist.

Im Hinblick auf das Leistungsfähigkeitsprinzip ist die umfassende Besteuerung privater Veräußerungserfolge, wie sie insbesondere im Rahmen der Reinvermögenszugangstheorie vertreten wird, aber gerade zu fordern. Damit verbunden sind allerdings verschiedene Probleme, die es zu lösen gilt. Einen besonders bedeutsamen Problembereich stellen hier die Fragen zur praktischen Durchführbarkeit einer umfassenden Besteuerung privater Veräußerungsvorgänge dar. Dies gilt sowohl hinsichtlich der für die Ermittlung der Veräußerungserfolge erforderlichen Unterlagen als auch hinsichtlich der Kontrolle der tatsächlichen Erfassung der Veräußerungserfolge seitens der Finanzverwaltung. Art. 3 Abs. 1 GG verlangt nicht nur die Gleichheit der Steuerpflichtigen bezüglich ihrer normativen Steuerpflicht, sondern auch bezüglich der Durchsetzung des Besteuerungsanspruchs. Ist letzteres nicht gewährleistet, kann dies die Verfassungswidrigkeit auch der materiellen Steuernorm zur Folge haben. Die Brisanz dieser Problematik wird unter dem Aspekt, daß selbst im geltenden deutschen Einkommensteuergesetz die tatsächliche Durchführung des Besteuerungsanspruchs nicht sichergestellt ist, besonders deutlich. Über die Problematik der Durchführbarkeit hinaus bedürfen bei einer Ausdehnung der Steuerpflicht auch die mit dem Nominalwertprinzip verbundene Scheingewinnbesteuerung sowie die sich aus der Erfassung des Veräußerungserfolgs im Veranlagungszeitraum seiner Vereinnahmung ergebende Progressionswirkung einer Berücksichtigung.

Bei den aufgezeigten Problembereichen handelt es sich nicht um speziell nur im deutschen Steuerrecht auftretende Fragestellungen, vielmehr müssen sie auch in anderen Staaten, die die steuerliche Erfassung privater Veräußerungsgewinne vorsehen, existieren. Im folgenden soll daher ein Blick über die Grenze erfolgen, um festzustellen, wie in einigen anderen Staaten hinsichtlich dieser Probleme verfahren wird. Dabei ist die Wahl auf den unmittelbaren EU-Nachbarn Österreich gefallen, der in der Vergangenheit verschiedene Reformüberlegungen zur Erfassung privater Veräußerungsgewinne anstellte. In die Untersuchung ferner einbezogen werden Großbritannien und die USA, die allgemein als Beispiele für Staaten genannt werden, in denen eine umfassende Besteuerung privater Veräußerungsgewinne besteht.[323]

---

[323] Vgl. *Barnick*, Großbritannien, RIW/ADW 1975, S. 211; *Bundesministerium für Wirtschaft und Finanzen*, Steuerreform, BMF-Schriftenreihe Heft 17, 1971, S. 932, 934 f. und 937 f.; *Krause-Nehring*, Behandlung, 1972, S. 201; *Lang*, Bemessungsgrundlage, 1981/88, S. 514; *Merkenich*, Einkommensteuerrecht, 1982, S. 49 f.

Drittes Kapitel: Die Erfassung privater Veräußerungsgewinne in Österreich, Großbritannien und den USA

A. Österreich

I. Umfang der Steuerpflicht und Einkommensbegriff

Natürliche Personen, die in Österreich ihren Wohnsitz oder gewöhnlichen Aufenthalt haben, unterliegen mit ihren weltweit erzielten Einkünften der unbeschränkten Einkommensteuerpflicht (§ 1 Abs. 2 i.V.m. § 2 Abs. 1 und 3 öEStG).[324] Im Rahmen der beschränkten Einkommensteuerpflicht, die sich auf natürliche Personen ohne Wohnsitz oder gewöhnlichen Aufenthalt in Österreich erstreckt, werden demgegenüber nur die in § 98 öEStG abschließend aufgezählten österreichischen Einkünfte der Besteuerung unterworfen (§ 1 Abs. 3 öEStG).[325]

Die für die unbeschränkte Steuerpflicht relevanten Einkunftsarten werden in § 2 Abs. 3 öEStG genannt.[326] Es handelt sich dabei um die folgenden Einkünfte:

1) Einkünfte aus Land- und Forstwirtschaft (§ 21 öEStG)
2) Einkünfte aus selbständiger Arbeit (§ 22 öEStG)
3) Einkünfte aus Gewerbebetrieb (§ 23 öEStG)
4) Einkünfte aus nichtselbständiger Arbeit (§ 25 öEStG)
5) Einkünfte aus Kapitalvermögen (§ 27 öEStG)
6) Einkünfte aus Vermietung und Verpachtung (§ 28 öEStG)
7) Sonstige Einkünfte (§ 29 öEStG)

Davon nicht erfaßte Einkünfte, wie beispielsweise Spiel- und Lotteriegewinne, Vermögensmehrungen durch (private) Erbschaften und Schenkungen sowie grundsätzlich auch die aus der Veräußerung im Privatvermögen gehaltener Wirtschaftsgüter erzielten Gewinne, unterliegen nicht der Einkommensteuer.[327]

---

324 Die Begriffe "Wohnsitz" und "gewöhnlicher Aufenthalt" sind in § 26 der österreichischen Bundesabgabenordnung definiert und stimmen weitestgehend mit den im deutschen Steuerrecht in den §§ 8 und 9 der Abgabenordnung enthaltenen Begriffsdefinitionen überein. Zur Konkretisierung dieser beiden Anknüpfungsmerkmale im österreichischen Steuerrecht vgl. *Huemer*, Steuerpflicht, 1996, S. 29 ff.; *Korntner*, Leitfaden, 1997, S. 75 ff.

325 Zur beschränkten Steuerpflicht vgl. *Djanani*, Außensteuerrecht, 1998, S. 65 ff.

326 Zu den nachfolgenden Ausführungen vgl. stellvertretend *Doralt/Ruppe*, Steuerrecht, Bd. I, 1998, S. 21 ff.

327 Vgl. *Korntner*, Leitfaden, 1997, S. 102 f.

Das steuerpflichtige Einkommen besteht aus der Summe aller Einkunftsarten, vermindert um die im Gesetz angeführten Ausgaben (§ 2 Abs. 2 öEStG). Dazu gehören insbesondere vorgetragene Verluste, außergewöhnliche Belastungen und steuerfreie Beträge.[328] Auf das so ermittelte Einkommen ist der progressive Einkommensteuerstaffeltarif[329] mit einem maximalen Steuersatz von 50 % bei einem Einkommen von mehr als ATS 700.000 anzuwenden (§ 33 Abs. 1 öEStG).[330]

Auch wenn das österreichische Steuerrecht bei der unbeschränkten Steuerpflicht natürlicher Personen gerade im Hinblick auf die Gleichbenennung der Einkunftsarten und die Anwendung eines einheitlichen Tarifs auf das steuerpflichtige Einkommen dem deutschen Steuerrecht vergleichbar ist, sind die beiden Steuersysteme nicht identisch.[331] Besonderheiten gegenüber dem deutschen Steuerrecht ergeben sich beispielsweise bei den Einkünften aus Kapitalvermögen durch den Kapitalertragsteuerabzug von 25 %, der bei bestimmten Kapitalerträgen grundsätzlich Abgeltungscharakter hat (sog. Endbesteuerung; § 97 öEStG).[332] Bezüglich der Erfassung privater Veräußerungsgewinne ist das österreichische - wie auch das deutsche - Steuerrecht vom Dualismus der Einkunftsarten geprägt. Während bei den betrieblichen Einkunftsarten (Einkunftsarten 1 bis 3) als Einkünfte der Gewinn anzusetzen ist, der regelmäßig auf der Grundlage eines Betriebsvermögensvergleiches ermittelt wird,[333] ist bei den außerbetrieblichen Einkunftsarten (Einkunftsarten 4 bis 7) der Überschuß der Einnahmen über die Werbungskosten relevant.[334] Im Gegensatz zu der Veräußerung im Betriebsvermögen gehaltener Wirtschaftsgüter, werden die aus der Veräußerung

---

328 Vgl. *Domann*, Österreich, in: Mennel/Förster, Steuern in Europa, 1999, Rdnr. 34, 36 ff. und 118 ff.

329 Aufgrund des Staffeltarifs ist der von Einkommensstufe zu Einkommensstufe steigende Steuersatz jeweils nur auf den Mehrbetrag über der letzten Stufe anzuwenden.

330 Bei den genannten Zahlen handelt es sich um die für den Veranlagungszeitraum 2001 relevanten Größen.

331 Für einen Überblick über die historische Entwicklung des österreichischen Steuerrechts, das sich ursprünglich durch die Übernahme des deutschen Steuerrechts auszeichnete, vgl. *Doralt/Ruppe*, Steuerrecht, Bd. I, 1998, S. 3 ff.

332 Steuerpflichtige, deren Tarifsteuer trotz Einbezugs der endbesteuerten Erträge unter 25 % liegt, erhalten die Kapitalertragsteuer auf Antrag angerechnet bzw. mit dem übersteigenden Betrag erstattet (§ 97 Abs. 4 öEStG). Zur Endbesteuerung vgl. öBMF v. 8.4.1994, Z 14 0210/6-IV/14/93 (Durchführungserlaß zur Endbesteuerung von Kapitalanlagen), AÖF 1994/175; *Quantschnigg/Schuch*, Einkommensteuer, 1993, § 97 Tz. 1 ff.

333 Daneben läßt das österreichische Steuerrecht aber – ebenso wie das deutsche Steuerrecht - beispielsweise für selbständig Tätige auch die Gewinnermittlung durch Betriebseinnahmen/Betriebsausgaben-Überschußrechnung zu (§ 4 Abs. 3 öEStG); vgl. dazu *Doralt/Ruppe*, Steuerrecht, Bd. I, 1998, S. 71 ff. und 96 ff.

334 Vgl. *Ruppe*, Privatvermögen, SWK 1990, A I, S. 257.

im Privatvermögen gehaltener Wirtschaftsgüter erzielten Erfolge einkommensteuerlich grundsätzlich nicht erfaßt. Ausnahmen von diesem Grundsatz bestehen insbesondere[335] für die sog. Spekulationsgeschäfte (§ 30 öEStG) und für die Veräußerung bestimmter Beteiligungen (§ 31 öEStG), die nach § 29 Z 2 öEStG zu sonstigen Einkünften führen.[336]

II. Veräußerungsgewinne und Veräußerungsverluste

1. Spekulationsgeschäfte

a) Tatbestandsvoraussetzungen

Spekulationsgeschäfte liegen zum einen bei Veräußerungsgeschäften vor, bei denen der Zeitraum zwischen Anschaffung und Veräußerung die Spekulationsfrist nicht überschreitet (§ 30 Abs. 1 Z 1 öEStG).[337] Zum anderen werden davon Transaktionen erfaßt, bei denen die Veräußerung früher erfolgt als der Erwerb (§ 30 Abs. 1 Z 2 öEStG). Um Spekulationsgeschäfte handelt es sich aber nur, wenn die Einkünfte nicht einer anderen Einkunftsart zuzurechnen sind (§ 30 Abs. 3 Z 1 öEStG). Gegenüber der Besteuerung eines Veräußerungsvorgangs nach § 31 öEStG hat die Besteuerung nach § 30 öEStG allerdings Vorrang (§ 31 Abs. 6 öEStG).

Die maßgeblichen Spekulationsfristen[338] betragen:

- bei Grundstücken sowie grundstücksgleichen Rechten zehn Jahre. Die Spekulationsfrist wird für Grundstücke, bei denen innerhalb von zehn Jahren

---

335 Weitere Ausnahmen stellen die Abschichtung stiller Gesellschafter (§ 27 Abs. 2 Nr. 4 öEStG) als auch die Veräußerungen gegen Renten (§ 29 Nr. 1 öEStG) dar, vgl. hierzu öBMF v. 27.11.1998, Z 07 0104/3-IV/7/98 (Lohnsteuerrichtlinien 1999) Tz. 7.4, AÖFV Nr. 200/1998; *Doralt*, Einkommensteuergesetz, 1997, § 27 Tz. 164 ff. und § 29 Tz. 4 ff.

336 Vgl. VfGH v. 11.3.1994, B 1297/93, ÖStZB 1994, S. 724; *Doralt*, Einkommensteuergesetz, 1997, § 2 Tz. 2 f.; *Fellner*, Vermögenszugänge, ÖStZ 1980, S. 22. Bei der beschränkten Steuerpflicht werden nur die in § 98 Nr. 7 öEStG (Spekulationsgeschäfte bezüglich inländischer Grundstücke) und § 97 Nr. 8 öEStG (Veräußerung von an in Österreich ansässigen Kapitalgesellschaften gehaltenen Beteiligungen) erfaßt; vgl. hierzu *Quantschnigg/Schuch*, Einkommensteuer, 1993, § 97 Tz. 55 ff. und 144 ff.

337 Gegen die Erfassung endbesteuerter Werte im Rahmen der Spekulationsgeschäfte wendet sich *Beiser* (Spekulationsgeschäfte, RdW 1995, S. 234 f.), der in der Besteuerung ertragsbedingter Wertsteigerungen einen Widerspruch zum verfassungsrechtlichen Endbesteuerungsauftrag sieht.

338 Für die Fristberechnung ist grundsätzlich vom Verpflichtungsgeschäft auszugehen, vgl. VwGH v. 20.11.1997, 96/15/0256, ÖStZB 1998, S. 484 f.; öBMF v. 13.3.1991, 14 0602/11-IV/14/90 (Durchführungsrichtlinien zu den Spekulationseinkünften), Punkt 1.2, AÖF 1991/162.

nach ihrer Anschaffung beschleunigte Absetzungen für Herstellungsaufwendungen gemäß § 28 Abs. 3 öEStG in Anspruch genommen wurden, auf fünfzehn Jahre ausgedehnt (§ 30 Abs. 1 Z 1 Satz 1 lit. a öEStG).

- bei anderen Wirtschaftsgütern ein Jahr (§ 30 Abs. 1 Z 1 Satz 1 lit. b öEStG).

Typischer Fall der Anschaffung bzw. Veräußerung ist die Übertragung von Wirtschaftsgütern mittels Kauf- bzw. Tauschvertrag.[339] Keine Anschaffung stellt demgegenüber der unentgeltliche Erwerb mittels Schenkung bzw. Erbschaft dar.[340] Entscheidend für die Anwendbarkeit des § 30 öEStG ist in diesen Fällen vielmehr der Zeitpunkt der Anschaffung durch den Rechtsvorgänger (§ 30 Abs. 1 Z 1 Satz 2 öEStG).[341]

Unter den Begriff der Grundstücke fallen neben dem unbebauten Grund und Boden auch die mit ihm fest verbundenen Sachen, insbesondere Gebäude und Eigentumswohnungen. Zu den grundstücksgleichen Rechten zählen vor allem die Baurechte. Als Beispiel für die anderen Wirtschaftsgüter nennt das Gesetz zwar ausdrücklich nur die Wertpapiere, so daß vorrangig die Veräußerung von Schuldverschreibungen, Aktien und GmbH-Anteilen bei der Anwendung des § 30 Abs. 1 Z 1 Satz 1 lit. b öEStG zu berücksichtigen ist. Unter diesen Steuertatbestand fällt jedoch beispielsweise auch die Veräußerung von Kunstgegenständen, Antiquitäten, Möbel, Schmuck und Konzessionen.[342]

Hergestellte Wirtschaftsgüter können nicht Gegenstand eines Spekulationsgeschäfts sein. Vielmehr setzt § 30 Abs. 1 Z 1 öEStG die Identität des angeschafften und veräußerten Wirtschaftsguts voraus (Nämlichkeitsprinzip). Somit liegt ein Spekulationsgeschäft nicht vor, wenn ein angeschafftes Wirtschaftsgut in ein

---

339 Vgl. VwGH v. 17.3.1967, 112/66, ÖStZB 1967, S. 112. Einen Tausch stellt dabei auch die Einlage in eine Körperschaft dar; vgl. *Quantschnigg/Schuch*, Einkommensteuer, 1993, § 30 Tz. 6 und 10. Eine andere Beurteilung kann sich jedoch unter Berücksichtigung des Umgründungssteuergesetzes ergeben, vgl. *Doralt*, Einkommensteuergesetz, 1997, § 30 Tz. 26. Um eine Anschaffung bzw. Veräußerung handelt es sich nicht, wenn ein Wirtschaftsgut aus dem Betriebsvermögen eines Einzelunternehmens entnommen bzw. eingelegt wird; vgl. VwGH v. 28.2.1973, 900/72, ÖStZB 1973, S. 176; *Doralt*, Einkommensteuergesetz, 1997, § 30 Tz. 27, a.A. *Koppensteiner*, Grundstückspekulationsgewinne, ÖStZ 1966, S. 29; *Stoll*, Spekulationsgeschäfte, ÖStZ 1957, S. 40.

340 Vgl. VwGH v. 18.9.64, 1118/64, ÖStZB 1966, S. 2; *Doralt*, Einkommensteuergesetz, 1997, § 30 Tz. 19 ff.

341 Für einen Überblick bezüglich der sich beim unentgeltlichen Erwerb von Wirtschaftsgütern im Hinblick auf die Anwendung des § 30 öEStG ergebenden steuerlichen Konsequenzen, vgl. *Hofstätter/Reichel*, Einkommensteuer, § 30 Tz. 5.

342 Vgl. *Quantschnigg/Schuch*, Einkommensteuer, 1993, § 30 Tz. 41 f. und 52 ff. Für einen Überblick bezüglich der Beurteilung diverser Einzelfälle als Spekulationsgeschäfte vgl. *Doralt*, Einkommensteuergesetz, 1997, § 30 Tz. 36.

anderes umgewandelt und anschließend veräußert wird. Für "selbst hergestellte" Gebäude wird der Spekulationstatbestand explizit durch § 30 Abs. 2 Z 2 öEStG ausgeschlossen.[343]

Bei der Veräußerung gleichartiger Wertpapiere, die zu unterschiedlichen Zeitpunkten zu unterschiedlichen Anschafffungskosten erworben wurden, ist das Vorgehen zur Überprüfung der Spekulationsfristen umstritten. Dies gilt insbesondere bezüglich des sukzessiven Erwerbs von GmbH-Anteilen und Aktien, die in Sammelverwahrung gehalten werden. Das österreichische Bundesfinanzministerium sieht für diese Fälle eine Verhältnisrechnung vor.[344] In der Literatur wird demgegenüber die Auffassung vertreten, daß mangels anderer Identifikationsmöglichkeiten der Steuerpflichtige durch Erteilung eines entsprechenden Verkaufsauftrages bestimmt, welche Anteile veräußert werden.[345]

Unter die Regelung des § 30 Abs. 1 Z 2 öEStG fallen Veräußerungsgeschäfte, bei denen die Veräußerung eines Wirtschaftsguts vor seinem Erwerb erfolgt.[346] Durch diese Art von Spekulationsgeschäften werden insbesondere Devisen- und Warentermingeschäfte in ihrer Grundform erfaßt, bei denen der Verkäufer mit sinkenden Kursen rechnet und infolgedessen die bereits auf Termin veräußerten Wirtschaftsgüter noch nicht erworben hat.[347]

---

343 Vgl. *Quantschnigg/Schuch*, Einkommensteuer, 1997, § 30 Tz. 9. Zu den selbst hergestellten Gebäuden vgl. Drittes Kapitel Punkt A.II.1.b)bb) (S. 70 f.).

344 Vgl. öBMF v. 30.6.1992, RdW 1992, S. 324; *BMF-Fachabteilung*, Rechtsansichten, SWK 1991, A I, S. 265 f.

345 Vgl. *Doralt*, Einkommensteuergesetz, 1997, § 30 Tz. 64 ff.; *Quantschnigg/Schuch*, Einkommensteuer, 1993, § 30 Tz. 25.

346 Auch wenn der Erwerb und nicht die Anschaffung genannt wird, sind die Begriffe in diesem Zusammenhang synonym zu verwenden; vgl. *Doralt*, Einkommensteuergesetz, 1997, § 30 Tz. 73; a.A. *Quantschnigg/Schuch*, Einkommensteuer, 1993, § 30 Tz. 14, die den Begriff des Erwerbs weiter auslegen als den Begriff der Anschaffung. Demnach soll der Begriff des Erwerbs auch den Erwerb von Todes wegen sowie den Erwerb durch Schenkung, Spiel und Wette erfassen.

347 Vgl. *Doralt*, Einkommensteuergesetz, 1997, § 30 Tz. 36 und Tz. 72; *Doralt/Ruppe*, Steuerrecht, Bd. I, 1998, S. 58. Anlageprodukte, deren "Verzinsung" von der Wertentwicklung eines Aktienindex abhängig ist, sog. Index-Anleihen oder Index-Zertifikate, werden im österreichischen Steuerrecht nicht unter den Begriff des Termingeschäfts subsumiert, wie dies im deutschen Steuerrecht der Fall ist. Das diesbezügliche Entgelt ist vielmehr nach Auffassung des österreichischen Bundesfinanzministeriums (öBMF v. 11.3.1999, Z 14 0602/2-IV/14/1999, AÖF 1999/77) auch dann bei den Einkünften aus Kapitalvermögen zu erfassen, wenn es erfolgsabhängig bzw. spekulativ ausgestaltet ist; vgl. auch *Heinrich*, Index-Anleihen, ÖStZ 2000, S. 470 ff.

b) Steuerbefreiungen

Vom Spekulationstatbestand ausgenommen (§ 30 Abs. 2 öEStG) sind:[348]

- Einkünfte aus der Veräußerung des Hauptwohnsitzes,
- Einkünfte aus der Veräußerung selbst hergestellter Gebäude,
- Einkünfte aus der Veräußerung von Schuldverschreibungen, deren Schuldner ihren Wohnsitz, Geschäftsleitung oder Sitz im Inland haben. Bei Wandel- und Gewinnschuldverschreibungen findet die Steuerbefreiung keine Anwendung. Ebenso werden Genußscheine von der Befreiung nicht erfaßt.[349]
- Forderungen, die in ein inländisches öffentliches Schuldbuch eingetragen sind.[350]

Fragen zur Anwendung der Befreiungsvorschriften ergeben sich vor allem für die Befreiung des Hauptwohnsitzes sowie für die Befreiung der selbst hergestellten Gebäude. Diese beiden Ausnahmen sollen daher nachfolgend näher erläutert werden.

aa) Veräußerung des Hauptwohnsitzes

Die Einkünfte aus der Veräußerung von Eigenheimen und Eigentumswohnungen samt Grund und Boden sind von der Besteuerung ausgenommen, sofern sie dem Veräußerer seit der Anschaffung und mindestens seit zwei Jahren durchgehend als Hauptwohnsitz gedient haben (§ 30 Abs. 2 Z 1 öEStG). Die Durchführungsrichtlinien zu den Spekulationsgeschäften fordern für die Befreiung des Grund und Bodens, daß Grund und Boden üblicher Größe vorliegt, der als Garten oder Nebenfläche dient. Dies soll bei Grundstücksflächen bis zu 1000 Quadratmeter anzunehmen sein.[351]

Für die Begriffe "Eigenheim" und "Eigentumswohnung" ist die in § 18 Abs. 1 Z 3 lit. b öEStG enthaltene Legaldefinition heranzuziehen (§ 30 Abs. 2 Z 1 öEStG). Demnach handelt es sich bei einem Eigenheim um ein Einfamilienhaus oder ein Haus mit höchstens zwei Wohnungen im Inland, bei denen mindestens zwei Drittel der Gesamtnutzfläche des Gebäudes Wohnzwecken dient. Das Eigenheim kann auch auf fremden Grund und Boden errichtet werden. Für das

---

348 Vgl. *Korntner*, Leitfaden, 1997, S. 463 f.

349 Vgl. *Doralt*, Einkommensteuergesetz, 1997, § 30 Tz. 118 ff.

350 Vgl. *Doralt*, Einkommensteuergesetz, 1997, § 30 Tz. 123.

351 Vgl. öBMF v. 13.5.1991, 14 0602/11-IV/14/90 (Durchführungsrichtlinien zu den Spekulationseinkünften), Punkt 3.1 Abs. 11, AÖF 1991/162. Für die Freistellung des Grund und Bodens ohne Flächenbegrenzung spricht sich *Ruppe* (Privatvermögen, SWK 1990, A I, S. 260) aus.

Vorliegen einer Eigentumswohnung ist es im Hinblick auf eine einzelne Wohnung erforderlich, daß sie mindestens zu zwei Dritteln der Gesamtnutzfläche Wohnzwecken dient. Auch wenn im Gesetz nur allgemein von Wohnzwecken gesprochen wird, sind damit nur die eigenen Wohnzwecke des Steuerpflichtigen gemeint. Somit geht die Begünstigung bereits dann verloren, wenn eine Teilfläche eines Ein- bzw. Zweifamilienhauses oder einer Wohnung an eine natürliche Person zu privaten Wohnzwecken vermietet wird und diese Fläche mehr als ein Drittel der Gesamtnutzfläche beträgt.[352]

Beispiel:

Der Steuerpflichtige A hat ein Haus mit zwei Wohnungen angeschafft. Die eine Wohnung mit einer Nutzfläche von 65 % der Gesamtnutzfläche wird von A seit der Anschaffung als Hauptwohnsitz genutzt. Die andere Wohnung mit einer Nutzfläche von 35 % der Gesamtnutzfläche wird von A zu fremden Wohnzwecken an B vermietet. Veräußert A das Haus innerhalb der Spekulationsfrist, stellen nicht nur die auf die vermietete Wohnung entfallenden Einkünfte Einkünfte aus Spekulationsgeschäften nach § 30 öEStG dar, sondern auch die auf die als Hauptwohnsitz genutzte Wohnung entfallenden Einkünfte. Die zu eigenen Wohnzwecken genutzte Fläche betrug weniger als zwei Drittel der Gesamtnutzfläche des Hauses, so daß die Eigenschaft als Eigenheim und damit auch die Steuerbefreiung nach § 30 Abs. 2 Nr. 1 öEStG verloren ging.

Besitzt der Steuerpflichtige nur einen Wohnsitz, bildet dieser den Hauptwohnsitz i.S.d. § 30 Abs. 2 Z 1 öEStG. Bei Vorliegen mehrerer Wohnsitze gilt die Befreiung für jenen Wohnsitz, der den Mittelpunkt des Lebensinteresses des Steuerpflichtigen bildet.[353]

Für die Steuerbefreiung ist Voraussetzung, daß das Eigenheim (die Eigentumswohnung) von der Anschaffung bis zur Veräußerung ununterbrochen und mindestens seit zwei Jahren durchgehend als Hauptwohnsitz gedient hat. Wird beispielsweise eine Eigentumswohnung zunächst vermietet und erst später, aber für einen Zeitraum von mehr als zwei Jahren, von dem Steuerpflichtigen als Hauptwohnsitz genutzt, kommt es nicht zur Steuerbefreiung, da die Eigentumswohnung nicht seit ihrer Anschaffung diesem Zwecke diente.[354] Werden Teilflä-

---

[352] Vgl. öBMF v. 13.5.1991, 14 0602/11-IV/14/90 (Durchführungsrichtlinien zu den Spekulationseinkünften), Punkt 3.1 Abs. 6, AÖF 1991/162; *Quantschnigg/Schuch*, Einkommensteuer, 1993, § 30 Tz. 24.1, § 18 Tz. 56.

[353] Vgl. öBMF v. 13.5.1991, 14 0602/11-IV/14/90 (Durchführungsrichtlinien zu den Spekulationseinkünften), Punkt 3.1 Abs. 3, AÖF 1991/162.

[354] Vgl. öBMF v. 13.5.1991, 14 0602/11-IV/14/90 (Durchführungsrichtlinien zu den Spekulationseinkünften), Punkt 3.1 Abs. 4, AÖF 1991/162; Rechtsmittelentscheidung der FLD Wien v. 11.11.1994, 93/141/10, ÖStZ 1996, S. 36. Besonderheiten ergeben sich beim unentgeltlichen Erwerb des veräußerten Gebäudes bzw. der veräußerten Wohnung. Dabei ist zwischen dem unentgeltlichen Erwerb unter Lebenden und dem unentgeltlichen Erwerb von Todes wegen zu differenzieren; vgl. dazu *Doralt*, Einkommensteuergesetz,

chen eines Eigenheimes bzw. einer Eigentumswohnung nicht zu eigenen Wohnzwecken genutzt (z.B. betriebliche oder berufliche Verwendung) ist der auf diese Flächen entfallende Teil des Veräußerungserfolgs von der Steuerbefreiung ausgeschlossen.[355]

bb) Veräußerung selbst hergestellter Gebäude

Die Befreiung selbst hergestellter Gebäude ist vor dem Hintergrund des bereits angesprochenen Nämlichkeitsprinzips zu sehen.[356] Zu der expliziten Befreiungsregelung kam es, da nach Auffassung des Verwaltungsgerichtshofs durch den Bau eines Gebäudes ein neues bzw. zusätzliches Wirtschaftsgut nicht geschaffen wird.[357] Ferner wird durch die Ausnahmebestimmung die Zielsetzung verfolgt, eine Besteuerung der eigenen Arbeitskraft des Steuerpflichtigen sowie seiner Familienangehörigen zu vermeiden. Bei der Veräußerung selbst hergestellter Gebäude würde es ansonsten - nach Auffassung der österreichischen Finanzverwaltung - durch die Unzulässigkeit der Berücksichtigung fiktiver Herstellungskosten für selbst erbrachte Arbeitsleistungen zu einem (unechten) Spekulationsgewinn kommen, da sich diese Leistungen in einem höheren Veräußerungsgewinn niederschlagen.[358]

Für das Vorliegen eines selbst hergestellten Gebäudes bedarf es beträchtlicher Eigenleistungen oder der Bauherreneigenschaft des Errichters. Die Bauherreneigenschaft ist bereits dann erfüllt, wenn der Steuerpflichtige das Gebäude herstellen läßt.[359] Wird ein Rohbau[360] angeschafft und vom Steuerpflichtigen fertiggestellt, handelt es sich insgesamt um ein selbst hergestelltes Gebäude, sofern

---

1997, § 30 Tz. 92 ff.; öBMF v. 13.5.1991, 14 0602/11-IV/14/90 (Durchführungsrichtlinien zu den Spekulationseinkünften), Punkt 3.1 Abs. 10, AÖF 1991/162.

355 Vgl. öBMF v. 13.5.1991, 14 0602/11-IV/14/90 (Durchführungsrichtlinien zu den Spekulationseinkünften), Punkt 3.1 Abs. 6 und 7, AÖF 1991/162.

356 Vgl. Drittes Kapitel Punkt A.II.1.a) (S. 66 f.).

357 Vgl. VwGH v. 26.11.1991, 91/14/0196, ÖStZB 1992, S. 480.

358 Vgl. *Doralt*, Einkommensteuergesetz, § 30 Tz. 107 unter Verweis auf die erläuternden Bemerkungen zur Regierungsvorlage zu § 30 öEStG. Hat ein Rechtsvorgänger das Gebäude selbst hergestellt, gilt die Befreiung unabhängig davon, ob es sich um einen unentgeltlichen Erwerb unter Lebenden oder um einen unentgeltlichen Erwerb von Todes wegen handelt; vgl. *Doralt*, Einkommensteuergesetz, 1997, § 30 Tz. 111; öBMF v. 13.5.1991, 14 0602/11-IV/14/90 (Durchführungsrichtlinien zu den Spekulationseinkünften), Punkt 3.2 Abs. 3, AÖF 1991/162.

359 Vgl. öBMF v. 13.3.1991, 14 0602/11-IV/14/90 (Durchführungsrichtlinien zu den Spekulationsgeschäften), Punkt 3.2 Abs. 2, AÖF 1991/163; *Kohler*, Vermietung, 1998, S. 341; *Korntner*, Leitfaden, 1997, S. 463.

360 Zum Begriff des Rohbaus vgl. öBMF v. 3.6.1985, Z 06 0104/4-IV/6/84 (Einkommensteuerrichtlinien 1984), Abschn. 55 Abs. 17, AÖF 1985/193 i.d.F. AÖF 1987/218; *Kohler*, Vermietung, 1998, S. 342.

die Fertigstellungskosten höher sind als die Anschaffungskosten für den Rohbau. Wird hingegen ein bereits verwendbares Gebäude (z.B. desolates Altmietobjekt) angeschafft und werden weitere Herstellungskosten aufgewendet (Umbau, Anbau), gilt das Gebäude selbst dann nicht als selbst hergestellt, wenn die weiteren Herstellungskosten die Anschaffungskosten übersteigen. Diese Herstellungskosten sind bei der Ermittlung der Einkünfte als Abzugsposition zu berücksichtigen.[361]

Die für selbst hergestellte Gebäude vorgesehene Steuerbefreiung umfaßt nicht den Grund und Boden, auf dem sich das Gebäude befindet. Sind sowohl die Voraussetzungen für die Befreiung des Hauptwohnsitzes (§ 30 Abs. 2 Z 1 öEStG) als auch für die Selbstherstellung (§ 30 Abs. 2 Z 2 öEStG) erfüllt, hat die umfassendere Befreiung des Hauptwohnsitzes Vorrang, so daß auch der Grund und Boden in die Befreiung einbezogen wird. Ist dies nicht der Fall, und wurde der Grund und Boden innerhalb der zehnjährigen Spekulationsfrist erworben, muß der Veräußerungserlös im Verhältnis der gemeinen Werte von Grund und Boden und Gebäude aufgeteilt werden.[362]

c) Ermittlung des Veräußerungserfolgs und steuerliche Begünstigung

Für die Ermittlung der Spekulationseinkünfte ist der Veräußerungserlös den Anschaffungskosten und den Werbungskosten gegenüberzustellen. Handelt es sich bei dem veräußerten Wirtschaftsgut um ein Gebäude, sind die Anschaffungskosten um die Instandsetzungs- und Herstellungsaufwendungen zu erhöhen. Zu vermindern sind die Anschaffungskosten um die steuerbefreiten Subventionen (§ 28 Abs. 6 öEStG), so daß es diesbezüglich zu einer Nachversteuerung kommt (§ 30 Abs. 4 Satz 2 öEStG).[363] Hieraus läßt sich für die Spekulationseinkünfte folgende Berechnungsformel ableiten:[364]

---

361 Vgl. öBMF v. 13.5.1991, 14 0602/11-IV/14/90 (Durchführungsrichtlinien zu den Spekulationseinkünften), Punkt 3.2 Abs. 4 f., AÖF 1991/162; *Kohler*, Vermietung, 1998, S. 342. Vgl. hierzu auch den nachfolgenden Gliederungspunkt.

362 Vgl. *Quantschnigg/Schuch*, Einkommensteuer, 1993, § 30 Tz. 23.

363 Vgl. *Kohler*, Vermietung, 1998, S. 344; *Korntner*, Leitfaden, 1997, S. 464.

364 Zu den einzelnen in der Berechnungsformel relevanten Begriffen vgl. *Doralt*, Einkommensteuergesetz, 1997, § 30 Tz. 154 ff., 179 ff., 190 ff. und 205 ff.

Veräußerungserlös
- Anschaffungskosten
- Herstellungsaufwendungen (bei Gebäuden)
- Instandsetzungsaufwendungen (bei Gebäuden)
+ steuerbefreite Subventionen (§ 28 Abs. 6 öEStG; bei Gebäuden)
- Werbungskosten
= Einkünfte aus Spekulationsgeschäft

Zum Veräußerungserlös rechnen der Verkaufspreis und in Höhe des gemeinen Wertes alle geldwerten Vorteile, die der Steuerpflichtige für die Veräußerung des Wirtschaftsguts erhält.[365] Handelt es sich um einen Tauschvorgang, ist als Veräußerungserlös der gemeine Wert des hingegebenen Wirtschaftsguts anzusetzen (§ 30 Abs. 5 i.V.m. § 6 Z 14 öEStG).[366] In der Literatur wird demgegenüber, um die Erfassung fiktiver Gewinne und die Nichterfassung tatsächlicher Gewinne zu vermeiden, der Ansatz des Veräußerungserlöses mit dem gemeinen Wert des erhaltenen Wirtschaftsguts gefordert.[367]

Zu den Anschaffungskosten zählen neben dem für den Erwerb des Wirtschaftsguts aufgewendeten Anschaffungspreis auch die Anschaffungsnebenkosten, wie z.B. Vermittlungshonorare, Vertragserrichtungskosten und Grunderwerbsteuer.[368] Während beim Erwerb durch Kauf der Anschaffungspreis gewöhnlich dem Kaufpreis entspricht, ist beim Erwerb durch Tausch der gemeine Wert des hingegebenen Wirtschaftsguts anzusetzen (§ 30 Abs. 5 i.V.m. § 6 Z 17 öEStG).[369] Eine Kürzung der Anschaffungskosten bebauter Grundstücke um Absetzungen für Abnutzung wird nicht vorgenommen. Dies gilt auch dann, wenn das Gebäude privat genutzt oder vermietet worden ist und es infolgedessen einer privaten Abnutzung unterlag bzw. Absetzungen für Abnutzung bei einer anderen Einkunftsart geltend gemacht wurden.[370] Wurden beispielsweise bei

---

365 Vgl. *Doralt*, Einkommensteuergesetz, 1997, § 30 Tz. 190; *Quantschnigg/Schuch*, Einkommensteuer, 1993, § 30 Tz. 36.

366 Vgl. auch öBMF v. 13.5.1991, 14 0602/11-IV/14/90 (Durchführungsrichtlinien zu den Spekulationseinkünften), Punkt 5, AÖF 1991/162.

367 Vgl. *Beiser*, Realteilung, ÖStZ 1991, S. 323; *Kohler*, Vermietung, 1998, S. 345; *Ruppe*, Spekulationsgewinnbesteuerung, NZ 1990, S. 4 f.

368 Vgl. *Doralt*, Einkommensteuergesetz, 1997, § 30 Tz. 154 ff. und § 6 Tz. 69.

369 Beim unentgeltlichen Erwerb ist auf die Anschaffungskosten des Rechtsvorgängers bzw. des letzten entgeltlichen Erwerbers abzustellen; vgl. *Doralt*, Einkommensteuergesetz, 1997, § 30 Tz. 173.

370 Vgl. VwGH v. 28.1.1997, 96/14/0165, ÖStZB 1997, S. 543 f.; a.A. *Beiser*, Spekulationsgeschäfte, RdW 1995, S. 231 ff.; *ders.*, Systembrüche, FJ 1996, S. 147.

den Einkünften aus Vermietung und Verpachtung Abschreibungsbeträge berücksichtigt, kommt es insoweit zu einer Doppelberücksichtigung.[371] Der Verwaltungsgerichtshof zieht zur Rechtfertigung des Ansatzes der ungekürzten Anschaffungskosten die Geringfügigkeit der Absetzungen für Abnutzung heran.[372] Sind Herstellungs- oder Instandsetzungsaufwendungen den Anschaffungskosten hinzuzurechnen, die bereits bei einer anderen Einkunftsart als Werbungskosten oder Sonderausgaben Berücksichtigung gefunden haben, ist eine Kürzung gleichfalls nicht vorzunehmen.[373] Auch in diesem Fall kann es zu einer Doppelberücksichtigung kommen.[374]

Zu den Werbungskosten zählen insbesondere die mit der Veräußerung im Zusammenhang stehenden Aufwendungen, wie z.B. Vermittlungskosten, Kosten für Zeitungsannoncen, Grundbuch-, Rechtsanwalts- und Notariatsgebühren.[375] Berücksichtigungsfähig sind grundsätzlich aber auch die Schuldzinsen für das zur Anschaffung des Spekulationsobjekts aufgenommene Fremdkapital sowie die erforderlichen Ausgaben, um das Spekulationsobjekt bis zur Veräußerung im Vermögen des Veräußernden zu be- und erhalten.[376] Schuldzinsen können allerdings insoweit nicht abgesetzt werden, als sie bereits bei einer anderen Einkunftsart (insbesondere bei den Einkünften aus Vermietung und Verpachtung) Berücksichtigung gefunden haben oder das Grundstück zu privaten eigenen Wohnzwecken verwendet wurde (Grundsatz der Einmalberücksichtigung von Schuldzinsen).[377]

---

[371] Vgl. *Atzmüller*, Veräußerung, ÖStZ 1998, S. 10 f.; *Beiser*, Spekulationsgeschäfte, RdW 1995, S. 232; *Doralt*, Einkommensteuergesetz, 1997, § 30 Tz. 223.

[372] Vgl. VwGH v. 28.1.1997, 96/14/0165, ÖStZB 1997, S. 543. Kritisch dazu *Atzmüller*, Veräußerung, ÖStZ 1998, S. 11 und *Doralt*, Einkommensteuergesetz, 1997, § 30 Tz. 172.

[373] Vgl. öBMF v. 13.5.1991, 14 0602/11-IV/14/90 (Durchführungsrichtlinien zu den Spekulationseinkünften), Punkt 4.2 und 4.3, AÖF 1991/162.

[374] Vgl. *Doralt*, Einkommensteuergesetz, 1997, § 30 Tz. 180 f. und 222. Herstellungsaufwendungen, die zu begünstigten Absetzungen nach § 28 Abs. 3 öEStG geführt haben, werden allerdings durch Ansatz besonderer Einkünfte bei den Einkünften aus Vermietung und Verpachtung ausgeglichen; vgl. hierzu *Hänsel*, Einkünfte, FJ 1998, S. 128 ff.

[375] Vgl. VwGH v. 23.10.1984, 83/14/0266, ÖStZB 1985, S. 185; VwGH v. 14.4.1993, 90/13/0212, ÖStZB 1993, S. 528.

[376] Vgl. VfGH v. 11.3.1994, B 1297/93, ÖStZB 1994, S. 724; VwGH v. 16.11.1993, 93/14/0125, ÖStZB 1994, S. 405; VwGH v. 28.1.1997, 96/14/0165, ÖStZB 1997, S. 542 f.

[377] Vgl. VwGH v. 28.1.1997, 96/14/0165, ÖStZB 1997, S. 544. In der Literatur wird für den Fall der privaten Nutzung des Grundstücks der Abzug der Schuldzinsen gefordert, vgl. *Beiser*, Spekulationsgeschäfte, RdW 1995, S. 233 f.; *Doralt*, Einkommensteuergesetz, 1997, § 30 Tz. 211; a.A. *Fellner/Zorn*, Wechselwirkungen, ÖJZ 1996, S. 4 f.; *Herzog*, Finanzierungszinsen, RdW 1994, S. 59. Darüber hinaus wird von *Lang* (Schuldzinsen, FJ

Für den Fall, daß es sich bei dem Spekulationgeschäft um unbebauten Grund und Boden handelt, sind die Spekulationseinkünfte bei einer Haltedauer von mehr als fünf Jahren jährlich um 10 % zu vermindern (§ 30 Abs. 4 Satz 3 öEStG). Angefangene Jahre sind für die jährliche Reduzierung zu berücksichtigen.[378] Ziel dieser Begünstigung soll die Gewährleistung einer möglichst ungehinderten Grundstücksbeschaffung durch die Bauwirtschaft sein.[379] Für die gesamten aus Spekulationsgeschäften erzielten Einkünfte (d.h. nach Ausgleich der Spekulationsgewinne mit Spekulationsverlusten) kommt es zur Steuerfreiheit, sofern die Einkünfte nicht mehr als ATS 6.000 betragen (§ 30 Abs. 4 Satz 4 öEStG).[380]

d) Berücksichtigung von Verlusten

Führen die in einem Kalenderjahr verwirklichten Spekulationsgeschäfte insgesamt zu einem Verlust, sieht § 30 Abs. 4 Satz 5 öEStG ein Verlustausgleichsverbot mit anderen positiven Einkünften vor. Dies gilt auch im Verhältnis zu den anderen, der Einkunftsart "Sonstige Einkünfte" zuzurechnenden Einkünfte. Die Verlustberücksichtigung bei Spekulationsgeschäften stellt somit einen auf gleichartige Einkünfte eingeschränkten Verlustausgleich dar (sog. relatives Verlustausgleichsverbot). Verluste aus Spekulationsgeschäften sind nur mit Gewinnen aus anderen Spekulationsgeschäften ausgleichsfähig. Selbst dort aber ist die Ausgleichsfähigkeit auf den jeweiligen Veranlagungszeitraum beschränkt. Ein Verlustrücktrag oder -vortrag ist nicht möglich.[381]

1996, S. 125 ff.; *ders.*, Werbungskosten, in: Festschrift Wirtschaftsuniversität Wien, 1998, S. 431 ff.) die doppelte Berücksichtigung der Schuldzinsen bei den Einkünften nach den §§ 25 bis 28 öEStG und bei den Veräußerungsgewinnen nach den §§ 30 oder 31 öEStG gefordert; a.A. *Beiser*, Spekulationsgeschäfte, RdW 1995, S. 231 f.; *ders.*, Systembrüche, FJ 1996, S. 147; *Doralt*, Einkommensteuergesetz, 1997, § 30 Tz. 222.

378 Vgl. *Quantschnigg/Schuch*, Einkommensteuer, 1993, § 30 Tz. 38.

379 Vgl. *Doralt*, Einkommensteuergesetz, 1997, § 30 Tz. 224 f. (unter Verweis auf die amtlichen Erläuterungen), der diese Begünstigung nachhaltig kritisiert.

380 Um eine steuerliche Doppelbelastung ererbter oder geschenkter Wirtschaftsgüter zu vermeiden, enthält § 30 Abs. 7 öEStG die Möglichkeit, die Erbschaft- oder Schenkungsteuer auf die auf den Veräußerungsgewinn entfallende Einkommensteuer anzurechnen; vgl. öBMF v. 13.5.1991, 14 0602/11-IV/14/90 (Durchführungsrichtlinien zu den Spekulationseinkünften), Punkt 2.2, AÖF 1991/162; *Doralt*, Einkommensteuergesetz, 1997, § 30 Tz. 232 und 237.

381 Vgl. *Doralt*, Einkommensteuergesetz, 1997, § 30 Tz. 141.

2. Veräußerung bestimmter Beteiligungen

a) Tatbestandsvoraussetzungen

Einkünfte aus der Veräußerung einer im Privatvermögen gehaltenen Beteiligung an einer Körperschaft unterliegen als sonstige Einkünfte der Besteuerung, sofern der Veräußerer innerhalb der letzten fünf Jahre zu mehr als 10 % beteiligt war (§ 31 Abs. 1 öEStG).[382] Gehören die veräußerten Anteile jedoch zu einem Betriebsvermögen oder handelt es sich um ein Spekulationsgeschäft i.S.d. § 30 öEStG, ist die steuerliche Erfassung im Rahmen des § 31 öEStG ausgeschlossen (§ 31 Abs. 6 öEStG).

Unter den Begriff des Anteils an einer Körperschaft sind sämtliche Gesellschaftsrechte und anteilsartigen Substanzrechte zu subsumieren. Neben den Aktien und GmbH-Anteilen als Hauptanwendungsfälle fallen darunter auch Geschäftsanteile an einer Erwerbs- und Wirtschaftsgenossenschaft, Substanzgenußrechte i.S.d. § 8 Abs. 3 Z 1 öKStG[383] und Berechtigungen aus Partizipationskapital[384] im Sinne des Bankwesengesetzes und des Versicherungsaufsichtsgesetzes.[385] Zur Steuerpflicht kommt es aber nur dann, wenn das Beteiligungsausmaß des Veräußerers in den letzten fünf Jahren vor der Veräußerung zu irgendeinem Zeitpunkt 10 % überstieg.[386] Ist dies der Fall, sind Veräußerungsgewinne unabhängig vom Ausmaß des veräußerten Anteils steuerpflichtig. Für die Überprüfung der 10 %-Grenze ist das Kapital der Gesellschaft (Grund- oder Stamm-

---

382 *Beiser* (Beteiligungsveräußerungen, ÖStZ 1993, S. 280 ff.; *ders.*, Endbesteuerung, ÖStZ 1994, S. 152 ff.; *ders.*, Kritik, in: Festschrift Lexa, 1995, S. 385) äußert Bedenken gegen die Besteuerung nach § 31 öEStG vor dem Hintergrund des verfassungsrechtlichen Endbesteuerungsauftrags. Seiner Auffassung nach läßt die Abgeltungswirkung der Kapitalertragsteuer keine zusätzliche Einkommensteuerbelastung zu.

383 Dabei handelt es sich um Genußrechte, mit denen das Recht auf Beteiligung am Gewinn und am Liquidationsgewinn verbunden ist.

384 Das Partizipationskapital ist den aktienrechtlichen Genußrechten mit Substanzbeteiligung nachgebildet und gewährleistet gewinnunabhängige Erträge und eine Beteiligung am Liquidationserlös; vgl. hierzu *Wiesner*, KWG-Novelle, ÖStZ 1986, S. 225 ff.

385 Vgl. *Hofstätter/Reichel*, Einkommensteuer, § 30 Tz. 2 unter Verweis auf die Erläuterungen zur Regierungsvorlage des Steuerreformgesetzes 1993.

386 In der österreichischen Literatur wird teilweise die Auffassung vertreten, daß der Beteiligungszeitraum ausschließlich für die jeweilige Beteiligung von mehr als 10 % gilt. Danach kann ein Steuerpflichtiger, der ursprünglich eine Beteiligung von mehr als 10 % hatte, diese aber ganz oder teilweise veräußert und im Anschluß daran erneut Anteile an dieser Gesellschaft erworben hat, die hinzuerworbenen Anteile auch innerhalb der Fünfjahresfrist steuerfrei veräußern, sofern die hinzuerworbenen Anteile nicht wieder zu einer mehr als 10 %-Beteiligung führten; vgl. *Doralt*, Einkommensteuergesetz, 1997, § 30 Tz. 30 m.w.N.; a.A. *Hofstätter/Reichel*, Einkommensteuer, § 31 Tz. 11 unter Hinweis auf den Gesetzeswortlaut.

kapital, Genußrechts- oder Partizipationskapital, Genossenschaftskapital) heranzuziehen. Dabei sind im Privatvermögen und im Betriebsvermögen gehaltene Beteiligungen zusammenzurechnen.[387] Mittelbare Beteiligungen sind bei der Ermittlung des Beteiligungsausmaßes zu berücksichtigen.[388] Wurden einzelne Anteile vom Steuerpflichtigen unentgeltlich erworben, sind für das Beteiligungsausmaß entgeltlich und unentgeltlich erworbene Anteile ab dem Zeitpunkt des unentgeltlichen Erwerbs zusammenzurechnen.[389] Eine wesentliche Beteiligung des Veräußerers selbst ist nicht erforderlich, wenn ein Rechtsvorgänger, von dem der Veräußerer den veräußerten Anteil unentgeltlich erworben hat, innerhalb der letzten fünf Jahre zu mehr als 10 % beteiligt war (§ 31 Abs. 1 Satz 2 öEStG).

Zur Erfüllung des Veräußerungstatbestands nach § 31 Abs. 1 öEStG bedarf es grundsätzlich einer entgeltlichen Übertragung.[390] Unentgeltliche Anteilsübertragungen (d.h. Erwerb von Todes wegen oder Erwerb durch Schenkung) werden davon nicht erfaßt.[391] Neben der Übertragung mittels Kaufvertrag stellt auch die Übertragung mittels Tauschvertrag eine Anteilsveräußerung dar.[392] Hierbei kann es sich zum einen um den Tausch einer Beteiligung gegen andere Wirtschaftsgüter handeln, zum anderen aber auch um den Tausch von Beteiligungen. Demnach führt auch die Einlage oder die Einbringung von Beteiligungen in eine andere Körperschaft gegen Gewährung von Anteilen zu einem Tausch.[393]

---

387 Vgl. *Quantschnigg/Schuch*, Einkommensteuer, 1993, § 31 Tz. 2.

388 Als Beispiele nennt § 31 Abs. 1 Satz 1 öEStG den Treuhänder und die Beteiligung durch eine Kapitalgesellschaft. Weitere Formen mittelbarer Beteiligungen zeigen *Quantschnigg/Schuch* (Einkommensteuer, 1993, § 31 Tz. 7) auf.

389 Vgl. VwGH v. 22.4.1986, 85/14/0167, ÖStZB 1987, S. 142; *Doralt*, Einkommensteuergesetz, 1997, § 31 Tz. 38.

390 Vgl. *Quantschnigg/Schuch*, Einkommensteuer, 1993, § 31 Tz. 10.

391 Vgl. VwGH v. 22.4.1986, 85/14/0167, ÖStZB 1987, S. 142. Für einen Überblick bezüglich der sich beim unentgeltlichen Erwerb von Anteilen im Hinblick auf die Anwendung des § 31 öEStG ergebenden steuerlichen Konsequenzen, vgl. *Doralt*, Einkommensteuergesetz, 1997, § 30 Tz. 72 ff. und 132.

392 Der Veräußerung explizit gleichgestellt sind nach § 31 Abs. 2 öEStG der Untergang von Anteilen durch Auflösung (Liquidation) oder Beendigung einer Körperschaft (jeweils unabhängig vom Ausmaß der Beteiligung) sowie Maßnahmen des Steuerpflichtigen, die zum Verlust des österreichischen Besteuerungsrechts im Verhältnis zu anderen Staaten führen (sog. Wegzugsbesteuerung). Vgl. dazu *Doralt*, Einkommensteuergesetz, 1997, § 31 Tz. 93 ff.

393 Es sei denn, das Umgründungssteuergesetz sieht eine andere Beurteilung vor; vgl. *Doralt*, Einkommensteuergesetz, 1997, § 31 Tz. 86. Um einen Anschaffungs- bzw. Veräußerungsvorgang handelt es sich jedoch nicht, wenn die Entnahme bzw. Einlage einer Beteiligung aus dem bzw. in das Betriebsvermögen eines Einzelunternehmens erfolgt, vgl. *Doralt*, Einkommensteuergesetz, 1997, § 31 Tz. 87 f.

b) Ermittlung des Veräußerungserfolgs und steuerliche Begünstigung

Zur Ermittlung der Einkünfte aus der Veräußerung von Anteilen an einer Körperschaft ist der Verkaufspreis bzw. beim Tausch der gemeine Wert[394] der hingegebenen Anteile den Anschaffungskosten und den Werbungskosten gegenüberzustellen (§ 31 Abs. 3 öEStG).[395]

Zu den Anschaffungskosten zählen neben den für den Erwerb der Beteiligung erforderlichen Aufwendungen, die beim Kauf dem Kaufpreis, beim Erwerb durch Tausch dem gemeinen Wert der hingegebenen Wirtschaftsgüter entsprechen,[396] die Anschaffungsnebenkosten (z.B. Vertragserrichtungskosten) sowie die nachträglichen Anschaffungskosten (z.B. Gesellschafterzuschüsse oder kapitalersetzende Gesellschafterdarlehen).[397] Wurden die Anteile sukzessiv erworben, bleiben die Anschaffungskosten der einzelnen Anteile maßgeblich. Die Bestimmung eines Durchschnittswerts erfolgt nicht, so daß dem Steuerpflichtigen bei Veräußerung nur eines Teils seiner Beteiligung ein Wahlrecht zukommt, welche Anteile er veräußern möchte, und damit auch, welche Anschaffungskosten für die Ermittlung der Einkünfte zugrunde zu legen sind.[398]

Zu den Werbungskosten zählen - wie auch bei den Spekulationsgeschäften - die mit der Veräußerung in unmittelbarem Zusammenhang stehenden Aufwendungen, wie dies beispielsweise bei den Beratungsaufwendungen der Fall ist.[399] Die Berücksichtigung von Fremdkapitalzinsen ist ebenfalls möglich.[400] Diesem Abzug steht die Endbesteuerung[401] nicht entgegen.[402] Umstritten ist jedoch die

---

394 Wie auch bei den Spekulationsgeschäften wird in der Literatur demgegenüber die Bewertung mit dem gemeinen Wert des erhaltenen Wirtschaftsguts gefordert; vgl. *Beiser*, Realteilung, ÖStZ 1991, S. 323; *Doralt*, Einkommensteuergesetz, 1997, § 31 Tz. 160; *Doralt/Ruppe*, Steuerrecht, Bd. I, 1998, S. 63.

395 Zu den für die Berechnung relevanten Begriffen vgl. insbesondere *Doralt*, Einkommensteuergesetz, 1997, § 31 Tz. 127 ff., 156 ff. und 167 ff.

396 Vgl. § 31 Abs. 7 i.V.m. § 6 Z. 17 öEStG.

397 Vgl. *Doralt*, Einkommensteuergesetz, 1997, § 31 Tz. 127 ff. und § 6 Tz. 69. Beim unentgeltlichen Erwerb der Anteile sind die Anschaffungskosten des Rechtsvorgängers, bei mehrfacher unentgeltlicher Übertragung die Anschaffungskosten des Rechtsvorgängers, der die Anteile zuletzt entgeltlich erworben hat, anzusetzen. Vgl. VwGH v. 22.4.1986, 85/14/0167, ÖStZB 1987, S. 142; Abschn. 85 Abs. 2 öEStR; kritisch hierzu für den Fall der Schenkung *Prodinger*, Veräußerung, ÖStZ 1994, S. 379.

398 Vgl. *Quantschnigg/Schuch*, Einkommensteuer, 1993, § 31 Tz. 20.

399 Vgl. *Doralt*, Einkommensteuergesetz, 1997, § 31 Tz. 168 f.

400 Vgl. FLD Wien, NÖ, Bgld. v. 5.10.1995, RdW 1995, S. 451.

401 § 20 Abs. 2 öEStG sieht den Ausschluß des Abzugs von Aufwendungen als Werbungskosten vor, die in unmittelbarem wirtschaftlichen Zusammenhang mit endbesteuerten Kapitalerträgen i.S.v. § 97 öEStG stehen. Zu diesen zählen insbesondere Ausschüttungen von Kapitalgesellschaften (§ 97 Abs. 1 i.V.m. § 93 Abs. 2 Z 1 öEStG).

Frage, in welcher Höhe die Fremdkapitalzinsen abzugsfähig sind. Dies gilt vor allem im Hinblick auf die Ermittlung des Veräußerungserfolgs endbesteuerter Kapitalanlagen.[403] *Doralt* scheint sich hier für eine anteilige Berücksichtigung der Schuldzinsen entsprechend dem Verhältnis des Veräußerungsgewinns[404] zu den zuvor im Hinblick auf die Beteiligung erzielten endbesteuerten Kapitalerträgen auszusprechen.[405]

Die einzelnen, in einem Veranlagungszeitraum nach § 31 öEStG zu berücksichtigenden Veräußerungsgewinne und -verluste sind zu saldieren. Ein danach verbleibender Veräußerungsgewinn wird den außerordentlichen Einkünften zugerechnet, die dem ermäßigten Steuersatz nach § 37 Abs. 1 i.V.m. § 37 Abs. 4 Z 2 öEStG unterliegen.[406] Dieser entspricht der Hälfte des auf das Gesamteinkommen entfallenden Durchschnittssteuersatzes. Durch diese Begünstigung soll die

---

402 Vgl. *Doralt*, Einkommensteuergesetz, 1997, § 31 Tz. 169 f.; *Herzog*, Finanzierungszinsen, RdW 1994, S. 60; *Lang*, Werbungskosten, in: Festschrift Wirtschaftsuniversität Wien, 1998, S. 446. Diese Auffassung läßt sich auch mittelbar aus dem Urteil des Verfassungsgerichtshofs vom 25.6.1998 (B 125/97, ÖStZB 1998, S. 862) ableiten, der bei Veräußerung einer im Betriebsvermögen gehaltenen - zuvor mit nach § 10 Abs. 1 öKStG steuerfreien Schachtelgewinnen verbundenen - Beteiligung den Schuldzinsenabzug nicht ausschließt. Sofern jedoch bei der Veräußerung solcher Schachtelbeteiligungen ein zumindest anteiliger Abzug der Schuldzinsen möglich ist (vgl. hierzu *Mayr/Walter*, Beteiligungsveräußerung, RdW 1998, S. 767, a.A. *R & R*, Schuldzinsenabzug, FJ 1999, S. 3), kann bei der Veräußerung einer im Privatvermögen gehaltenen Beteiligung, deren laufende Erträge der Endbesteuerung unterliegen, der Schuldzinsenabzug wohl nicht gänzlich verwehrt werden.

403 Vgl. *Lang*, Werbungskosten, in: Festschrift Wirtschaftsuniversität Wien, 1998, S. 430.

404 Der Veräußerungsgewinn ist hier als Differenz zwischen dem Veräußerungspreis und den Anschaffungskosten zu verstehen.

405 Vgl. *Doralt*, Einkommensteuergesetz, 1997, § 31 Tz. 170; a.A. *Lang*, Werbungskosten, in: Festschrift Wirtschaftsuniversität Wien, 1998, S. 445 f., der sich für eine unabhängig von anderen Einkunftsarten erfolgende Beurteilung der Werbungskosteneigenschaft von Zinsen einsetzt. Zur Problematik der Berücksichtigung bereits zuvor bei den Einkünften aus Kapitalvermögen berücksichtigter Schuldzinsen sei auf die Ausführungen bei den Spekulationseinkünften verwiesen, vgl. Drittes Kapitel Punkt A.II.1.c) (S. 72 f.); *Lenneis*, Schuldzinsen, FJ 1996, S. 249.

406 Um beim unentgeltlichen Erwerb eine Doppelbelastung mit Erbschaft- oder Schenkungsteuer und Einkommensteuer zu vermeiden, enthält § 31 Abs. 4 öEStG für den Fall, daß der Steuerpflichtige die Anteile innerhalb von drei Jahren vor der Veräußerung unentgeltlich erworben hat, die Regelung, die auf den Veräußerungsgewinn entfallende Einkommensteuer auf Antrag zu ermäßigen oder zu erlassen. Vgl. dazu *Quantschnigg/Schuch*, Einkommensteuer, 1993, § 31 Tz. 26.

Steuerprogression, die sich aus der kumulierten Erfassung der bei der Veräußerung der Beteiligung aufgedeckten stillen Reserven ergibt, gemildert werden.[407]

c) Berücksichtigung von Verlusten

Führen die in einem Veranlagungszeitraum verwirklichten Veräußerungsgeschäfte insgesamt zu einem Verlust, kommt das Verlustausgleichsverbot des § 31 Abs. 5 öEStG zum Tragen. Wie auch bei den Spekulationsgeschäften ist der Ausgleich eines solchen Verlusts weder mit positiven Einkünften aus anderen Einkunftsarten noch mit den anderen sonstigen Einkünften möglich.[408] Ein Verlustrück- bzw. -vortrag ist ebenfalls ausgeschlossen. *Doralt*[409] äußert gegen die Nichtberücksichtigung von Verlusten trotz Besteuerung der Gewinne rechtspolitische Bedenken. Nach Auffassung des Verfassungsgerichtshofs ist das Verlustausgleichsverbot verfassungsrechtlich aber nicht zu beanstanden.[410]

III. Verfahrensrechtliche Bestimmungen

Die österreichische Einkommensteuer eines unbeschränkt Steuerpflichtigen wird prinzipiell im Wege der Veranlagung unter Zugrundelegung der vom Steuerpflichtigen für das abgelaufene Kalenderjahr (Veranlagungszeitraum) abgegebenen Steuererklärung erhoben (§ 39 Abs. 1 i.V.m. § 42 Abs. 1 öEStG).[411] Die im Veranlagungszeitraum relevanten Einkünfte aus Spekulationsgeschäften (§ 30 öEStG) und aus der Veräußerung im Privatvermögen gehaltener Beteiligungen (§ 31 öEStG) sind im Rahmen der Steuererklärung unter den sonstigen Einkünften (§ 29 öEStG) auszuweisen. Die Erklärungsfrist endet grundsätzlich mit dem 31. März des Folgejahres, wobei generelle Fristverlängerungen durch das Bundesfinanzministerium möglich sind (§ 134 Abs. 1 BAO). Für Lohnsteuerpflichtige mit anderen Einkünften erstreckt sich die Frist derzeit regelmäßig bis Mitte Mai des Folgejahres.[412] Darüber hinaus besteht im österreichischen, ebenso wie im deutschen Steuerrecht, die Möglichkeit der Fristverlängerung für jene Fälle, in denen der Steuerpflichtige durch einen Steuerberater vertreten wird.[413] Aufgrund der Steuererklärung des Steuerpflichtigen wird die Einkom-

---

[407] Vgl. *Takacs*, Ermäßigung, FJ 1996, S. 170 ff.; *Writzmann*, Betrachtung, in: Heidinger/Bruckner, Steuern in Österreich, S. 483 ff.

[408] Vgl. auch FLD Wien, NÖ, Bgld. v. 3.12.1996, 96/331/11, ÖStZ 1998, S. 272.

[409] Einkommensteuergesetz, 1997, § 31 Tz. 124.

[410] Vgl. VfGH v. 27.9.1969, B 57/69, VfSlg. 6030.

[411] Vgl. *Korntner*, Leitfaden, 1997, S. 497.

[412] Vgl. beispielsweise für die Abgabe der Steuererklärung 1996: öBMF v. 5.2.1997, Z 02 0051/1-IV/2-97 (Einreichung der Abgabenerklärungen für das Veranlagungsjahr 1996), AÖF 1997/75.

[413] Vgl. *Korntner*, Leitfaden, 1997, S. 498.

mensteuer für das betreffende Kalenderjahr von der Finanzverwaltung per Bescheid festgesetzt (§ 198 BAO i.V.m. § 42 Abs. 1 öEStG).

Zur Überprüfung der korrekten Erfassung der aus Spekulationsgeschäften sowie aus der Veräußerung im Privatvermögen gehaltener Beteiligungen erzielten Einkünfte sieht das österreichische Steuerrecht keine besonderen Kontrollmechanismen vor, die über die gewöhnlichen - den Regelungen im deutschen Steuerrecht vergleichbaren - Maßnahmen zur Überprüfung einer Steuererklärung hinausgehen.[414] § 126 Abs. 3 BAO normiert zwar für die sonstigen Einkünfte besondere Aufzeichnungspflichten.[415] Im Durchführungserlaß des Bundesfinanzministeriums zu den §§ 126 ff. BAO wird aber die Auffassung vertreten, daß Aufzeichnungspflichten bei Einkünften aus Spekulationsgeschäften und aus der Veräußerung bestimmter Beteiligungen in der Regel nicht bestehen.[416] Für Grundstückstransaktionen ist eine Kontrolle ihrer steuerlichen Erfassung allerdings darüber möglich, daß alle Personen, die bei der Errichtung der Vertragsurkunde mitgewirkt haben (z.B. Notare und Rechtsanwälte), nach § 10 Abs. 2 öGrEStG zur Abgabe einer Grunderwerbsteuererklärung verpflichtet sind, und zwar spätestens bis zum 15. des zweiten Monats, der auf den Kalendermonat folgt, in dem die Steuerschuld entstanden ist.[417] Die aus der Veräußerung von Finanzanlagen erzielten Erfolge sind demgegenüber von einer Kontrolle weitgehend ausgeschlossen. Im österreichischen Steuerrecht ist die Finanzverwaltung an das in § 38 BWG verankerte strikte Bankgeheimnis[418] gebunden, das eine Befragung der Kreditinstitute bezüglich der Finanzanlagegeschäfte ihrer Kunden und auch die Erstellung von Kontrollmitteilungen über die im Zusammenhang

---

414 Für einen Überblick bezüglich des österreichischen Abgabe- und Ermittlungsverfahrens vgl. *Doralt/Ruppe*, Steuerrecht, Bd. II, 1996, S. 232 ff.

415 Vgl. *Ritz*, BAO-Kommentar, 1999, S. 282 ff.

416 Vgl. Abschn. 2.1 Abs. 4 öBMF-Schreiben v. 22.5.1990, Z 02 2261/4-IV/2/90, 20/ 15 (Durchführungserlaß zu den §§ 126 ff. der Bundesabgabenordnung), AÖF 1990/169.

417 Wird die Möglichkeit der Selbstberechnung der Steuer nach § 11 öGrEStG in Anspruch genommen, entfällt die Verpflichtung zur Vorlage einer Abgabeerklärung beim Finanzamt. In diesem Fall ist nach §§ 12, 13 öEStG eine Selbstberechnungserklärung gegenüber dem Grundbuchsgericht zu erstellen und die Grunderwerbsteuer an das Finanzamt zu entrichten.

418 Dem österreichischen Bankgeheimnis kommt verfassungsrechtlicher Rang zu, da seine Änderung nur vom Nationalrat in Anwesenheit von mindestens der Hälfte der Abgeordneten und mit einer Mehrheit von zwei Dritteln der abgegebenen Stimmen möglich ist (§ 38 Abs. 5 BWG); vgl. *Carl/Klos*, Finanzmärkte, 1993, S. 106; *Fellner*, Bankgeheimnis, RdW 2000, S. 245 f.

mit der Außenprüfung von Kreditinstituten bezüglich ihrer Kunden gewonnenen Erkenntnisse grundsätzlich verhindert.[419]

IV. Steuerreform

1. Reformbestrebungen der Steuerreformkommission im Jahr 1998

Im März 1997 bestellte der österreichische Bundesfinanzminister die Mitglieder der "Steuerreformkommission neu" mit der Vorgabe, ihm bis zum Spätherbst 1998 Vorschläge für die geplante Steuerreform 2000 zuzuleiten. In dem Bericht der Steuerreformkommission[420], der dem Bundesfinanzminister im November 1998 vorgelegt wurde, sind im Hinblick auf die steuerliche Erfassung privater Veräußerungsgewinne sowohl für den Bereich der Finanzanlagen als auch für den Bereich der Liegenschaften weitreichende Änderungen enthalten.

Ausgangspunkt des Reformmodells "Veräußerungsgewinne (capital gains) von Finanzanlagen im Privatbereich" bildet die mit dem Leistungsfähigkeitsprinzip nicht zu vereinbarende Steuerfreiheit von Veräußerungsgewinnen, die nach Ablauf der Spekulationsfrist erzielt werden.[421] Ferner ist das Modell auch vor dem Hintergrund zu sehen, daß die Steuerreformkommission das derzeit nur bei bestimmten Kapitaleinkünften verwirklichte System der Endbesteuerung ausweiten will.[422] Um diese Ausweitung der Endbesteuerung zu gewährleisten, ist eine Erweiterung der Einkünfte aus Kapitalvermögen dahingehend vorgesehen, daß die Gewinne aus der Veräußerung im Privatvermögen gehaltener Finanzanlagen zukünftig im Rahmen dieser dann als "Kapitalvermögen" bezeichneten Einkunftsart erfaßt werden; und dies unabhängig davon, ob die Veräußerung innerhalb der bisherigen Spekulationsfrist stattfindet oder nicht. Der Steuersatz für die Veräußerungsgewinne soll wie bei den laufenden Einkünften 25 % betragen und Abgeltungscharakter haben, so daß auch hier die Endbesteuerung zur Anwendung kommen würde. Als Konsequenz des Einbezugs der bisher bei den Spekulationseinkünften erfaßten Veräußerungsgewinne aus Finanzanlagen in die Einkunftsart "Kapitalvermögen" ist die Anwendung des § 30 Abs. 1 Z 1 lit. b öEStG (Spekulationsfrist von einem Jahr) nur noch für die übrigen beweglichen Wirtschaftsgüter vorgesehen. Die Besteuerung der Veräußerungsgewinne mit 25 % soll möglichst an der Quelle vorgenommen werden, d.h. bei inländischen Geschäften bzw. inländischen Depots durch die Kreditinstitute, wie dies auch

---

419 Eine Ausnahme hierzu gilt allerdings beispielsweise bei bereits eingeleiteten gerichtlichen Strafverfahren; vgl. *Carl/Klos*, Finanzmärkte, 1993, S. 109 f.; *Fellner*, Bankgeheimnis, RdW 2000, S. 246; *Ritz*, BAO-Kommentar, 1999, S. 376.

420 *Steuerreformkommission*, Bericht, 1998.

421 Vgl. *Steuerreformkommission*, Bericht, 1998, S. 38.

422 Vgl. *Steuerreformkommission*, Bericht, 1998, S. 37.

bei der Erhebung der Kapitalertragsteuer bei den laufenden Einkünften der Fall ist.[423] Bei langer Haltedauer wird eine Ermäßigung der Besteuerung vorgeschlagen, indem ab dem 11. Jahr eine Reduktion des Veräußerungsgewinns (aber auch eines Verlusts) um jährlich 5 % erfolgen soll; maximal 75 %.

Im Rahmen der Einkunftsart "Kapitalvermögen" will die Steuerreformkommission nicht nur die Veräußerungsgewinne, sondern auch die Veräußerungsverluste berücksichtigen. Die Verlustverrechnung und ein zeitlich unbeschränkter Verlustvortrag sollen allerdings auf diese Einkunftsart beschränkt werden. Als Übergangsregelung zur Anwendung des Reformmodells sieht die Steuerreformkommission die Bewertung der Kapitalanlagen mit dem Börsenkurs am letzten Werktag (oder einem Jahresdurchschnittskurs) vor Inkrafttreten der neuen Bestimmungen vor. Diese Werte sollen dann als Anschaffungskosten für die Ermittlung zukünftiger Veräußerungsgewinne oder -verluste maßgeblich sein. Um die Gleichbehandlung zu gewährleisten, wird auch bei nicht börsennotierten Beteiligungen eine Neubewertung diskutiert.[424]

Für die Veräußerungsgewinne im Privatvermögen gehaltener Liegenschaften strebt die Steuerreformkommission ebenfalls eine Neuregelung an.[425] Unabhängig von dem Zeitraum, der zwischen Anschaffung und Veräußerung liegt, sollen die bei der Veräußerung dieser Wirtschaftsgüter erzielten Gewinne steuerlich erfaßt werden. Im Gegenzug ist der Verlustausgleich mit anderen Veräußerungsgewinnen dieser Art und mit Einkünften aus Vermietung und Verpachtung sowie ein in dieser Weise unbeschränkter Verlustvortrag vorgesehen. Auch hier strebt die Steuerreformkommission eine Erweiterung der Einkunftsart "Einkünfte aus Vermietung und Verpachtung" an. Zur Ermittlung des Veräußerungserfolgs sollen bei vermieteten Gebäuden nicht die ursprünglichen, sondern die fortgeführten Anschaffungskosten angesetzt werden.[426] Somit geht die Steuerreformkommission wohl nicht mehr - wie dies im geltenden Steuerrecht der Fall ist[427] - von der Geringfügigkeit der Abschreibungsbeträge aus und strebt die Vermeidung ihrer Doppelerfassung an. Wie bei den Finanzanlagen ist bei einer Haltedauer von mehr als zehn Jahren eine Reduzierung des Veräußerungsgewinns bzw. -verlusts um jährlich 5 % vorgesehen; maximal 75 %. Für die Veräußerung von Grundstücken, deren Anschaffung bereits länger als 10 Jahre zu-

---

423 Bezüglich dieser Handhabung konnte wohl zwischen den Kommissionsmitgliedern kein Konsens erzielt werden, da einige die Gefahr der Verlagerung von Depots ins Ausland anführten; vgl. *Steuerreformkommission*, Bericht, 1998, S. 38 f.

424 Vgl. *Steuerreformkommission*, Bericht, 1998, S. 38 f.

425 Vgl. *Steuerreformkommission*, Bericht, 1998, S. 41 f. Im Bereich des Betriebsvermögens soll eine vergleichbare Regelung geschaffen werden.

426 Vgl. *Steuerreformkommission*, Bericht, 1998, S. 41.

427 Vgl. Drittes Kapitel Punkt A.II.1.c) (S. 73).

rückliegt, schlägt die Steuerreformkommission eine Übergangsregelung vor. Danach sollen für die Ermittlung der diesbezüglichen Veräußerungserfolge neu festzustellende Einheitswerte mit einem Zuschlag von 25 % als Anschaffungskosten herangezogen werden. Dem Steuerpflichtigen soll aber die Möglichkeit verbleiben, die tatsächlichen Anschaffungskosten nachzuweisen. Kommt es nicht zu einer Einheitsbewertung, soll als Vergleichswert der gemeine Wert zum Zeitpunkt des Inkrafttretens der neuen Bestimmung angesetzt werden.

Die Steuerbefreiung bei der Veräußerung von als Hauptwohnsitz genutzten Eigenheimen und Eigentumswohnungen, wird von der Steuerreformkommission als unflexibel und mit erheblichen Härten verbundene Vorschrift kritisiert. Als neues Modell wird vorgeschlagen, die Veräußerung eines Eigenheimes bzw. einer Eigentumswohnung samt Grund und Boden steuerfrei zu belassen, sofern die Immobilie mindestens zwei Jahre innerhalb der letzten fünf Jahre als Hauptwohnsitz diente. In diesem Zusammenhang ist zudem beabsichtigt, daß ein Veräußerer während seiner aktiven beruflichen Tätigkeit beliebig oft - innerhalb einer Ersatzbeschaffungsfrist von etwa drei Jahren - eine steuerneutrale Übertragung der Wertsteigerung beim Hauptwohnsitz auf eine Ersatzbeschaffung vornehmen kann.[428] Somit wird von der Steuerreformkommission für Privatpersonen die im deutschen Steuerrecht im betrieblichen Bereich in § 6b EStG vorgesehene Übertragungsmöglichkeit stiller Reserven auf Ersatzbeschaffungen angestrebt. Bei einer Veräußerung nach Pensionsantritt des Steuerpflichtigen sieht die Steuerreformkommission einmalig die völlige Steuerfreiheit des Veräußerungsgewinns vor.[429]

2. Neuregelung der Spekulationsgeschäfte ab Oktober 2001

Im Steuerreformgesetz 2000 vom 14.7.1999[430] sind umfassende Änderungen für die aus der Veräußerung privater Finanzanlagen erzielten Einkünfte vorgesehen. Zwar wird ihre zeitlich unbegrenzte Erfassung im Rahmen einer erweiterten Einkunftsart "Kapitalvermögen" - wie dies von der Steuerreformkommission gefordert wird - nicht umgesetzt. Doch bildet die Verlängerung der für Finanzanlagen relevanten Spekulationsfrist von derzeit einem Jahr auf zukünftig zwei Jahre sowie die Einführung einer Spekulationsertragsteuer von 25 %, wie dies auch von der Steuerreformkommission durch die Ausdehnung der Endbesteuerung angestrebt wurde, den Kern der Neuregelungen. Diese Neuregelungen sollen bei Wirtschaftsgütern zur Anwendung kommen, die nach dem 30.9.2001 an-

428 Vgl. *Steuerreformkommission*, Bericht, 1998, S. 42.
429 Vgl. *Steuerreformkommission*, Bericht, 1998, S. 42.
430 öBGBl. I Nr. 106/1999.

geschafft werden (§ 124 b Z 37 öEStG)[431] und sachlich dem Kreis der in § 1 Abs. 1 Depotgesetz umschriebenen Finanzanlagen sowie den davon nicht erfaßten Beteiligungen und Forderungen zuzurechnen sind (§ 30 Abs. 1 Z 1 lit. b öEStG-R). Hierzu zählen insbesondere Aktien, GmbH-Anteile, Forderungswertpapiere, Substanzgenußrechte, Partizipiationsscheine und echte stille Beteiligungen. Darüber hinaus sollen auch die innerhalb von zwei Jahren abgewickelten Optionsgeschäfte einschließlich geschriebener Optionen und Swaphandelsgeschäfte als Spekulationsgeschäfte gelten.[432] Zeitlich unbefristet sollen die aus Termin- einschließlich Differenzgeschäften erzielten Erfolge zu erfassen sein (§ 30 Abs. 1 Z 2 öEStG-R).[433] Die einjährige Spekulationsfrist für andere bewegliche Gegenstände (beispielsweise Schmuck und Antiquitäten) ist durch das Steuerreformgesetz aber ebenso unberührt geblieben[434] wie dies bei der für Grundstücke relevanten zehnjährigen Spekulationsfrist der Fall ist. Bei den Liegenschaften wird somit der Forderung der Steuerreformkommission nach einer umfassenderen Besteuerung der diesbezüglich erzielten Veräußerungserfolge nicht entsprochen. Ebenfalls keine Berücksichtigung finden die zur Steuerbe-

---

431 Die Neuregelungen sollten ursprünglich erstmals auf die nach dem 30.9.2000 angeschafften Finanzanlagen angewendet werden. Das öBMF hat jedoch von der in § 124 b Z 37 EStG enthaltenen Verordnungsermächtigung Gebrauch gemacht (öBGBl. II Nr. 79/2000) und das Inkrafttreten bis zum Oktober 2001 verschoben. Die gemäß dem Steuerreformgesetz vom 14.7.1999 (öBGBl. I Nr. 106/1999) ab dem 1.10.2001 zu berücksichtigenden Regelungen sind zur Abgrenzung gegenüber den derzeit gültigen Regelungen nachfolgend mit dem Zusatz "R" gekennzeichnet. Da die Neuregelungen nur für zukünftig angeschaffte Wirtschaftsgüter vorgesehen sind, haben die im Bericht der Steuerreformkommission vorgeschlagenen Übergangsbestimmungen keine Berücksichtigung gefunden.

432 Vgl. Erläuterungen zu Art. I Z 16 bis 18 des Steuerreformgesetzes 2000, BlgNR 1766, S. 54. Die Verlängerung der Spekulationsfrist bei Finanzanlagen und ähnlichen Wirtschaftsgütern sowie die Einführung einer Spekulationsertragsteuer wurden auch zum Anlaß genommen, die Spekulationsgewinne, die von Investmentfonds erzielt werden, für ab dem 1.10.2001 angeschaffte Finanzanlagen einer pauschalen Besteuerung zu unterwerfen. So wird fingiert, daß sämtliche im Fondsvermögen erwirtschafteten Substanzgewinne zu 20 % als Spekulationsgewinne auf die Anteilscheininhaber entfallen; unabhängig davon, ob die Substanzgewinne ausgeschüttet oder thesauriert werden (§ 40 Abs. 1 Satz 2 i.V.m. § 40 Abs. 2 Z 1 öInvestmentfondsG-R). Diese Spekulationsgewinne unterliegen der 25 %-igen Spekulationsertragsteuer. Vgl. dazu die Erläuterung zu Art. XIII Z 5 des Steuerreformgesetzes 2000, BlgNR 1766, S. 71 f.

433 Auch bereits unter den derzeit geltenden Regelungen werden Termin- und Differenzgeschäfte regelmäßig als Spekulationseinkünfte erfaßt; vgl. *Doralt*, Einkommensteuergesetz, 1997, § 30 Tz. 36 und 72. So fallen nach Auffassung des österreichischen Bundesfinanzministeriums (öBMF v. 13.7.1999 – S 1352/1/1 - IV/6/90 -, RdW 1990, S. 329) Devisentermingeschäfte, die nur die Auszahlung einer Kursdifferenz zum Inhalt haben, unter die Regelung des § 30 Abs. 1 Z 1 lit. b öEStG.

434 Nunmehr jedoch als Buchstabe c im Rahmen des § 30 Abs. 1 Z 1 öEStG-R.

freiung des Hauptwohnsitzes angestellten Reformüberlegungen. So ist für den Bereich der Steuerbefreiungen eine Änderung lediglich bei der Veräußerung bestimmter Schuldverschreibungen und Forderungen vorgesehen, indem die in diesen Fällen bisher nach § 30 Abs. 2 Z 3 und 4 öEStG gewährte Befreiung des Veräußerungserfolgs für nach dem 30.9.2001 angeschaffte Wirtschaftsgüter gestrichen wird.[435] Auch im deutschen Steuerrecht war in früheren Jahren eine vergleichbare Befreiungsregelung enthalten. Diese wurde aber vor dem Hintergrund der damit verbundenen Benachteiligung von in anderen EU-Mitgliedstaaten ansässigen Schuldnern[436] bereits für ab dem Jahr 1994 angeschaffte Wirtschaftsgüter aufgehoben.

Die verfahrensrechtliche Vorgehensweise bezüglich der neu einzuführenden Spekulationsertragsteuer wird im neu eingefügten Abs. 8 des § 30 öEStG-R erläutert und trägt den Bestrebungen der Steuerreformkommission Rechnung, den Abzug möglichst an der Quelle durch die Kreditinstitute vorzunehmen. Demnach ist die Spekulationsertragsteuer in Höhe von 25 % vom Veräußerungserlös, soweit er die Anschaffungskosten übersteigt, ohne weitere Abzüge zu erheben (§ 30 Abs. 8 Z 1 und 2 öEStG-R). In Anlehnung an den bereits derzeit bei bestimmten laufenden Kapitaleinkünften relevanten 25prozentigen Kapitalertragsteuerabzug ist die Spekulationsertragsteuer in bezug auf die Einkommensteuer als Abgeltungssteuer konzipiert (§ 30 Abs. 8 Z 10 öEStG-R). Liegt die nach dem normalen Steuertarif für Spekulationserträge zu erhebende Einkommensteuer unter der einbehaltenen Spekulationsertragsteuer, wird letztere auf Antrag des Steuerpflichtigen auf die zu erhebende Einkommensteuer angerechnet und ihm mit dem übersteigenden Betrag erstattet (Veranlagungsoption). Dieser Antrag kann grundsätzlich innerhalb eines Zeitraums von fünf Jahren ab dem Ende des Veranlagungszeitraums, in dem die Veräußerung erfolgte, gestellt werden (§ 30 Abs. 8 Z 13 öEStG-R). Im Rahmen der Veranlagung kommt es dann zu einer "traditionellen" Besteuerung der Einkünfte (d.h. Werbungskostenabzug, Verlustausgleich im Rahmen der Regelungen des § 30 öEStG) mit dem normalen Einkommensteuertarif.[437]

Der Steuerabzug soll von dem depotführenden inländischen Kreditinstitut bzw. der depotführenden inländischen Zweigstelle eines ausländischen Kreditinstituts vorgenommen und spätestens am 15. des Folgemonats an das Finanzamt abgeführt werden. Wird das veräußerte Wirtschaftsgut nicht in einem Depot gehal-

---

435 Vgl. Erläuterungen zu Art. I Z 16 bis 18 des Steuerreformgesetzes 2000, BlgNR 1766, S. 54.

436 Vgl. BT-Drs. 12/5630, 1993, S. 59; BT-Drs. 12/5764, 1993, S. 20. Zur Problematik der Diskriminierung vgl. auch *Streck*, Gemeinschaft, DStR 1993, S. 422.

437 Vgl. Erläuterungen zu Art. I Z 16 bis 18 des Steuerreformgesetzes 2000, BlgNR 1766, S. 55.

ten - wie dies z.B. bei GmbH-Anteilen und im Ausland befindlichen Wertpapieren der Fall ist -, soll der Veräußerer selbst die Möglichkeit haben, die 25prozentige Spekulationsertragsteuer an sein für die Erhebung der Einkommensteuer zuständiges Finanzamt abführen. Dies muß spätestens im Zuge der Einkommensteuerveranlagung für das Kalenderjahr, in dem der Veräußerungserlös erzielt wurde, erfolgen. Macht der Veräußerer davon keinen Gebrauch, muß er die betreffenden Einkünfte in die Veranlagung einbeziehen (§ 30 Abs. 8 Z 7 und 8 öEStG-R). Bei Nichtvorliegen eines Depots hat der Steuerpflichtige somit ein Wahlrecht, die Spekulationseinkünfte außerhalb der Einkommensteuerveranlagung "pauschal" zu versteuern oder in das nach dem normalen Steuertarif zu versteuernde Einkommen einzubeziehen.[438]

Für Spekulationseinkünfte, die aus der Veräußerung von in dem Depot eines inländischen Kreditinstituts bzw. der inländischen Zweigstelle eines ausländischen Kreditinstituts gehaltenen Wertpapieren resultieren, sind vor allem in § 30 Abs. 8 Z 4 öEStG-R Sonderregelungen enthalten. Danach ist für die Ermittlung der Spekulationsfrist prinzipiell auf den Depotzu- bzw. Depotabgang abzustellen. Für die Bestimmung des Spekulationsertrags sind bei einer durch einen Anschaffungs- bzw. Veräußerungsvorgang bedingten Depotänderung die tatsächlichen Anschaffungskosten bzw. der tatsächliche Veräußerungserlös zugrunde zu legen. Kommt es jedoch aus anderen Gründen (z.B. durch einen Depotwechsel, die Zuführung bereits früher erworbener Wertpapiere oder den unentgeltlichen Erwerb von Wertpapieren) zu einer Depotänderung, ist es entscheidend, ob dem Kreditinstitut Nachweise vorliegen, aufgrund derer es den tatsächlichen Umständen entsprechend vorgehen kann oder ob es ihm an solchen Nachweisen fehlt.[439] Für die zuletzt genannten Fälle werden in § 30 Abs. 8 Z 4 öEStG-R gesetzliche Annahmen getroffen, aus denen sich die Bestimmung der Spekulationsfrist sowie der Anschaffungskosten und des Veräußerungserlöses ergibt. So ist bei einem Depotzugang ohne entsprechende Nachweise über den tatsächlichen Anschaffungszeitpunkt sowie die tatsächlichen Anschaffungskosten als Anschaffungszeitpunkt der Depotzugang und als Anschaffungskosten ein Wert von ATS 0 anzusetzen. Bei einem Depotabgang ohne das Vorliegen von Nachweisen über einen Veräußerungsvorgang ist der Depotabgang als Veräußerung anzusehen, wobei als Veräußerungserlös der gemeine Wert im Zeitpunkt des Depotabgangs gilt. Der Depotwechsel führt dann nicht zur Besteuerung, wenn das Wertpapier nachweislich auf ein anderes Depot des Steuerpflichtigen bei

---

[438] Selbst bei Vornahme des Spekulationsertragsteuerabzugs durch den Veräußerer selbst bleibt ihm die Möglichkeit der Veranlagung nach § 30 Abs. 8 Z 13 öEStG-R. Vgl. Erläuterungen zu Art. I Z 16 bis 18 des Steuerreformgesetzes 2000, BlgNR 1766, S. 55.

[439] Vgl. Erläuterungen zu Art. I Z 16 bis 18 des Steuerreformgesetzes 2000, BlgNR 1766, S. 55.

dem gleichen Kreditinstitut oder auf das Depot eines anderen inländischen Kreditinstituts des Steuerpflichtigen übertragen wurde.

Für sukzessiv angeschaffte gleichartige Wertpapiere enthält § 30 Abs. 8 Z 5 öEStG-R die Ermächtigung an den Bundesminister für Finanzen, ihre steuerliche Behandlung mittels Verordnung festzulegen. Eine solche Verordnung wurde bisher aber nicht erlassen. In den Erläuterungen zum Steuerreformgesetz 2000 ist für die Beurteilung der Spekulationsfrist vorgesehen, daß Veräußerungen stets den zuerst vorgenommenen Anschaffungen zuzuordnen sein sollen (Fifo-Methode).[440] Ergibt sich daraus die Steuerpflicht einer Veräußerung, soll für die Bestimmung der Anschaffungskosten der Durchschnittswert aller auf dem Depot vorhandenen bzw. vorhanden gewesener Wertpapiere heranzuziehen sein (gleitendes Durchschnittswertverfahren).[441] Dieses Vorgehen soll für die Berechnung der Abzugsteuer aber auch für die Durchführung der Veranlagung bezüglich des Spekulationsgeschäfts Gültigkeit haben.[442]

Die dargestellten, durch das Steuerreformgesetz 2000 vom 14.7.1999 ab dem 1.10.2000 für die Erfassung der aus der Veräußerung privater Finanzanlagen erzielten Erfolge angestrebten Neuerungen werden nach derzeitigem Kenntnisstand voraussichtlich nur bedingt Wirkung entfalten. Den Grund hierfür bildet die Erkenntnis des Verfassungsgerichtshofs vom 15.3.2000[443], in der dieser die Bestimmungen zur Spekulationsertragsteuer teilweise für verfassungswidrig erklärte. So wird nach Auffassung des Verfassungsgerichtshofs durch die Bestimmungen zur Spekulationsertragsteuer insbesondere insoweit gegen den Gleichheitssatz verstoßen, als sie den Kreditinstituten die Verpflichtung zur Abführung der Spekulationsertragsteuer auch dann auferlegen, wenn ihnen die für die Steuerentrichtung erforderlichen finanziellen Mittel nicht zur Verfügung stehen und von ihren Kunden auch nicht ohne weiteres beschafft bzw. zurückerlangt werden können.[444] Dies ist beispielsweise bei Depotabgängen, die nicht auf eine Veräußerung zurückzuführen sind, der Fall. Da nach den in § 30 Abs. 8 Z 4 lit. b öEStG-R enthaltenen Regelungen solche Vorgänge grundsätzlich als Veräußerungen der abgegangenen Finanzanlagen zum gemeinen Wert anzuse-

---

440 Vgl. Erläuterungen zu Art. I Z 16 bis 18 des Steuerreformgesetzes 2000, BlgNR 1766, S. 55. Im Begutachtungsentwurf des Steuerreformgesetzes 2000 (ÖStZ 1999, S. 170) war die Fifo-Methode explizit in § 30 Abs. 8 Z 4 öEStG verankert.

441 Im Begutachtungsentwurf zum Steuerreformgesetz 2000 (ÖStZ 1999, S. 170) war für die Ermittlung der Anschaffungskosten in § 30 Abs. 8 Z 4 öEStG die Hifo-Methode (highest-in-first-out) vorgesehen.

442 Vgl. Erläuterungen zu Art. I Z 16 bis 18 des Steuerreformgesetzes 2000, BlgNR 1766, S. 55 f.

443 VfGH v. 15.3.2000, G 141/99 u.a., ÖStZ 2000, S. 232 ff.

444 Vgl. VfGH v. 15.3.2000, G 141/99 u.a., ÖStZ 2000, S. 232.

hen sind, müßten die betroffenen Kreditinstitute für die sich daraus ergebenden Veräußerungserfolge Spekulationsertragsteuer abführen, ohne daß ihnen ein Rückgriff auf einen Veräußerungserlös gegeben ist. Den Kreditinstituten verbliebe in solchen Fällen daher nur die Möglichkeit, über zivilrechtliche Regreßansprüche die abgeführte Steuer von ihren Kunden einzufordern. Das damit für sie verbundene Risiko erscheint dem Verfassungsgerichtshof aber nicht zumutbar.[445] Daraus wurde aber nicht die Konsequenz gezogen, die Kreditinstitute lediglich bezüglich der vorgenannten Fälle von der Verpflichtung zur Abführung der Spekulationsertragsteuer auszunehmen, sondern der Verfassungsgerichtshof hat sie insgesamt vom Spekulationsertragsteuerabzug ausgenommen, indem er sämtliche, ihnen die Abführung von Spekulationsertragsteuer auferlegenden Bestimmungen aufgehoben hat.[446] Sofern es bis zum 1.10.2001 nicht zu einer Neuregelung kommt, würde somit die im Steuerreformgesetz 2000 vom 14.7.1999 vorgesehene Ausdehnung der Spekulationsfrist ebenso wie die in § 30 Abs. 8 Z 4 und 5 öEStG-R enthaltenen Sonderregelungen zur Berechnung des Veräußerungserfolgs zwar grundsätzlich Wirkung entfalten. Die Spekulationsertragsteuer könnte aber nur von den Depotinhabern selbst abgeführt werden.[447] Die mit der Einführung des Spekulationsertragsteuerabzugs letztlich angestrebte Zielsetzung, die Erfassung privater Veräußerungserfolge zukünftig auch für den Bereich der Finanzanlagen sicherzustellen, würde damit aber weitestgehend konterkariert.

V. Zusammenfassung und Vergleich mit dem deutschen Recht

Die derzeitigen österreichischen Regelungen zur Erfassung privater Veräußerungsgewinne stimmen weitgehend mit den deutschen Regelungen überein. Vor dem Hintergrund des Dualismus der Einkunftsarten werden aus der Veräußerung im Privatvermögen gehaltener Wirtschaftsgüter erzielte Erfolge grundsätzlich nicht erfaßt. Ausnahmen hiervon bestehen nur für die Spekulationsgeschäfte und für die aus der Veräußerung bestimmter Beteiligungen erzielten Erfolge. Letztere werden im österreichischen Steuerrecht jedoch als sonstige und nicht als gewerbliche Einkünfte - wie dies im deutschen Steuerrecht der Fall ist - erfaßt. Den deutschen Vorschriften entsprechend knüpft der österreichische Spekulationseinkünftetatbestand bei Grundstücken an eine Spekulationsfrist von 10 Jahren, bei beweglichen Wirtschaftsgütern an eine Spekulationsfrist von 1 Jahr an und setzt für ihre Besteuerung prinzipiell die Identität zwischen angeschafftem und veräußertem Wirtschaftsgut voraus. Beteiligungsveräußerungen sind für die Besteuerung ab einer Beteiligungshöhe von mehr als 10 % relevant.

---

[445] Vgl. VfGH v. 15.3.2000, G 141/99 u.a., ÖStZ 2000, S. 234 f.

[446] Vgl. VfGH v. 15.3.2000, G 141/99 u.a., ÖStZ 2000, S. 235.

[447] Vgl. *Quantschnigg*, Rechtslage, ÖStZ 2000, S. 235 f.

Demgegenüber wird es im deutschen Steuerrecht aufgrund der durch das Steuersenkungsgesetz vorgenommenen Absenkung der Mindestbeteiligungsgrenze von derzeit 10 % auf zukünftig 1 % ab dem 1.1.2002 bereits ab einer Beteiligungshöhe von 1 % zur steuerlichen Erfassung diesbezüglich erzielter Veräußerungserfolge kommen. Eine weit darüber hinausreichende Ausdehnung des Steuertatbestands wurde für das österreichische Steuerrecht durch die österreichische Steuerreformkommission 1998 angestrebt. Danach sollte die Besteuerung privater Veräußerungserfolge generell unabhängig davon erfolgen, ob bestimmte Spekulationsfristen oder Beteiligungsgrenzen erreicht werden. Im Rahmen des Steuerreformgesetzes 2000 vom 14.7.1999 wurden diese Vorschläge jedoch nur in sehr eingeschränktem Umfang umgesetzt. So ist lediglich für die ab dem 1.10.2001 angeschafften Finanzanlagen die für sie relevante Spekulationsfrist auf zwei Jahre ausgedehnt worden. Die für Grundstücke nach der geltenden Rechtslage relevante Spekulationsfrist ist demgegenüber unberührt geblieben.

Bei den Regelungen zur Steuerbefreiung der aus der Veräußerung von zu eigenen Wohnzwecken genutzten Immobilien erzielten Erfolge zeichnet sich das österreichische Steuerrecht durch seine kumulativ zu erfüllenden Voraussetzungen aus. Während im deutschen Steuerrecht die Befreiung selbst dann gewährt wird, wenn die betreffende Immobilie nur im Jahr der Veräußerung und in den beiden der Veräußerung vorangegangenen Jahren zu eigenen Wohnzwecken genutzt wurde, ist es nach den österreichischen Bestimmungen für die Befreiung erforderlich, daß die Immobilie seit ihrer Anschaffung und mindestens seit zwei Jahren ununterbrochen eigenen Wohnzwecken diente. Zudem wird die Befreiung bei Vorliegen mehrerer Wohnsitze nur für den jeweiligen Hauptwohnsitz des Steuerpflichtigen gewährt. Den österreichischen Steuerpflichtigen ist es daher nicht möglich, mehrere Gebäude bzw. Wohnungen sowohl gleichzeitig wie auch nacheinander steuerfrei zu veräußern, wie dies im deutschen Steuerrecht der Fall ist. Eine Begünstigung ist im österreichischen Steuerrecht aber für die aus der Veräußerung selbst hergestellter Gebäude erzielten Einkünfte enthalten, indem es diese generell von der Besteuerung ausnimmt. Im Gegensatz dazu ist im deutschen Steuerrecht die Nichtberücksichtigung solcher Einkünfte lediglich bei Erfüllen der für die Befreiung selbstgenutzten Wohneigentums geforderten Voraussetzungen möglich.

Die österreichischen Regelungen zur Ermittlung der Spekulationseinkünfte und der Einkünfte aus der Veräußerung von Beteiligungen entsprechen weitgehend den deutschen Regelungen. Die Ermittlung der Spekulationseinkünfte erfolgt im österreichischen Steuerrecht aber unter Zugrundelegung der ungekürzten Anschaffungskosten, so daß bereits geltend gemachte Abschreibungsbeträge doppelt berücksichtigt werden. Bei Tauschgeschäften wird als Veräußerungserlös der gemeine Wert des hingegebenen, und nicht des erhaltenen Wirtschaftsguts, wie dies im deutschen Steuerrecht der Fall ist, angesetzt, wodurch es z.B. trotz Vorliegen eines wirtschaftlichen Verlusts zur Besteuerung kommen kann.

Eine Berücksichtigung der aus privaten Veräußerungsvorgängen erzielten Verluste ist im österreichischen Steuerrecht nur sehr eingeschränkt möglich, da diese jeweils nur mit aus gleichartigen Einkunftsquellen erzielten positiven Einkünften verrechnet werden dürfen. Ein Verlustrück- oder -vortrag, wie er im deutschen Steuerrecht selbst bei den privaten Veräußerungsgeschäften hinsichtlich der im vorangegangenen Veranlagungszeitraum und in den nachfolgenden Veranlagungszeiträumen im Rahmen entsprechender Geschäfte erzielten Gewinne möglich ist, ist im österreichischen Steuerrecht zudem ebenfalls nicht vorgesehen. Für die nach der Verrechnung mit berücksichtigungsfähigen Verlusten aus der Veräußerung bestimmter Beteiligungen verbleibenden Gewinne gewährt das österreichische Steuerrecht die Anwendung des halben durchschnittlichen Steuersatzes und wählt damit zur Berücksichtigung der Problematik der Progressionswirkung die gleiche Vorgehensweise wie dies vor Einführung der Fünftelregelung bzw. des ab 1.1.2002 relevanten Halbeinkünfteverfahrens im deutschen Steuerrecht der Fall war. Ebenso wie im deutschen Steuerrecht fehlt es aber auch im österreichischen Steuerrecht an einer entsprechenden Regelung für die aus der Veräußerung von Grundstücken erzielten Gewinne. Bestimmungen zur Vermeidung der Erfassung inflationsbedingter Scheingewinne sind sowohl im österreichischen als auch im deutschen Steuerrecht derzeit nicht enthalten. Zwar wurde von der österreichischen Steuerreformkommission 1998 im Zusammenhang mit der von ihr angestrebten Ausdehnung der steuerlichen Erfassung der bei privaten Finanzanlagen und Grundstücken erzielten Veräußerungserfolge eine Reduzierung der Bemessungsgrundlage in Anlehnung an die Haltedauer angestrebt. Dieser Vorschlag wurde im Rahmen des Steuerreformgesetzes 2000 aber nicht umgesetzt.

Besondere Regelungen zur Sicherstellung der Erfassung privater Veräußerungserfolge sind - mit Ausnahme der für Grundstückstransaktionen zu berücksichtigenden Regelungen - im österreichischen ebenso wie im deutschen Steuerrecht nicht enthalten. Vielmehr wird im österreichischen Steuerrecht die Kontrolle der Erfassung privater Veräußerungserfolge zusätzlich dadurch erschwert, daß die Finanzverwaltung bei der Durchführung des Besteuerungsverfahrens an das strikte österreichische Bankgeheimnis gebunden ist. Eine wesentliche Neuerung hätte hier allerdings die im Rahmen des Steuerreformgesetzes 2000 vom 14.7.1999 für den Bereich der Finanzanlagen ab dem 1.10.2001 angestrebte 25prozentige Spekulationsertragsteuer, deren Abzug vor allem von den Kreditinstituten vorgenommen werden sollte, bedeutet. Die Verpflichtung der Kreditinstitute zur Abführung der Spekulationsertragsteuer wurde jedoch mittlerweile vom österreichischen Verfassungsgerichtshof als verfassungswidrig gewertet und die hierfür relevanten Bestimmungen in vollem Umfang aufgehoben. Der

Spekulationsertragsteuerabzug kann daher - sofern es nicht vor dem 1.10.2001 zu einer gesetzlichen Neuregelung kommt - nur durch die Veräußerer selbst erfolgen. Die mit dem durch die Kreditinstitute vorzunehmenden Abzug der Spekulationsertragsteuer letztlich angestrebte Zielsetzung, die Erfassung der aus der Veräußerung von Finanzanlagen erzielten Erfolge sicherzustellen, würde dadurch jedoch weitestgehend hinfällig werden.

B. Großbritannien

I. Umfang der Steuerpflicht und Einkommensbegriff

In Großbritannien ansässige natürliche Personen (residents) unterliegen mit ihrem weltweiten Einkommen der britischen Einkommensteuer (income tax, Sec. 1 (1) ICTA 1988). Dies ist insbesondere dann der Fall, wenn eine natürliche Person in Großbritannien ein Haus oder eine Wohnung unterhält. Die Ansässigkeit wird aber auch dann unterstellt, wenn sich eine natürliche Person im Verlauf des Steuerjahres (6. April bis 5. April des Folgejahres) mindestens 183 Tage (six months rule) oder während einer Zeitspanne von vier aufeinanderfolgenden Jahren durchschnittlich mindestens 3 Monate im Jahr (substantial, habitual test) in Großbritannien aufhält.[448] Die unbeschränkte Steuerpflicht erfährt gewisse Einschränkungen für Steuerpflichtige, die dort zwar ansässig (resident), nicht aber gewöhnlich ansässig (ordinarily resident) sind.[449] Andere Einschränkungen ergeben sich für in Großbritannien Ansässige, die dort nicht beheimatet (domiciled) sind.[450] Nichtansässige natürliche Personen werden nur mit ihren Einkünften aus Quellen in Großbritannien zur beschränkten Einkommensteuer-

---

448 Zu den Anknüpfungsmerkmalen der unbeschränkten Steuerpflicht im britischen Steuerrecht vgl. *CCH* (Hrsg.), British Tax Guide, 1999, Rdnr. 120-800 ff.; *Davies*, Residence, 1995, S. 23 ff.; *Rumball*, United Kingdom, in: Butterworths, Offshore Service, 1994, S. 4 ff.; *Tiley/Collison*, UK Tax Guide, 2000, Rdnr. 32:02 ff.

449 Natürliche Personen, die z.B. in der Absicht nach Großbritannien kommen, sich dort nicht für mindestens drei Jahre aufzuhalten und kein Haus bzw. keine Wohnung kaufen, gelten erst dann als gewöhnlich ansässig und unterliegen der vollen unbeschränkten Steuerpflicht, wenn sie sich drei Jahre in Großbritannien aufhalten, vgl. *Inland Revenue* (Hrsg.), Non-residence, 1998, S. 2; *Smailes/Walton*, Capital Gains Tax, 2000, Rdnr. 52.4; *Tiley/Collison*, UK Tax Guide, 2000, Rdnr. 32:11. Vgl. auch *Inland Revenue Statement of Practice (SP) 17/91*, in: CCH (Hrsg.), Statutes, Vol. 1B, 1999, S. 5304. Bei den Statements of Practice handelt es sich um Verwaltungsanweisungen der britischen Finanzbehörden (Inland Revenue), die den deutschen Steuerrichtlinien vergleichbar sind.

450 Beim "domicile" handelt es sich um ein mehr im persönlichen Bereich liegendes Kriterium. Natürliche Personen können wählen, in welchem Land sich ihr "domicile" befindet, sofern der Nachweis gelingt, daß sie in dem gewählten Land nicht nur körperlich anwesend sind, sondern auch die feste Absicht haben, dieses Land zu ihrem ständigen Zuhause zu machen (domicile of choice). Jede natürliche Person kann jedoch nur ein "domicile" haben. Bei natürlichen Personen, die nicht in Großbritannien beheimatet sind, unterliegen bestimmte Arten ausländischen Einkommens und Veräußerungsgewinne nur in dem Umfang der Besteuerung, in dem sie nach Großbritannien transferiert werden (remittance basis); vgl. *Rumball*, United Kingdom, in: Butterworths, Offshore Service, 1994, S. 5 f.; *IBFD* (Hrsg.), European Tax Handbook, United Kingdom, 2000, S. 613 f.

pflicht herangezogen (Secs. 15 (1), 18 (1) (a) (iii) und (b), 19 (1) und 20 (1) ICTA 1988).[451]

Als Einkommen ist im britischen Einkommensteuerrecht die Summe der aus den einzelnen Einkunftsarten (Schedules) erzielten Erträge definiert (Secs. 15-20 ICTA 1988). Die Quelle selbst wird vom britischen Einkommensbegriff nicht erfaßt. Vorgänge, die nicht der Einkommens-, sondern der Kapitalsphäre zuzurechnen sind, wie z.B. die Veräußerung eines im Privatvermögen gehaltenen Wirtschaftsguts, zählen folglich nicht zum laufenden Einkommen. Vielmehr werden sie als Veräußerungsgewinne (bzw. -verluste) gegebenenfalls zur Veräußerungsgewinnbesteuerung (capital gains tax) herangezogen, für die das britische Steuerrecht eine eigene gesetzliche Regelung (Taxation of Chargeable Gains Act 1992) vorsieht.[452]

Bei den einzelnen von der Einkommensteuer erfaßten Einkunftsarten handelt es sich um die folgenden:[453]

Schedule A:	Einkünfte aus Vermietung bzw. Verpachtung inländischen Grundbesitzes
Schedule D:	Gewerbliche Einkünfte, Einkünfte aus selbständiger Arbeit und verschiedene andere Einkünfte, z.B. Sparzinsen, Renten, Pensionen und Erträge aus ausländischen Wertpapieren
Schedule E:	Einkünfte aus nichtselbständiger Arbeit
Schedule F:	Dividenden von britischen Kapitalgesellschaften

Einkünfte, die sich nicht einer der Einkunftsarten zuordnen lassen, werden einkommensteuerlich nicht erfaßt. Beispiele hierfür stellen Rennwett- und Lotteriegewinne, Sparprämien, Zinsen aus staatlichen Sparbriefen und bestimmte

---

451 Zur beschränkten Steuerpflicht vgl. *IBFD* (Hrsg.), Steuerberater-Handbuch Europa, Vereinigtes Königreich, 1998, Rz. 1; *Müssener*, Großbritannien, in: Mennel/Förster, Steuern in Europa, 2000, Rdnr. 26, 92 und 178 ff.; *Tiley/Collison*, UK Tax Guide, 2000, Rdnr. 35:01 ff. Für einen Überblick im Hinblick auf den Umfang der Steuerpflicht in Abhängigkeit von den Kriterien "resident", "ordinarily resident" und "domiciled" vgl. *Inland Revenue* (Hrsg.), Non-residence, 1998, S. 8 ff.

452 Vgl. *Lutz*, Erfassung, 1973, S. 121; *Müssener*, Großbritannien, in: Mennel/Förster, Steuern in Europa, 2000, Rdnr. 31.

453 Schedule B bzw. Schedule C wurden mit Wirkung vom 6.4.1988 bzw. 6.4.1996 aufgehoben; vgl. hierzu *Homer/Burrows*, UK Taxation, 2000, S. 8 f.; *Müssener*, Großbritannien, in: Mennel/Förster, Steuern in Europa, 2000, Rdnr. 33. Für einen Überblick über die Einkunftsarten vgl. *CCH* (Hrsg.), British Tax Guide, 1999, Rdnr. 150-000.

Leistungen der Sozialversicherung dar.[454] Für jede Einkunftsart existieren eigene gesetzliche Regelungen zur Ermittlung der Einkünfte.[455] Die sich danach ergebenden Einkünfte werden unter Berücksichtigung verschiedener im Rahmen der einzelnen Einkunftsarten nicht zum Abzug zugelassener oder den Privatbereich betreffender Ausgaben (charges on income), wie z.B bestimmte Schuldzinsen und Spenden, im Gesamteinkommen (total income) zusammengefaßt.[456] Eine Verrechnung der in den einzelnen Einkunftsarten ermittelten positiven bzw. negativen Beträge mit dem Ergebnis anderer Einkunftsarten einerseits sowie mit Veräußerungsverlusten (capital losses) andererseits ist allerdings nicht uneingeschränkt möglich.[457] Für die Bestimmung des zu versteuernden Einkommens (taxable income), auf das grundsätzlich der Steuerstaffeltarif mit einem maximalen Steuersatz von 40 % bei einem Einkommen von mehr als GBP 28.400[458] anzuwenden ist (Sec. 1 (2) und (3) ICTA 1988; Secs. 31 und 32 FA 2000), ist das Gesamteinkommen um verschiedene persönliche Freibeträge (personal reliefs) zu reduzieren.[459] Besondere Steuersätze kommen bei der Besteuerung von Zinsen und Dividenden zur Anwendung (Secs. 1A und 1B ICTA 1988).[460]

II. Veräußerungsgewinne (capital gains) und Veräußerungsverluste (capital losses)

1. Tatbestand der capital gains und capital losses

Natürliche Personen, die in Großbritannien ansässig oder gewöhnlich ansässig und darüber hinaus dort auch beheimatet sind, unterliegen mit ihren weltweiten aus der Veräußerung im Privatvermögen gehaltener Wirtschaftsgüter erzielten Gewinnen bzw. Verlusten (capital gains bzw. capital losses) der britischen Ver-

---

454 Vgl. *CCH* (Hrsg.), British Tax Guide, 1999, Rdnr. 111-200; *Homer/Burrows*, UK Taxation, 2000, S. 6 f.; *Müssener*, Großbritannien, in: Mennel/Förster, Steuern in Europa, 2000, Rdnr. 34; *Tiley/Collison*, UK Tax Guide, 2000, Rdnr. 3:14 f.

455 Vgl. *Weisflog*, Steuergerechtigkeit, in: Festschrift Tipke, 1995, S. 544 ff.; *Whitehouse*, Principles, 2000, Rdnr. 3.41.

456 Für einen Überblick bezüglich der abzusetzenden Größen, vgl. *CCH* (Hrsg.), Tax Handbook, 2000, Rdnr. 1840; *Saunders/Smailes/Antczak*, Income Tax, 2000, Rdnr. 1.10.

457 Vgl. *Müssener*, Großbritannien: in Mennel/Förster, Steuern in Europa, 2000, Rdnr. 37, 41 und 88; *Weisflog*, Steuergerechtigkeit, in: Festschrift Tipke, 1995, S. 548 f.

458 Dabei handelt es sich um die für den Veranlagungszeitraum 2000/2001 relevanten Größen.

459 Vgl. *CCH* (Hrsg.), Tax Handbook, 2000, Rdnr. 244 und 1840 ff.; *ders.* (Hrsg.), British Tax Guide, 1999, Rdnr. 111-500; *Homer/Burrows*, UK Taxation, 2000, S. 10 ff.; *Whitehouse*, Principles, 2000, Rdnr. 4.101 ff.

460 Vgl. *CCH* (Hrsg.), Tax Handbook, 2000, Rdnr. 50, 1350 und 2735; *Saunders/Smailes/Antczak*, Income Tax, 2000, Rdnr. 1.9; *Whitehouse*, Principles, 2000, Rdnr. 4.23 und 4.121.

äußerungsgewinnsteuer (Sec. 2 (1), Sec. 9 (1)-(3), 11 und 12 TCGA 1992).[461] Zu den steuerpflichtigen Verfügungen zählen neben der Übertragung von Wirtschaftsgütern mittels Kaufvertrag insbesondere auch Tauschvorgänge, Schenkungen, Ersatz- bzw. Versicherungsleistungen für Beschädigungen und Verluste sowie Leistungen für die Übertragung, Nutzung und Nichtausübung von Rechten (Sec. 22 TCGA 1992).[462]

Steuerlich relevante Wirtschaftsgüter stellen sämtliche materiellen und immateriellen privaten - sowie betrieblichen - Vermögenswerte dar (assets i.S.d. Sec 21 (1) TCGA), so daß die Gewinne aus der Veräußerung dem Privatvermögen zuzurechnender Grundstücke, Schmuckgegenstände, Antiquitäten, Wertpapiere, Forderungen und selbst hergestellte Wirtschaftsgüter grundsätzlich von der Veräußerungsgewinnsteuer erfaßt werden.[463] Das Gesetz zur Besteuerung steuerpflichtiger Veräußerungsgewinne (Taxation of Chargeable Gains Act 1992) enthält hierzu aber zahlreiche Ausnahmebestimmungen,[464] die neben der Nichtbesteuerung der Veräußerungsgewinne gleichermaßen auch zur Nichtberücksichtigung der im Hinblick auf derartige Wirtschaftsgüter erzielten Veräußerungsverluste führen (Sec. 16 (2) TCGA 1992).[465]

---

461 Natürliche Personen, die in Großbritannien weder ansässig noch gewöhnlich ansässig sind, werden grundsätzlich nicht zur Veräußerungsgewinnsteuer herangezogen (Secs. 2, 9-12 TCGA 1992), vgl. *Homer/Burrows*, UK Taxation, 2000, S. 50 f. und 610; *Inland Revenue* (Hrsg.), Non-Residence, 1998, S. 12; *ders.* (Hrsg.), Capital Gains, 1998, S. 2.

462 Vgl. *CCH* (Hrsg.), Tax Handbook, 2000, Rdnr. 5007 und 5060 ff.; *Müssener*, Großbritannien, in: Mennel/Förster, Steuern in Europa, 2000, Rdnr. 89; *Tiley/Collison*, UK Tax Guide, 2000, Rdnr. 16:01 ff.

463 Vgl. *CCH* (Hrsg.), Tax Handbook, 2000, Rdnr. 5007, 5086 und 5090; *Inland Revenue* (Hrsg.), Capital Gains, 1998, S. 4; *Tiley/Collison*, UK Tax Guide, 2000, Rdnr. 15:01; *Smailes/Walton*, Capital Gains Tax, 2000, Rdnr. 6.1; *Whitehouse*, Principles, 2000, Rdnr. 14.112 ff. Die Abgrenzung der als "capital gains" bzw. "capital losses" bei der "capital gains tax" zu berücksichtigenden Vorgänge von den im Rahmen eines üblichen Geschäftsbetriebs verwirklichten Veräußerungserfolgen einer natürlichen Person (gains bzw. losses), die der Einkommensteuer unterliegen, kann im Einzelfall schwierig sein. Die Zugehörigkeit zum Betriebs- oder Privatvermögen ist hierfür nicht allein ausschlaggebend; vgl. hierzu *Lutz*, Erfassung, 1973, S. 122; *Müssener*, Großbritannien, in: Mennel/Förster, Steuern in Europa, 2000, Rdnr. 31 und 88 f.

464 Für einen Überblick vgl. *CCH* (Hrsg.), Tax Handbook, 2000, Rdnr. 6140 ff.; *ders.* (Hrsg.), British Tax Guide, 1999, Rdnr. 230-000 ff.; *Homer/Burrows*, UK Taxation, 2000, S. 51 ff.; *Moore*, United Kingdom, in: IBFD (Hrsg.), Taxation of Individuals, 2000, S. 44 ff.; *Smailes/Walton*, Capital Gains Tax, 2000, Rdnr. 21.2 ff.; *Whitehouse*, Principles, 2000, Rdnr. 16.2 ff.

465 Vgl. *CCH* (Hrsg.), Tax Handbook, 2000, Rdnr. 5263; *Homer/Burrows*, UK Taxation, 2000, S. 53.

2. Steuerbefreiungen

a) Veräußerung des Hauptwohnsitzes

Die Gewinne aus der Veräußerung eines als Hauptwohnsitz genutzten Hauses bzw. einer Wohnung sind nach Secs. 222-224 TCGA 1992 ganz bzw. teilweise von der Besteuerung ausgenommen (private residence relief). Dies gilt auch für den zugehörigen Grund und Boden und die als Gartenanlage genutzte Fläche, sofern eine Grundstücksgröße von 5000 Quadratmeter nicht überschritten wird. Von der Befreiung ausgenommen sind jene Fälle, in denen der Erwerb der Immobilie in Spekulationsabsicht erfolgt (Sec. 224 (3) TCGA 1992). Ob dies der Fall ist, hängt von der Ausgestaltung des jeweiligen Sachverhalts ab.[466]

Steuerpflichtige, die über mehrere Wohnsitze verfügen, müssen den Finanzbehörden innerhalb eines Zeitraums von zwei Jahren nach Anschaffung der zweiten Immobilie mitteilen, welcher Wohnsitz den Hauptwohnsitz darstellt (Sec. 222 (5) TCGA 1992). Die Zweijahresfrist beginnt erneut zu laufen, wenn sich die Anzahl an Wohnsitzen erneut ändert. Für einen bestimmten Zeitraum ist jeweils immer nur ein Hauptwohnsitz möglich.[467]

Die volle Steuerbefreiung kommt bei der Veräußerung einer Immobilie zur Anwendung, die dem Steuerpflichtigen von der Anschaffung bis zur Veräußerung durchgehend und ausschließlich als Hauptwohnsitz diente. Wurde die Immobilie demgegenüber lediglich über einen gewissen Zeitraum hinweg als Hauptwohnsitz genutzt, ist der Veräußerungsgewinn nur in Höhe des von der Gesamtnutzungsdauer auf diesen Zeitraum entfallenden Anteils anteilig steuerbefreit. Ebenfalls nur - dann allerdings entsprechend des von der Gesamtnutzungsfläche auf die als Hauptwohnsitz genutzte Fläche entfallenden Anteils - anteilig steuerbefreit ist der Veräußerungsgewinn einer als Hauptwohnsitz zu qualifizierenden Immobilie, bei der Teilflächen ausschließlich für gewerbliche bzw. freiberufliche Zwecke oder zur Vermietung eingesetzt wurden (Sec. 224 (1) TCGA 1992).[468]

---

466 Vgl. *CCH* (Hrsg.), British Tax Guide, 1999, Rdnr. 231-500 ff.; *Inland Revenue* (Hrsg.), Residence, 1998, S. 1 f.; *Smailes/Walton*, Capital Gains Tax, 2000, Rdnr. 48.1 ff.; *Whitehouse*, Principles, 2000, Rdnr. 16.77-16.90.

467 Vgl. *CCH* (Hrsg.), British Tax Guide, 1999, Rdnr. 231-550; *Smailes/Walton*, Capital Gains Tax, 2000, Rdnr. 48.5; *Tiley/Collison*, UK Tax Guide, 2000, Rdnr. 22:10; *Whitehouse*, Principles, 2000, Rdnr. 16.69.

468 Vgl. *CCH* (Hrsg.), Tax Handbook, 2000, Rdnr. 6244; *Smailes/Walton*, Capital Gains Tax, 2000, Rdnr. 48.3.

Beispiel:

A veräußert am 31.12.2000 sein am 1.1.1991 erworbenes Haus und erzielt dabei einen Veräußerungsgewinn[469] in Höhe von GBP 50.000. In der Zeit vom 1.1.1991 bis 31.12.1993 wurde das Haus von A zu gewerblichen Zwecken genutzt. Ab dem 1. Januar 1994 bis zum 31. Dezember 1996 schränkte A die gewerbliche Nutzung auf 2/3 der Fläche ein. Die verbleibende Fläche von 1/3 wurde von A als Hauptwohnsitz genutzt. Ab dem 1.1.1997 diente die Immobilie dem A in vollem Umfang als Hauptwohnsitz.

Da A die Immobilie weder durchgehend noch ausschließlich als Hauptwohnsitz nutzte, ist die Steuerbefreiung sowohl zeitlich als auch räumlich begrenzt. Während die gewerbliche Nutzung in der Zeit vom 1.1.1991 bis 31.12.1993 für die Steuerbefreiung in vollem Umfang schädlich ist, führt die teilweise gewerbliche Nutzung der Immobilie in der Zeit vom 1.1.1994 bis 31.12.1996 zu einer anteilsmäßigen Begrenzung in Höhe von 1/3 des auf diesen Zeitraum entfallenden Anteils des Veräußerungsgewinns.

Veräußerungsgewinn	GBP 50.000
- Steuerbefreiung für den Hauptwohnsitz	
$\frac{(1/3\ \text{Jahre} \times 3\ \text{Jahre}) + 4\ \text{Jahre}}{10\ \text{Jahre}} \times 50.000$	GBP 25.000
= Verbleibender Veräußerungsgewinn	GBP 25.000

Für die dem Veräußerungszeitpunkt unmittelbar vorangegangenen 36 Monate wird - unabhängig von der jeweiligen tatsächlichen Verwendung - die Nutzung eines Hauses bzw. einer Wohnung als Hauptwohnsitz unterstellt, sofern die Immobilie in der Vergangenheit einmal als Hauptwohnsitz diente (Sec. 223 (1) TCGA 1992). Gewisse andere Abwesenheitszeiten des Steuerpflichtigen sind für die Gewährung der Steuerbefreiung ebenfalls nicht schädlich. Beispiele hierfür sind Abwesenheitszeiten, die dadurch bedingt waren, daß der Steuerpflichtige im Ausland beschäftigt war und dort auch alle seine Abgaben geleistet wurden, sowie sonstige Abwesenheitszeiten jeglicher Art, die jedoch insgesamt einen Zeitraum von drei Jahren nicht überschreiten dürfen. Voraussetzung für die Berücksichtigungsfähigkeit solcher Abwesenheitszeiten bei der Steuerbefreiung ist aber, daß die Immobilie vor und nach der Abwesenheit als Hauptwohnsitz genutzt wurde (Sec. 223 (3) TCGA 1992).[470]

Eine Sonderregelung zur Steuerbefreiung gilt für die Veräußerung eines Hauptwohnsitzes, der während der Eigentümerstellung ganz oder teilweise zu Wohnzwecken vermietet wurde (letting relief). So ist nach Sec. 223 (4) TCGA 1992 der auf die Vermietung entfallende Teil des Veräußerungserfolgs in Höhe von GBP 40.000 gleichfalls von der Besteuerung ausgenommen, sofern dadurch

---

[469] Die im Hinblick auf die Haltedauer vorzunehmenden Kürzungen sollen dabei bereits vorgenommen sein; vgl. hierzu Drittes Kapitel Punkt B.II.3. (S. 101 ff.).

[470] Vgl. *CCH* (Hrsg.), British Tax Guide, 1999, Rdnr. 231-500 und 231-600 ff.; *Inland Revenue* (Hrsg.), Residence, 1998, S. 2 f.

nicht der auf die Nutzung zu eigenen Wohnzwecken entfallende Teil des Veräußerungsgewinns überschritten wird. Ist letzteres der Fall, ist die durch die letting relief-Regelung gewährte Steuerbefreiung auf den im Rahmen der private residence relief-Regelung gewährten Betrag begrenzt.[471]

Voraussetzung für die Anwendbarkeit der letting relief-Regelung ist allerdings, daß es sich nicht um die Vermietung einer eigenständigen Wohneinheit handelt, die als vom Hauptwohnsitz getrennt anzusehen ist. Die Befreiung ist daher beispielsweise nicht möglich, wenn Teilflächen einer als Hauptwohnsitz zu qualifizierenden Immobilie vermietet werden, die aufgrund eines separaten Zugangs eine eigenständige Wohneinheit bilden. Gleichfalls nicht anwendbar ist die Regelung in jenen Fällen, in denen eine zuvor als Hauptwohnsitz genutzte Immobilie nach baulichen Veränderungen zu Wohnzwecken vermietet wird.[472]

Beispiel:

A veräußert am 31.12.2000 sein am 1.1.1991 erworbenes Haus und erzielt dabei einen Veräußerungsgewinn[473] in Höhe von GBP 120.000. In der Zeit vom 1.1.1991 bis einschließlich 31.12.1992 wurde das Haus von A als Hauptwohnsitz genutzt. Ab dem 1.1.1993 wurde das Haus von A zu Wohnzwecken ohne bauliche Veränderungen vermietet. Er selbst bewohnte ab diesem Zeitpunkt eine andere Immobilie.

Veräußerungsgewinn	GBP 120.000
- Steuerbefreiung für den Hauptwohnsitz	
$\frac{2\text{ Jahre} + 3\text{ Jahre}}{10\text{ Jahre}} \times 120.000$	GBP 60.000
- Steuerbefreiung für die Vermietung zu Wohnzwecken	GBP 40.000
= Verbleibender Veräußerungsgewinn	GBP 20.000

b) Veräußerung beweglicher materieller Wirtschaftsgüter

Die aus der Veräußerung beweglicher materieller Wirtschaftsgüter mit einer voraussichtlichen Nutzungsdauer von nicht mehr als 50 Jahren erzielten Gewinne sind von der Besteuerung ausgenommen, sofern das betreffende Wirtschaftsgut nicht für eine gewerbliche oder selbständige Tätigkeit eingesetzt wurde (exemption for certain wasting assets, Secs. 44 und 45 TCGA 1992). Unter den Begriff der "wasting assets" fallen nach den gesetzlichen Bestimmun-

---

471 Vgl. *Homer/Burrows*, UK Taxation, 2000, S. 461 f.; *Inland Revenue SP 14/80*, abgedruckt in: CCH (Hrsg.), Statutes, Vol. 1B, 1999, S. 5240 f.; *Smailes/Walton*, Capital Gains Tax, 2000, Rdnr. 48.8; *Tiley/ Collison*, UK Tax Guide, 2000, Rdnr. 22:08.

472 Vgl. *Inland Revenue SP 14/80*, abgedruckt in: CCH (Hrsg.), Statutes, Vol. 1B, 1999, S. 5240; *Inland Revenue* (Hrsg.), Letting, 1999, S. 17 f.

473 Die im Hinblick auf die Haltedauer vorzunehmenden Kürzungen sollen dabei bereits berücksichtigt sein; vgl. hierzu Drittes Kapitel Punkt B.II.3. (S. 101 ff.).

gen vorrangig technische Anlagen und Maschinen, denen insbesondere auch die für private Zwecke genutzten Fernsehgeräte und Waschmaschinen zuzurechnen sind. Nach Auffassung der Finanzverwaltung sind darüber hinaus aber auch im Privatvermögen gehaltene antike Uhren und motorbetriebene Schiffe als den Maschinen gleichgestellt anzusehen und infolgedessen bei ihrer Veräußerung von der Besteuerung auszunehmen.[474] Entsprechendes gilt für verschiedene Optionen sowie Waren- und Finanzterminkontrakte, die nicht über eine amtliche Börse abgewickelt werden.[475]

Wirtschaftsgüter, bei denen es sich zwar um bewegliche materielle (chattels), nicht jedoch um als "wasting assets" zu qualifizierende Wirtschaftsgüter handelt, werden bis zu einem Veräußerungspreis von GBP 6.000 nicht zur Veräußerungsgewinnsteuer herangezogen (chattel exemption, Sec. 262 TCGA 1992). Dabei handelt es sich neben Möbeln, Gemälden, Teppichen, Schmuck, Münzen und Antiquitäten beispielsweise grundsätzlich auch um Wertpapiere einschließlich der Anteile an Gesellschaften. Übersteigt der Veräußerungspreis GBP 6.000, beläuft sich der steuerpflichtige Gewinn auf 5/3 des übersteigenden Betrages bzw. - falls dieser niedriger ist - auf den tatsächlich erzielten Gewinn.[476] Um Steuervermeidungen auszuschließen, wird der Verkauf zusammengehöriger beweglicher materieller Wirtschaftsgüter mittels voneinander unabhängiger Transaktionen an dieselbe oder einander nahestehende Personen als einheitlicher Vorgang gewertet (Sec. 262 (4) TCGA 1992). Eine Steuerbefreiung in vollem Umfang wird für die als chattels zu qualifizierenden Wirtschaftsgüter vor allem dann gewährt, wenn es sich bei den veräußerten Wirtschaftsgütern um private Kraftfahrzeuge (Sec. 263 TCGA 1992), bestimmte Staatsanleihen oder auf Sterling lautende Gesellschaftsschuldverschreibungen, die nicht in Aktienkapital umgewandelt werden können, handelt (Sec. 115 TCGA 1992).[477]

---

474 Vgl. *CCH* (Hrsg.), Tax Handbook, 2000, Rdnr. 5330 und 6158; *Tiley/Collison*, UK Tax Guide, 2000, Rdnr 15:18; *Whitehouse*, Principles, 2000, Rdnr. 14.52 und 16.21.

475 Vgl. *CCH* (Hrsg.), British Tax Guide, 1999, Rdnr. 217-900 und 218-200; *ders.* (Hrsg.), Tax Handbook, 2000, Rdnr. 5330, 5336 und 5980 ff.; *Homer/Burrows*, UK Taxation, 2000, S. 81 f.; *Smailes/Walton*, Capital Gains Tax, 2000, Rdnr. 17.10 f.; *Tiley/Collison*, UK Tax Guide, 2000, Rdnr. 16:29.

476 Vgl. *CCH* (Hrsg.), British Tax Guide, 1999, Rdnr. 233-200; *Homer/Burrows*, UK Taxation, 2000, S. 582 f.; *Inland Revenue* (Hrsg.), Chattels, 1998, S. 1.

477 Vgl. *IBFD* (Hrsg.), Steuerberater Handbuch Europa, Vereinigtes Königreich, 1998, Rdnr. 17; *Whitehouse*, Principles, 2000, Rdnr. 16.2 f. und 16.45-16.60. Für einen Überblick bezüglich der Steuerbefreiungen im Bereich der Wertpapiere vgl. *CCH* (Hrsg.), Tax Handbook, 2000, Rdnr. 5818, 5860 ff. und 5923; *Homer/Burrows*, UK Taxation, 2000, S. 573 f.

3. Ermittlung des Veräußerungserfolgs

Der Gewinn aus der Veräußerung eines im Privatvermögen gehaltenen Wirtschaftsguts ermittelt sich aus der Differenz zwischen dem Veräußerungsentgelt (consideration) und den berücksichtigungsfähigen Aufwendungen (allowable deductions) (Secs. 15, 37 und 38 TCGA 1992).[478] Bei der steuerpflichtigen Verfügung in Form eines Tauschgeschäfts tritt der gemeine Wert des erhaltenen Wirtschaftsguts an die Stelle des Veräußerungsentgelts. Zu den berücksichtigungsfähigen Aufwendungen zählen neben den Anschaffungs- oder Herstellungskosten bzw. dem Marktwert des hingegebenen Wirtschaftsguts für den Fall des Erwerbs mittels Tausch (jeweils einschließlich der Anschaffungsnebenkosten) insbesondere auch die Veräußerungskosten sowie die Ausgaben für die Werterhaltung bzw. -erhöhung des entsprechenden Wirtschaftsguts.[479] Sollten auf das Wirtschaftsgut während der Haltedauer steuerlich wirksam Abschreibungen vorgenommen worden sein, erhöhen diese den Veräußerungsgewinn nicht. Vielmehr stellen sie laufenden Gewinn dar, der das einkommensteuerliche Ergebnis erhöht (effect of capital allowances, Sec. 41 TCGA 1992).[480]

Eine Besonderheit gilt für die Bestimmung der zu berücksichtigenden Anschaffungskosten bei der Veräußerung von Gesellschaftsanteilen und sonstigen Wertpapieren, die zu unterschiedlichen Zeitpunkten erworben wurden. Während bei vor dem 6.4.1998 durchgeführten Veräußerungsvorgängen einander entsprechende Wertpapiere zu einer Gruppe zusammengefaßt und die sich aus den einzelnen Anschaffungsvorgängen ergebenden Durchschnittskosten als Anschaffungskosten der veräußerten Wertpapiere angesetzt wurden (share pooling), legt das Gesetz nunmehr die Reihenfolge der Berücksichtigung der Anschaffungsvorgänge fest (identification rules; Secs. 104-112 TCGA 1992).[481] Von Bedeutung ist dabei, daß zunächst die Anschaffungskosten der innerhalb eines Zeit-

---

478 Zu den einzelnen für die Ermittlung relevanten Begriffen vgl. *CCH* (Hrsg.), British Tax Guide, 1999, Rdnr. 215-450 ff.; *Inland Revenue* (Hrsg.), Capital Gains, 1998, S. 10 ff.; *Smailes/Walton*, Capital Gains Tax, 2000, Rdnr. 17.3 ff.; *Tiley/Collison*, UK Tax Guide, 2000, Rdnr. 21:02 ff.

479 Vgl. *CCH* (Hrsg.), British Tax Guide, 1999, Rdnr. 215-700 ff.; *Whitehouse*, Principles, 2000, Rdnr. 14.27 ff.

480 Im Bereich des Privatvermögens sind im britischen Einkommensteuerrecht Abschreibungen meist nicht möglich, so daß sich dort das Problem "nachgeholter Abschreibungen" regelmäßig nicht stellt. Dies gilt insbesondere für zu Wohnzwecken vermietete Häuser bzw. Wohnungen, für die eine Berücksichtigung von Abschreibungen nicht zugelassen ist. Vgl. *CCH* (Hrsg.), British Tax Guide, 1999, Rdnr. 170-000; *Moore*, United Kingdom, in: IBFD (Hrsg.), Taxation, 2000, S. 13 f. und 34a; *Müssener*, Großbritannien, in: Mennel/Förster, Steuern in Europa, 2000, Rdnr. 90 und 130.

481 Zu den Ausnahmen im Hinblick auf die Anwendung der identification rules vgl. *CCH* (Hrsg.), Tax Handbook, 2000, Rdnr. 5830 und 5923.

raums von 30 Tagen nach dem Veräußerungszeitpunkt angeschafften, den veräußerten Wertpapieren entsprechende Wertpapiere dem Veräußerungserlös gegenüberzustellen sind, bevor - unter Zugrundelegung der Lifo-Methode - Anschaffungen berücksichtigt werden, die vor dem Veräußerungszeitpunkt vorgenommen wurden. Ziel dieser Vorgehensweise ist es, Verkäufe zu verhindern, die ausschließlich dazu dienen, für Veräußerungsgewinnsteuerzwecke einen Gewinn bzw. Verlust zu begründen, obwohl entsprechende Wertpapiere zeitnah wieder erworben werden und damit die veräußerten Wertpapiere letztlich durchgehend gehalten wurden (bed and breakfasting).[482]

Der aus der Veräußerung eines im Privatvermögen gehaltenen Wirtschaftsguts (non-business asset) resultierende Gewinn ist ab einer Haltedauer von drei Jahren jährlich um 5 %-Punkte zu kürzen; maximal jedoch 40 % (taper relief, Secs. 2A und 53 (1A) sowie Sch. A1 TCGA 1992). Durch dieses Vorgehen soll eine Besteuerung inflationsbedingter Scheingewinne vermieden werden.[483] Für die Höhe des zu berücksichtigenden Abschlags ist die Anzahl der zum Zeitpunkt der Veräußerung vollendeten Zwölfmonatszeiträume (whole years) relevant. Eine monatsgenaue Berechnung wird nicht durchgeführt.[484] Einen Überblick bezüglich des in Abhängigkeit von der Haltedauer steuerpflichtigen Veräußerungsgewinns bietet die nachfolgende Tabelle:

Haltedauer (in Jahren)	0	1	2	3	4	5	6	7	8	9	>10
Steuerpflichtiger Veräußerungsgewinn (in Prozentpunkten)	100	100	100	95	90	85	80	75	70	65	60

Tabelle 1: In Großbritannien steuerpflichtiger Veräußerungsgewinn in Abhängigkeit von der Haltedauer des Wirtschaftsguts

Ausgangsgröße für die Durchführung des "taper relief" sind die nach Abzug berücksichtigungsfähiger Veräußerungsverluste[485] verbleibenden Veräußerungsgewinne eines Veranlagungszeitraumes (Sec. 2A (1) i.V.m. Sec. 2 (2) TCGA

---

482 Vgl. *CCH* (Hrsg.), Tax Handbook, 2000, Rdnr. 5820 ff.; *Inland Revenue* (Hrsg.), Capital Gains, 1998, S. 12 f.; *ders.* (Hrsg.), Shares, 1998, S. 1 ff.; *ders.* (Hrsg.), Tax Reform, 1998, S. 54 ff.; *Tiley/Collison*, UK Tax Guide, 2000, Rdnr. 19:01 ff.

483 Vgl. *Hancock*, Policy, 1999, S. 187 f.

484 Vgl. *Homer/Burrows*, UK Taxation, 2000, S. 55 f.; *Inland Revenue* (Hrsg.), Capital Gains, 1998, S. 18 ff.; *ders.* (Hrsg.), Tax Reform, 1998, S. 8 ff.; *Whitehouse*, Principles, 2000, Rdnr. 14.36 ff.

485 Zur Berücksichtigungsfähigkeit von Veräußerungsverlusten vgl. Drittes Kapitel Punkt B.II.1. und 5. (S. 94 f. und 103 f.).

1992). Um eine möglichst niedrige Gesamtsteuerbelastung zu gewährleisten, sind die Verluste zunächst mit den Veräußerungsgewinnen zu verrechnen, für die aufgrund der Nichterfüllung der dreijährigen Mindesthaltedauer die taper relief-Regelung nicht zur Anwendung kommt. Im Anschluß daran werden die noch verbleibenden Verluste mit den unter die taper relief-Regelung fallenden Veräußerungsgewinnen in der Reihenfolge zunehmender steuerlicher Begünstigung verrechnet.[486]

Die taper relief-Regelung fand erstmals bei Veräußerungen Berücksichtigung, die nach dem 5.4.1998 durchgeführt wurden. Für die Berechnung der jeweiligen Begünstigungshöhe ist grundsätzlich ebenfalls die nach diesem Zeitpunkt verwirklichte Haltedauer ausschlaggebend (Sch. A1 TCGA 1992). Wurde das veräußerte Wirtschaftsgut bereits am 17.3.1998 gehalten, ist seine tatsächliche Haltedauer für die Anwendung der Begünstigungsvorschrift um ein Jahr zu erhöhen (Sec. 2A (8) und (9) TCGA 1992). Die in der Vergangenheit zum Inflationsausgleich vorgesehene Indexierung der dem Veräußerungserlös gegenüberzustellenden Kosten entsprechend der zwischen dem Zeitpunkt des Entstehens der Kosten und dem Zeitpunkt der Veräußerung eingetretenen Änderung des Einzelhandelspreisindex kommt nur noch übergangsweise für die vor Inkrafttreten der Neuregelung realisierte Haltedauer eines Wirtschaftsguts zur Anwendung.[487]

Die Ermittlung eines Verlusts aus der Veräußerung eines im Privatvermögen gehaltenen Wirtschaftguts entspricht grundsätzlich dem Vorgehen zur Ermittlung eines Veräußerungsgewinns (Sec. 16 (1) TCGA 1992). Eine Ausnahme hiervon bildet allerdings die Ermittlung eines Verlusts, der aus der Veräußerung eines beweglichen materiellen Wirtschafsguts (chattels) erzielt wird, für das die für "wasting assets" relevanten Sonderregelungen nicht zur Anwendung kommen. Unterschreitet in einem solchen Fall der Veräußerungsbetrag GBP 6.000, wird unterstellt, daß das Wirtschaftsgut zu GBP 6.000 übereignet wurde (Sec. 262 (3) TCGA 1992). Ein Veräußerungsverlust kann somit erst dann entstehen, wenn die Anschaffungskosten des Wirtschaftsguts über dem Betrag von GBP

---

486 Vgl. *Homer/Burrows*, UK Taxation, 2000, S. 58 f.; *Inland Revenue* (Hrsg.), Capital Gains, 1998, S. 24 ff.; *ders.* (Hrsg.), Taper Relief, 1998, S. 5 f.; *Whitehouse*, Principles, 2000, Rdnr. 14.63.

487 Vgl. *CCH* (Hrsg.), Tax Handbook, 2000, Rdnr. 5268 ff.; *Inland Revenue* (Hrsg.), Taper Relief, 1998, S. 1 f.; *ders.* (Hrsg.), Tax Reform, 1998, S. 11; *Whitehouse*, Principles, 2000, Rdnr. 14.32 ff. Für einen Überblick bezüglich des Zusammenwirkens der "taper relief"-Regelung und "indexation rule" vgl. *Inland Revenue* (Hrsg.), Tax Reform, 1998, S. 8 und 74; *Smailes/Walton*, Capital Gains Tax, 2000, Rdnr. 26.1 und 60.2.

6.000 liegen.[488] Die taper relief-Regelung findet bei der Ermittlung der Veräußerungsverluste keine Berücksichtigung.[489]

4. Tarifliche Besonderheiten

Für einen nach Abzug berücksichtigungsfähiger Verluste und nach Anwendung der taper relief-Regelung für einen Veranlagungszeitraum verbleibenden Veräußerungsgewinn (net tapered gains) gewährt das Gesetz einen jährlichen Grundfreibetrag (annual exempt amount, Sec. 3 TCGA 1992), der sich für den Veranlagungszeitraum 2000/2001 auf GBP 7.200 beläuft.[490] Der auf den danach verbleibenden Veräußerungsgewinn zu entrichtende Steuerbetrag wird in Anlehnung an den für einkommensteuerliche Zwecke relevanten progressiven Stufenstaffeltarif ermittelt. Dabei ist auf die Summe aus dem der Einkommensteuer unterliegenden zu versteuernden Einkommen und dem steuerpflichtigen Veräußerungsgewinn abzustellen (Sec. 4 TCGA 1992, Sec. 37 FA 2000). Unterschreitet diese Summe den Betrag von GBP 28.400, der im Rahmen der Einkommensteuer die für die Besteuerung mit einem Steuersatz von 40 % (higher rate) relevante Grenze bildet, wird der Veräußerungsgewinn mit einem Steuersatz von 20 % (lower rate) besteuert. Ein Steuersatz von 10 % (starting rate) findet aber insoweit Anwendung, als das einkommensteuerpflichtige Einkommen die für diesen Einkommensteuersatz relevante Grenze von GBP 1.520 nicht überschreitet. Überschreitet die Summe aus dem der Einkommensteuer unterliegenden zu versteuernden Einkommen und dem steuerpflichtigen Veräußerungsgewinn den Betrag von GBP 28.400, wird der Veräußerungsgewinn mit einem Steuersatz von 40 % zur Besteuerung herangezogen. Ein Steuersatz von 20 % kommt jedoch insoweit zur Anwendung, als das einkommensteuerpflichtige Einkommen den Betrag von GBP 28.400 nicht überschreitet.[491]

5. Berücksichtigung von Verlusten

Voraussetzung für die Berücksichtigungsfähigkeit eines privaten Veräußerungsverlusts ist, daß er nicht im Rahmen eines steuerbefreiten Veräußerungsgeschäfts verwirklicht und der Anspruch auf Nutzung innerhalb eines Zeitraums von fünf Jahren und zehn Monaten - ausgehend vom Ende des Veranlagungs-

---

488 Vgl. *CCH* (Hrsg.), British Tax Guide, 1999, Rdnr. 233-200; *Homer/Burrows*, UK Taxation, 2000, S. 582.

489 Vgl. *Inland Revenue* (Hrsg.), Tax Reform, 1998, S. 39 ff.

490 Vgl. *CCH* (Hrsg.), Tax Handbook, 2000, Rdnr. 6150 f. Im Hinblick auf das Zusammenwirken von Verlustnutzung und Grundfreibetrag vgl. den nachfolgenden Gliederungspunkt.

491 Vgl. *Homer/Burrows*, UK Taxation, 2000, S. 50; *Saunders/Smailes/Antczak*, Income Tax, 2000, Rdnr. 11.3; *Whitehouse*, Principles, 2000, Rdnr. 14.82.

zeitraums der Entstehung des Verlusts - durch separate Mitteilung oder in der Steuererklärung den Finanzbehörden gegenüber geltend gemacht wurde.[492] Den Steuerpflichtigen kommt somit letztlich ein umfassendes Wahlrecht zu, für welchen Veranlagungszeitraum sie Veräußerungsverluste nutzen wollen. Die danach in einem Veranlagungszeitraum zu berücksichtigenden Verluste sind mit den in diesem Veranlagungszeitraum erzielten Veräußerungsgewinnen in der Reihenfolge zunehmender Begünstigung durch die taper relief-Regelung zu verrechnen. Dies gilt auch dann, wenn dadurch der jährliche Grundfreibetrag nur noch teilweise oder gar nicht in Anspruch genommen werden kann. Ein danach verbleibender Verlustbetrag ist - ohne zeitliche Begrenzung - von zukünftig erzielten Veräußerungsgewinnen, dort allerdings unter Beachtung des Vorrangs des Grundfreibetrages, abzusetzen (Secs. 2 und 3 TCGA 1992).[493] Eine Verrechnung dieses Betrages mit den im Rahmen der für die Einkommensteuer relevanten Einkunftsarten erzielten positiven Einkünften ist nicht möglich. Eine Ausnahme hiervon wird lediglich für die Veräußerung bestimmter Anteile an nicht börsennotierten Handelsgesellschaften gemacht (unquoted shares, Sec. 573-576 ICTA 1988).[494]

III. Verfahrensrechtliche Bestimmungen

1. Selbstveranlagungsverfahren

Der Veranlagungszeitraum für die Einkommen- sowie Veräußerungsgewinnsteuer läuft vom 6. April bis zum 5. April des Folgejahres (Sec. 2 (2) ICTA 1988, Sec. 288 (1) TCGA 1992). Mit Wirkung für den Veranlagungszeitraum 1996/97 wurde in Großbritannien das Selbstveranlagungsverfahren eingeführt (Secs. 7, 8 und 9 TMA 1970). Danach müssen die zur Abgabe von Steuererklärungen Verpflichteten diese zusammen mit der Berechnung ihrer Steuerschuld bis zum 31. Januar des dem Veranlagungszeitraum folgenden Jahres bei den Finanzbehörden einreichen und die noch ausstehenden Steuerzahlungen tätigen. Ein Steuerbescheid wird von den Finanzbehörden aufgrund der eingereichten Steuererklärung nicht erteilt. Steuerpflichtige, die die Berechnung ihrer Steuerschuld durch die Finanzbehörden wünschen, müssen ihre Steuererklärungen bis

---

492 Vgl. *Homer/Burrows*, UK Taxation, 2000, S. 49 f.; *Inland Revenue* (Hrsg.), Capital Gains, 1998, S. 2 f.; *ders.* (Hrsg.), Notes, 1998, S. 8 f.; *Smailes/Walton*, Capital Gains Tax, 2000, Rdnr. 39.2 f. Vgl. auch Drittes Kapitel Punkt B.II.1. (S. 94 f.).

493 Vgl. *CCH* (Hrsg.) Tax Handbook, 2000, Rdnr. 5263 f.; *Inland Revenue* (Hrsg.), Capital Gains, 1998, S. 7 f.; *Smailes/Walton*, Capital Gains Tax, 2000, Rdnr. 60.3; *Whitehouse*, Principles, 2000, Rdnr. 14.62. Beispiele für das Zusammenwirken von Veräußerungsverlusten und Grundfreibetrag enthält *Inland Revenue* (Hrsg.), Tax Reform, 1998, S. 41 ff.

494 Vgl. *CCH* (Hrsg.), Tax Handbook, 2000, Rdnr. 5940.

zum 30. September des Jahres, in dem der Veranlagungszeitraum endet, einreichen (Sec. 9 (2) TMA 1970).[495] Die Erfassung der Veräußerungsgeschäfte erfolgt im Formular "SA 108 - Capital gains".[496] Die Abgabe dieser Steuererklärung kann unterbleiben, sofern der Steuerpflichtige den Finanzbehörden darlegt, daß der für den Veranlagungszeitraum ermittelte Veräußerungserfolg den Jahresgrundfreibetrag und die für sämtliche steuerpflichtigen Veräußerungsvorgänge erhaltene Vergütung das zweifache des Grundfreibetrages nicht überschreitet (Sec. 3 (6) TCGA 1992).[497]

Von Steuerpflichtigen, die ihre Steuererklärung bis zum 31. Januar des dem Veranlagungszeitraum folgenden Jahres ohne besonderen Grund nicht eingereicht haben, wird eine Strafe von GBP 100 erhoben. Weitere GBP 100 werden fällig, wenn die Erklärung auch am 31. Juli noch aussteht und von den Finanzbehörden nicht eine Strafe von GBP 60 pro Tag festgelegt wurde. Eine Strafe in Höhe des für das Jahr ausstehenden Steuerbetrages kann zwölf Monate nach Ablauf der Abgabefrist erhoben werden (Sec. 93 TMA 1970).[498] Am 28. Februar des dem Veranlagungszeitraum folgenden Jahres noch nicht beglichene Steuerschulden werden - neben der Erhebung von Zinsen - mit einem Zuschlag von 5 % belastet. Ein weiterer Strafzuschlag von 5 % gilt für die zum 31. Juli noch nicht geleisteten Steuerbeträge (Sec. 59C TMA 1970).[499]

2. Meldepflichten und Ausgestaltung der Grunderwerbsteuer als Stempelsteuer

Der Überprüfung der korrekten Erfassung der aus privaten Veräußerungsgeschäften erzielten Erfolge dienen im britischen Steuerrecht insbesondere die in Sec. 25 TMA vorgesehenen Meldepflichten. Danach sind Börsenmakler und andere Wertpapierhändler sowie Emissionsbanken und sonstige mit der Plazierung von Wertpapieren einschließlich Beteiligungen betraute Personen nach schriftlicher Aufforderung durch die Finanzbehörden zur Abgabe von Kontrollmitteilungen verpflichtet (Sec. 25 (1)-(6) TMA 1970). In die Kontrollmitteilungen aufzunehmen sind Angaben zu den an den meldepflichtigen Transaktionen beteiligten Personen, dem mengen- oder betragsmäßigen Umfang der den Trans-

---

495 Vgl. *Moore*, United Kingdom, in: IBFD (Hrsg.), Taxation of Individuals, 2000, S. 64c; *Saunders/Smailes/Antczak*, Income Tax, 2000, Rdnr. 78.1 ff.; *Thornton*, Regime, 1995, S. 3 ff.

496 Vgl. *Inland Revenue* (Hrsg.), Notes, 1998, S. 1 ff.

497 Vgl. *CCH* (Hrsg.), British Tax Guide, 1999, Rdnr. 140-900.

498 Vgl. *CCH* (Hrsg.), Tax Handbook, 2000, Rdnr. 2648 und 6490; *Homer/ Burrows*, UK Taxation, 2000, S. 143 f.; *Inland Revenue* (Hrsg.), Penalties, 1997, S. 3 f.

499 Vgl. *CCH* (Hrsg.), Tax Handbook, 2000, Rdnr. 2764 und 6480; *Inland Revenue* (Hrsg.), Surcharges, 1997, S. 3.

aktionen zugrundeliegenden Finanzanlagen und den diesbezüglich geleisteten Zahlungen. Die Meldepflichten können sich jedoch maximal auf die von den Meldepflichtigen in den der Aufforderung vorangegangenen drei Jahren durchgeführten Transaktionen erstrecken. Die gleiche Verpflichtung trifft Auktionatoren und andere im Bereich des Handels mit beweglichen materiellen Wirtschaftsgütern tätige Personen, wenn der Veräußerungserlös GBP 6.000 überschreitet (Sec. 25 (7) TMA 1970).[500] Da den genannten Meldepflichten aber nur bei Aufforderung durch die Finanzbehörden nachzukommen ist, kann die Erfassung der aus der Veräußerung privater Finanzanlagen und privater beweglicher materieller Wirtschaftsgüter erzielten Veräußerungserfolge darüber nur bedingt sichergestellt werden.

Bei der Veräußerung privater Grundstücke ist den britischen Finanzbehörden demgegenüber eine umfassende Kontrolle der Erfassung privater Veräußerungserfolge über die Ausgestaltung der Grunderwerbsteuer als Stempelsteuer[501] möglich. So ist die Überführung eines Grundstücks nur dann rechtskräftig, wenn der durch die Übertragung hervorgerufene Grunderwerbsteuerbetrag entrichtet und dies durch ein entsprechendes Stempelzeichen auf dem der Übertragung zugrundeliegenden Kaufvertrag dokumentiert wurde (Sec. 14 (1) und (4) SA 1891, Sec. 112 SA 1891 und Sch. 13 FA 1999).[502] Ein Interesse des Steuerpflichtigen daran, dieses Stempelzeichen zu erhalten, besteht insbesondere deshalb, weil die Grundbuchämter regelmäßig dazu angehalten sind, die Eintragung eines neuen Eigentümers in das Grundbuch aufzuschieben, solange der Steuerpflichtige den Nachweis über die Zahlung der Grunderwerbsteuer nicht erbracht hat.[503]

3. Ermittlungsverfahren

Die Finanzbehörden sind nach Sec. 9A TMA 1970 ermächtigt, unter schriftlicher Benachrichtigung des Steuerpflichtigen die Steuererklärung zu überprüfen (enquiry). Die Benachrichtigung muß innerhalb eines Jahres nach Ablauf des regulären Abgabetermins (31. Januar des dem Veranlagungszeitraum folgenden Jahres) oder für den Fall einer verspäteten Abgabe bis zu 15 Monate nach dem

---

[500] Vgl. *CCH* (Hrsg.), Tax Handbook, 2000, Rdnr. 6431; *Saunders/Smailes/ Antczak*, Income Tax, 2000, Rdnr. 67.9.

[501] Für einen Überblick zu der Bedeutung und Ausgestaltung der Stempelsteuern vgl. *Homer/Burrows*, UK Taxation, 2000, S. 102 ff.; *Tiley/ Collison*, UK Tax Guide, 2000, Rdnr. 58:01 ff.

[502] Vgl. *Müssener*, in: Mennel/Förster, Steuern in Europa, Großbritannien, 2000, Rdnr. 345 ff.; *Whitehouse*, Principles, 2000, Rdnr. 36.42.

[503] Vgl. *CCH* (Hrsg.), Tax Handbook, 2000, Rdnr. 10110 f.; *Whitehouse*, Principles, 2000, Rdnr. 36.21.

tatsächlichen Eingang der Selbstveranlagung erfolgen.[504] Die Steuererklärungen können einer Voll- oder schwerpunktmäßigen Prüfung unterliegen, die grundsätzlich an Amtsstelle vorgenommen wird[505] und weitgehend der normalen Veranlagungsarbeit eines deutschen Finanzamts vergleichbar ist.

Nach dem Zufallsprinzip werden etwa 0,1 % aller Steuererklärungen zur Vollprüfung ausgewählt.[506] Die überwiegende Zahl der Steuererklärungen, die bei nicht gewerblich tätigen natürlichen Personen generell als Schwerpunktprüfung abläuft, wird aber anhand der aus den Erklärungen selbst oder von Dritter Seite (beipielsweise über die im Rahmen der zuvor beschriebenen Meldepflichten) erlangten Informationen bestimmt. Gemäß interner Anweisung sollen die Mitarbeiter der lokalen Finanzbehörden die Steuererklärungen dabei nach den folgenden drei Kriterien auswählen:[507]

- Fälle, die bereits vorab aufgrund besonderer Informationen zur Prüfung vorgesehen waren
- Fälle, die als Fehlerquellen identifizierte Merkmale enthalten
- Fälle, für die Hinweise auf mögliche Fehler oder Steuerhinterziehung vorliegen.

Jede Steuererklärung ist darüber hinaus daraufhin durchzusehen, ob sie unter eine der nachfolgend beispielhaft genannten, nach Risikoaspekten spezifizierten Gruppen fällt[508]:

- Steuerpflichtige, die ihren Verpflichtungen nicht ordnungsgemäß nachkommen
- Steuerpflichtige mit hohen Einkommen bzw. Veräußerungsgewinnen
- Steuerpflichtige bezüglich derer Informationen Dritter vorliegen.

Auf Anforderung der Finanzbehörden hat der Steuerpflichtige die zur Überprüfung erforderlichen Dokumente einzureichen sowie Erläuterungen zu geben (Sec. 19A (2) TMA 1970). Die für den Nachweis der Erstellung einer vollständigen und ordnungsgemäßen Steuererklärung benötigten Unterlagen sind so-

---

504 Vgl. *Inland Revenue* (Hrsg.), Enquiries, 1997, S. 6; *Saunders/Smailes/Antczak*, Income Tax, 2000, Rdnr. 78.11.

505 Vgl. *Inland Revenue* (Hrsg.), Enquiries, 1997, S. 9.

506 Vgl. *Inland Revenue* (Hrsg.), Enquiries, 1997, S. 7 f.; *Tiley/Collison*, UK Tax Guide, 2000, Rdnr. 1:49.

507 Vgl. *Tiley/Collison*, UK Tax Guide, 2000, Rdnr. 1:49.

508 Vgl. *Tiley/Collison*, UK Tax Guide, 2000, Rdnr. 1:49. Der Hinweis auf solche Risikoklassen findet sich auch bei *Inland Revenue* (Hrsg.), Enquiries, 1997, S. 7.

lange aufzubewahren, wie eine Ermittlung möglich bzw. noch nicht abgeschlossen ist (Sec. 12B TMA 1970).[509] Ein Verstoß gegen die Aufbewahrungspflichten wird mit einer Geldbuße von bis zu GBP 3.000 geahndet (Sec. 12B (5) TMA).[510] Für die Nichtvorlage von Dokumenten ist zunächst eine Geldbuße in Höhe von GBP 50 für den Tag des Fristablaufs und anschließend in Höhe von gewöhnlich GBP 30[511] für jeden weiteren Tag vorgesehen (Sec. 97AA TMA 1970).[512] Weitergehende Befugnisse, wie z.B. die Informationsbeschaffung bei Dritten für den Fall, daß der Steuerpflichtige der Aufforderung zur Offenlegung nicht gerecht wird, erhalten die Finanzbehörden nach Secs. 20-20C TMA 1970. Unter diese Regelungen fallen insbesondere auch Kreditinstitute.[513] Ein striktes Bankgeheimnis ist daher im britischen Steuerrecht nicht verankert.[514]

IV. Zusammenfassung und Vergleich mit dem deutschen Recht

Das britische Steuerrecht unterscheidet sich vom deutschen Steuerrecht durch die strikte Trennung der Einkommens- von der Kapitalsphäre. Veräußerungsgewinne bzw. -verluste werden von der Einkommensteuer grundsätzlich nicht erfaßt, sondern sind im Rahmen der Veräußerungsgewinnsteuer (capital gains tax) zu berücksichtigen. Das Nichtüberschreiten dem deutschen Recht vergleichbarer Haltefristen oder das Erreichen einer bestimmten Beteiligungshöhe ist für die britische Besteuerung von Veräußerungsgewinnen nicht ausschlaggebend. Ebenfalls keine Entsprechung findet die im deutschen Recht prinzipiell zu berücksichtigende Identität zwischen angeschafftem und veräußertem Wirtschaftsgut. Vielmehr umfaßt der für die britische Veräußerungsgewinnsteuer relevante Wirtschaftsgutbegriff nahezu alle privaten Wirtschaftsgüter, und zwar unabhängig davon, ob sie angeschafft oder hergestellt wurden. Auch wenn dies zunächst auf eine weitreichende Besteuerung hinzuweisen scheint, findet eine solche aufgrund der im britischen Gesetz enthaltenen zahlreichen Ausnahmebestimmungen nicht statt. Ein Beispiel hierfür stellen die bei der Veräußerung beweglicher materieller Wirtschaftsgüter erzielten Veräußerungsgewinne dar, die aufgrund der für "chattels" und bestimmte Wertpapiere gültigen Sonderregelungen nur in wenigen Fällen der Besteuerung unterliegen. Eine weitere Besonderheit enthält das britische Steuerrecht im Hinblick auf die Steuerbefreiung der aus der Ver-

---

509 Vgl. *Inland Revenue* (Hrsg.), Assessment, 1997, S. 3 ff.; *Tiley/ Collison*, UK Tax Guide, 2000, Rdnr. 1:50 f.; *Thornton*, Regime, 1995, S. 22 ff. und 60 f.

510 Vgl. *Inland Revenue* (Hrsg.), Assessment, 1997, S. 5; *Thornton*, Regime, 1995, S. 55 f.

511 Bei Festlegung durch die Leiter der obersten Finanzbehörde (Commissioners) beträgt der Tagessatz GBP 150.

512 Vgl. *Thornton*, Regime, 1995, S. 55 f.

513 Vgl. *CCH* (Hrsg.), Tax Handbook, 2000, Rdnr. 2621 ff. und 6431. Einen Überblick geben *Tiley/Collison*, UK Tax Guide, 2000, Rdnr. 1:55 ff.

514 Vgl. *Carl/Klos*, Finanzmärkte, 1993, S. 137; *Sichtermann*, Bankauskunft, 1984, S. 459 ff.

äußerung von zu eigenen Wohnzwecken genutzter Immobilien erzielten Erfolge. Während im deutschen Recht die Nutzung zu eigenen Wohnzwecken der Veräußerung unmittelbar vorangegangen sein muß, ist im britischen Recht die Befreiung (wenn auch nur anteilig) selbst dann möglich, wenn die Eigennutzung bereits längere Zeit zurückliegt. Schärfere Anforderungen an die für die Gewährung der Steuerbefreiung zu erfüllenden Voraussetzungen werden im britischen im Vergleich zum deutschen Steuerrecht jedoch insoweit gestellt, als die Befreiung bei Vorliegen mehrerer Wohnsitze nur für den jeweiligen Hauptwohnsitz des Steuerpflichtigen gewährt wird.

Die britischen Bestimmungen zur Ermittlung der aus der Veräußerung privater Wirtschaftsgüter erzielten Gewinne unterscheiden sich von den deutschen durch die nach der taper relief-Regelung vorzunehmende prozentuale Kürzung der einzelnen Veräußerungsgewinne bis zu maximal 40 %, beginnend ab einer Haltedauer von drei Jahren. Mit diesem Vorgehen wird die Zielsetzung verfolgt, eine Besteuerung inflationsbedingter Scheingewinne zu vermeiden. Spezielle Regelungen zur Milderung der mit der Erfassung privater Veräußerungserfolge verbundenen Progressionswirkung sind im britischen, im Gegensatz zum deutschen Steuerrecht, das bei der aus der Veräußerung wesentlicher Beteiligungen erzielten Gewinne derzeit die Anwendung der Fünftelregelung vorsieht, demgegenüber aber nicht enthalten. Vielmehr wird die Besteuerung unter Berücksichtigung des einkommensteuerpflichtigen Einkommens in Anlehnung an den für einkommensteuerliche Zwecke relevanten progressiven Stufenstaffeltarif vorgenommen.

Die Berücksichtigung eines nach Verrechnung mit Veräußerungsgewinnen verbleibenden Verlusts bei der Ermittlung des einkommensteuerpflichtigen Einkommens ist grundsätzlich nicht möglich. Ein unbeschränkter Vortrag des Verlusts zur Verrechnung mit in zukünftigen Veranlagungszeiträumen erzielten Veräußerungsgewinnen wird jedoch im britischen Steuerrecht, ebenso wie das im deutschen Steuerrecht selbst bei den privaten Veräußerungsgeschäften der Fall ist, gewährt.

Der Durchsetzung des Besteuerungsanspruchs dienen im britischen Steuerrecht zum einen die bei Nichtbefolgung der für das Selbstveranlagungsverfahrens bedeutsamen Steuererklärungs- und Zahlungspflichten in großem Umfang vorgesehenen Strafen. Zum anderen wird diese Zielsetzung durch die den im Bereich der Finanzanlagen und der beweglichen materiellen Wirtschaftsgüter tätigen Personen auferlegten Meldepflichten verfolgt. Da diesen Meldepflichten aber nur bei Aufforderung nachzukommen ist, kann auch im britischen Steuerrecht die Erfassung sämtlicher steuerpflichtiger privater Veräußerungsgeschäfte nicht sichergestellt werden. Im Bereich der Grundstücksveräußerungen ist demgegenüber - dem deutschen Steuerrecht vergleichbar - eine Kontrolle der Erfassung der diesbezüglich erzielten Veräußerungserfolge über die im Rahmen der Erhebung der Grunderwerbsteuer zu gewinnenden Erkenntnisse weitgehend möglich.

C. USA

I. Umfang der Steuerpflicht und Einkommensbegriff

US-amerikanische Staatsangehörige (U.S. citizens) oder in den USA ansässige ausländische Staatsangehörige (resident aliens), unterliegen mit ihrem weltweiten Einkommen der amerikanischen Bundeseinkommensteuer (federal income tax, Sec. 61 (a) IRC, Sec. 7701 (b) (1) (A) (i) und (ii) IRC).[515] Die Ansässigkeit eines ausländischen Staatsangehörigen wird zum einen bei Einreise mit einem Einwanderungsvisum (green card), zum anderen bei Erfüllen des sog. substantial presence test unterstellt.[516] Nicht ansässige ausländische Staatsangehörige (nonresident aliens) unterliegen nur mit bestimmten Einkünften aus US-amerikanischen Quellen der Besteuerung (Sec. 871 (a) und (b) IRC).[517]

Im US-amerikanischen Steuerrecht gibt es keine Definition steuerpflichtiger Einkunftsarten. Vielmehr zählen zum Bruttoeinkommen (gross income) alle im Kalenderjahr erzielten laufenden und einmaligen Einnahmen eines unbeschränkt Steuerpflichtigen, unabhängig davon, aus welcher Quelle sie stammen ("... all income from whatever source derived ..."; Sec. 61 (a) IRC).[518] Ausnahmen hierzu bilden lediglich die nach gesetzlicher Bestimmung ausdrücklich steuerbefreiten Sachverhalte, wie z.B. Schenkungen und Erbschaften.[519] Spiel- und Lotteriegewinne sind daher ebenso steuerpflichtig wie die Gewinne aus der Veräußerung im Privatvermögen gehaltener Wirtschaftsgüter. Zur Ermittlung des zu versteuernden Einkommens (taxable income) ist das Bruttoeinkommen um die in Sec. 62 und 63 IRC geregelten Abzüge zu vermindern, zu denen neben Be-

---

515 Neben der auf Bundesebene erhobenen Einkommensteuer wird von den meisten Bundesstaaten sowie einer Anzahl von Gemeinden eine eigene Einkommensteuer erhoben. Für einen Überblick vgl. *Burman*, Tax Policy, 1999, S. 30 ff.; *CCH* (Hrsg.), State Tax Handbook, 1998; *Zschiegner*, Einkommensteuerrecht, IWB 1998, F. 8 USA Gr. 2, S. 993 ff.; *ders.*, Anpassungen, IWB 2000, F. 8 USA Gr. 2, S. 1036.

516 Für die Erfüllung des substantial presence test ist erforderlich, daß der ausländische Staatsbürger sich im betreffenden Jahr mindestens 31 Tage in den USA aufgehalten hat und die Summe der Anwesenheitstage im laufenden Jahr zuzüglich einem Drittel der Anwesenheitstage im Vorjahr und einem Sechstel der Anwesenheitstage im vorletzten Jahr mindestens 183 Tage beträgt (Sec. 7701 (b) (3) (A) IRC); vgl. hierzu *Eggert/Gornall*, USA-Geschäft, 1989, S. 243; *Internal Revenue Service* (Hrsg.), Aliens, 2000, S. 3 ff.

517 Vgl. *Internal Revenue Service* (Hrsg.), Aliens, 2000, S. 10 ff.; *Zschiegner*, Einkommensteuerrecht, IWB 1998, F. 8 USA Gr. 2, S. 921 ff.; *ders.*, Nonresident-Aliens, IBW 2000, F. 8 USA Gr. 2, S. 1071 ff.

518 Für einen Überblick bezüglich der vom Bruttoeinkommensbegriff erfaßten Sachverhalte vgl. *CCH* (Hrsg.), Tax Guide, 2000, Rdnr. 55.

519 Vgl. *CCH* (Hrsg.), Tax Guide, 2000, Rdnr. 801 ff.; *Thiele*, Steuerrecht, 1998, S. 41 ff.

triebsausgaben und Werbungskosten beispielsweise auch Spenden und persönliche Freibeträge gehören.[520] Für die steuerliche Belastung ist ausschlaggebend, ob das Einkommen ausschließlich gewöhnliches Einkommen (ordinary income) oder auch Veräußerungsgewinne beinhaltet, die den Tatbestand der capital gains erfüllen. Während das gewöhnliche Einkommen dem progressiven Bundeseinkommensteuerstaffeltarif mit einem maximalen Steuersatz von 39,6 % bei einem Einkommen von mehr als USD 297.300 unterliegt (Sec. 1 (c) und (f) IRC),[521] sieht das Gesetz bei bestimmten als capital gains zu qualifizierenden Veräußerungsgewinnen die Anwendung reduzierter maximaler Steuersätze vor (Sec. 1 (h) IRC).[522]

II. Veräußerungsgewinne (capital gains) und Veräußerungsverluste (capital losses)

1. Tatbestand der capital gains und capital losses

Die aus der Veräußerung im Privatvermögen gehaltener Wirtschaftsgüter erzielten Gewinne oder Verluste werden als dem Bruttoeinkommen zuzurechnende Sachverhalte grundsätzlich im Rahmen der Besteuerung erfaßt (Sec. 61 (a) (3) IRC).[523] Eine Veräußerung stellt neben der Übertragung mittels Kaufvertrag insbesondere der Tausch von Wirtschaftsgütern dar (Sec. 1222 IRC),[524] sofern es sich dabei nicht um gleichartige Wirtschaftsgüter handelt, die nach Sec. 1031 (b) IRC von der Besteuerung ausgenommen sind (Sec. 1001 (c) IRC). Im Hinblick auf die Finanzanlagen enthält Sec. 1256 IRC für nahezu alle über

---

520 Vgl. *CCH* (Hrsg.), Tax Guide, 2000, Rdnr. 61; *Kramer*, Steuerrecht, 1990, S. 68 ff.; *McDaniel/Ault*, Taxation, 1989, S. 22 ff.; *Müssener*, USA, in: Mennel/Förster, Steuern in Europa und anderen Ländern, 1999, Rdnr. 50 ff.; *Thiele*, Steuerrecht, 1998, S. 34 ff.

521 Zahlreiche Paragraphen des Bundessteuergesetzes (Internal Revenue Code, IRC) sehen Anpassungen zur Bereinigung inflationsbedingter Entwicklungen vor, die jährlich von der obersten Bundesfinanzbehörde (Internal Revenue Service, IRS) bekannt gegeben werden. Dies gilt auch im Hinblick auf die für die Anwendung des Staffeltarifs relevanten Grenzbeträge. Der o.g. Betrag gilt für den Veranlagungszeitraum 2001. Vgl. dazu *CCH* (Hrsg.), Tax Guide, 2000, Rdnr. 11; *Zschiegner*, Anpassungen, IWB 2000, F. 8 USA Gr. 2, S. 1033.

522 Vgl. *CCH* (Hrsg.), Tax Guide, 2000, Rdnr. 11 und 1736; *Zschiegner*, Einkommensteuerrecht, IWB 1998, F. 8 USA Gr. 2, S. 925 und 932; *ders.*, Anpassungen, IWB 2000, F. 8 USA Gr. 2, S. 1033.

523 Veräußerungsgewinne nichtansässiger Steuerausländer werden nur dann besteuert, wenn es sich um Gewinne aus der Veräußerung von in den USA belegenen Immobilien handelt; vgl. *Müssener*, USA, in: Mennel/Förster, Steuern in Europa und anderen Ländern, 1999, Rdnr. 103 und 106.

524 Vgl. *CCH* (Hrsg.), Tax Guide, 2000, Rdnr. 1742; *Internal Revenue Service* (Hrsg.), Dispositions, 2000, S. 2 f.; *Kroschel*, Income Tax, 2000, S. 227 ff.

eine Börse abgewickelten Termingeschäfte die Besonderheit, daß jeweils am Ende des Kalenderjahres die Veräußerung zum Marktpreis fingiert und der entsprechende Gewinn oder Verlust ohne Eintritt eines Realisationsaktes steuerlich berücksichtigt wird (mark-to-market system).[525]

Capital gains oder capital losses resultieren aus der Veräußerung von Wirtschaftsgütern, bei denen es sich um sog. capital assets handelt. Darunter fallen sämtliche - privaten und betrieblichen - Wirtschaftsgüter mit Ausnahme von zum Verkauf bestimmten Warenvorräten, abnutzbarem Betriebsvermögen, betrieblich genutztem Grundvermögen, betrieblich bedingten Forderungen oder Wechseln sowie Urheber- und ähnlichen Rechten[526] (Sec. 1221 IRC). Zu den als capital assets zu qualifizierenden im Privatvermögen gehaltenen Vermögenswerten zählen somit neben Aktien und anderen Wertpapieren, Häusern und Wohnungen,[527] insbesondere auch Möbel, Schmuck, Münz- oder Briefmarkensammlungen, Autos und Boote. Die Verwirklichung des Tatbestands der capital gains oder capital losses stellt somit für die Veräußerung der dem Privatvermögen zuzurechnenden Wirtschaftsgüter die Regel dar. Dies gilt unabhängig davon, ob die Wirtschaftsgüter angeschafft oder hergestellt wurden.[528] Verluste, die sich aus der Veräußerung oder dem Tausch selbst genutzter und nicht der Einkommenserzielung dienender capital assets ergeben, können hingegen nicht einkommensmindernd berücksichtigt werden; auch wenn die aus der Veräuße-

---

525 Zu den einzelnen darunter fallenden Sachverhalten vgl. *CCH* (Hrsg.), Standard Federal Tax Reporter, Rdnr. 30,426.01 und 31,107.01 ff.; *Internal Revenue Service* (Hrsg.), Investments, 2000, S. 37 ff.; *May*, Financial Instruments, CDFI 1995, S. 623 ff.; *Roh*, Finanzanlagen, 1997, S. 185.

526 Patente und Erfindungen sind davon allerdings nicht betroffen, vgl. *CCH* (Hrsg.), Tax Guide, 2000, Rdnr. 1741.

527 Im US-amerikanischen Steuerrecht kann bereits durch die Vermietung eines einzigen Grundstücks ein Gewerbebetrieb begründet und demnach die Beurteilung des Grundstücks als capital asset im Sinne der Sec. 1221 IRC ausgeschlossen werden. Nach der in Sec. 1231 (a) IRC enthaltenen Regelung ist aber auch ein solches Wirtschaftsgut als capital asset zu behandeln, sofern die im Veranlagungszeitraum durchgeführten Veräußerungsgeschäfte betrieblicher Wirtschaftsgüter insgesamt zu einem Gewinn führen; vgl. hierzu Lagreide, 23 TC 508, Dec. 20,721; *CCH* (Hrsg.), Standard Federal Tax Reporter, Rdnr. 30,422.012, 30,575.58 und 30.351; *Internal Revenue Service* (Hrsg.), Dispositions, 2000, S. 18. Sich gegen die Begründung eines Gewerbebetriebs durch Vermietung eines einzigen Grundstückes aussprechend *CCH* (Hrsg.), Standard Federal Tax Reporter, Rdnr. 30,575.045 m.w.N.

528 Vgl. *CCH* (Hrsg.), Tax Guide, 2000, Rdnr. 1741; *ders.* (Hrsg.), Standard Federal Tax Reporter, Rdnr. 30,422 ff.; *Internal Revenue Service* (Hrsg.), Dispositions, 2000, S. 2 ff. und 18 f.; *ders.* (Hrsg.), Investments, 2000, S. 45 ff. Für die nachfolgenden Ausführungen wird unterstellt, daß es sich bei den Begriffen Veräußerungsgewinn bzw. -verlust jeweils um einen capital gain bzw. capital loss und somit um die Veräußerung eines capital assets handelt.

rung solcher Wirtschaftsgüter erzielten Gewinne unzweifelhaft der Besteuerung unterliegen. Beispiele hierfür sind das selbst genutzte Haus bzw. die Wohnung, das selbst genutzte Auto und selbst genutzte Möbel; nicht jedoch Kunstgegenstände und Sammlungen.[529]

Sec. 1222 IRC differenziert nach der Haltedauer des capital assets zwischen kurz- (short-term) und langfristigen (long-term) Veräußerungsgewinnen und -verlusten (short-term bzw. long-term capital gains und capital losses). Diese Unterscheidung hat einerseits für die Höhe der steuerlichen Belastung, andererseits für die Verlustverrechnung Bedeutung.[530] Als langfristig gilt ein Veräußerungserfolg, wenn sich das Wirtschaftsgut länger als ein Jahr im Eigentum des Steuerpflichtigen befand. Bei einer geringeren Haltedauer wird demgegenüber die Kurzfristigkeit unterstellt.[531] Für den jeweils am Ende eines Kalenderjahres bei Termingeschäften nach Sec. 1256 IRC zu erfassenden Veräußerungserfolg wird fingiert, daß er zu 40 % kurzfristigen und zu 60 % langfristigen Charakter hat (Sec. 1256 (a) (3) IRC).

2. Steuerbefreiungen und steuerneutrale Übertragungen

Steuerbefreiungen und steuerneutrale Übertragungen sieht das US-amerikanische Steuerrecht vor allem für den Verkauf bzw. den Tausch des Hauptwohnsitzes und von Anteilen an Kleinbetrieben sowie für den Tausch gleichartiger Wirtschaftsgüter vor.[532]

a) Veräußerung des Hauptwohnsitzes

Für Gewinne aus der Veräußerung eines als Hauptwohnsitz genutzten Hauses bzw. einer Eigentumswohnung (sale of a principal residence) gewährt Sec. 121 (b) (1) IRC bei Einzelpersonen einen Freibetrag von USD 250.000 (bei gemeinsam veranlagten Ehegatten USD 500.000).[533] Voraussetzung dafür ist, daß die

---

529 Vgl. *CCH* (Hrsg.), Standard Federal Tax Reporter, Rdnr. 30,392.05; *Internal Revenue Service* (Hrsg.), Home, 2000, S. 5; *ders.*, Dispositions, 2000, S. 4; *Zschiegner*, Einkommensteuerrecht, IBW 1998, F. 8 USA Gr. 2, S. 926.

530 Vgl. *CCH* (Hrsg.), Tax Guide, 2000, Rdnr. 1735; *Internal Revenue Service*, Dispositions, 2000, S. 31.

531 Vgl. *CCH* (Hrsg.), Standard Federal Tax Reporter, Rdnr. 30,463.01 ff.; *Internal Revenue Service* (Hrsg.), Dispositions, 2000, S. 31 f.

532 Einen Überblick bezüglich weiterer Steuerbefreiungen und steuerneutraler Übertragungen gewährt *CCH* (Hrsg.), Standard Federal Tax Reporter, Rdnr. 29,601 m.w.N.

533 Die früher vorgesehene Übertragungsmöglichkeit eines Veräußerungsgewinns auf einen innerhalb von zwei Jahren angeschafften neuen Hauptwohnsitz mindestens gleichen Wertes ist für nach dem 6.5.1997 erzielte Veräußerungsgewinne im Gesetz nicht mehr

Immobilie in den unmittelbar vorangegangenen fünf Jahren mindestens zwei Jahre im Eigentum des Steuerpflichtigen stand (ownership test) und ferner mindestens zwei Jahre als Hauptwohnsitz diente (use test) (Sec. 121 (a) IRC). Die Deckungsgleichheit der Zeiträume, bezüglich derer die Eigentums- und die Eigennutzungsvoraussetzung erfüllt sein müssen, ist nicht erforderlich.[534] Verfügt der Steuerpflichtige über mehrere Wohnsitze liegt der Hauptwohnsitz dort, wo er sich überwiegend aufhält.[535]

Die zeitweise Vermietung des Hauses bzw. der Eigentumswohnung innerhalb des Fünfjahreszeitraums steht der Gewährung des Freibetrages nicht entgegen. Die für diesen Zeitraum in Anspruch genommenen Abschreibungsbeträge unterliegen jedoch der Besteuerung (Sec. 121 (d) (6) IRC).[536] Wird die Immobilie neben der Nutzung zu eigenen Wohnzwecken auch zur Erzielung von Mieteinnahmen genutzt, ist die Veräußerung als Veräußerung zweier Wirtschaftsgüter anzusehen. Die Berücksichtigung des Freibetrages ist hier nur bezüglich des zu eigenen Wohnzwecken genutzten Wirtschaftsguts möglich.[537]

Nach Ablauf von zwei Jahren kann der Freibetrag erneut berücksichtigt werden (Sec. 121 (b) (3) IRC). Einen anteiligen Freibetrag sieht Sec. 121 (c) (2) IRC für Fälle vor, in denen die Eigentums- und die Eigennutzungsvoraussetzung noch nicht erfüllt oder die zweijährige Wartefrist für die neuerliche Anwendung des Freibetrages nicht abgelaufen ist, der Steuerpflichtige seinen Hauptwohnsitz aber aus gesundheitlichen oder beruflichen Gründen aufgibt.[538]

b) Veräußerung von Anteilen an Kleinbetrieben

Eine Sonderregelung für die Veräußerung im Rahmen einer Erstemission erworbener Anteile an als Kleinbetrieben zu qualifizierenden Unternehmen[539] (certain small business stocks) enthält Sec. 1202 (a) IRC. Danach bleiben 50 % des Veräußerungsgewinns steuerfrei, wenn die Anteile länger als fünf Jahre ge-

---

enthalten; vgl. *CCH* (Hrsg.), Standard Federal Tax Reporter, Rdnr. 29,662.01 ff.; *Jakob*, Gesetzesänderungen, IStR 1998, S. 130.

534 Vgl. *Internal Revenue Service* (Hrsg.), Home, 2000, S. 13 f.

535 Vgl. *Internal Revenue Service* (Hrsg.), Home, 2000, S. 2 f.

536 Vgl. *CCH* (Hrsg.), Relief Bill, 1997, S. 68; *Internal Revenue Service* (Hrsg.), Home, 2000, S. 14 f.

537 Vgl. *Internal Revenue Service* (Hrsg.), Home, 2000, S. 14 f.

538 Vgl. *CCH* (Hrsg.), Tax Guide, 2000, Rdnr. 1705.

539 Als Kleinbetriebe werden Kapitalgesellschaften qualifiziert, deren Aktiva einen Buchwert von USD 50.000.000 nicht übersteigen und die sich zudem nicht überwiegend mit der Erbringung von Finanz- oder freiberuflichen Dienstleistungen bzw. mit dem Betrieb einer Land- und Forstwirtschaft, eines Hotels oder Restaurants oder mit der Ausbeutung natürlicher Ressourcen beschäftigen; vgl. dazu *Kroschel*, Income Tax, 2000, S. 236.

halten wurden.[540] Auf den steuerpflichtigen Anteil sind die für capital gains relevanten Regelungen anzuwenden.[541] Wurden die Anteile zwar nicht länger als fünf Jahre aber länger als sechs Monate gehalten, kann der Veräußerungsgewinn auf innerhalb eines Zeitraums von 60 Tagen wiederum im Rahmen einer Erstemission erworbene Anteile an einem anderen als Kleinbetrieb zu qualifizierenden Unternehmen durch Kürzung der hierfür angefallenen Anschaffungskosten übertragen werden (Sec. 1045 (a) IRC).[542]

c) Tausch gleichartiger Wirtschaftsgüter

Der Tausch gleichartiger Wirtschaftsgüter, die Investitions- oder gewerblichen Zwecken dienen, löst nicht unmittelbar die Besteuerung aus (like kind exchange; Sec. 1031 (a) (1) IRC). Vielmehr ist das erhaltene Wirtschaftsgut mit dem Buchwert des hingegebenen Wirtschaftsguts anzusetzen (Sec. 1031 (d) IRC). Die dadurch gewährte Steuerstundung endet, sobald es zur steuerpflichtigen Veräußerung des so erworbenen Wirtschaftsguts kommt.[543]

Der Begriff der Gleichartigkeit wird weit ausgelegt.[544] Beispielsweise stellt auch der Tausch eines städtischen Apartments gegen ein landwirtschaftlich genutztes Grundstück oder der Tausch eines Computers gegen einen Drucker einen gleichartigen Tauschvorgang dar.[545] Von der Bestimmung explizit ausgenommen sind Aktien oder sonstige Wertpapiere sowie Schuldscheine (Sec. 1031 (a)

---

540 Vgl. *CCH* (Hrsg.), Standard Federal Tax Reporter, Rdnr. 30,375.01 ff.

541 Vgl. *CCH* (Hrsg.), Tax Guide, 2000, Rdnr. 2396; *Crouch*, Investor, 1998, S. 7-5; *Kroschel/Wellisch*, Umverteilung, IStR 1998, S. 495. Zu den tariflichen Besonderheiten vgl. Drittes Kapitel Punkt C.II.4. (S. 119 f.).

542 Vgl. *CCH* (Hrsg.), Tax Guide, 2000, Rdnr. 2397; *Crouch*, Investor, 1998, S. 7-6 f.; *Internal Revenue Service* (Hrsg.), Dispositions, 2000, S. 17 f.

543 *CCH* (Hrsg.), Standard Federal Tax Reporter, Rdnr. 29,608.01 ff.

544 Vgl. dazu Reg. § 1.1031; *CCH* (Hrsg.), Tax Guide, 2000, Rdnr. 1721 ff.; *ders.* (Hrsg.), Standard Federal Tax Reporter, Rdnr. 29,608.012 ff.; *Internal Revenue Service* (Hrsg.), Dispositions, 2000, S. 10 f. Bei den Regulations (Regs.) handelt es sich um den deutschen Einkommensteuerrichtlinien vergleichbare Regelungen; vgl. *Kroschel*, Income Tax, 2000, S. 5 f.

545 Bei abschreibungsfähigen beweglichen Wirtschaftsgütern ist entscheidend, daß sie entweder einer identischen Wirtschaftsgut- oder Produktklasse angehören (Computer und Drucker gehören beide der Wirtschaftsgutklasse 00.12 an). Bei nicht abschreibungsfähigen beweglichen sowie immateriellen Wirtschaftgütern wird demgegenüber die Art und Beschaffenheit der Wirtschaftsgüter und für den Fall der immateriellen Wirtschaftsgüter auch die Art der ihnen zugrundeliegenden Vermögenswerte für die Beurteilung der Gleichartigkeit herangezogen. Vgl. *Internal Revenue Service* (Hrsg.), Dispositions, 2000, S. 10 f.; *CCH* (Hrsg.), Standard Federal Tax Reporter, Rdnr. 29,608.0122.

(2) IRC).[546] Darüber hinaus wird der Tausch von zu eigenen Zwecken genutzten Wirtschaftsgütern, wie das selbst genutzte Haus oder das selbst genutzte Auto, nicht erfaßt.[547] Erhält der Steuerpflichtige zusätzlich zu den gleichartigen Wirtschaftsgütern noch andere Vermögenswerte, ist in Höhe des Marktwertes der nicht als gleichartig anzusehenden Vermögenswerte ein steuerpflichtiger Veräußerungsgewinn auszuweisen (Sec. 1031 (b) IRC).[548]

3. Ermittlung des Veräußerungserfolgs

Für die Ermittlung des Gewinns oder Verlusts aus der Veräußerung eines im Privatvermögen gehaltenen Wirtschaftsguts ist der erzielte Verkaufspreis bzw. beim Tausch der gemeine Wert des erhaltenen Wirtschaftsguts, jeweils korrigiert um die mit der Veräußerung im Zusammenhang stehenden Kosten (amount realised) dem berichtigten Wertansatz (adjusted basis) des Wirtschaftsguts gegenüberzustellen (Sec. 1001 (a) IRC).[549] Die Bestimmung des berichtigten Wertansatzes erfolgt in Abhängigkeit von der ursprünglichen Erwerbsart des zugrundeliegenden Vermögenswertes nach unterschiedlichen Regeln.[550] Für den Normalfall des Erwerbs mittels Kauf stellt der ursprüngliche Kaufpreis einschließlich Anschaffungsnebenkosten, erhöht um nachträgliche Anschaffungs- oder Herstellungskosten und vermindert um Absetzungen für Abnutzung, den berichtigten Wertansatz dar (Sec. 1012 und 1016 (a) IRC).[551] Eine Indexierung dieses Wertansatzes bei längerer Haltedauer - wie dies im Rahmen der Überle-

---

546 Eine Ausnahme hierzu bildet der Tausch von Schuldverschreibungen der Vereinigten Staaten, die unter die Regelung von Sec. 1037 (a) IRC fallen; vgl. *CCH* (Hrsg.), Standard Federal Tax Reporter, Rdnr. 29,721 ff. Ebenfalls ausgenommen ist der Tausch von Stamm- bzw. Vorzugsaktien gegen entsprechende Anteile der gleichen Gesellschaft (Sec. 1036 (a) IRC); vgl. *CCH* (Hrsg.), Standard Federal Tax Reporter, Rdnr. 29,702.03 ff.

547 Vgl. *Internal Revenue Service* (Hrsg.), Dispositions, 2000, S. 11.

548 Vgl. *CCH* (Hrsg.), Tax Guide, 2000, Rdnr. 1723; *Thiele*, Steuerrecht, 1998, S. 85.

549 Zu den einzelnen für die Ermittlung relevanten Begriffen vgl. *CCH* (Hrsg.), Standard Federal Tax Reporter, Rdnr. 29,225.0135, 29,225.016, 29,225.021, 29,313.001 und 29,412.021; *Internal Revenue Service* (Hrsg.), Home, 2000, S. 3 ff.

550 Vgl. *CCH* (Hrsg.), Tax Guide, 2000, Rdnr. 1604 ff.; *Thiele*, Steuerrecht, 1998, S. 83 ff.

551 Beim Erwerb von Todes wegen ist der berichtigte Wertansatz grundsätzlich unter Zugrundelegung des zum Todeszeitpunkt des Erblassers maßgeblichen Marktwertes, beim Erwerb unter Lebenden unter Zugrundelegung des beim Schenker maßgeblichen Wertansatzes zu ermitteln (Sec. 1014 (a) IRC; Sec. 1015 (a) i.V.m. Sec. 7701 (a) (43) IRC); vgl. hierzu *CCH* (Hrsg.), Standard Federal Tax Reporter, Rdnr. 29,380.01 ff. und 29,392.01 ff. Obwohl im Erbfall der Erbe die Wirtschaftsgüter mit dem um die stillen Reserven aufgestockten Buchwert des Erblassers übernimmt, sind diese weder bei ihm noch beim Erblasser zu versteuern. Gestaltungen, die mit der Bildung stiller Reserven verbunden sind, finden dadurch im US-amerikanischen Steuerrecht im Vergleich zum deutschen Steuerrecht erhöhte Beachtung; vgl. *Kroschel*, Unterschiede, RIW 2000, S. 289.

gungen zum Taxpayer Relief Act 1997 zur Inflationsberücksichtigung diskutiert wurde - ist nicht ins Gesetz aufgenommen worden.[552] Wurde das Wirtschaftsgut im Rahmen eines steuerpflichtigen Tauschgeschäfts erworben, ist vom Marktwert des hingegebenen Wirtschaftsguts auszugehen.[553] Eine Besonderheit gilt bei der Bestimmung der für die Ermittlung des berichtigten Wertansatzes zu berücksichtigenden Anschaffungskosten bei der Veräußerung von Wertpapieren, die zu unterschiedlichen Zeitpunkten zu unterschiedlichen Anschaffungskosten erworben wurden. Ist eine Identifizierung der veräußerten Anteile nicht möglich, ist davon auszugehen, daß die zuerst angeschafften Wertpapiere zuerst veräußert wurden, so daß die Fifo-Methode zur Anwendung kommt.[554] Für den Fall der Herstellung des veräußerten Wirtschaftsguts sind die Herstellungskosten den Anpassungen zugrunde zu legen. Der Wert der eigenen Arbeitsleistung ist dabei außer acht zu lassen.[555] Bei der Veräußerung von Wirtschaftsgütern, die der privaten Lebensführung des Steuerpflichtigen dienten, gilt es darüber hinaus zu berücksichtigen, daß die um nachträglich angefallene Kosten erhöhten Anschaffungs- bzw. Herstellungskosten nicht um die durch die Eigennutzung hervorgerufene Wertminderung der Wirtschaftsgüter zu kürzen sind.[556]

In Abhängigkeit von der Besitzzeit des der Veräußerung zugrundeliegenden Wirtschaftsguts ist der danach ermittelte Veräußerungserfolg als lang- bzw. kurzfristig zu qualifizieren.[557] Hiervon ausgenommen ist bei beweglichen Wirtschaftsgütern der auf die Absetzungen für Abnutzung entfallende Teil des Veräußerungserfolgs, für den Sec. 1245 (a) IRC die Beurteilung als gewöhnliches Einkommen (ordinary income) zwingend vorschreibt (depreciation recapture).[558] Bei Grundbesitz stellt der auf die Abschreibungen entfallende Teil eines langfristigen Veräußerungserfolgs demgegenüber kein gewöhnliches Einkommen dar (unrecaptured Section 1250 gain; Sec. 1 (h) (7) IRC).[559]

---

552 Vgl. *CCH* (Hrsg.), Relief Bill, 1997, S. 67.

553 Handelt es sich bei dem vorangegangenen Tauschgeschäft demgegenüber um einen nicht steuerpflichtigen Tausch, ist der Buchwert des hingegebenen Wirtschaftsguts ausschlaggebend; vgl. *CCH* (Hrsg.), Tax Guide, 2000, Rdnr. 1604 und 1651 sowie Drittes Kapitel Punkt C.II.2.c) (S. 116 f.).

554 Vgl. Reg. § 1.1012-1 (c); CCH (Hrsg.), Tax Guide, 2000, Rdnr. 1975.

555 Vgl. *Internal Revenue Service* (Hrsg.), Home, 2000, S. 6.

556 Vgl. *CCH* (Hrsg.), Standard Federal Tax Reporter, Rdnr. 29,412.04 f.

557 Vgl. Drittes Kapitel Punkt C.II.1. (S. 114).

558 Vgl. *CCH* (Hrsg.), Standard Federal Tax Reporter, Rdnr. 30,909.015.

559 Vgl. *CCH* (Hrsg.), Standard Federal Tax Reporter, Rdnr. 31,006.01; *ders.*, Tax Guide, 2000, Rdnr. 1736.

4. Tarifliche Besonderheiten

Für die steuerliche Belastung der in einem Veranlagungszeitraum zu berücksichtigenden Veräußerungsgewinne ist entscheidend, in welcher Höhe es sich dabei um kurz- bzw. langfristige Veräußerungsgewinne handelt. Zunächst sind unabhängig voneinander die einzelnen kurzfristigen Veräußerungsgewinne und -verluste sowie die einzelnen langfristigen Veräußerungsgewinne und -verluste zu einem Nettogewinn bzw. -verlust zu saldieren. Im Anschluß daran sind die kurz- und langfristigen Nettosalden miteinander zu verrechnen (Sec. 1 h (1) IRC i.V.m. Sec. 1222 (11) IRC).[560] Auf einen nach Durchführung des Saldierungsverfahrens (netting process) verbleibenden kurzfristigen Veräußerungsgewinn ist der gewöhnliche Steuertarif mit einem maximalen Steuersatz von 39,6 % anzuwenden. Im Gegensatz dazu sieht Sec. 1 (h) (1) (C) IRC für einen verbleibenden langfristigen Veräußerungsgewinn (net capital gain) die Anwendung eines ermäßigten maximalen Steuersatzes von 20 % vor. Ein maximaler Steuersatz von 10 % gilt für natürliche Personen, die dem normalen Einkommensteuersatz von 15 % unterliegen (Sec. 1 (h) (1) (B) IRC).[561] Durch die ermäßigten Steuersätze soll der mit der steuerlichen Erfassung privater Veräußerungsgewinne verbundenen Problematik der Besteuerung von Scheingewinnen und der Progressionswirkung Rechnung getragen werden.[562]

Einen Überblick bezüglich der anzuwendenden Steuersätze bietet die nachfolgende Tabelle:

Normalsteuersatz	Veräußerungsgewinnsteuersatz	
	Kurzfristig	Langfristig
15,0 %	15,0 %	10,0 %
28,0 %	28,0 %	20,0 %
31,0 %	31,0 %	20,0 %
36,0 %	36,0 %	20,0 %
39,6 %	39,6 %	20,0 %

Tabelle 2: Normal- und Veräußerungsgewinnsteuersätze in den USA

560 Vgl. *CCH* (Hrsg.) Tax Guide, 2000, Rdnr. 1739; *Internal Revenue Service* (Hrsg.), Dispositions, 2000, S. 32.

561 Vgl. *CCH* (Hrsg.), Standard Federal Tax Reporter, Rdnr. 30,442.01 f.; *ders.*, Committee, 1998, S. 163 ff.

562 Vgl. *Burman*, Tax Policy, 1999, S. 120; *Grotherr*, Steuerreformbestrebungen, RIW 1985, S. 712 f.; *Krause/Nehring*, Behandlung, 1972, S. 202 ff.; *Pratt/Kulsrud*, Federal Taxation, 1996, S. 16-2.

Bestimmte langfristige Veräußerungsgewinne unterliegen nicht den ermäßigten Steuersätzen. Hierzu gehören die Gewinne aus der Veräußerung von Kunstgegenständen und Sammlungen sowie der aus der Veräußerung von Anteilen an Kleinbetrieben nach Sec. 1202 (a) IRC steuerpflichtige Anteil, die mit einem maximalen Steuersatz von 28 % besteuert werden (Sec. 1 (h) (1) (E) und (5) IRC). Ein Steuersatz von 25 % ist für die beim Grundbesitz vorgenommenen, nicht dem gewöhnlichen Einkommen zuzurechnenden Abschreibungen relevant (Sec. 1 (h) (1) (D) und (7) IRC).[563]

Für nach dem 31.12.2000 erzielte Gewinne aus der Veräußerung von Wirtschaftsgütern, die der Steuerpflichtige nach diesem Zeitpunkt erworben und länger als fünf Jahre im Eigentum hatte, sieht das Gesetz die Senkung des maximalen Steuersatzes von 20 % auf 18 % vor. Ein Wahlrecht ermöglicht dem Steuerpflichtigen die zu diesem Zeitpunkt bereits gehaltenen Wirtschaftsgüter als zum 1.1.2001 angeschafft zu behandeln. Für Personen, die dem Normalsteuersatz von 15 % unterliegen, gilt bei Erfüllen der 5-Jahres-Haltefrist ein ermäßigter maximaler Steuersatz von 8 % anstelle von derzeit 10 %, unabhängig davon, ob die Wirtschaftsgüter vor oder nach dem 31.12.2000 erworben wurden (Sec. 1 (h) (2) IRC).[564]

5. Berücksichtigung von Verlusten

Führen die in einem Veranlagungszeitraum zu berücksichtigenden Veräußerungsgeschäfte insgesamt zu einem Verlust (net capital loss), ist der Abzug beim übrigen Einkommen bis zur Höhe von USD 3.000 möglich (Sec. 1211 (b) IRC). Ein diese Grenze übersteigender Betrag kann - unter Beibehaltung seines lang- bzw. kurzfristigen Charakters - unbegrenzt vorgetragen und in den Folgejahren bei Überschreiten der dort jeweils erzielten Veräußerungsgewinne erneut bis zu maximal USD 3.000 vom übrigen Einkommen abgezogen werden (Sec. 1212 (b) IRC).[565] Die Möglichkeit eines dreijährigen Verlustrücktrags besteht für die unter Sec. 1256 IRC fallenden Termingeschäfte, sofern in dem jeweiligen Ver-

---

563 Vgl. *Internal Revenue Service* (Hrsg.), Dispositions, 2000, S. 33 sowie den vorangegangenen Gliederungspunkt. Zur Durchführung des Saldierungsverfahrens bei Vorliegen langfristiger Veräußerungsgewinne oder -verluste, die nicht einheitlich einer der ermäßigten maximalen Steuersatzkategorien zuzuordnen sind, vgl. *CCH* (Hrsg.), Standard Federal Tax Reporter, Rdnr. 30,392.02; *Internal Revenue Service* (Hrsg.), Dispositions, 2000, S. 33; *Warren*, Capital Gains, The Tax Adviser 1998, S. 399 f.

564 Vgl. *Burman*, Tax Policy, 1999, S. 13 f.; *CCH* (Hrsg.), Tax Guide, 2000, Rdnr. 1736; *Internal Revenue Service* (Hrsg.), Investments, 2000, S. 61.

565 Vgl. *CCH* (Hrsg.), Standard Federal Tax Reporter, Rdnr. 30,392.01 ff. und 30,402.01 ff.

lustrücktragsjahr von Sec. 1256 IRC erfaßte Gewinne entstanden waren (Sec. 1211 (b) IRC).[566]

III. Verfahrensrechtliche Bestimmungen

1. Selbstveranlagungsverfahren

Die der Besteuerung unterliegenden natürlichen und juristischen Personen müssen ihre im Veranlagungszeitraum verwirklichten Sachverhalte hinsichtlich ihrer steuerlichen Relevanz selbst beurteilen und die geschuldete Einkommen- bzw. Körperschaftsteuer selbst berechnen. Wirkt ein Dritter bei der Erstellung der Steuererklärung mit, ist er gemeinsam mit dem Steuerpflichtigen zur Unterschrift verpflichtet.[567] Ein Steuerbescheid wird von den Finanzbehörden aufgrund der eingereichten Steuererklärung nicht erteilt.[568]

Der Veranlagungszeitraum natürlicher Personen, die keine Bücher führen, entspricht dem Kalenderjahr (Sec. 441 (g) IRC). Abgabetermin für die Einkommensteuererklärung, in der die für den Veranlagungszeitraum zu berücksichtigenden Veräußerungsgewinne und -verluste im Formular "Schedule D (Form 1040) - Capital Gains and Losses" zu erfassen sind,[569] ist der 15. April des Folgejahres (Sec. 6072 (a) IRC).[570] Eine Fristverlängerung zur Einreichung der Steuererklärung um 6 Monate ist auf Antrag möglich. Die Fälligkeit einer etwaigen Steuerabschlußzahlung wird dadurch allerdings nicht hinausgeschoben (Sec. 6081 (a) i.V.m. Sec. 6151 (a) IRC). Verspätungszuschläge in Höhe von monatlich 5 % einer etwaigen Abschlußzahlung, maximal jedoch 25 %, werden erhoben, sofern die Beantragung einer Fristverlängerung vor Ablauf der Abgabefrist (z.B. durch eingeschriebenen Brief) nicht nachweisbar ist (Sec. 6651 (a) IRC).[571]

2. Meldepflichten

Vor dem Hintergrund des Systems der Selbstveranlagung sieht das US-amerikanische Steuerrecht umfassende Meldepflichten vor, die der Verifikation der in

---

566 Vgl. *CCH* (Hrsg.), Standard Federal Tax Reporter, Rdnr. 30,402.035.

567 Vgl. Reg. § 1.6065-1(b); *CCH* (Hrsg.), Tax Guide, 2000, Rdnr. 2517 f. und 2557.

568 Vgl. *Kramer*, Steuerrecht, 1990, S. 84 f.

569 Vgl. *Crouch*, Investor, 1998,, S. 4-1 ff.; *Internal Revenue Service* (Hrsg.), Dispositions, 2000, S. 31 f.; *ders.* (Hrsg.), Schedule D, 2000, S. 1 ff.

570 Die Abgabefrist für nichtansässige Steuerausländer endet nach Sec. 6072 (c) IRC am 15. Juni des Folgejahres.

571 Vgl. *CCH* (Hrsg.), Tax Guide, 2000, Rdnr. 2505 f., 2801 und 2809; *Thiele*, Steuerrecht, 1998, S. 108 f.; *Zschiegner*, Einkommensteuerrecht, IWB 1998, F. 8 USA Gr. 2, S. 939 f.

den Steuererklärungen enthaltenen Angaben und somit auch der Sicherstellung der Erfassung privater Veräußerungsgewinne dienen.[572]

a) Grundstücksgeschäfte

Die Veräußerung in den USA belegener Grundstücke ist der US-amerikanischen Finanzbehörde, dem Internal Revenue Service, unter Benennung des Veräußerungspreises sowie der Namen, Anschriften und Steuernummern[573] der Beteiligten bis zum 28. Februar des Folgejahres zu melden (Form 1099-S - "Proceeds From Real Estate Transactions"). Zur Meldung verpflichtet ist der zuständige Rechtsanwalt oder eine andere mit dem Vertragsabschluß betraute Person (Sec. 6045 (e) (1) und (2) IRC). Eine Ausnahme hiervon besteht bei schriftlicher Versicherung durch den Veräußerer, daß es aufgrund der für die Veräußerung eines Hauptwohnsitzes vorgesehenen Freibetragsregelung nicht zur Besteuerung kommt (Sec. 6039 (e) (5) IRC).[574]

b) Meldepflichten für Zahlungen

Alle gewerblich und unternehmerisch tätigen Personen haben die Verpflichtung, über diverse an natürliche Personen vorgenommene Zahlungen jährliche Meldungen (information returns) beim Internal Revenue Service abzugeben und den Zahlungsempfänger beispielsweise durch Zusendung einer Kopie darüber zu informieren.[575] In die Meldungen aufzunehmen sind die geleisteten Beträge unter Angabe der Namen, Adressen und Steuernummern der Zahlungsempfänger. Der Überprüfung der Erfassung privater Veräußerungsgeschäfte dienen insbesondere die von Maklern beim Verkauf von Wertpapieren sowie dem Abschluß von Termingeschäften nach Sec. 6045 IRC zu erstellenden Meldungen (Form 1099-B - "Proceeds From Broker and Barter Exchange Transactions").[576] Darüber hinaus ist eine Überprüfung der Erfassung privater, dem Bereich der Finanzanlagen zuzurechnender Veräußerungsgewinne darüber möglich, daß sämtliche gewerblich und unternehmerisch tätigen Personen über die von ihnen gezahlten Zinsen und Dividenden Meldungen erstellen müssen (Form 1099-INT - "Interest

---

572 Vgl. *Jacob*, Steuermoral, IStR 1994, S. 367; *Thiele*, Steuerrecht, 1998, S. 111 f.

573 Diese entspricht der Sozialversicherungsnummer.

574 Vgl. *CCH* (Hrsg.), Standard Federal Tax Reporter, Rdnr. 35,930.07 ff. und 35,930.45; *Internal Revenue Service* (Hrsg.), Dispositions, 2000, S. 31; *ders.* (Hrsg.), Instructions, 1999, S. 38 ff.; *Kramer*, Steuerrecht, 1990, S. 87.

575 Für einen Überblick vgl. *CCH* (Hrsg.), Tax Guide, 2000, Rdnr. 2565; *Internal Revenue Service* (Hrsg.), Instructions, 1999, S. 11 ff.; *Zschiegner*, Einkommensteuerrecht, IWB 1998, F. 8 USA Gr. 2, S. 940 und 957 f.

576 Vgl. *CCH* (Hrsg.), Standard Federal Tax Reporter, Rdnr. 35,930.01 ff.; *Crouch*, Investor, 1998, S. 3-1 ff.

Income" sowie Form 1099-DIV - "Dividends and Distributions"; Secs. 6042 und 6049 IRC),[577] aus denen sich auch Rückschlüsse auf die von den Zahlungsempfängern in einem Veranlagungszeitraum gehaltenen Wertpapiere ziehen lassen. Für die aus der Veräußerung beweglicher Wirtschaftsgüter erzielten Veräußerungserfolge fehlt es demgegenüber an entsprechenden Meldepflichten.

Während für den Eingang der vorgenannten Meldungen beim Internal Revenue Service der 28. Februar des Folgejahres relevant ist,[578] muß die diesbezügliche Mitteilung an die Zahlungsempfänger regelmäßig bereits bis zum 31. Januar des Folgejahres erfolgen.[579] Die Zahlungsempfänger wiederum sind den Zahlungsleistenden zur Angabe ihrer in die Meldung aufzunehmenden Steuernummern verpflichtet (Form W 9 - "Request for Taxpayer Identification Number and Certifikation").[580] Die Steuernummer natürlicher Personen entspricht der bundesweit erteilten Sozialversicherungsnummer (social security number).[581] Dadurch wird die Auswertung der beim Internal Revenue Service eingereichten Meldungen mittels EDV-technischen Abgleich mit den von den Steuerpflichtigen in ihren Steuererklärungen gemachten Angaben ermöglicht.[582] Steuerpflichtige, die in einem Kalenderjahr mindestens 250 Meldungen abzugeben haben, werden regelmäßig aufgefordert, hierfür Magnetbänder oder andere maschinenlesbare Datenträger zu verwenden (Sec. 6011 (e)(2)(A) IRC).[583]

c) Nichterfüllen der Meldepflichten

aa) Geldbußen

Die Nichtabgabe bzw. die unrichtige Abgabe einer Meldung durch einen Meldepflichtigen wird nach Sec. 6721 IRC mit einer - nach der Zeitspanne zwischen

---

577 Vgl. hierzu *CCH* (Hrsg.) Tax Guide, 2000, Rdnr. 2565; *Internal Revenue Service* (Hrsg.), Instructions, 1999, S. 19 ff.

578 Vgl. z.B. Regs. § 1.6042-2(c), § 1.6045-4(j) und § 1.6049-1(c); *CCH* (Hrsg.), Tax Guide, 2000, Rdnr. 2565; *Zschiegner*, Einkommensteuerrecht, IWB 1998, F. 8 USA Gr. 2, S. 957. Bei elektronischer Übermittlung ist der 31. März relevant, vgl. *CCH* (Hrsg.), Reform, 1998, S. 50 f.

579 Vgl. z.B. Secs. 6042 (c), 6045 (b) und 6069 (c) IRC.

580 Vgl. *CCH* (Hrsg.), Tax Guide, 2000, Rdnr. 2579; *ders.* (Hrsg.), Standard Federal Tax Reporter, Rdnr. 33,654.075.

581 Vgl. *CCH* (Hrsg.), Standard Federal Tax Reporter, Rdnr. 36,965.022; *Internal Revenue Service* (Hrsg.), Identification Number, 2000, S. 1; *ders.* (Hrsg.), Requester, 2000, S. 1.

582 Bereits Anfang der 90er Jahre sollen weit mehr als eine Milliarde Kontrollmitteilungen pro Jahr im Datenträgeraustausch ausgewertet worden sein; vgl. *Jacob*, Steuermoral, IStR 1994, S. 367.

583 Vgl. *CCH* (Hrsg.) Tax Guide, 2000, Rdnr. 2565; *Zschiegner*, Einkommensteuerrecht, IWB 1998, F. 8 USA Gr. 2, S. 957 f.

dem vorgeschriebenen Abgabetermin und dem tatsächlichen Eingang bzw. der Fehlerkorrektur beim Internal Revenue Service gestaffelten - Geldbuße je fehlerhafter Meldung unter Berücksichtigung jährlicher Höchstbeträge geahndet (Sec. 6721 (a) - (e) IRC).[584]

Einen Überblick gibt die nachfolgende Tabelle:

Zeitspanne	Geldbuße	
	Pro Meldung	Höchstbetrag
Innerhalb von 30 Tagen nach Abgabetermin	USD 15	USD 75.000
Mehr als 30 Tage, aber vor dem 1. August	USD 30	USD 150.000
Nach dem 1. August	USD 50	USD 250.000

Tabelle 3: Staffelung der Geldbußen bei Nichterfüllen der Meldepflichten in den USA

Kommt ein Zahlungsempfänger seiner Verpflichtung zur Mitteilung der Steuernummer an den Zahlungsleistenden nicht nach, wird eine Geldbuße von je USD 50 bis zu einem Jahreshöchstbetrag von USD 100.000 erhoben (Sec. 6723 IRC). Erhält der Zahlungsempfänger vom Zahlungsleistenden keine oder eine unvollständige Mitteilung über die Meldung an den Internal Revenue Service, wird der Zahlungsleistende ebenfalls mit einer Geldbuße von USD 50 je Mitteilung bis zu einem Höchstbetrag von USD 100.000 pro Kalenderjahr belegt (Sec. 6722 IRC).[585]

bb) Quellensteuern

Den zur Erstellung von Meldungen verpflichteten Zahlungsleistenden trifft für bestimmte meldepflichtige Sachverhalte nach Sec. 3406 IRC die Pflicht, eine Quellensteuer in Höhe von 31 % einzubehalten und an den Internal Revenue Service abzuführen (backup withholding).[586] Voraussetzung dafür ist, daß der Zahlungsempfänger dem Zahlungsleistenden seine Steuernummer nicht in der

---

584 Vgl. *CCH* (Hrsg.), Tax Guide, 2000, Rdnr. 2816; *Zschiegner*, Einkommensteuerrecht, IWB 1998, F. 8 USA Gr. 2, S. 942.

585 Vgl. *CCH* (Hrsg.), Tax Guide, 2000, Rdnr. 2823 f.; *Zschiegner*, Einkommensteuerrecht, IWB 1998, F. 8 USA Gr. 2, S. 942.

586 Zum Quellensteuereinbehalt bei durch nichtansässige Steuerausländer in den USA erzielten Veräußerungsgewinnen vgl. *Internal Revenue Service* (Hrsg.), Withholding, 1998, S. 22 f.; *Müssener*, USA, in: Mennel/Förster, Steuern in Europa und anderen Ländern, 1999, Rdnr. 107; *Turcon/Zimmer*, Direktinvestitionen, 1994, S. 408; *Zschiegner*, Einkommensteuerrecht, IWB 1998, F. 8 USA Gr. 2, S. 936 f.

hierfür vorgeschriebenen Form[587] mitteilt bzw. der Internal Revenue Service den Meldepflichtigen darüber informiert, daß die mitgeteilte Steuernummer falsch ist, wodurch der Datenabgleich verhindert wird (Sec. 3406 (a) (1) (A) und (B) IRC).[588] Zu den von der Regelung erfaßten meldepflichtigen Zahlungsleistenden zählen auch die im Hinblick auf den Verkauf von Wertpapieren sowie den Abschluß von Termingeschäften meldepflichtigen Makler (Sec. 3406 (b) (3) (C) IRC), so daß der Quellensteuerabzug auch bei der Erfassung privater Veräußerungsgewinne von Bedeutung ist. Teilt der Zahlungsempfänger dem Makler seine Steuernummer nicht mit, ist dieser bis zum Erhalt der Steuernummer zum Einbehalt von 31 % Quellensteuer auf die an den Steuerpflichtigen vorgenommenen meldepflichtigen Zahlungen verpflichtet (Sec. 3406 (e) (1) IRC).[589] Bei Erhalt einer Mitteilung durch den Internal Revenue Service über das Vorliegen einer falschen Steuernummer, erstreckt sich die Pflicht zum Quellensteuereinbehalt auf den Zeitraum zwischen dem 30. Werktag nach Erhalt des Schreibens und dem Tag, an dem der Zahlungsempfänger eine andere Steuernummer in der hierfür vorgeschriebenen Form zur Verfügung stellt (Sec. 3406 (e) (2) IRC).[590] Für den Bereich der Grundstücksgeschäfte wird ein Quellensteuerabzug nicht vorgenommen.[591]

3. Ermittlungsverfahren

Der Internal Revenue Service überprüft etwa 1-2 % der Steuererklärungen natürlicher Personen durch Prüfung an Amtsstelle (office audit) oder durch Außenprüfung (field audit). Als Auswahlkriterum dienen zum einen die bei der EDV-technischen Auswertung der meldepflichtigen Sachverhalte aufgedeckten Unstimmigkeiten zu den in den Steuererklärungen enthaltenen Angaben. Zum anderen wird zur Auswahl der Prüffälle ein spezielles EDV-Programm, das sog. Discriminant Function System (DIF) eingesetzt, das die Steuererklärungen vorrangig nach den zu erwartenden Mehrsteuern aussucht. Darüber hinaus werden Steuererklärungen aber auch aufgrund zufälliger, beispielsweise über die Me-

---

587 Bezüglich der Anforderungen an die Mitteilung der Steuernummer vgl. Reg. § 31.3406(d)-1; *CCH* (Hrsg.), Standard Federal Tax Reporter, Rdnr. 33,654.075 und Drittes Kapitel Punkt C.III.2.b) (S. 123).

588 Bei der Zahlung von Zinsen und Dividenden kommt es ferner zur Quellensteuerpflicht, wenn - gemäß Mitteilung des Internal Revenue Service - der Zahlungsempfänger keine Steuererklärung abgegeben oder nicht alle steuerpflichtigen Einkünfte angegeben hat (notification of underreporting - Sec. 3406 (a) IRC); vgl. hierzu *CCH* (Hrsg.), Standard Federal Tax Reporter, Rdnr. 33,654.05.

589 Vgl. hierzu auch Reg. § 31.3406(e)-1(b).

590 Vgl. hierzu auch Reg. § 31.3406(d)-5(e).

591 Vgl. *Internal Revenue Service* (Hrsg.), Identification Number, 2000, S. 2; *ders.* (Hrsg.), Instructions, 1999, S. 3.

dien oder durch Anzeige Dritter gewonnener Erkenntnisse zur Prüfung herangezogen. Die so ermittelten Fälle werden schwerpunktmäßig manuell geprüft.[592]

Die Prüfungen an Amtsstelle sind der normalen Veranlagungsarbeit eines deutschen Finanzamts vergleichbar. Dabei wird der Steuerpflichtige über die Prüfung seiner Steuererklärung informiert und regelmäßig aufgefordert, Belege einzureichen sowie Erläuterungen zu geben.[593] Außenprüfungen werden nur bei komplexen Steuererklärungen durchgeführt. Auch hier entspricht das Vorgehen in etwa dem der deutschen Finanzverwaltung.[594] Von besonderer Bedeutung bei der Überprüfung von Steuererklärungen sind im US-amerikanischen Steuerrecht allerdings die über Auskunftsersuchen zu erlangenden Informationen. So ist es nach Sec. 7602 (a) i.V.m. Sec. 7609 IRC den Finanzbehörden ohne Beachtung einer Subsidiaritätsklausel möglich, von Dritten Auskünfte über Steuerpflichtige zu verlangen. Die Steuerpflichtigen selbst sind lediglich im voraus darüber zu informieren (Sec. 7402 (c) IRC).[595] Dies gilt insbesondere auch für an Kreditinstitute gerichtete Auskunftsersuchen, so daß in den USA für steuerliche Zwecke ein Bankgeheimnis nicht existiert.[596]

IV. Zusammenfassung und Vergleich mit dem deutschen Recht

Das US-amerikanische Steuerrecht zeichnet sich durch seinen weiten Einkommensbegriff aus, der grundsätzlich alle im Veranlagungszeitraum erzielten laufenden und einmaligen Einnahmen umfaßt. Dies gilt vor allem auch für die aus der Veräußerung im Privatvermögen gehaltener Wirtschaftsgüter erzielten Einnahmen und zwar unabhängig davon, ob bestimmte Haltefristen nicht überschritten oder bestimmte Beteiligungsgrenzen erreicht wurden. Die im deutschen Steuerrecht prinzipiell zu berücksichtigende Identität zwischen angeschafftem und veräußertem Wirtschaftsgut findet im US-amerikanischen Steuerrecht gleichfalls keine Entsprechung, so daß neben der Veräußerung angeschaffter Wirtschaftsgüter auch die Veräußerung hergestellter Wirtschaftsgüter steuerlich von Bedeutung ist. Weitere Besonderheiten ergeben sich durch die steuerliche Begünstigung des Tauschs gleichartiger Wirtschaftsgüter und der Veräußerung bestimmter Anteile an Kleinbetrieben sowie durch die Gewährung

---

592 Vgl. *CCH* (Hrsg.), Tax Guide, 2000, Rdnr. 2708; *Internal Revenue Service* (Hrsg.), Examination, 2000, S. 2 f.; *Kramer*, Steuerrecht, 1990, S. 102; *Thiele*, Steuerrecht, 1998, S. 112.

593 Zur Aufbewahrungspflicht von Unterlagen vgl. *Internal Revenue Service* (Hrsg.), Recordkeeping, 1999, S. 2 ff.

594 Vgl. *Kramer*, Steuerrecht, 1990, S. 103.

595 Vgl. *CCH* (Hrsg.), Tax Guide, 2000, Rdnr. 2709; *Internal Revenue Service* (Hrsg.), Examination, 2000, S. 2.

596 Vgl. *Carl/Klos*, Finanzmärkte, 1993, S. 145; *Sichtermann*, Bankauskunft, 1984, S. 495.

eines Freibetrages - anstelle der im deutschen Steuerrecht vorgesehenen Steuerbefreiung in vollem Umfang - für die Veräußerung einer zu eigenen Wohnzwecken genutzten Immobilie. Für die Anwendung der Freibetragsregelung ist im US-amerikanischen Steuerrecht die zweijährige Eigennutzung einer als Hauptwohnsitz zu qualifizierenden Immobilie innerhalb eines Zeitraums von fünf Jahren ausschlaggebend. Im deutschen Steuerrecht wird im Gegensatz dazu auf die Eigennutzung im Jahr der Veräußerung sowie in den beiden vorangegangenen Jahren bzw. auf den Zeitraum zwischen Anschaffung oder Fertigstellung und Veräußerung abgestellt. Dabei ist es für die Steuerbefreiung nicht entscheidend, ob die veräußerte Immobilie als Hauptwohnsitz genutzt wurde. Vielmehr ist es den deutschen Steuerpflichtigen im Gegensatz zu den US-amerikanischen Steuerpflichtigen möglich, mehrere Gebäude bzw. Wohnungen sowohl gleichzeitig als auch nacheinander steuerfrei zu veräußern.

Durch die im Privatvermögen erzielten Veräußerungsgewinne wird regelmäßig der Steuertatbestand der capital gains verwirklicht, die im US-amerikanischen Steuerrecht insbesondere im Hinblick auf ihre steuerliche Belastung eine Sonderstellung einnehmen. In Abhängigkeit von der nach der Haltedauer des Wirtschaftsguts vorzunehmenden Einteilung in lang- bzw. kurzfristige Veräußerungsgewinne kommen unterschiedliche Steuersätze zur Anwendung. Während für die kurzfristigen Veräußerungsgewinne der gewöhnliche Steuertarif relevant ist, werden die langfristigen Veräußerungsgewinne überwiegend durch die Anwendung eines ermäßigten maximalen Steuersatzes von 20 % begünstigt. Durch die ermäßigten Steuersätze soll der mit der steuerlichen Erfassung privater Veräußerungsgewinne verbundenen Problematik der Besteuerung von Scheingewinnen und der Progressionswirkung Rechnung getragen werden. Im geltenden deutschen Steuerrecht wird demgegenüber eine Berücksichtigung der Progressionswirkung lediglich für die aus der Veräußerung wesentlicher Beteiligungen erzielten Gewinne über die Gewährung der Fünftelregelung angestrebt.

Die US-amerikanischen Bestimmungen zur Ermittlung der einzelnen, aus der Veräußerung privater Wirtschaftsgüter erzielten Erfolge entsprechen weitgehend den deutschen Bestimmungen zur Ermittlung der Einkünfte aus privaten Veräußerungsgeschäften und aus der Veräußerung wesentlicher Beteiligungen. Besonderheiten ergeben sich bei der Ermittlung des für einen Veranlagungszeitraum erzielten Gesamterfolgs durch das für die kurz- und langfristigen Veräußerungsgewinne und -verluste durchzuführende, mit einem großen Verwaltungsaufwand verbundene Saldierungsverfahren. Die Berücksichtigung eines dabei verbleibenden Verlusts bei anderen, nicht aus der Veräußerung von Wirtschaftsgütern erzielten Einnahmen ist stark eingeschränkt. Vielmehr ist im US-amerikanischen Steuerrecht, den deutschen Regelungen zur Berücksichtigung eines aus privaten Veräußerungsgeschäften erzielten Verlusts vergleichbar, der unbeschränkte Vortrag eines verbleibenden Verlusts zur Verrechnung mit in zukünftigen Veranlagungszeiträumen erzielten Veräußerungsgewinnen vorgesehen. Verluste, die sich aus der Veräußerung selbst genutzter Wirtschaftsgüter ergeben, können jedoch - im Gegensatz zur steuerlichen Erfassung der bei der Veräußerung solcher Wirtschaftsgüter erzielten Gewinne - generell nicht berücksichtigt werden.

Im Hinblick auf die verfahrensrechtliche Ausgestaltung des US-amerikanischen Besteuerungsverfahrens sind die mit dem System der Selbstveranlagung verbundenen Meldepflichten im Bereich der Grundstücksgeschäfte und Finanzanlagen von Interesse, die der EDV-technischen Überprüfung der in den Steuererklärungen der Steuerpflichtigen enthaltenen Angaben dienen. Die Sicherstellung der Erfassung privater Veräußerungsgewinne wird im Bereich der Finanzanlagen ferner durch die den Maklern auferlegte Pflicht zum Einbehalt einer Quellensteuer für den Fall der Nicht- oder Falschmitteilung der Steuernummer durch den Zahlungsempfänger angestrebt. Auch wenn damit die im US-amerikanischen Steuerrecht gewährten Kontrollmöglichkeiten weit über die im deutschen Steuerrecht vorgesehenen Möglichkeiten hinausgehen, ist die steuerliche Berücksichtigung sämtlicher dem Einkommensbegriff zuzurechnenden privaten Veräußerungsgeschäfte aber auch im US-amerikanischen Steuerrecht nicht gewährleistet, da für den Bereich der beweglichen Wirtschaftsgüter entsprechende Kontrollmaßnahmen nicht vorliegen.

Viertes Kapitel: Die Erfassung privater Veräußerungsgewinne in der Bundesrepublik Deutschland de lege ferenda

A. Ausdehnung der steuerlichen Berücksichtigung privater Veräußerungsvorgänge unter Ausschluß des der privaten Lebensführung dienenden Vermögens

I. In den ausländischen Steuerrechten gewonnene Erkenntnisse

Sowohl das britische als auch das US-amerikanische Vorgehen zur steuerlichen Berücksichtigung privater Veräußerungsvorgänge unterscheidet sich grundlegend von der Berücksichtigung privater Veräußerungsvorgänge im deutschen Steuerrecht.[597] So ist es in diesen Ländern - im Gegensatz zu den in den §§ 17 und 23 EStG enthaltenen Regelungen - für die Qualifizierung eines Veräußerungsvorgangs als steuerbaren Sachverhalt zum einen ohne Bedeutung, ob bestimmte Haltefristen nicht überschritten oder bestimmte Beteiligungsgrenzen erreicht wurden. Zum anderen ist es ohne Bedeutung, ob die veräußerten Wirtschaftsgüter angeschafft oder selbst hergestellt wurden. Auch wenn dies zunächst auf eine umfassende Besteuerung privater Veräußerungsgewinne in beiden ausländischen Staaten hinzuweisen scheint, wird eine solche lediglich im US-amerikanischen Steuerrecht verfolgt. Während dort prinzipiell alle im Privatvermögen gehaltenen Wirtschaftsgüter bei ihrer Veräußerung unter den Tatbestand der capital gains bzw. capital losses fallen und Steuerbefreiungen die Ausnahme bilden (z.B. die Veräußerung des Hauptwohnsitzes), enthält das britische Steuerrecht umfangreiche Befreiungs- und Freibetragsregelungen. Dies ist neben der Veräußerung des Hauptwohnsitzes insbesondere auch bei beweglichen Wirtschaftsgütern der Fall (z.B. "exemption for certain wasting assets" und "chattel exemption"). Die der privaten Lebensführung dienenden Wirtschaftsgüter, zu denen beispielsweise Hausrat, Kleidung und private PKWs zählen, sind infolgedessen nahezu ganz von der Besteuerung ausgenommen. Als steuerpflichtige Sachverhalte verbleiben vorrangig Veräußerungen der nicht zu eigenen Wohnzwecken genutzten Grundstücke sowie Veräußerungen von Finanzanlagen, für die jedoch wiederum verschiedene Ausnahmeregelungen zur Anwendung kommen. Die Erstellung von Kontrollmitteilungen sieht das britische Steuerrecht für die im Bereich der Finanzanlagen und der beweglichen materiellen Wirtschaftsgüter tätigen Personen, wie z.B. Wertpapierhändler und Auktionatoren, vor. Da diesen Meldepflichten allerdings nur bei Aufforderung durch

---

597 Zu den nachfolgenden Ausführungen vgl. Erstes Kapitel Punkt B.III.1.a), 2.a) und 3. (S. 10 ff., 21 ff. und 29 ff., Deutschland), Drittes Kapitel Punkt B.II. und III. (S. 94 ff. und 104 ff., Großbritannien) und Drittes Kapitel Punkt C.II. und III. (S. 112 ff. und 121 ff., USA).

die Finanzverwaltung und selbst dann nur bezüglich eines begrenzten Zeitraums nachzukommen ist, hängt die tatsächliche Erfassung dieser Veräußerungsvorgänge in Großbritannien ebenso wie in der Bundesrepublik Deutschland regelmäßig von der Ehrlichkeit der Steuerpflichtigen ab. Bei Grundstücksveräußerungen ist demgegenüber - dem deutschen Steuerrecht ebenfalls vergleichbar - die Kontrolle der tatsächlichen Erfassung der Veräußerungserfolge über die bei der Erhebung der Grunderwerbsteuer zu gewinnenden Erkenntnisse möglich. Im US-amerikanischen Steuerrecht ist im Gegensatz dazu die Durchsetzung des Besteuerungsanspruchs sowohl im Bereich der Grundstücke als auch im Bereich der Finanzanlagen durch die speziell von den mit diesen Vorgängen betrauten Personen, wie z.B. Rechtsanwälte, Wertpapierhändler und Kreditinstitute, automatisch und zeitlich unbefristet zu erfüllenden Meldepflichten weitgehend sichergestellt. Die tatsächliche Erfassung sämtlicher als steuerpflichtige Tatbestände zu qualifizierenden privaten Veräußerungsvorgänge ist aber auch hier nicht gewährleistet. Dies gilt vor allem im Hinblick auf die der privaten Lebensführung dienenden Wirtschaftsgüter, für die spezielle Kontrollverfahren fehlen. Selbst im US-amerikanischen Steuerrecht, das allgemein als Beleg dafür angeführt wird, wie durch eine geordnete Verwaltung die technischen Schwierigkeiten einer umfassenden Besteuerung privater Veräußerungsvorgänge beseitigt werden können,[598] hängt die tatsächliche Besteuerung damit in gewissem Umfang von der Ehrlichkeit der Steuerpflichtigen ab.

Das österreichische Vorgehen zur steuerlichen Berücksichtigung privater Veräußerungserfolge stimmt weitgehend mit den im deutschen Steuerrecht in den §§ 17 und 23 EStG enthaltenen Regelungen überein.[599] Dies gilt sowohl hinsichtlich der steuerlichen Nichterfassung der nach Ablauf bestimmter Haltefristen und bei Nichterreichen der Wesentlichkeitsgrenze erzielten Veräußerungserfolge als auch hinsichtlich der steuerlichen Nichterfassung selbst hergestellter Wirtschaftsgüter. Die insbesondere durch die Steuerreformkommission 1998 angestellten Überlegungen zur zeitlich unbegrenzten Steuerpflicht der bei Veräußerung von Grundstücken und Finanzanlagen erzielten Erfolge wurden im Rahmen des Steuerreformgesetzes 2000 nur in eingeschränktem Umfang umgesetzt. So wurde lediglich bei den Finanzanlagen ab dem 1.10.2001 die Spekulationsfrist von derzeit einem Jahr auf zwei Jahre verlängert, während die Spekulationsfrist bei den Grundstücken unberührt blieb. Eine wesentliche - in Anlehnung an die Vorschläge der Steuerreformkommission vorgenommene - Neuerung hätte demgegenüber die für den Bereich der Finanzanlagen,

---

598 Vgl. *Krause-Nehring*, Behandlung, 1972, S. 201; *Lang*, Bemessungsgrundlage, 1981/88, S. 514; *Merkenich*, Einkommensteuerrecht, 1982, S. 49.

599 Zu den nachfolgenden Ausführungen vgl. Drittes Kapitel Punkt A.II., III. und IV. (S. 65 ff. und 79 ff., Österreich).

gleichfalls ab dem 1.10.2001, vorgesehene Einführung einer 25prozentigen Spekulationsertragsteuer dargestellt, deren Abzug vorrangig von den Kreditinstituten durchgeführt werden sollte. Die Verpflichtung der Kreditinstitute zum Einbehalt und zur Abführung der Spekulationsertragsteuer wurde aber mittlerweile vom österreichischen Verfassungsgerichtshof als verfassungswidrig gewertet, die hierfür relevanten Bestimmungen des Steuerreformgesetzes wurden aufgehoben. Der Spekulationsertragsteuerabzug kann daher - sofern es nicht vor dem 1.10.2001 zu einer gesetzlichen Neuregelung kommt - nur durch den Veräußerer selbst vorgenommen werden. Die ursprünglich mit dem Abzug angestrebte Gewährleistung der steuerlichen Belastung der bei der Veräußerung von Finanzanlagen erzielten Erfolge ist dadurch weitestgehend hinfällig geworden. Im Bereich der Grundstücke ist die Kontrolle der tatsächlichen Erfassung der privaten Veräußerungserfolge über die von den Notaren bzw. Rechtsanwälten für die österreichische Grunderwerbsteuer erforderlichen Angaben möglich. Darüber hinaus kennt das österreichische Steuerrecht - dem deutschen Steuerrecht vergleichbar - keine besonderen Kontrollmaßnahmen, die die steuerliche Berücksichtigung der privaten Veräußerungsvorgänge sicherstellen könnten. Dies gilt insbesondere auch für die innerhalb der Spekulationsfrist veräußerten und damit grundsätzlich der Besteuerung unterliegenden der privaten Lebensführung dienenden Wirtschaftsgüter.

II. Umfassende Besteuerung von Grundstücken und Finanzanlagen

1. Rechtfertigung des Ausschlusses des der privaten Lebensführung dienenden Vermögens

Die im Ausland gewonnenen Erkenntnisse zur faktischen Nichtbesteuerung des der privaten Lebensführung dienenden Vermögens lassen es sinnvoll erscheinen, für das deutsche Steuerrecht de lege ferenda die umfassende Besteuerung privater Veräußerungserfolge für den Bereich der Grundstücke und Finanzanlagen zu fordern, die der privaten Lebensführung dienenden Wirtschaftsgüter demgegenüber aber von der steuerlichen Erfassung auszunehmen. Zur Rechtfertigung des mit dieser Differenzierung verbundenen Verstoßes gegen das Leistungsfähigkeitsprinzip, vor dessen Hintergrund die umfassende Besteuerung sämtlicher privater Veräußerungserfolge zu fordern ist,[600] sind neben Problemen bei der praktischen Durchführbarkeit auch materielle Unterschiede bei den genannten Wirtschaftsgütern anzuführen.

Probleme bei der praktischen Durchführbarkeit ergeben sich bei der steuerlichen Erfassung der aus der Veräußerung der der privaten Lebensführung dienender

[600] Vgl. dazu Zweites Kapitel Punkt C.I. und II. sowie D. (S. 50 ff. und 61).

Wirtschaftsgüter erzielten Erfolge bereits im Hinblick auf die Frage, aus welchen Unterlagen die für die Ermittlung des Veräußerungserfolgs erforderlichen Informationen abgeleitet werden sollten.[601] Der Steuerpflichtige ist zur Aufbewahrung dieser Rechnungsbelege nicht verpflichtet. Gerade unter dem Aspekt der mit der steuerlichen Erfassung des der privaten Lebensführung dienenden Vermögens zu erzielenden steuerlichen Mehreinnahmen ist es dem Steuerpflichtigen aber auch nicht zumutbar, für sämtliche sich in seinem Eigentum befindenden Wirtschaftsgüter Unterlagen aufzubewahren, aus denen sich die Anschaffungs- bzw. Herstellungskosten ergeben.[602] So dürfte vor allem im Bereich der eigengenutzten beweglichen Wirtschaftsgüter infolge des durch den Gebrauch der Wirtschaftsgüter bedingten Werteverzehrs die Ermittlung eines Veräußerungsverlusts bei der Gegenüberstellung von Veräußerungspreis und Anschaffungs- bzw. Herstellungskosten die Regel bilden.[603] Das US-amerikanische Vorgehen, Gewinne aus der Veräußerung eigengenutzter Wirtschaftsgüter zur Besteuerung heranzuziehen, daraus erzielte Verluste aber von der steuerlichen Berücksichtigung auszuschließen,[604] ist mit dem für das deutsche Steuerrecht zu berücksichtigenden, aus dem Leistungsfähigkeitsprinzip abgeleiteten, objektiven Nettoprinzip nicht vereinbar.[605] Einen weiteren Problembereich bei der Ermittlung des Veräußerungserfolgs bilden die dem Steuerpflichtigen entstandenen Aufwendungen, durch die die Lebensdauer des der eigenen Lebensführung dienenden Wirtschaftsguts verlängert, der Wert erhöht oder die Substanz erhalten wurde. Nach dem objektiven Nettoprinzip müßten die vorgenannten Aufwendungen bei der Bestimmung des Veräußerungserfolgs ihren Niederschlag finden.[606] Ihre Berücksichtigung in voller Höhe, wie dies im US-amerikanischen Steuerrecht der Fall ist,[607] ist für das deutsche Steuerrecht prinzipiell nicht möglich. Solche Aufwendungen sind zumindest teilweise durch die private Lebensführung des Steuerpflichtigen verursacht, und in dieser Höhe vom Abzugsverbot des § 12 EStG betroffen. Für die damit verbundenen Abgrenzungsschwierigkeiten ist die Ableitung einer theoretisch vertretbaren und auch praktisch verwertbaren Lösung für sämtliche der privaten Lebensführung die-

---

601 Vgl. *Lang*, Bemessungsgrundlage, 1981/88, S. 59; *Merkenich*, Einkommensteuerrecht, 1982, S. 48; *Schelle/Borell/Lau/Meng*, Steuersystem, 1971, S. 159. Vgl. dazu auch Zweites Kapitel Punkt C.III.1. (S. 56 ff.).

602 Vgl. *Merkenich*, Einkommensteuerrecht, 1982, S. 48.

603 Vgl. *Höhn*, Kapitalgewinnbesteuerung, 1955, S. 69.

604 Vgl. Drittes Kapitel Punkt C.II.1. (S. 113 f.).

605 So im Ergebnis auch *Höhn*, Kapitalgewinnbesteuerung, 1955, S. 69; *Tipke*, Steuerrechtsordnung, Bd. II, 1993, S. 652.

606 Vgl. Zweites Kapitel Punkt C.III.1 (S. 56).

607 Vgl. Drittes Kapitel Punkt C.II.3. (S. 118).

nenden Wirtschaftsgüter kaum vorstellbar.[608] Probleme bei einer umfassenden Besteuerung der auf die eigengenutzten Wirtschaftsgüter entfallenden Veräußerungserfolge bestehen darüber hinaus im Hinblick auf das Erfordernis der Kontrolle ihrer tatsächlichen Erfassung seitens der Finanzverwaltung. Wie das Bundesverfassungsgericht im "Zinsurteil" deutlich machte, verlangt Art. 3 Abs. 1 GG nicht nur die Gleichheit der Steuerpflichtigen bezüglich ihrer normativen Steuerpflicht, sondern auch bezüglich der tatsächlichen Durchsetzung des Besteuerungsanspruchs in der Steuererhebung. Ist letzteres nicht gewährleistet, kann es auch zur Verfassungswidrigkeit der materiellen Steuernorm kommen.[609] Da selbst das US-amerikanische Steuerrecht, das durch seine umfangreichen Meldepflichten einen nahezu "gläsernen Steuerbürger" schafft, die tatsächliche Erfassung der aus der Veräußerung eigengenutzter Wirtschaftsgüter erzielten Erfolge nicht gewährleisten kann,[610] ist unter diesem Gesichtspunkt die steuerliche Nichtberücksichtigung dieser Veräußerungserfolge ebenfalls als gerechtfertigt anzusehen.

Bei den im Privatvermögen gehaltenen Grundstücken und Finanzanlagen stellen die Fragen zur praktischen Durchführbarkeit demgegenüber keine unüberwindbaren Hindernisse dar. Dies gilt sowohl im Hinblick auf die für die Ermittlung der Veräußerungserfolge erforderlichen Unterlagen als auch im Hinblick auf die Kontrolle ihrer tatsächlichen Erfassung seitens der Finanzverwaltung.[611] So lassen sich bei Grundstücken die zur Berechnung des Veräußerungserfolgs erforderlichen Informationen zur Höhe der Anschaffungs- bzw. Herstellungskosten regelmäßig aus Unterlagen ableiten, deren langfristige Aufbewahrung für den Veräußerer selbst von Interesse ist, da er sie beispielsweise für die Inanspruchnahme von Abschreibungen benötigt.[612] Der Einwand, daß dem Steuerpflichtigen bei einer zeitlich unbegrenzten steuerlichen Erfassung der Veräußerungserfolge privater Grundstücke letztlich längere Aufbewahrungspflichten zugemutet werden müßten, als dies bei einem bilanzierenden Gewerbetreibenden für dessen Buchführungsunterlagen nach § 147 AO der Fall ist,[613] ist daher wenig überzeugend. Darüber hinaus läßt sich diesem Einwand entgegenhalten, daß bei geeig-

---

608 Vgl. *Durchlaub*, Privatvermögen, 1993, S. 31; *Jachmann*, Gleichheit, 2000, S. 127; *Merkenich*, Einkommensteuerrecht, 1982, S. 53.

609 Vgl. Zweites Kapitel Punkt A.II. und C.III.1 (S. 38 f. und 56 ff.).

610 Vgl. Drittes Kapitel Punkt C.IV. (S. 128).

611 Vgl. *Döring*, Gerechtigkeit, 1977, S. 76 ff.; *Merkenich*, Einkommensteuerrecht, 1982, S. 49; *Tipke*, System, StuW 1971, S. 11; *ders.*, Steuerrechtsordnung, Bd. II, 1993, S. 649; a.A. *Bundesministerium für Wirtschaft und Finanzen*, Steuerreform, BMF-Schriftenreihe Heft 17, 1971, S. 84 f.

612 Vgl. *Lang*, Bemessungsgrundlage, 1981/88, S. 60.

613 Vgl. *Bundesministerium für Wirtschaft und Finanzen*, Steuerreform, BMF-Schriftenreihe Heft 17, 1971, S. 84.

neter Ergänzung der Einkommensteuererklärungsformulare und des Einkommensteuerbescheids - selbst bei fehlendem Eigeninteresse - längere Aufbewahrungsfristen generell vermieden werden könnten.[614] Weder für den Steuerpflichtigen noch für die Finanzverwaltung können wesentliche technische Erschwernisse darin gesehen werden, die Einkommensteuererklärung zukünftig um eine Grundstücksliste zu ergänzen, aus der sich die (fortgeführten) Anschaffungs- oder Herstellungskosten aller im Privatvermögen gehaltenen Grundstücke des Steuerpflichtigen, ihre Nutzungsart und das Datum der Anschaffung bzw. Herstellung ergibt.[615] Alternativ könnte auch daran gedacht werden, die Anlage V zur Einkommensteuererklärung abzuändern.[616] Dies könnte in der Weise geschehen, daß für die zur Erzielung von Vermietungs- bzw. Verpachtungseinkünften genutzten Gebäude bzw. Eigentumswohnungen die (fortgeführten) Anschaffungs- bzw. Herstellungskosten, die diesbezüglichen Vorjahreswerte und das Datum der Anschaffung bzw. Herstellung anstelle der historischen Anschaffungs- bzw. Herstellungskosten anzugeben sind. Der nicht abschreibungsfähige Grund und Boden sowie die zu eigenen Wohnzwecken genutzten Grundstücksteile wären nachrichtlich mit den entsprechenden Daten aufzunehmen. Dem Veranlagungsbeamten wären bei beiden Alternativen die für die Höhe der Anschaffungs- bzw. Herstellungskosten erforderlichen Belege mit der Einkommensteuererklärung einzureichen, von ihm auf ihre Richtigkeit zu überprüfen und die sich daraus für die Grundstücke ergebenden Werte unter Angabe ihrer Nutzungsart in einer Anlage zum Einkommensteuerbescheid anzusetzen. Die Belege würden in den Folgejahren dann nicht mehr benötigt, da der im Einkommensteuerbescheid verankerte Wertansatz fortgeschrieben werden könnte. Bei Anfall nachträglicher Herstellungskosten wären diese Kosten durch Aufnahme in die Grundstücksliste bzw. in die Anlage V zu berücksichtigen und durch Vorlage der diesbezüglichen Unterlagen dem Veranlagungsbeamten nachzuweisen. Dieses Vorgehen würde auch mit der bereits bisher im Zusammenhang mit der Anlage V deutlich gewordenen Verwaltungspraxis übereinstimmen, die vom Steuerpflichtigen gemachten Angaben nur im Jahr nach der Anschaffung bzw. Herstellung der Grundstücke durch Vergleich mit den zugehörigen Belegen zu prüfen, die Werte im Anschluß daran aber im Einkommensteuerbescheid fortzuführen.[617] Die Besorgnis der Notwendigkeit langer Aufbewahrungsfristen erscheint angesichts dieser Möglichkeiten als unbegründet. Aus Gründen der Übersichtlichkeit ist der Einführung einer Grundstücksliste gegenüber einer ent-

---

614 Vgl. *Döring*, Gerechtigkeit, 1977, S. 93 ff. und 120 f.; *Merkenich*, Einkommensteuerrecht, 1982, S. 94.

615 Vgl. dazu grundlegend *Merkenich*, Einkommensteuerrecht, 1982, S. 94.

616 Vgl. dazu grundlegend *Döring*, Gerechtigkeit, 1977, S. 94 ff.; *Merkenich*, Einkommensteuerrecht, 1982, S. 94.

617 Vgl. *Döring*, Gerechtigkeit, 1977, S. 96.

sprechenden Ergänzung der Anlage V zur Einkommensteuererklärung jedoch der Vorzug zu geben.

Für den Bereich der Finanzanlagen bestehen gleichfalls keine unüberwindbaren Erfassungsschwierigkeiten, die einer umfassenden Besteuerung dieser Veräußerungserfolge entgegenstehen könnten. So können die für die Ermittlung der Veräußerungserfolge benötigten Informationen regelmäßig Unterlagen entnommen werden, die der Steuerpflichtige von seinem Kreditinstitut erhält.[618] Zudem enthält auch der am Jahresende dem Steuerpflichtigen übermittelte Depotauszug Angaben über Menge, Art und Kurswert der von ihm gehaltenen Finanzanlagen. Für die depotführenden Kreditinstitute wäre es aufgrund der EDV-gestützten Erstellung des Depotauszugs ferner ohne besonderen Aufwand möglich, den Kreis der Daten um die Anschaffungskosten sowie den Zeitpunkt der Anschaffung der Finanzanlagen zu erweitern. Dadurch wäre die Festschreibung der Anschaffungskosten für die Ermittlung des Veräußerungserfolgs gesichert, ohne auf die historischen Kaufunterlagen zurückgreifen zu müssen, und die Belegaufbewahrungsfrist letztlich auf die Aufbewahrung des jährlichen Depotauszugs beschränkt.[619] Fraglich ist aber, ob die Kontrolle der tatsächlichen Erfassung des Veräußerungserfolgs bei den Finanzanlagen gewährleistet werden kann. Während bei den Grundstücken für die Finanzverwaltung aufgrund der von den Notaren für grunderwerbsteuerliche Zwecke zu übermittelnden Informationen die Möglichkeit der Kontrolle besteht, ist dies im Bereich der Finanzanlagen anhand der derzeit gültigen gesetzlichen Regelungen grundsätzlich nur bei der Veräußerung von GmbH-Anteilen möglich.[620] Vor dem Hintergrund, daß insbesondere in den USA durch die gesetzliche Verankerung spezieller Meldepflichten die Erfassung solcher Veräußerungserfolge sichergestellt ist, kann diese Problematik der Besteuerung der Finanzanlagen nicht entgegenstehen. Vielmehr ist die Einführung entsprechender Regelungen im deutschen Steuerrecht zu verfolgen.[621]

Neben praktischen Problemen lassen sich auch materielle Unterschiede zwischen den dem Bereich der Grundstücke und Finanzanlagen und den dem Bereich der privaten Lebensführung zuzurechnenden Wirtschaftsgütern zur Rechtfertigung der de lege ferenda angestrebten Ungleichbehandlung heranziehen.[622] Die Anschaffung der der privaten Lebensführung dienenden Wirtschaftsgüter

---

618 Vgl. *Lang*, Bemessungsgrundlage, 1981/88, S. 60.
619 Vgl. *Döring*, Gerechtigkeit, 1977, S. 125.
620 Vgl. Erstes Kapitel Punkt B.III.3. (S. 30 ff.).
621 Vgl. dazu Viertes Kapitel Punkt A.VII. (S. 163 ff.).
622 Vgl. *Lang*, Bemessungsgrundlage, 1981/88, S. 58 f. und 514 f.; *Merkenich*, Einkommensteuerrecht, 1982, S. 52 ff.; *Tipke/Lang*, Steuerrecht, 1998, S. 275 f. und 430 f.; *Wendt*, Vereinfachung, DÖV 1988, S. 717.

wie z.B. Hausrat, Kleidung und privater PKW wird von dem Bestreben des Steuerpflichtigen nach privater Bedürfnisbefriedigung bestimmt. Es handelt sich dabei um Einkommensverwendung, um Konsum, der im geltenden deutschen Einkommensteuerrecht gerade nicht den Anknüpfungspunkt für die Besteuerung bildet.[623] Bereits der Reichsfinanzhof hob in seinem zur Abgrenzung einkommensteuerrechtlich relevanter Tätigkeiten von der einkommensteuerrechtlich irrelevanten Liebhaberei ergangenen Grundsatzurteil vom 14.3.1929[624] die Bedeutung des Strebens des Steuerpflichtigen nach der Erzielung eines Gewinns oder eines Einnahmenüberschusses für das Vorliegen einer einkommensteuerrechtlich relevanten Tätigkeit hervor.[625] In Übereinstimmung mit der steuerlichen Nichtberücksichtigung des sich aus der laufenden Nutzung der der privaten Lebensführung zuzurechnenden Wirtschaftsgüter für den Steuerpflichtigen ergebenden Nutzungswerts, ist es folgerichtig, auch die diesbezüglichen Veräußerungserfolge von der Besteuerung auszunehmen. Im Gegensatz dazu werden Finanzanlagen und für den Fall ihrer Vermietung ebenso Grundstücke vom Steuerpflichtigen regelmäßig zur Einkunftserzielung eingesetzt. Sie sind damit den einem Gewerbebetrieb bzw. einer selbständigen Tätigkeit dienenden Wirtschaftsgütern, deren Veräußerungserfolge steuerlich grundsätzlich zu berücksichtigen sind, in besonderem Maße vergleichbar. Es ist daher konsequent, die Veräußerungserfolge dieser Wirtschaftsgüter zur Besteuerung heranzuziehen.[626]

Eine Zwischenstellung nehmen die der privaten Lebensführung dienenden Wirtschaftsgüter ein, die sich nicht eindeutig von den der Einkunftserzielung dienenden Wirtschaftsgütern abgrenzen lassen. Beispiele hierfür stellen hochwertige bewegliche Gebrauchsgüter wie z.B. Hausrat aus Edelmetallen, Antiquitäten, Schmuck und Kunstgegenstände dar, deren Anschaffung zum einen durch die persönlichen Neigungen des Steuerpflichtigen, zum anderen aber auch von dem Gedanken bestimmt sind, sie als Kapitalanlage zu nutzen und bei Bedarf zu veräußern. Eine feste Grenzziehung zwischen der Absicht, diese Wirtschaftsgüter im Rahmen der privaten Lebensführung zu verwenden, und der Absicht, durch ihre Veräußerung Gewinne und damit Einkünfte zu erzielen, ist nicht mög-

---

623 Vgl. Zweites Kapitel Punkt B.I. (S. 41 f.).

624 RFH v. 14.3.1929 - VI A 1473/28 -, RStBl. 1929, S. 329 f.

625 Vgl. dazu *Lang*, Bemessungsgrundlage, 1981/88, S. 47 ff.; *ders.*, Reformentwurf, 1985, S. 31 f.

626 Vgl. *Kirchhof*, Ungleichbehandlungen, Gutachten zum 57. Deutschen Juristentag, 1988, S. F 31; *Lang*, Bemessungsgrundlage, 1981/88, S. 59 f.; *Merkenich*, Einkommensteuerrecht, 1982, S. 53 ff. und 85 ff.; *Steuerrechtliche Abteilung*, Beschlüsse, Gutachten N zum 57. Deutschen Juristentag, 1988, S. N 212; *Tipke/Lang*, Steuerrecht, 1998, S. 430 f.; *Wendt*, Vereinfachung, DÖV 1988, S. 717. So im Ergebnis auch *Bundesministerium der Finanzen*, Thesen, BMF-Schriftenreihe Heft 55, 1995, S. 34 f.

lich.[627] Vor dem Hintergrund, daß für den Erwerb solcher Wirtschaftsgüter in der Regel die persönlichen Präferenzen ausschlaggebend sind, ist es jedoch naheliegend, sie dem Bereich der Einkommensverwendung zuzurechnen und den bei ihrer Veräußerung erzielten Erfolg infolgedessen von der Besteuerung auszunehmen.[628] Für diese Handhabung sprechen auch die zuvor angestellten Überlegungen zu den praktischen Schwierigkeiten bei der Erfassung der Veräußerungserfolge eigengenutzter Wirtschaftsgüter. Dies gilt sowohl hinsichtlich der für die Bestimmung des Veräußerungserfolgs erforderlichen Informationen als auch hinsichtlich der Kontrolle der tatsächlichen Erfassung des Veräußerungserfolgs seitens der Finanzverwaltung. Zwar wäre bei Kunstgegenständen und Antiquitäten die Kontrolle der tatsächlichen Erfassung beispielsweise durch den Auktionshäusern aufzuerlegende Meldepflichten, wie dies im britischen Steuerrecht geschehen ist,[629] denkbar. Es ist jedoch zweifelhaft, ob die darüber zu erreichenden Steuermehreinnahmen in bezug auf den mit dieser Vorgehensweise für die Auktionshäuser verbundenen Aufwand gerechtfertigt werden können. Zudem ist zu berücksichtigen, daß im Zeitalter des Internet solche privaten Veräußerungsvorgänge in zunehmendem Umfang ohne Einschaltung von Auktionshäusern direkt übers Internet abgewickelt werden, so daß die Meldepflichten relativ leicht umgangen werden könnten.

Ein weiteres Beispiel für Wirtschaftsgüter, die neben der privaten Lebensführung auch der Kapitalanlage dienen, stellen die zu eigenen Wohnzwecken genutzten Häuser bzw. Wohnungen dar. Eine Sonderstellung nehmen diese Wirtschaftsgüter insofern ein, als bei ihrer Anschaffung bzw. Herstellung der Kapitalanlagegesichtspunkt häufig von besonderer Bedeutung ist. Ebenfalls von Bedeutung ist es, daß solche Wirtschaftsgüter häufig nicht ausschließlich zu eigenen Wohnzwecken genutzt werden.

2. Der Sonderfall des eigengenutzten Hauses bzw. der eigengenutzten Wohnung

Auch wenn bei der Nutzung eines Hauses bzw. einer Wohnung zu eigenen Wohnzwecken der Kapitalanlagegesichtspunkt eine besondere Rolle spielt, geht es dem Steuerpflichtigen, ebenso wie bei den zuvor angesprochenen, nicht eindeutig dem Bereich der privaten Lebensführung bzw. dem Bereich der Einkünfteerzielung zuordenbaren beweglichen Wirtschaftsgütern, regelmäßig vor-

---

627 Vgl. *Lang*, Bemessungsgrundlage, 1981/88, S. 55; *Merkenich*, Einkommensteuerrecht, 1982, S. 56.

628 Vgl. *Merkenich*, Einkommensteuerrecht, 1982, S. 56 und 94. So im Ergebnis auch *Lang* (Bemessungsgrundlage, 1981/88, S. 60), der diese Vorgehensweise durch die damals noch mögliche Nutzungswertbesteuerung in Frage gestellt sah.

629 Vgl. Drittes Kapitel Punkt B.III.2. (S. 106).

rangig um die Befriedigung privater Bedürfnisse und damit um Einkommensverwendung, um Konsum.[630] Der Aspekt, durch eine spätere Veräußerung der Immobilie Einkünfte zu erzielen, ist demgegenüber als nachrangig anzusehen. Insbesondere vor dem Hintergrund, daß die Nutzungswertbesteuerung der selbstgenutzten Wohnung im eigenen Haus ab dem Veranlagungszeitraum 1987 beseitigt wurde,[631] ist daher auch in diesen Fällen die steuerliche Nichtberücksichtigung des Veräußerungserfolgs im Grundsatz zu befürworten.[632] Diese Auffassung wird neben der bereits im geltenden deutschen Steuerrecht in § 23 Abs. 1 Satz 1 Nr. 1 Satz 3 EStG vorgesehenen Befreiungsregelung durch die im Ausland gewonnenen Erkenntnisse gestützt. Sowohl das österreichische als auch das britische und das US-amerikanische Steuerrecht sehen eine Begünstigung für die Veräußerung einer als Hauptwohnsitz genutzten Immobilie vor. Die Voraussetzungen sowie der Umfang der Begünstigung differieren dabei jedoch teilweise stark voneinander.[633]

Durch eine restriktive Handhabung zeichnet sich das österreichische Steuerrecht aus. So ist es für die Gewährung der Steuerbefreiung Voraussetzung, daß der Veräußerer ein Ein- oder Zweifamilienhaus bzw. eine Eigentumswohnung seit der Anschaffung, mindestens aber seit zwei Jahren durchgehend als Hauptwohnsitz nutzte und die zu eigenen Wohnzwecken genutzte Fläche nicht weniger als zwei Drittel der Gesamtnutzfläche beträgt. Ist dies nicht der Fall, ist der Veräußerungserfolg, auch soweit er auf die zu eigenen Wohnzwecken genutzte Fläche oder auf den Zeitraum der Eigennutzung entfällt, in voller Höhe steuerpflichtig. Vor allem aufgrund der für die Anwendung der Befreiungsregelung kumulativ zu erfüllenden Voraussetzungen ist das österreichische Steuerrecht

---

630 Vgl. *Kirchhof*, Ungleichbehandlungen, Gutachten zum 57. Deutschen Juristentag, 1988, S. F 31; *Merkenich*, Einkommensteuerrecht, 1982, S. 94.

631 Die bis dahin nach § 21 Abs. 2 Satz 1 i.V.m. § 21a EStG durchzuführende Nutzungswertbesteuerung wurde durch das Wohneigentumsförderungsgesetz v. 15.5.1986 (BGBl. I 1986, S. 730 ff.) beseitigt. Vgl. dazu *Clausen*, in: Herrmann/Heuer/Raupach, EStG-Kommentar, § 21a EStG, Anm. 3.

632 Vgl. *Lang*, Bemessungsgrundlage, 1981/88, S. 60 und 515; *ders.*, Reformentwurf, 1985, S. 65 und 96 f. (§ 24 Abs. 1 Nr. 2 i.V.m. § 26 Abs. 1); *Merkenich*, Einkommensteuerrecht, 1982, S. 55 und 94. So im Ergebnis auch: *Bundesministerium der Finanzen*, Thesen, BMF-Schriftenreihe Heft 55, 1995, S. 34; a.A. *Altorfer*, Privatvermögen, 1959, S. 186; *Tipke*, Steuerrechtsordnung, Bd. II, 1993, S. 652. In einem Gesetzentwurf für die Besteuerung osteuropäischer Staaten wird von *Lang* sowohl die Nutzungswertbesteuerung als auch die Besteuerung des Veräußerungserfolgs eigengenutzter Häuser und Wohnungen vorgeschlagen; vgl. *Lang*, Entwurf, 1993, S. 275 (§ 109 Abs. 1 Nr. 4).

633 Zu den nachfolgenden Ausführungen vgl. Erstes Kapitel Punkt B.III.1.b) (S. 14 ff., Deutschland), Drittes Kapitel Punkt A.II.1.b)aa) bzw. IV.1. (S. 68 ff. und 83, Österreich), Drittes Kapitel Punkt B.II.2.a) (S. 96 ff., Großbritannien) und Drittes Kapitel Punkt C.II.2.a) (S. 114 f., USA).

mit Härten verbunden. Von der österreichischen Finanzverwaltung wurden diese Härten erkannt und im Rahmen der Steuerreformüberlegungen 1998 eine Neuregelung vorgeschlagen. Danach sollte die Steuerbefreiung für jene Fälle gewährt werden, in denen die Immobilie innerhalb eines der Veräußerung vorangegangenen Zeitraums von fünf Jahren mindestens zwei Jahre als Hauptwohnsitz genutzt wurde. Bei Umsetzung dieses Vorschlags wären die österreichischen den US-amerikanischen Bestimmungen, die durch die Höhe des für die Veräußerung einer als Hauptwohnsitz genutzten Immobilie vorgesehenen Freibetrages (Einzelpersonen: USD 250.000/gemeinsam veranlagte Ehegatten: USD 500.000) faktisch gleichfalls zur Befreiung des Veräußerungserfolgs in vollem Umfang führen, vergleichbar geworden. Die Begünstigung wird dabei auch dann gewährt, wenn die Immobilie außerhalb der zweijährigen Eigennutzung oder in den dem Fünfjahreszeitraum vorangegangenen Jahren ausschließlich zur Fremdnutzung vermietet wurde und dadurch der Einkunftserzielung diente. Durch eine ähnliche Vorgehensweise zeichnet sich die im geltenden deutschen Einkommensteuerrecht vorgesehene Befreiungsvorschrift aus. So ist es dort für die Steuerbefreiung entscheidend, daß die Immobilie im Jahr der Veräußerung und in den beiden vorangegangenen Jahren zu eigenen Wohnzwecken genutzt wurde. Ohne Bedeutung ist es demgegenüber, ob die Immobilie zuvor auch zur Erzielung von Einkünften eingesetzt wurde. Im Hinblick auf das aus dem Gleichheitsgrundsatz abgeleitete Gebot der Steuergerechtigkeit ist die Gewährung der Steuerbefreiung für einen Veräußerungserfolg, soweit er auf den Zeitraum der Nutzung einer Immobilie zur Vermietung entfällt, als problematisch anzusehen. Durch die Vermietung wird die Immobilie zur Einkunftserzielung eingesetzt und ist damit den betrieblich genutzten Wirtschaftsgütern, deren Veräußerungserfolge steuerlich grundsätzlich zu berücksichtigen sind, in besonderem Maße vergleichbar. Der diesbezügliche Veräußerungserfolg sollte dementsprechend auch der Besteuerung unterworfen werden.[634] Für die Befreiung der auf einen solchen Zeitraum entfallenden Wertänderungen können letztlich nur wirtschaftspolitische Argumente (z.B. die Erhöhung der beruflichen Mobilität der Steuerpflichtigen, wie dies explizit im Rahmen der Begründung zum Steuerentlastungsgesetz 1999/2000/2002[635] geschehen ist, oder die Schaffung von Wohnraum) angeführt werden.

Bei einer strikt an der Leistungsfähigkeit ausgerichteten Besteuerung wäre für den Fall des Nutzungswechsels eines im Privatvermögen gehaltenen Hauses bzw. einer im Privatvermögen gehaltenen Wohnung von der Fremd- zur Eigen-

634 Vgl. *Kirchhof*, Ungleichbehandlungen, Gutachten zum 57. Deutschen Juristentag, 1988, S. F 31; *Lang*, Bemessungsgrundlage, 1981/88, S. 515; *Wendt*, Vereinfachung, DÖV 1988, S. 717.

635 Vgl. BT-Drs. 14/23, S. 255.

nutzung im Gegensatz dazu aber wie folgt zu verfahren: Im Zeitpunkt der Beendigung der Vermietung wäre der gemeine Wert der Immobilie festzuhalten und die sich daraus für den zurückliegenden Nutzungszeitraum ergebende Wertänderung bei Zufluß der aus einer späteren Veräußerung der Immobilie erzielten Einnahmen zur Besteuerung heranzuziehen.[636] Durch eine solche Vorgehensweise würde sichergestellt, daß betriebliche und private Wirtschaftsgüter für Zeiträume, in denen sie einer vergleichbaren Nutzung unterliegen, auch steuerlich gleich behandelt werden, das für die steuerliche Erfassung von Einnahmen bzw. Ausgaben im Privatvermögen nach § 11 EStG relevante Zu-/Abflußprinzip aber weiterhin erhalten bleibt. In entsprechender Weise wäre für den Fall des Nutzungswechsels von der Eigen- zur Fremdnutzung zu verfahren: Im Zeitpunkt der Beendigung der Eigennutzung wäre der gemeine Wert der Immobilie zu ermitteln und der dem Gebäude bzw. der Wohnung zuzurechnende Anteil den während der Fremdnutzung vorzunehmenden Abschreibungen als Bemessungsgrundlage zugrunde zu legen. In Anlehnung an die steuerliche Behandlung betrieblicher Wirtschaftsgüter würde dadurch in diesen Fällen gleichfalls sichergestellt, daß die auf den Zeitraum der Nutzung der Immobilie zur Einkunftserzielung erfolgte Wertänderung bei der Veräußerung der Besteuerung unterliegt.[637]

Auch wenn die dargestellte Vorgehensweise aus theoretischer Sicht zu befürworten ist, ist sie im Hinblick auf ihre praktische Umsetzbarkeit mit Schwierigkeiten verbunden. Die exakte Bestimmung des gemeinen Werts eines Hauses bzw. einer Wohnung ist oft nur über ein von einem Sachverständigen zu erstellendes Wertgutachten möglich. Angesichts dessen, daß ein solches Gutachten für den Steuerpflichtigen regelmäßig mit hohen Kosten verbunden ist, der Nutzungswechsel einer im Privatvermögen gehaltenen Immobilie nicht als Ausnahmefall anzusehen und zudem neben dem Nutzungswechsel der Immobilie als solche auch der Nutzungswechsel bezüglich einzelner Teilflächen möglich ist, ist eine solche Neuregelung im deutschen Steuerrecht de lege ferenda kaum vorstellbar.

Einen Lösungsansatz bieten hier die im britischen Steuerrecht für die Behandlung der aus der Veräußerung eigengenutzter Häuser bzw. eigengenutzter Wohnungen erzielten Erfolge vorgesehenen Regelungen. Die Steuerbefreiung in voller Höhe kommt dabei nur dann in Betracht, wenn die Immobilie dem Steuerpflichtigen von der Anschaffung bis zur Veräußerung durchgehend und ausschließlich als Hauptwohnsitz diente. Wurde die Immobilie demgegenüber lediglich über einen gewissen Zeitraum hinweg als Hauptwohnsitz genutzt, ist der auf der Grundlage der (fortgeführten) Anschaffungs- bzw. Herstellungskosten

---

636 Vgl. *Kirchhof-Kommission*, Karlsruher Entwurf, 2001, S. 1, 5 f., 30 und 39 ff.

637 Vgl. *Kirchhof-Kommission*, Karlsruher Entwurf, 2001, S. 1, 5 f. und 39 ff.

ermittelte Veräußerungserfolg nur in Höhe des auf den Zeitraum der Eigennutzung entfallenden Teils der Gesamtnutzungsdauer anteilig steuerbefreit. Entsprechend des auf die als Hauptwohnsitz genutzte Fläche entfallenden Teils der Gesamtnutzungsfläche anteilig steuerbefreit ist der Veräußerungserfolg einer Immobilie, bei der Teilflächen vermietet wurden.[638] Auch wenn ein solches Vorgehen nur als Näherungslösung für die oben dargestellte exakte Bestimmung des auf den Zeitraum der Einkünfteerzielung entfallenden, der Besteuerung zu unterwerfenden Teils des bei der Veräußerung einer Immobilie erzielten Erfolgs angesehen werden kann, ist sie unter dem Aspekt einer möglichst gerechten Besteuerung für das deutsche Steuerrecht de lege ferenda zu fordern. Bei einer somit in Anlehnung an die britischen Regelungen vorzunehmenden Neuregelung des deutschen Steuerrechts ist bei einem Nutzungswechsel wie folgt zu verfahren: Im Zeitpunkt des Übergangs von der Fremd- zur Eigennutzung sind die fortgeführten Anschaffungs- bzw. Herstellungskosten festzuhalten und bei einer späteren Veräußerung der Immobilie dem Veräußerungserlös gegenüberzustellen. Der dadurch ermittelte Veräußerungserfolg ist gemäß der anteiligen zeitlichen und flächenmäßigen Nutzung der Immobilie zu eigenen Wohnzwecken von der Besteuerung auszunehmen. Die hierfür erforderlichen Informationen könnten der - gleichfalls neu einzuführenden - Grundstücksliste entnommen werden, bei der sich der Nutzungswechsel in der Weise auswirken würde, daß das Haus bzw. die Wohnung (bzw. die entsprechenden Flächen davon) nach dem Nutzungswechsel als zu eigenen Wohnzwecken genutzte Immobilie auszuweisen wäre. Analog sind bei einem Übergang von der Eigen- zur Fremdnutzung im Grundsatz die historischen Anschaffungs- bzw. Herstellungskosten fortzuführen und der Nutzungswechsel durch entsprechende Abänderung der Grundstücksliste zum Ausdruck zu bringen. Dabei ist jedoch zu beachten, daß nach Auffassung der Finanzverwaltung[639] und nach herrschender Literaturmeinung[640] beim Übergang zur Einkunftserzielung den Abschreibungen die historischen Anschaffungs- bzw. Herstellungskosten abzüglich der auf die Zeit der privaten Verwendung entfallenden "fiktiven" Abschreibungen als Bemessungsgrundlage zugrunde zu legen sind.[641] Die in dieser Weise fortgeführten historischen Anschaffungs- bzw. Herstellungskosten sind dann einem späteren Veräußerungserlös gegenüberzustellen und der sich ergebende Veräußerungserfolg entsprechend der anteiligen zeitlichen und flächenmäßigen Nutzung der Immo-

---

638 Vgl. Drittes Kapitel Punkt B.II.2.a) (S. 96 f.).

639 Vgl. R 44 Abs. 12 Nr. 2 Satz 4 EStR.

640 Vgl. *Prinz/Bergkemper*, in: Herrmann/Heuer/Raupach, EStG-Kommentar, § 9 Anm. 610 m.w.N.

641 Zur Kritik daran vgl. *Ippisch*, Teilwerteinlage, DStR 1985, S. 263 ff.; *ders.*, Wechsel, INF 1987, S. 224 ff.; *Prinz/Bergkemper*, in: Herrmann/Heuer/Raupach, EStG-Kommentar, § 9 Anm. 610.

bilie zu eigenen Wohnzwecken von der Besteuerung auszunehmen. Die im britischen Steuerrecht[642] beispielsweise für einen gewissen, dem Veräußerungszeitpunkt vorangegangenen Zeitraum gewährte Vergünstigung, unabhängig von ihrer tatsächlichen Nutzung, die Eigennutzung der Immobilie zu unterstellen, sollte unter dem Blickwinkel einer möglichst gerechten Besteuerung keine Berücksichtigung finden. Als gerechtfertigt erscheint es im Gegensatz dazu, die Steuerbefreiung in voller Höhe auch dann zu gewähren, wenn der Steuerpflichtige beruflich bedingt für einen begrenzten Zeitraum die Immobilie nicht selbst nutzten konnte, sie jedoch auch nicht zu fremden Zwecken vermietete. Fraglich ist in diesem Zusammenhang ferner, wie beim Steuerpflichtigen während der Eigennutzung angefallene nachträgliche Herstellungskosten, die im britischen Steuerrecht in voller Höhe als Abzugsgröße berücksichtigt werden, bei der Ermittlung des Veräußerungserfolgs behandelt werden sollten. Solche Aufwendungen sind zumindest teilweise durch die private Lebensführung bedingt, so daß prinzipiell das Abzugsverbot des § 12 EStG zur Anwendung kommt. Vor dem Hintergrund, daß insbesondere im Grundstücksbereich nachträgliche Herstellungskosten regelmäßig den zu erzielenden Veräußerungserfolg nachhaltig beeinflussen und sich der Werteverzehr bei einer Immobilie nur sehr langsam vollzieht, bietet es sich an, diese Aufwendungen dort in voller Höhe dem Veräußerungsvorgang zuzurechnen. Bei der Ermittlung des Veräußerungserfolgs sollten nachträgliche Herstellungskosten infolgedessen für den Fall des Wechsels von der Fremd- zur Eigennutzung in voller Höhe, für den Fall des Wechsels von der Eigen- zur Fremdnutzung in fortgeführter Höhe vom Veräußerungserlös abgezogen werden.

Sowohl im Hinblick auf die in den ausländischen Steuerrechten gewonnenen Erkenntnisse als auch aus steuersystematischer Sicht ist somit im Grundsatz die Befreiung des aus der Veräußerung eines zu eigenen Wohnzwecken genutzten Hauses bzw. einer zu eigenen Wohnzwecken genutzten Wohnung im deutschen Steuerrecht de lege ferenda zu befürworten. Die Steuerbefreiung in voller Höhe sollte aber nur dann gewährt werden, wenn die Immobilie von der Anschaffung bis zur Veräußerung ausschließlich zu eigenen Wohnzwecken genutzt wurde. Ist dies nicht der Fall, sollte die Steuerbefreiung nur anteilig möglich sein. In die Begünstigung eingeschlossen werden sollte der dem Haus bzw. der Wohnung zuzurechnende Grund und Boden, da dieser auch bei der Frage der Zuordnung zum Betriebs- oder Privatvermögen in Übereinstimmung mit dem zugehörigen Gebäude bzw. der zugehörigen Wohnung zugeordnet wird.[643] Um eine Benachteiligung der lediglich über unbebauten Grund und Boden verfügenden Steuerpflichtigen zu vermeiden, sollte allerdings eine Obergrenze für die im Zusam-

---

[642] Zu den nachfolgenden Ausführungen vgl. Drittes Kapitel Punkt B.II.2.a) (S. 97 f.).
[643] Vgl. dazu auch Erstes Kapitel Punkt B.III.1.b) (S. 15).

menhang mit der Veräußerung eines Hauses oder einer Wohnung begünstigte Grundstücksfläche festgelegt werden, die sich nach der für ein Einfamilienhaus üblichen Größe richten könnte. Die im österreichischen bzw. britischen Steuerrecht vorgesehene Grundstücksgröße von 1.000 bzw. 5.000 Quadratmetern[644] erscheint für deutsche Verhältnisse nicht geeignet.[645] Verfügt der Steuerpflichtige während eines Zeitraums über mehrere Wohnsitze, sollte die Steuerbefreiung auf das als Hauptwohnsitz genutzte Gebäude bzw. auf die als Hauptwohnsitz genutzte Wohnung begrenzt werden, wie dies auch in den in die Untersuchung einbezogenen ausländischen Staaten der Fall ist. Eine hiervon abweichende Vorgehensweise wäre mit einer an der Leistungsfähigkeit ausgerichteten Besteuerung kaum zu vereinbaren. Könnte der Steuerpflichtige - wie dies im geltenden deutschen Steuerrecht möglich ist[646] - mehrere Gebäude bzw. Wohnungen gleichzeitig wie auch nacheinander steuerfrei veräußern, wäre er im Vergleich zu nicht über eigenen Grundbesitz verfügenden Steuerpflichtigen in einer Weise begünstigt, die sich mit dem Argument, daß es sich bei eigengenutzten Immobilien um einkommensteuerrechtlich irrelevanten Konsum handle, nicht rechtfertigen ließe. Auch nach der Veräußerung einer nicht als Hauptwohnsitz genutzten Immobilie verbleibt dem Steuerpflichtigen die Möglichkeit des Konsums. Der Kapitalanlagegesichtspunkt ist daher in diesen Fällen in den Vordergrund zu stellen und der bei der Veräußerung dieser Immobilie erzielte Erfolg sowie die dadurch bedingte Erhöhung der Leistungsfähigkeit bei der Besteuerung zu berücksichtigen. Verfügt der Steuerpflichtige für einen Zeitraum über mehrere Wohnsitze, ist somit festzulegen, welcher Wohnsitz den Hauptwohnsitz bildet. Als Anhaltspunkt dafür könnte - in Anlehnung an das österreichische Vorgehen[647] und in Anlehnung an die im deutschen Steuerrecht für eine doppelte Haushaltsführung relevanten Bestimmungen[648] - der Mittelpunkt des Lebensinteresses oder - in Anlehnung an das US-amerikanische Vorgehen[649] - der Ort, an dem sich der Steuerpflichtige überwiegend aufhält, dienen.

3. Konkretisierung des steuerpflichtigen Tatbestands

Zur Verwirklichung einer möglichst gerechten, an der wirtschaftlichen Leistungsfähigkeit ausgerichteten Besteuerung sind - unabhängig davon, ob gewisse Haltefristen nicht überschritten oder bestimmte Beteiligungsgrenzen er-

---

644 Vgl. Drittes Kapitel Punkt A.II.1.b)aa) bzw. Drittes Kapitel Punkt B.II.2.a) (S. 68 bzw. 96).

645 Vgl. auch BFH v. 24.10.1996 - IV R 43/95 -, BStBl. II 1997, S. 51 f.; a.A. *Hiller*, Wohnung, INF 2001, S. 8.

646 Vgl. Erstes Kapitel Punkt B.III.1.b) (S. 16 f.).

647 Vgl. Drittes Kapitel Punkt A.II.1.b)aa) (S. 69).

648 Vgl. R 43 Abs. 5 LStR.

649 Vgl. Drittes Kapitel Punkt C.II.2.a) (S. 115).

reicht wurden - die aus der Veräußerung im Privatvermögen gehaltener Grundstücke und Finanzanlagen erzielten Gewinne bzw. Verluste steuerlich zu berücksichtigen. Als typischer Veräußerungstatbestand ist die Übertragung mittels Kauf- bzw. Tauschvertrag anzusehen, wie dies bereits im geltenden deutschen Steuerrecht und auch in den in die Untersuchung einbezogenen ausländischen Staaten der Fall ist.[650] Die im US-amerikanischen Steuerrecht für den Tausch gleichartiger Wirtschaftsgüter vorgesehene Steuerstundung ist für das deutsche Steuerrecht vor dem Hintergrund der sich aus § 6 Abs. 6 EStG ergebenden Pflicht zur Aufdeckung stiller Reserven nicht anzustreben.

Zum Tatbestand der Grundstücksveräußerung ist neben der Veräußerung unbebauter auch die Veräußerung bebauter Grundstücke zu zählen.[651] Aus den genannten Gründen von der Besteuerung auszunehmen ist das als Hauptwohnsitz genutzte Gebäude bzw. die als Hauptwohnsitz genutzte Wohnung eines Steuerpflichtigen samt zugehörigem Grund und Boden. Eine - dem österreichischen Steuerrecht[652] vergleichbare - Steuerbefreiung dahingehend, die aus der Veräußerung selbst hergestellter Gebäude bzw. Wohnungen erzielten Erfolge generell von der Besteuerung auszunehmen, ist mit dem Leistungsfähigkeitsprinzip nicht zu vereinbaren.

Dem Tatbestand der Veräußerung von Finanzanlagen sind neben der Veräußerung von Wertpapieren einschließlich Beteiligungen insbesondere auch Termingeschäfte zuzurechnen.[653] Die völlige oder teilweise Befreiung bestimmter Finanztransaktionen von der Besteuerung - wie dies im britischen und US-amerikanischen Steuerrecht der Fall ist[654] - ist im Hinblick auf eine gerechte Besteuerung de lege ferenda nicht zu befürworten, da für ein solches Vorgehen letztlich nur wirtschaftspolitische Lenkungsaspekte angeführt werden könnten.

Fraglich könnte allerdings sein, ob aufgrund des mit dem Steuersenkungsgesetz[655] vollzogenen Systemwechsels vom körperschaftsteuerlichen Vollanrechnungs- zum Halbeinkünfteverfahren eine Begünstigung der Veräußerung von

---

650 Vgl. Erstes Kapitel Punkt B.III.1.a) und 2.a) (S. 12 und 24, Deutschland), Drittes Kapitel Punkt A.II.1.a) und 2.a) (S. 66 und 76, Österreich), Drittes Kapitel Punkt B.II.1. (S. 95, Großbritannien) und Drittes Kapitel Punkt C.II.1. (S. 112 f., USA).

651 Bezüglich der sonstigen unter den Begriff der Grundstücke fallenden Wirtschaftsgüter sei auf die Ausführungen zum geltenden deutschen Steuerrecht verwiesen; vgl. Erstes Kapitel Punkt B. III.1.a) (S. 11).

652 Vgl. Drittes Kapitel Punkt A.II.1.b)bb) (S. 70 ff.).

653 Bezüglich der einzelnen Begriffe sei auf die Ausführungen zum geltenden deutschen Steuerrecht verwiesen; vgl. Erstes Kapitel Punkt B.III.1.a) und 2.a) (S. 11 ff. und 21 f.).

654 Vgl. Drittes Kapitel Punkt B.II.2.b) (S. 98 f., Großbritannien) und Drittes Kapitel Punkt C.II.2.b) (S. 115 f., USA).

655 Steuersenkungsgesetz v. 23.10.2000, BGBl. I 2000, S. 1433 ff.

Anteilen an Kapitalgesellschaften nicht unumgänglich ist. So sind nach dem Willen des Gesetzgebers mit dem Wirkungsbeginn des Halbeinkünfteverfahrens die aus solchen Veräußerungsvorgängen erzielten steuerpflichtigen außerordentlichen Einkünfte ebenso wie die laufenden in Form einer Dividende erzielten Einkünfte nur zur Hälfte zur Besteuerung heranzuziehen.[656] Zur Begründung wird dabei darauf abgestellt, daß die aus der Veräußerung von Anteilen an Kapitalgesellschaften erzielten Erfolge das Gegenstück zu den zu diesem Zeitpunkt auf der Ebene der Kapitalgesellschaften vorliegenden offenen bzw. stillen Reserven darstellen würden, diese dort aber bereits mit Definitiv-Körperschaftsteuer belastet wurden bzw. - für den Fall der stillen Reserven - zukünftig noch belastet würden. Um eine steuerliche Mehrfachbelastung zu vermeiden, sei es daher sachgerecht, das Halbeinkünfteverfahren auf die Veräußerungsvorgänge auszudehnen.[657] Dieser Argumentation ist jedoch entgegenzuhalten,[658] daß sich im Zeitpunkt der Veräußerung nicht abschließend sagen läßt, ob die auf der Ebene der Kapitalgesellschaften bestehenden stillen Reserven, zu denen insbesondere auch der originäre Firmenwert - als die die zukünftig erwarteten Gewinne bzw. Überschüsse der Unternehmen repräsentierende Größe - zu zählen ist, bei den Kapitalgesellschaften nachfolgend tatsächlich realisiert werden. Die bloße Vermutung einer sich bei den Kapitalgesellschaften erst noch einstellenden Definitivbelastung kann aber nicht als Rechtfertigung dafür dienen, die Veräußerung der an ihnen gehaltenen Anteile im Gegensatz zu der Veräußerung von Grundstücken und sonstigen, dem Bereich der Finanzanlagen zuzurechnenden Wirtschaftsgütern begünstigt zu behandeln.[659] Vielmehr ist die Begünstigung nur bezüglich des auf die offenen Reserven entfallenden Teils des Veräußerungserfolgs als gerechtfertigt anzusehen, da diese unzweifelhaft bereits der Definitivkörperschaftsteuer unterlegen haben.[660] Da sich letztlich aber nicht be-

---

656 Vgl. § 3 Satz 1 Nr. 40 Buchst. a), c) und j) i.V.m. § 3c Abs. 2 EStG.

657 Vgl. BT-Drs. 14/2683, S. 96 f. und 120. So beispielsweise auch *Birk*, Unternehmenssteuerreform, StuW 2000, S. 336; *Dötsch/Pung*, Reform, DB 2000, Beilage Nr. 4, S. 11; *Kulemann/Harle*, Halbeinkünfteverfahren, SteuerStud 2000, S. 533 f.; *Rödder*, Neukonzeption, WPg 2000, S. 67 f.; *Rödder/Schumacher*, Unternehmenssteuerreform, DStR 2000, S. 367 f.

658 Zu der auch für den Bereich der Dividendenbesteuerung am Übergang vom Anrechnungs- zum Halbeinkünfteverfahren nachhaltig geübten Kritik vgl. beispielsweise *Krawitz*, Anmerkungen, DB 2000, S. 1722 ff.; *Lang*, Reform, GmbHR 2000, S. 457 ff.; *Maiterth/Semmler*, Substitution, BB 2000, S. 1377 ff.; *Schneeloch/Trockels-Brand*, Anrechnungsverfahren, DStR 2000, S.908 ff.; *Unvericht*, Schwachstellen, BB 2000, S. 797 ff.

659 Vgl. *Bareis*, Systemvergleich, StuW 2000, S. 142; *Schön*, Steuersenkungsgesetz, StuW 2000, S. 158; *Sigloch*, Analyse, StuW 2000, S. 167.

660 Vgl. *Bareis*, Systemvergleich, StuW 2000, S. 142; *Schön*, Steuersenkungsgesetz, StuW 2000, S. 158. So auch die Brühler Empfehlungen, die das Halbeinkünfteverfahren auf Veräußerungserfolge insoweit anwenden wollten, als sie auf offene Reserven zurückzu-

stimmen läßt, in welcher Höhe sich die offenen Reserven im Veräußerungserfolg niedergeschlagen haben, erscheint es vertretbar, die Begünstigung auch insoweit zu untersagen.[661] Dies gilt um so mehr, als sich Anteilswerte häufig losgelöst von der wirtschaftlichen Situation der jeweiligen Kapitalgesellschaft entwickeln. Besonders deutlich wird dies bei an einer Börse gehandelten Anteilen, für die starke Kursschwankungen keine Seltenheit bilden.[662] So kommen Mehr- oder Minderpreise gegenüber dem anteiligen inneren Wert[663] einer Kapitalgesellschaft, der auf der Grundlage der auf Ebene der Kapitalgesellschaften vorhandenen offenen und stillen Reserven ermittelt wird, nicht nur durch spekulative Erwägungen oder unterschiedliche Werteinschätzungen der jetzigen und neuen Anteilseigner zustande, sondern beispielsweise auch darüber, daß der Erwerber an eine Beteiligung gewisse funktionelle Erwartungen hinsichtlich der von ihm bereits vorgenommenen Investitionen knüpft (z.B. Ausschaltung eines Konkurrenten).[664] Zumindest die zuletzt genannten Erwartungen dürften bei den Kapitalgesellschaften zukünftig nicht zu einem Gewinn in entsprechender Höhe führen, so daß eine Definitivbelastung mit Körperschaftsteuer, die zu der einkommensteuerlichen Belastung der Veräußerungserfolge noch hinzutreten würde, regelmäßig nicht gegeben sein wird.

Vor dem Hintergrund dieser Überlegungen erscheint es sachgerecht, die im Rahmen des Steuersenkungsgesetzes vorgesehene Gleichstellung der aus einer Beteiligung an einer Kapitalgesellschaft erzielten laufenden mit den außerordentlichen Erträgen nicht als zwingend anzusehen.[665] Vielmehr sprechen gute Gründe dafür, die bei der Veräußerung dieser Anteile erzielten Erfolge grundsätzlich in vollem Umfang der Besteuerung zu unterwerfen, und dies unabhängig davon, ob sie im Privat- oder Betriebsvermögen gehalten werden.[666] Zwar

---

führen sind; vgl. *Kommission zur Reform der Unternehmensbesteuerung*, BMF-Schriftenreihe Heft 66, 1999, S. 52.

661 So im Ergebnis auch *Müller-Gatermann*, Podiumsdiskussion, WPg 2000, S. 85.

662 Vgl. *Krawitz*, Anmerkungen, DB 2000, S. 1722; *Lang*, Reform, GmbHR 2000, S.458 f.; *Müller-Gatermann*, Podiumsdiskussion, WPg 2000, S. 85; *Van Lishaut*, Gesellschaftersicht, StuW 2000, S. 192 f.

663 Zur Bestimmung des inneren Wertes eines Unternehmensanteils vgl. *Institut der Wirtschaftsprüfer*, Unternehmensbewertungen, FN-IDW 2000, S. 418 ff., das dafür den Begriff des objektivierten Wertes verwendet.

664 Vgl. *Van Lishaut*, Gesellschaftersicht, StuW 2000, S. 193. So im Ergebnis auch *Institut der Wirtschaftsprüfer*, Unternehmensbewertungen, FN-IDW 2000, S. 419 f.

665 Vgl. *Krawitz*, Anmerkungen, DB 2000, S. 1722; Van Lishaut, Gesellschaftersicht, StuW 2000, S. 192 f. So im Ergebnis auch *Bareis*, Systemvergleich, StuW 2000, S. 142. A.A. *Birk*, Unternehmenssteuerreform, StuW 2000, S. 336; *Rödder*, Neukonzeption, WPg 2000, S. 67 f.; *Rödder/Schumacher*, Unternehmenssteuerreform, DStR 2000, S. 367 f.

666 Vgl. *Müller-Gatermann*, Podiumsdiskussion, WPg 2000, S. 85. So letztlich auch *Bareis*, Systemvergleich, StuW 2000, S. 142.

wäre davon auch der Teil des Veräußerungserfolgs betroffen, der auf die offenen Reserven der Kapitalgesellschaft zurückzuführen ist, doch ist die sich daraus ergebende Doppelbelastung im Vergleich zu den sonst mit einer Begünstigung der Veräußerungserfolge verbundenen Besteuerungslücken durchaus vertretbar. Zudem würden über die Nichtanwendung des Halbeinkünfteverfahrens auf die aus der Veräußerung von Anteilen an Kapitalgesellschaften erzielten Erfolge Gestaltungen verhindert, die mittels Überführung von Grundstücken und sonstigen, dem Bereich der Finanzanlagen zuzurechnenden Wirtschaftsgütern in Kapitalgesellschaften mit anschließender Veräußerung der an diesen Gesellschaften gehaltenen Anteile, die hälftige Besteuerung für diese Wirtschaftsgüter gleichfalls zu erreichen suchen.[667]

Zur gesetzlichen Verankerung der umfassenden Besteuerung der im Bereich der Grundstücke und Finanzanlagen erzielten privaten Veräußerungserfolge kommt sowohl die Neueinführung einer achten Einkunftsart[668] als auch eine entsprechende Änderung der im geltenden Steuerrecht in § 22 Nr. 2 i.V.m. § 23 EStG enthaltenen Regelung in Betracht. Nicht geeignet erscheint demgegenüber eine Erfassung der privaten Veräußerungsvorgänge bei den gewerblichen Einkünften, wie dies im geltenden Einkommensteuerrecht für die wesentlichen Beteiligungen nach § 17 EStG der Fall ist. Während sich bei der ursprünglich für das Vorliegen einer wesentlichen Beteiligung vorgesehenen Beteiligungsgrenze von mehr als 25 % noch überzeugende Argumente für die Zuordnung der bei ihrer Veräußerung erzielten Erfolge zu den gewerblichen Einkünften anführen ließen,[669] ist dies bereits im Hinblick auf die derzeit relevante Beteiligungsgrenze von 10 % nur schwer und zumindest bei der im Rahmen dieser Arbeit vorgesehenen Aufhebung der Beteiligungsgrenze sowie der nach dem Steuersenkungsgesetz relevanten Beteiligungsgrenze von 1 % nicht mehr möglich.[670] Gegen eine solche Vorgehensweise spricht zudem, daß im Rahmen des § 17 EStG für den Zeitpunkt des Erfolgsausweises der Zeitpunkt entscheidend ist, zu dem auch beim Betriebsvermögensvergleich nach §§ 4 und 5 EStG der Erfolg auszuweisen

---

667 Vgl. *Lang*, Reform, GmbHR 2000, S. 459; *o.V.*, Spekulationsgewinne, DM extra 2000, Sonderheft 50, S. 110; *o.V.*, Steuerspardose, FAZ v. 30.8.2000, S. 26; *Scholl*, Gewinn, Wirtschaftswoche v. 3.8.2000, S. 147.

668 Vgl. *Durchlaub*, Privatvermögen, 1993, S. 64. Im Ergebnis ähnlich *Merkenich* (Einkommensteuerrecht, 1982, S. 100), der die im geltenden Steuerrecht in § 8 Abs. 1 EStG enthaltene Definition der Einnahmen auf die aus der Veräußerung zur Einnahmeerzielung eingesetzter Wirtschaftsgüter erzielten Gewinne ausdehnt.

669 Vgl. *Ebling*, in: Blümich, EStG, § 17 Rz. 6; *Hörger*, in: Littmann/Bitz/ Hellwig, § 17 Rdnr. 4; *Zimmermann/Schwier*, in: Bordewin/Brandt, EStG-Kommentar, § 17 Rz. 9. Vgl. dazu auch Erstes Kapitel Punkt B.III.2.a) (S. 21).

670 Vgl. *Kanzler*, Behandlung, FR 2000, S. 1253.

wäre.[671] Dadurch wird das sonst für die im Privatbereich erzielten Einkünfte zu berücksichtigende Zu-/Abflußprinzip des § 11 EStG durchbrochen. Eine weitere Alternative zur gesetzlichen Verankerung der im Bereich der Grundstücke und Finanzanlagen erzielten privaten Veräußerungserfolge besteht darin, die im geltenden Einkommensteuerrecht enthaltenen sieben Einkunftsarten aufzuheben und statt dessen zwischen dem der Einkunftserzielung dienenden Vermögen und dem nicht der Einkunftserzielung dienenden Vermögen zu unterscheiden, wie es von *Lang* in der von ihm vertretenen Markteinkommenstheorie angeregt wird.[672] In diesem Fall wären sowohl die in einem Betrieb genutzten Wirtschaftsgüter als auch die im Privatvermögen gehaltenen, zur Einkunftserzielung eingesetzten Grundstücke bzw. Finanzanlagen dem Erwerbsvermögen zuzurechnen und die diesbezüglich erzielten Veräußerungseinkünfte als Erwerbseinkünfte zu erfassen. Da ein solches Vorgehen aber die Komplettüberarbeitung des Einkommensteuerrechts beinhalten würde, ist seine Umsetzung im deutschen Steuerrecht kaum vorstellbar.

III. Ermittlung des Veräußerungserfolgs

Unter Zugrundelegung des objektiven Nettoprinzips und in Anlehnung an die im geltenden deutschen[673] und die im Steuerrecht der in die Untersuchung einbezogenen ausländischen Staaten[674] enthaltenen Regelungen sind zur Ermittlung des Veräußerungserfolgs die Anschaffungs- bzw. Herstellungskosten sowie die mit der Veräußerung im Zusammenhang stehenden Veräußerungskosten dem Veräußerungserlös gegenüberzustellen. Eine Erhöhung der Anschaffungs- bzw. Herstellungskosten ist für den Fall vorzunehmen, daß für das angeschaffte bzw. hergestellte Wirtschaftsgut nachträgliche Anschaffungs- bzw. Herstellungskosten aufgewendet wurden. Eine Minderung ist für den Fall erforderlich, daß sich die Anschaffungs- bzw. Herstellungskosten über Absetzungen für Abnutzung bereits bei der laufenden Einkünfteermittlung anderer Einkunftsarten steuermin-

---

[671] Vgl. *Hörger*, in: Littmann/Bitz/Hellwig, EStG-Kommentar, § 17 Rdnr. 52. Vgl. dazu auch Erstes Kapitel Punkt B.III.2.b) (S. 25).

[672] Vgl. *Lang* (Bemessungsgrundlage, 1981/88, S. 514 f.; *ders.*, Reformentwurf, 1985, S. 65 f., 87 und 91 ff.), der diese Auffassung jedoch nicht konsequent umsetzt, sondern in seinem Reformentwurf die Reduzierung der sieben Einkunftsarten auf drei Einkunftsarten vorsieht. Eine völlige Neugestaltung des deutschen Einkommensteuerrechts auf der Grundlage der Unterscheidung zwischen dem Erwerbsvermögen und dem Nicht-Erwerbsvermögen sieht im Gegensatz dazu der Reformentwurf der *Kirchhof-Kommission* vor; vgl. *Kirchhof-Kommission*, Karlsruher Entwurf, 2001, S. 1 ff.

[673] Vgl. dazu Erstes Kapitel Punkt B.III.1.c) bzw. 2.b) (S. 17 ff. und 25 ff.).

[674] Vgl. dazu Drittes Kapitel Punkt A.II.1.c) bzw. 2.b) (S. 71 ff. und 77 ff., Österreich), Drittes Kapitel Punkt B.II.3. (S. 100 f., Großbritannien) und Drittes Kapitel Punkt C.II.3. (S. 117 f., USA).

dernd ausgewirkt haben. Die im österreichischen Steuerrecht[675] vorgesehene Berücksichtigung der ungekürzten Anschaffungs- bzw. Herstellungskosten bei der Veräußerungserfolgsermittlung ist nicht anzustreben, da es dadurch zu einer Doppelberücksichtigung der Aufwendungen kommen würde. Die zur Rechtfertigung dieses Vorgehens angeführte Geringfügigkeit der Absetzungen für Abnutzung kann in bezug auf die hier angestrebte zeitlich unbefristete Erfassung privater Veräußerungserfolge nicht überzeugen. Diese Probleme wurden von der österreichischen Steuerreformkommission 1998 gleichfalls erkannt und der Ansatz des fortgeführten Wertes gefordert. Handelt es sich bei dem Veräußerungsvorgang um einen Tausch, ist als Veräußerungserlös der gemeine Wert des erhaltenen Wirtschaftsgutes anzusetzen. Der nach den österreichischen Regelungen vorzunehmende Ansatz mit dem gemeinen Wert des hingegebenen Wirtschaftsguts ist aufgrund der damit verbundenen Gefahr der Erfassung fiktiver Gewinne und der Nichterfassung tatsächlicher Gewinne abzulehnen. Eine besondere Regelung zur Ermittlung des Veräußerungserfolgs ist bei den Termingeschäften erforderlich. Da es dort an einer effektiven Lieferung fehlt, bietet es sich an, den Differenzausgleich bzw. den durch den Wert einer veränderlichen Bezugsgröße bestimmten Geldbetrag oder Vorteil jeweils gekürzt um die damit im Zusammenhang stehenden Kosten als Gewinn bzw. Verlust anzusetzen, wie dies bereits im geltenden deutschen Steuerrecht der Fall ist.[676]

Schwierigkeiten ergeben sich für die Ermittlung des Veräußerungserfolgs in jenen Fällen, in denen Wertpapiere zu unterschiedlichen Anschaffungskosten erworben wurden und nur ein Teil dieser Wertpapiere veräußert wird. Während bei den in Selbst- oder Streifbandverwahrung gehaltenen Wertpapieren über den nummernmäßigen Nachweis die Identifizierung der veräußerten Wertpapiere und damit auch die Identifizierung der jeweils zugehörigen Anschaffungskosten gewährleistet werden kann, ist dies bei im Girosammeldepot verwahrten Wertpapieren grundsätzlich nicht möglich. Der im geltenden deutschen Steuerrecht für solche Fälle vorgesehene Ansatz der veräußerten Wertpapiere mit den durchschnittlichen Anschaffungskosten sämtlicher im Depot gehaltener Wertpapiere derselben Art[677] ist bei zeitlich unbegrenzter Erfassung privater Veräußerungserfolge nicht zu befürworten. Zum einen sind mit der umfassenden Besteuerung privater Veräußerungserfolge die Problembereiche der Scheingewinnbesteuerung und der Progressionswirkung verbunden, deren Berücksichtigung ohne eine Identifizierung der veräußerten Wertpapiere und der darüber möglichen Feststellung der Haltedauer der Wertpapiere kaum vorstellbar ist. Zum anderen

---

[675] Zu den nachfolgenden Ausführungen vgl. Drittes Kapitel Punkt A.II.1.c) und IV.1. (S. 72 f. und 82 f.).

[676] Vgl. Erstes Kapitel Punkt B.III.1.c) (S. 19).

[677] Vgl. Erstes Kapitel Punkt B.III.1.c) und 2.b) (S. 17 und 26).

würde die Anwendung eines Durchschnittswertverfahrens im Hinblick auf die vorgeschlagene Ergänzung der in den Depotauszügen enthaltenen Angaben um die Anschaffungskosten der Wertpapiere für die Kreditinstitute bei jeder Veränderung des Wertpapierbestands die Fortschreibung und damit Neuermittlung des Durchschnittswertes bedeuten. Der mit einem solchen Vorgehen für die Kreditinstitute verbundene Verwaltungsaufwand kann diesen aber wohl nicht zugemutet werden. Die in den ausländischen Staaten zur Ermittlung des Veräußerungserfolgs in Girosammeldepotverwahrung gehaltener, zu unterschiedlichen Zeitpunkten erworbener Wertpapiere festgestellten Vorgehensweisen unterscheiden sich stark voneinander. Während im österreichischen Steuerrecht dem Steuerpflichtigen ein Wahlrecht zukommt, welche Wertpapiere dem Veräußerungsvorgang zugrundeliegen,[678] werden im britischen und im US-amerikanischen Steuerrecht die veräußerten Wertpapiere anhand von Verbrauchsfolgeverfahren bestimmt.[679] So geht das britische Steuerrecht für die Ermittlung des Veräußerungserfolgs grundsätzlich davon aus, daß die zuletzt angeschafften Wertpapiere zuerst veräußert wurden (Lifo-Verfahren). Durch die gerade umgekehrte Vorgehensweise zeichnet sich das US-amerikanische Steuerrecht aus, das die veräußerten Wertpapiere mit den zuerst angeschafften Wertpapieren dieser Art gleichsetzt (Fifo-Verfahren). Aus theoretischer Sicht ist keinem der in den ausländischen Staaten zur Anwendung kommenden Verfahren der Vorzug zu geben. Sowohl über die Gewährung eines vom Steuerpflichtigen auszuübenden Wahlrechts als auch über die Festlegung eines Verbrauchsfolgeverfahrens ist die Bestimmung der jeweils veräußerten Wertpapiere und damit auch die Bestimmung der für die Ermittlung des Veräußerungserfolgs benötigten Anschaffungskosten möglich. Darüber hinaus ermöglichen alle drei Verfahren die Feststellung der Haltedauer der Wertpapiere, um die Scheingewinn- und Progressionsproblematik berücksichtigen zu können. Aus praktischer Sicht ist jedoch de lege ferenda die Durchführung eines Verbrauchsfolgeverfahrens vorzuschlagen.[680] Aufgrund einer solchen Regelung könnten die Kreditinstitute die Depotauszüge bei einer Änderung des Wertpapierbestands mit vertretbarem Aufwand aktualisieren. Bei der Gewährung eines Wahlrechts zur Bestimmung

---

678 Vgl. Drittes Kapitel Punkt A.II.2.b) (S. 77). Die in § 30 Abs. 8 Z 5 öEStG-R enthaltene Ermächtigung, die steuerliche Behandlung sukzessiv erworbener Wertpapiere mittels Verordnung festzulegen, wurde bisher nicht umgesetzt; vgl. Drittes Kapitel Punkt A.IV.2. (S. 87).

679 Vgl. Drittes Kapitel Punkt B.II.3. (S. 100 f., Großbritannien) und Drittes Kapitel Punkt C.II.3. (S. 118, USA).

680 A.A. *Demuth/Strunk* (Besteuerung, DStR 2001, S. 62), die die ihres Erachtens "unsinnige steuerliche Unterscheidung zwischen Wertpapieren, die sich in Streifbandverwahrung befinden, bei der die veräußerten Wirtschaftsgüter jederzeit individualisert werden können, und solchen in einer Girosammelverwahrung" über ein Wahlrecht des Anlegers beseitigen wollen.

der veräußerten Wertpapiere müßte das Kreditinstitut demgegenüber bei jeder Bestandsänderung mit dem Steuerpflichtigen Rücksprache halten, um den Depotauszug entsprechend zu aktualisieren. Mit einem solchen Verfahren würde wiederum ein großer Verwaltungsaufwand einhergehen, der dessen Durchsetzung verhindern dürfte. Gegen die Gewährung eines Wahlrechts könnte aus fiskalischer Sicht ferner die Überlegung sprechen, daß der Steuerpflichtige dadurch die Möglichkeit erhielte, in allen Fällen den jeweils geringsten Veräußerungserfolg zu ermitteln.

IV. Unterscheidung lang- und kurzfristiger Veräußerungserfolge zur Berücksichtigung der Problematik der Besteuerung von Scheingewinnen

Spezielle Regelungen zur Berücksichtigung der mit dem Nominalwertprinzip verbundenen Problematik der Besteuerung von Scheingewinnen, die bei einer umfassenderen Besteuerung privater Veräußerungsgewinne an Bedeutung gewinnt,[681] sind lediglich im britischen Steuerrecht enthalten, das zu diesem Zweck die Anwendung des "taper relief" vorsieht.[682] Danach ist der aus der Veräußerung im Privatvermögen gehaltener Wirtschaftsgüter erzielte Veräußerungsgewinn ab einer Haltedauer von drei Jahren jährlich um 5 % bis zu maximal 40 % zu kürzen. In der Vergangenheit wurde im britischen Steuerrecht im Gegensatz dazu zum Inflationsausgleich eine Wertanpassung der Anschaffungs- bzw. Herstellungskosten einschließlich der nachträglich entstandenen Kosten in Anlehnung an die Erhöhung des Lebenshaltungskostenindex vorgenommen. Eine Indexierung der dem Veräußerungserlös gegenüberzustellenden Kosten wurde im US-amerikanischen Steuerrecht anläßlich der Steuerreformüberlegungen 1997 gleichfalls vorgeschlagen, aber nicht umgesetzt. Vielmehr findet die Problematik der Scheingewinnbesteuerung dort nur mittelbar über die Gewährung ermäßigter Steuersätze für die aus der Veräußerung im Privatvermögen gehaltener Wirtschaftsgüter erzielten Gewinne Berücksichtigung.[683]

Für die Indexierung der dem Veräußerungserlös gegenüberzustellenden Kosten anstelle der Befreiung eines von der Haltedauer abhängigen Gewinnanteils spricht die Genauigkeit, mit der die Besteuerung von Scheingewinnen bei einer solchen Vorgehensweise verhindert werden kann.[684] Diesem Vorteil stehen allerdings verschiedene Nachteile gegenüber, die eine Umsetzung im deutschen

---

[681] Vgl. Zweites Kapitel Punkt C.III.2. (S. 58 ff.).

[682] Zu den nachfolgenden Ausführungen vgl. Drittes Kapitel Punkt B.II.3. (S. 101 ff.).

[683] Vgl. Drittes Kapitel Punkt C.II.3. und 4. (S. 117 ff.).

[684] Vgl. *Burman*, Tax Policy, 1999, S. 120; *Grotherr*, Vergleich, IWB 1988, F. 10, Gr. 2, S. 643 und 647 f.; *Lang*, Einkommensteuer, 1987, S. 24; *Oesch*, Behandlung, 1975, S. 102; *Rützel*, Inflation, 1995, S. 138 f.; *Schmalenbach*, Scheingewinne, 1922, S. 13.

Steuerrecht de lege ferenda unwahrscheinlich machen. Den Hintergrund dafür bildet das Urteil des Bundesverfassungsgerichts vom 19.12.1978[685], in dem es um die einkommensteuerliche Belastung von Zinszahlungen in bezug auf den die jährliche Entwertungsrate des Kapitals nicht übersteigenden Teil des Zinsbetrages ging, und in dem sich das Bundesverfassungsgericht gegen die Anwendung eines Indexverfahrens aussprach. So ist - abgesehen von der Frage nach dem zutreffenden Index - die Besteuerung nach Maßgabe indexbereinigter Werte insbesondere mit Problemen bezüglich der Rechtssicherheit des Steuerpflichtigen verknüpft. Da das Ausmaß der Geldentwertung erst nach Ablauf des für den Index relevanten Beobachtungszeitraums festgestellt werden kann, besteht für den Steuerpflichtigen im Zeitpunkt der Veräußerung Ungewißheit über den Umfang der steuerlichen Belastung.[686] Zwar könnte diese Ungewißheit, in Anlehnung an das im britischen Steuerrecht ursprünglich relevante Vorgehen, durch eine monatsgenaue Bestimmung des Indexwertes reduziert werden,[687] doch ist eine solche Handhabung im Hinblick auf den damit - insbesondere für bereits Jahrzehnte zurückliegende Anschaffungs- bzw. Herstellungsvorgänge - verbundenen Verwaltungsaufwand nicht zu befürworten.[688] Darüber hinaus müßten im Gegenzug zur steuerlichen Nichterfassung von Scheingewinnen inflationsbedingte Schuldnergewinne steuerlich belastet werden.[689] Deren Ermittlung und Berücksichtigung wird jedoch allgemein als problematisch und kaum bewältigbar angesehen.[690] Neben diesen mehr steuertechnischen Überlegungen lassen sich auch wirtschaftspolitische Überlegungen gegen die Einführung eines Indexverfahrens anführen. Vor allem die im Ausland gemachten Erfahrungen zeigen, daß die Inflationstendenz dadurch eher gefördert wird.[691] Diese Gefahr läßt sich für das deutsche Wirtschaftssystem gleichfalls nicht völ-

---

685 BVerfG v. 19.12.1978 - 1 BvR 335, 427, 811/76 -, BVerfGE 50, 57 ff.

686 Vgl. BVerfG v. 19.12.1978 - 1 BvR 335, 427, 811/76 -, BVerfGE 50, 57, 69 ff., 92 f., 96.

687 So auch *Rützel*, Inflation, 1995, S. 139.

688 Vgl. *Burman*, Tax Policy, 1999, S. 120 und 128 f.; *Flämig*, Steuerreformvorschlag, StbKongRep 1969, S. 443 m.w.N.; *Wiswesser*, Inflation, 1997, S. 172 f. Zu weiteren praktischen Problemen bei Anwendung eines Indexverfahrens vgl. *Durchlaub*, Privatvermögen, 1993, S. 86; *Oesch*, Behandlung, 1975, S. 102 f.

689 Vgl. BVerfG v. 19.12.1978 - 1 BvR 335, 427, 811/76 -, BVerfGE 50, 57, 65, 71, 82, 94 f. m.w.N.

690 Vgl. BVerfG v. 19.12.1978 - 1 BvR 335, 427, 811/76 -, BVerfGE 50, 57, 82, 94 f. m.w.N.; *Grotherr*, Scheingewinnbesteuerung, 1987, S. 68 f.; *Mertens/Döllinger/Lämmermann u.a.*, Verfahren, 1977, S. 101 ff.; *Rützel*, Inflation, 1995, S. 82 m.w.N.

691 Vgl. BVerfG v. 19.12.1978 - 1 BvR 335, 427, 811/76 -, BVerfGE 50, 57, 100 f.; *Güntsch*, Scheingewinne, DB 1981, S. 2570; *Tipke/Lang*, Steuerrecht, 1998, S. 239.

lig ausschließen und spricht daher ebenfalls gegen die Durchführung einer Indexierung.[692]

Eine Näherungslösung zur Berücksichtigung des Problems der Scheingewinnbesteuerung bietet die im britischen Steuerrecht derzeit enthaltene Regelung, einen prozentualen Anteil des Veräußerungsgewinns in Abhängigkeit von der Haltedauer von der Besteuerung auszunehmen.[693] Durch eine solche Vorgehensweise wird sichergestellt, daß die Scheingewinnbesteuerung durch Pauschalierung abgeschwächt wird, zugleich aber die Rechtssicherheit des Steuerpflichtigen in vollem Umfang erhalten bleibt, da bereits im Zeitpunkt der Veräußerung der prozentuale Abschlag für den Veräußerungsgewinn bekannt ist. Die Gewährung konstanter ermäßigter Steuersätze - wie dies vor allem im US-amerikanischen Steuerrecht der Fall ist - ist zur Berücksichtigung der Scheingewinnbesteuerungsproblematik demgegenüber nicht geeignet, da dabei der Aspekt unberücksichtigt bleibt, daß mit der Haltedauer der Scheingewinnanteil am Veräußerungsgewinn zunimmt.[694]

Die Verankerung einer der britischen "taper relief"-Regelung vergleichbaren Vorschrift im deutschen Steuerrecht erfordert die Unterscheidung zwischen kurz- und langfristigen Veräußerungsgewinnen sowie die Festlegung der Höhe des prozentualen Abschlags. Dabei erscheint die im britischen Steuerrecht für die Qualifizierung eines Veräußerungsgewinns als langfristig vorgesehene Haltedauer von mindestens drei Jahren auch für deutsche Zwecke als geeignet. Die im österreichischen Steuerrecht im Rahmen der Steuerreformüberlegungen 1998[695] sowie von *Lang* im Rahmen seiner Reformüberlegungen zum deutschen

---

692 Vgl. BVerfG v. 19.12.1978 - 1 BvR 335, 427, 811/76 -, BVerfGE 50, 57, 67, 92 f., 97 ff. m.w.N.; *Güntsch*, Scheingewinne, DB 1981, S. 2568; *Pohmer*, Inflation, in: Festschrift Brandt, 1983, S. 393; a.A. *Esser*, Geldentwertung, 1999, S. 15 ff. Der vom BVerfG (19.12.1978 - 1 BvR 335, 427, 811/76 -, BVerfGE 50, 57, 98) aus wirtschaftspolitischer Sicht gegen eine Indexierung ferner vorgebrachte Einwand, daß diese aufgrund des in § 3 Währungsgesetz enthaltenen Erlaubnisvorbehalts für die Indexierung vertraglich vereinbarter Leistungen im Steuerbereich gleichfalls grundsätzlich nicht möglich sei, ist mittlerweile durch die Aufhebung dieses Paragraphen durch das EURO-Einführungsgesetz (v. 9.6.1998, BGBl. I 1998, S. 1242 ff.) hinfällig geworden.

693 Für die Berücksichtigung eines prozentualen Abschlags sprechen sich insbesondere aus: *Lang*, Bemessungsgrundlage, 1981/88, S. 516; *ders.*, Reformentwurf, 1985, S. 66 f.; *ders.*, Einkommensteuer, 1987, S. 24; *Oesch*, Behandlung, 1975, S. 103 ff.; *Tipke*, Steuerrechtsordnung, Bd. II, 1993, S. 655; *Wendt*, Vereinfachung, DÖV 1988, S. 719.

694 Vgl. *Lang*, Reformentwurf, 1985, S. 67; *ders.*, Einkommensteuer, 1987, S. 24; *Tipke*, Steuerrechtsordnung, Bd. II, 1993, S. 655; *Wendt*, Vereinfachung, DÖV 1988, S. 719.

695 Vgl. Drittes Kapitel Punkt A.IV.1. (S. 82 f.).

Steuerrecht[696] für die Durchführung eines prozentualen Abschlags vorgeschlagenen Haltedauern von 10 bzw. 5 Jahren sind demgegenüber als zu restriktiv anzusehen, da dadurch die Scheingewinnbesteuerungsproblematik für einen zu langen Zeitraum unberücksichtigt bliebe. Angesichts der für die Bundesrepublik Deutschland gegenwärtig relevanten Inflationsrate von durchschnittlich 1-2 % bietet sich ein Abschlag von zunächst 6 % mit einer nachfolgenden jährlichen Steigerung um jeweils zwei Prozentpunkte an. Diese Abschläge sollten in regelmäßigen Zeitabständen, beispielsweise könnte hier an einen Zeitraum von drei bis fünf Jahren gedacht werden, anhand aktueller Zahlen überprüft und für Folgejahre entsprechend korrigiert werden.[697] Eine Obergrenze sollte - in Anlehnung an das britische Vorgehen - für das deutsche Steuerrecht ebenfalls vorgesehen werden, da damit mittelbar dem Aspekt Rechnung getragen werden könnte, daß gerade im Grundstücksbereich, für den eine lange Haltedauer, aber auch die anteilige Fremdfinanzierung charakteristisch ist, der Steuerpflichtige durch die steuerliche Nichterfassung der mit der Fremdfinanzierung verbundenen Schuldnergewinne begünstigt ist.[698] Die von *Lang* vertretene Auffassung, ab einer Haltedauer von zwei oder mehr Jahrzehnten auf die Besteuerung ganz zu verzichten,[699] ist vor diesem Hintergrund abzulehnen. Als maximaler Abschlag könnte - wie auch im britischen Steuerrecht - an einen Prozentsatz von 40 % gedacht werden, der ab einer Haltedauer von 20 Jahren zur Anwendung kommen würde. Der im Rahmen der österreichischen Steuerreformüberlegungen 1998 vorgesehene Abschlag von maximal 75 % geht im Hinblick auf die derzeit niedrige deutschen Inflationsrate zu weit.

Zusammenfassend ist somit festzuhalten, daß die Durchführung eines prozentualen Abschlags in Abhängigkeit von der Haltedauer des veräußerten Wirtschaftsguts als Lösungsansatz für das Problem der Besteuerung von Scheingewinnen angesehen werden kann. Die Berücksichtigung eines solchen Abschlags bei sämtlichen und damit auch aus der Veräußerung im Betriebsvermögen gehaltener Wirtschaftsgüter erzielten Veräußerungserfolge, wie dies im britischen Steuerrecht der Fall ist und von *Lang*[700] im Rahmen der von ihm vertretenen Reformvorschläge gefordert wird, ist nicht zwingend notwendig. Zwar tritt bei der Veräußerung langfristig im Betriebsvermögen gehaltener Wirtschaftsgüter

---

696 Vgl. *Lang*, Bemessungsgrundlage, 1981/88, S. 515 f.; *ders.*, Reformentwurf, 1985, S. 65 ff.; *ders.*, Einkommensteuer, 1987, S. 22 ff.

697 Ähnlich *Lang*, Einkommensteuer, 1987, S. 24, der die Abschläge aber jährlich kontrollieren lassen will.

698 So im Ergebnis auch *Oesch*, Behandlung, 1975, S. 105. Vgl. dazu auch Zweites Kapitel Punkt C.III.2. (S. 59).

699 Vgl. *Lang*, Reformentwurf, 1985, S. 67.

700 Vgl. *Lang*, Bemessungsgrundlage, 1981/88, S. 516; *ders.*, Einkommensteuer, 1987, S. 24.

das Problem der Scheingewinnbesteuerung ebenfalls auf, doch ist dort der über die steuerliche Nichterfassung der auf der Verbindlichkeitsseite erlangten Realgewinne bedingte Ausgleich regelmäßig von besonderer Bedeutung.[701] So werden betriebliche Investitionen in der Regel überwiegend fremdfinanziert, wodurch die Bezieher von Gewinneinkünften im Unterschied zu den Beziehern von Überschußeinkünften als volkswirtschaftliche Nettoschuldner anzusehen sind,[702] die durch eine Inflation grundsätzlich begünstigt werden.[703] Zudem ist im Bereich der Gewinneinkünfte über die Gewährung diverser steuerrechtlicher Bilanzierungs- und Bewertungswahlrechte, beispielhaft sei hier das Wahlrecht zur steuerneutralen Übertragung stiller Reserven nach §§ 6b und 6c EStG genannt,[704] eine Milderung der Scheingewinnbesteuerung möglich.[705]

V. Tarifliche Besonderheiten zur Berücksichtigung der Problematik der Progressionswirkung

Durch die Gewährung besonderer Steuersätze bei der steuerlichen Erfassung privater Veräußerungsgewinne zeichnet sich insbesondere das US-amerikanische Steuerrecht aus.[706] Während für die nach Abzug berücksichtigungsfähiger Verluste verbleibenden kurzfristigen Veräußerungsgewinne der gewöhnliche Steuertarif mit einem maximalen Steuersatz von 39,6 % relevant ist, werden verbleibende langfristige Veräußerungsgewinne durch die Anwendung eines ermäßigten maximalen Steuersatzes von grundsätzlich 20 % begünstigt. Um einen langfristigen Veräußerungserfolg handelt es sich dabei bereits dann, wenn im Zeitpunkt der Veräußerung eine Haltedauer von einem Jahr überschritten wird.

Auch wenn durch die Gewährung konstanter ermäßigter Steuersätze dem Aspekt Rechnung getragen wird, daß die im Veranlagungszeitraum ihrer Vereinnahmung zu erfassenden Veräußerungsgewinne mehrjährig gehaltener Wirtschaftsgüter durch den Progressionstarif nicht nur relativ sondern auch absolut höher besteuert werden, als dies bei ihrer Zurechnung auf die Zeiträume ihrer Entstehung der Fall wäre, sind sie für die steuerliche Erfassung privater Veräuße-

---

701 Vgl. *Durchlaub*, Privatvermögen, S. 99 ff.; *Tipke/Lang*, Steuerrecht, 1998, S. 238.

702 Vgl. *Deutsche Bundesbank*, Vermögenssituation, Monatsbericht Januar 1999, S. 43; *diess.*, Finanzierungsströme 1998, Monatsbericht Juni 1999, S. 17; *diess.*, Finanzierungsströme 1999, Monatsbericht Juni 2000, S. 17.

703 Ausführlich dazu *Durchlaub*, Privatvermögen, 1993, S. 102 ff.

704 Vgl. dazu *Grotherr*, Scheingewinnbesteuerung, 1987, S. 260 ff.; *ders.*, Vergleich, IWB 1988, F. 10, Gr. 2, S. 643.

705 Für einen Überblick bezüglich weiterer zur Kompensation der Scheingewinnbesteuerung beitragender Regelungen vgl. *Kohler*, Besteuerung, 1978, S. 65 ff.; *Rützel*, Inflation, 1995, S. 79 ff.

706 Vgl. zu den nachfolgenden Ausführungen Drittes Kapitel Punkt C.II.4. (S. 119 f.).

rungsgewinne de lege ferenda nicht geeignet.[707] Konstante Steuersätze für die Besteuerung privater Veräußerungsgewinne würden dem Gebot der vertikalen Steuergerechtigkeit widersprechen, das bei Steuerpflichtigen, die eine unterschiedliche Leistungsfähigkeit aufweisen, die steuerliche Höherbelastung des Steuerpflichtigen mit der höheren Leistungsfähigkeit verlangt und nach Auffassung des Bundesverfassungsgerichts[708] zu einem Progressionstarif zwingt.[709] Zudem ist gegen eine solche Handhabung einzuwenden, daß dadurch die Bezieher hoher Einkünfte im Vergleich zu Personen, deren Steuersätze diese Margen nicht erreichen, übermäßig begünstigt würden.[710] Letzteres spricht auch gegen die gesetzliche Verankerung eines halben durchschnittlichen Steuersatzes für die Besteuerung privater Veräußerungseinkünfte, wie dies bei der Veräußerung bestimmter Beteiligungen im österreichischen Steuerrecht[711] der Fall ist und im deutschen Steuerrecht bis einschließlich des Veranlagungszeitraums 1998 im Rahmen des § 34 Abs. 1 EStG a.F.[712] der Fall war. Zwar diente diese Regelung ebenfalls dazu, den Progressionseffekt zu vermeiden, doch geht die tatsächliche Wirkung über die verfolgte Zielsetzung hinaus, da selbst bei hohen Einkünften, die auch bei Verteilung über mehrere Jahre dem Spitzensteuersatz unterliegen würden, eine wesentliche Reduktion des Steuersatzes erfolgt. Mit einer Besteuerung nach der wirtschaftlichen Leistungsfähigkeit ist diese Handhabung nicht vereinbar.[713]

Einer gerechten, an der wirtschaftlichen Leistungsfähigkeit orientierten Besteuerung würde es am ehesten entsprechen, die im Veranlagungszeitraum der Veräußerung ermittelte Vermögenswertänderung auf die Veranlagungszeiträume

---

707 Vgl. *Krause-Nehring*, Behandlung, 1972, S. 217 f.; *Merkenich*, Einkommensteuerrecht, 1982, S. 96 f.

708 Vgl. BVerfG v. 24.6.1958 - 2 BvF 1/57 -, BVerfGE 8, 51, 68 f.

709 So auch *Merkenich* (Einkommensteuerrecht, 1982, S. 97), *Vogel* (Steuergerechtigkeit, DStZ/A 1975, S. 411) und wohl auch *Jachmann* (Gleichheit, 2000, S. 109 f.). A.A. *Tipke/Lang* (Steuerrecht, 1998, S. 123), die auch einen proportionalen Tarif als mit dem Leistungsfähigkeitsprinzip vereinbar ansehen und die progressive Ausgestaltung des Einkommensteuertarifs mit dem Sozialstaatsprinzip begründen; vgl. auch *Tipke*, Steuerrechtsordnung, Bd. I, 2000, S. 403 ff. Von *Kirchhof* (in: Kirchhof/Söhn, EStG-Kommentar, § 2 Rdnr. A 602) wird zur Rechtfertigung des progressiven Einkommensteuertarifs ebenfalls auf das Sozialstaatsprinzip abgestellt.

710 Vgl. *Krause-Nehring*, Behandlung, 1972, S. 217 f.; *Merkenich*, Einkommensteuerrecht, 1982, S. 97.

711 Vgl. dazu Drittes Kapitel Punkt A.II.2.b) (S. 78 f.).

712 Vgl. dazu *Lindberg*, in: Blümich, EStG, § 34 Rz. 35 und 66 ff.

713 Vgl. *Esser*, Geldentwertung, 1999, S. 90; *Merkenich*, Einkommensteuerrecht, 1982, S. 97 f.; *Sydow*, Besteuerung, NWB 2000, F. 3, S. 10766.

der Haltedauer des Wirtschaftsguts zu verteilen, sog. "averaging".[714] Zwar ist damit letztlich die Annahme verbunden, daß sich die Wertänderung des Wirtschaftsguts gleichmäßig auf seine Haltedauer verteilt, was nicht zwangsläufig der Fall sein muß,[715] doch ist dieses Vorgehen sowohl aus theoretischer als auch aus praktischer Sicht zu befürworten. Eine exakte Periodisierung des im Veranlagungszeitraum der Veräußerung erzielten Veräußerungsgewinns ließe sich letztlich nur dann bewerkstelligen, wenn die Vermögensmehrungen oder -minderungen des Wirtschaftsguts jeweils unmittelbar in dem Jahr steuerlich berücksichtigt würden, in dem sie eintreten und dies unabhängig davon, ob sie realisiert wurden oder nicht.[716] Mit dem im Bereich der Überschußeinkunftsarten nach § 11 Abs. 1 EStG zu beachtenden Zuflußprinzip ist ein solches Vorgehen - ebenso wie mit dem bei bilanzierenden Gewinneinkünftlern zu berücksichtigenden Realisationsprinzip - jedoch nicht vereinbar und infolgedessen abzulehnen.[717] Aus praktischer Sicht ist zudem einzuwenden, daß die Wirtschaftsgüter in jedem Veranlagungszeitraum anhand von Marktpreisen neu bewertet werden müßten. Diese Werte stehen aber weder im Betriebsbereich und noch weniger im Privatbereich zur Verfügung, wodurch die Bewertung kaum kontrollierbar und daher als willkürlich anzusehen wäre. Darüber hinaus hätte die Besteuerung unrealisierter Vermögenswertänderung zur Konsequenz, daß der Steuerbetrag aus anderen Quellen, gegebenenfalls sogar aus der Veräußerung von Wirtschaftsgütern, aufzubringen wäre.[718]

Die nachträgliche Verteilung des Veräußerungsgewinns auf die Veranlagungszeiträume der Haltedauer des Wirtschaftsguts ist als Näherungslösung für die exakte Periodisierung anzusehen, die Zwischenbewertungen nicht erforderlich macht und zudem sicherstellt, daß der Steuerbetrag erst nach der Realisation des Veräußerungsgewinns zu leisten ist.[719] Die praktische Umsetzung könnte dabei wie folgt aussehen:[720] Der im Veranlagungszeitraum der Veräußerung eines privaten Wirtschaftsguts erzielte Gewinn wird (nach Berücksichtigung abzugsfähi-

---

714 Vgl. *Altorfer*, Privatvermögen, 1959, S. 190 ff.; *Merkenich*, Einkommensteuerrecht, 1982, S. 97 f.; *Henning/Hundsdoerfer/Schult*, Progressionsglättung, DStR 1999, S. 135 f. Gegen die Durchführung eines "averaging" spricht sich aus: *Höhn*, Gewinne, Schweizerisches Zentralblatt, Bd. 62, 1961, S. 208 f.; *Oesch*, Behandlung, 1975, S. 100.

715 Vgl. *Höhn*, Gewinne, Schweizerisches Zentralblatt, Bd. 62, 1961, S. 208; *Oesch*, Behandlung, 1975, S. 100.

716 Vgl. *Altorfer*, Privatvermögen, 1959, S. 188; *Döring*, Gerechtigkeit, 1977, S. 173 f.

717 Vgl. *Altorfer*, Privatvermögen, 1959, S. 189 f.; *Höhn*, Kapitalgewinnbesteuerung, 1955, S. 277.

718 Vgl. *Altorfer*, Privatvermögen, 1959, S. 188 m.w.N.

719 Vgl. *Altorfer*, Privatvermögen, 1959, S. 190 f.; *Henning/Hundsdoerfer/ Schult*, Progressionsglättung, DStR 1999, S. 135 f. *Merkenich*, Einkommensteuerrecht, 1982 , S. 97 f.

720 Vgl. zu den nachfolgenden Ausführungen grundlegend *Altorfer*, Privatvermögen, 1959, S. 191.

ger Verluste und des im Rahmen dieser Arbeit bei Vorliegen eines langfristigen Veräußerungsgewinns geforderten prozentualen Abschlags) durch die Anzahl der Besitzjahre des Wirtschaftsguts geteilt. Die so ermittelten Gewinnanteile werden dem bereits versteuerten Einkommen der betreffenden Veranlagungszeiträume hinzugerechnet und, unter Zugrundelegung der in den einzelnen Veranlagungszeiträumen relevanten Steuersätze, die Steuerbeträge der Perioden neu ermittelt. Aus der Summe der Differenzen zwischen den bisherigen und den neu zu ermittelnden Steuerbeträgen ergibt sich dann die Steuerschuld für den Veräußerungsgewinn, der im Veranlagungszeitraum der Vereinnahmung zu leisten ist. Bereits anhand dieser Darstellung wird deutlich, daß ein solches Vorgehen bei langen Haltedauern insbesondere für die Finanzverwaltung mit einem großen Verwaltungsaufwand verbunden wäre und vor diesem Hintergrund für die Besteuerung privater Veräußerungsgewinne de lege ferenda nicht sinnvoll erscheint. Eine verwaltungspraktikable Lösung läßt sich nur durch ein simplifiziertes Verfahren erzielen, das wie folgt aussehen könnte: Der Betrag des Veräußerungsgewinns wird durch die Anzahl der Besitzjahre, in denen das Wirtschaftsgut gehalten wurde, geteilt. Übersteigt die Haltedauer des Wirtschaftsguts einen bestimmten Zeitraum, wird die sich aus der Division ergebende durchschnittliche Wertsteigerung nur im Veranlagungszeitraum der Veräußerung und einer festzulegenden Anzahl vorangegangener Veranlagungszeiträume zur Ermittlung neuer Steuerbeträge herangezogen. Anhand der sich daraus ergebenden Summe der Differenzbeträge wird durch Hochrechnung die für den Veräußerungsgewinn im Veranlagungszeitraum der Veräußerung relevante Steuerschuld ermittelt. In der Literatur wird als Grenze, ab der ein begrenztes "averaging" zur Anwendung kommen soll, eine Haltedauer von fünf Jahren vorgeschlagen, bei deren Überschreiten die anteilige Wertsteigerung im Veranlagungszeitraum der Veräußerung und in den vier vorangegangenen Veranlagungszeiträumen Berücksichtigung finden soll.[721]

Beispiel:

Ein unbebautes Grundstück wurde zum 1.1. des Jahres 01 von einer natürlichen Person für ihr Privatvermögen zu einem Preis von DEM 100.000 angeschafft und am 31.12. des Jahres 20 zu einem Preis von DEM 160.000 veräußert. Unter Berücksichtigung des für diese Haltedauer relevanten Abschlags von 40 % beläuft sich der zu versteuernde Veräußerungsgewinn auf DEM 36.000. Durch die Division dieses Gesamtgewinns

---

721 Vgl. *Altorfer*, Privatvermögen, 1959, S. 191. Ähnlich *Henning/Hundsdoerfer/Schult* (Progressionsglättung, DStR 1999, S. 135 f.) und *Merkenich* (Einkommensteuerrecht, 1982, S. 98), die jedoch die Wertsteigerung bei einer den Fünfjahreszeitraum überschreitenden Haltedauer nicht durch die Besitzjahre teilen, sondern diesen Betrag insgesamt auf die letzten fünf Veranlagungszeiträume einschließlich des Veranlagungszeitraums der Veräußerung verteilen und die daraus sich ergebenden Steuermehrbeträge als Steuerschuld für den Veräußerungserfolg ansetzen.

durch die Anzahl der Besitzjahre (hier: 20) ergibt sich eine anteilige jährliche Wertsteigerung in Höhe von DEM 1.800, die dem Veranlagungszeitraum 20 sowie den vier vorangegangenen Veranlagungszeiträumen hinzugerechnet wird. Unter der Annahme, daß sich die aus der Berücksichtigung des anteiligen Veräußerungsgewinns ermittelten Steuermehrbeträge in den Veranlagungszeiträumen 16, 17, 18, 19 und 20 auf DEM 720, 594, 600, 650 und 780 belaufen, würde sich daher die im Veranlagungszeitraum 20 zu leistende Steuerschuld für den Veräußerungsgewinn auf DEM 13.376 (4 x [720 + 594 + 600 + 650 + 780]) belaufen.

Durch eine solche Beschränkung des "averaging" wird sichergestellt, daß für die Veranlagung nicht auf Unterlagen bereits lange zurückliegender Veranlagungszeiträume zurückgegriffen werden muß. Gegenüber der im geltenden deutschen Steuerrecht für die Veräußerung wesentlicher Beteiligungen zur Anwendung kommenden Fünftelregelung[722] besitzt sie den Vorteil, daß die Bedeutung des im Jahr der Veräußerung vorliegenden übrigen Einkommens und des für diesen Veranlagungszeitraum relevanten Steuertarifs eingeschränkt wird, indem auch die Verhältnisse in den vier vorangegangenen Veranlagungszeiträumen in die Ermittlung einbezogen werden.[723] Um den Einfluß des Veranlagungszeitraums der Veräußerung noch weiter einzuschränken, könnte daran gedacht werden, als Grenze für die Durchführung eines eingeschränkten "averaging" eine Haltedauer von zehn Jahren anzusetzen, bei deren Überschreiten die anteilige Wertsteigerung im Veranlagungszeitraum der Veräußerung und in den neun vorangegangenen Veranlagungszeiträumen berücksichtigt wird, um davon ausgehend auf die Steuerschuld des Veräußerungsgewinns hochzurechnen. Die hierfür erforderlichen Unterlagen stehen diesem Vorschlag nicht entgegen, da bei den Finanzämtern die eine natürliche Person betreffenden Unterlagen (wie z.B. auch deren Steuerbescheide) im Hinblick auf die bei der Steuerhinterziehung relevante Festsetzungsfrist von zehn Jahren grundsätzlich zehn Jahre aufbewahrt werden und die heutigen EDV-technischen Möglichkeiten ein solches Vorgehen durchaus möglich erscheinen lassen. Im Hinblick auf die im Rahmen dieser Arbeit für die Gewährung eines prozentualen Abschlags zu erfüllende Mindesthaltedauer von drei Jahren bietet es sich ferner an, für die Anwendung des "averaging" gleichfalls eine Mindesthaltedauer von drei Jahren vorauszusetzen und dadurch eine weitere Differenzierung innerhalb der unter den Tatbestand der kurzfristigen Veräußerungsgewinne fallenden Veräußerungsvorgänge und eine damit einhergehende Erhöhung des Verwaltungsaufwands zu vermeiden.

---

722 Vgl. dazu Erstes Kapitel Punkt B.III.2.b) (S. 27).

723 Zur diesbezüglichen Kritik an der Fünftelregelung vgl. insbesondere *Henning/Hundsdoerfer/Schult*, Progressionsglättung, DStR 1999, S. 131 ff.; *Jahndorf/Lorscheider*, Besteuerung, FR 2000, S. 434 ff.

Zusammenfassend ist somit festzuhalten, daß die Verteilung des in einem Veranlagungszeitraum realisierten Veräußerungsgewinns auf den Zeitraum der Haltedauer des Wirtschaftsguts ab einer Mindesthaltedauer von drei Jahren mit einer zeitlichen Obergrenze als Lösungsansatz für das Problem der Progressionswirkung bei der umfassenden Besteuerung der aus der Veräußerung im Privatvermögen gehaltenener Grundstücke und Finanzanlagen erzielten Gewinne angesehen werden kann. Auf die Gewinne aus der Veräußerung solcher im Betriebsvermögen gehaltener, dem Anlagevermögen zuzurechnender Wirtschaftsgüter sollte die vorgeschlagene Regelung de lege ferenda analog angewendet werden. Nicht zu befürworten ist allerdings die Ausdehnung dieser Regelung auf die dem Anlagevermögen zuzurechnenden beweglichen Wirtschaftsgüter. Bei diesen Wirtschaftsgütern wird die Höhe des Veräußerungsgewinns häufig nachhaltig durch die während der Haltedauer vorgenommenen, nach § 7 Abs. 2 EStG gestatteten degressiven Absetzungen für Abnutzung bestimmt, die weit über die tatsächliche Abnutzung hinausgehen und dadurch zur Bildung stiller Reserven führen.[724] Da sich die überhöhten Abschreibungsbeträge in voller Höhe auf den laufenden Gewinn des Betriebs ausgewirkt haben, erscheint es folgerichtig, die bei der Veräußerung dieser Wirtschaftsgüter realisierten stillen Reserven insgesamt von der vorgeschlagenen Regelung zur Berücksichtigung der Progressionswirkung auszunehmen.[725]

VI. Berücksichtigung von Verlusten

In Übereinstimmung mit der umfassenden Besteuerung der aus der Veräußerung im Privatvermögen gehaltener Grundstücke und Finanzanlagen erzielten Gewinne sind zur Verwirklichung einer gerechten, an der wirtschaftlichen Leistungsfähigkeit orientierten Besteuerung die aus solchen Veräußerungsvorgängen erzielten Verluste steuerlich ebenfalls zu berücksichtigen.[726] Fraglich ist aber, ob ein nach der Verrechnung mit den im gleichen Veranlagungszeitraum aus privaten Veräußerungsvorgängen realisierten Gewinnen verbleibender Veräußerungsverlust mit den aus anderen Einkunftsarten bezogenen positiven Ein-

---

724 Vgl. *Durchlaub*, Privatvermögen, 1993, S. 107. Die Bedeutung der degressiven Abschreibungen im Rahmen einer auf Steuerbelastungsminimierung gerichteten Unternehmenspolitik stellt auch *Puhl* (Tarifermäßigung, DB 1988, S. 878) in den Vordergrund.

725 So im Ergebnis auch *Durchlaub*, Privatvermögen, 1993, S. 107; a.A. *Merkenich*, Einkommensteuerrecht, 1982, S. 98.

726 Vgl. *Altorfer*, Privatvermögen, 1959, S. 187; *Kanzler*, Behandlung, FR 2000, S. 1249 f. und 1253; *Krause-Nehring*, Behandlung, 1972, S. 212 ff.; *Lang*, Bemessungsgrundlage 1981/88, S. 514 ff.; *ders.*, Reformentwurf, 1985, S. 65 ff.; *ders.*, Einkommensteuer, 1987, S. 22 ff.; *Merkenich*, Einkommensteuerrecht, 1982, S. 88 f. und 93; *Oesch*, Behandlung, 1975, S. 100 f.; *Steuerrechtliche Abteilung*, Beschlüsse, Gutachten N zum 57. Deutschen Juristentag, 1988, S. N 212.

künften verrechnet werden kann. Während dies im geltenden deutschen Steuerrecht bei den unter § 17 EStG fallenden Veräußerungsvorgängen prinzipiell möglich ist, ist diese Handhabung bei den unter § 23 EStG fallenden Veräußerungen nicht erlaubt. Vielmehr ist dort lediglich die Verrechnung mit den in dem unmittelbar vorangegangenen Veranlagungszeitraum oder in den folgenden Veranlagungszeiträumen aus privaten Veräußerungsvorgängen erzielten Gewinnen vorgesehen.[727] Die in den in die Untersuchung einbezogenen ausländischen Staaten dazu gewonnenen Erkenntnisse differieren teilweise stark voneinander. Durch eine sehr restriktive Handhabung zeichnet sich das österreichische Steuerrecht aus, das weder die Verrechnung mit den im gleichen Veranlagungszeitraum aus anderen Einkunftsarten erzielten positiven Einkünften, noch den Rück- oder Vortrag des verbleibenden Verlusts zur Verrechnung mit den in vorangegangenen oder nachfolgenden Veranlagungszeiträumen aus privaten Veräußerungsvorgängen erzielten Gewinnen zuläßt.[728] Im Gegensatz dazu kann sowohl im britischen als auch im US-amerikanischen Steuerrecht ein verbleibender Verlust zeitlich unbegrenzt von in nachfolgenden Veranlagungszeiträumen erzielten Veräußerungsgewinnen abgezogen werden. Die Verrechnung mit den im gleichen Veranlagungszeitraum aus anderen Einkunftsarten erzielten positiven Einkünften ist allerdings auch dort grundsätzlich nicht möglich.[729]

Auch wenn im Hinblick auf das aus dem Leistungsfähigkeitsprinzip abgeleitete objektive Nettoprinzip die Verrechnung des aus privaten Veräußerungsgeschäften erzielten Verlusts mit den im gleichen Veranlagungszeitraum aus anderen Einkunftsarten erzielten Gewinnen zunächst zwingend notwendig zu sein scheint, um eine Ungleichbehandlung der verschiedenen Einkunftsarten zu vermeiden,[730] läßt sich ein Abweichen davon mit den bei der steuerlichen Behandlung privater Veräußerungsgewinne de lege ferenda vorgesehenen Besonderheiten rechtfertigen. Nach den im Rahmen dieser Arbeit für die Besteuerung privater Veräußerungsvorgänge vorgeschlagenen Regelungen ist die steuerliche Erfassung privater Veräußerungsgewinne bei mehrjähriger Haltedauer durch die Gewährung eines prozentualen Abschlags und die Verteilung der Veräußerungsgewinne auf die Jahre der Haltedauer der Wirtschaftsgüter begünstigt. Ohne die Verankerung eines Verbots bezüglich der Verrechnung der aus der Veräußerung solcher Wirtschaftsgüter erzielten Verluste mit den aus anderen Einkunftsarten erzielten positiven Einkünften könnten diese steuerlichen Vergünstigungen letztlich auf andere Einkunftsarten übertragen werden. Dies ist aus

---

727 Vgl. dazu Erstes Kapitel Punkt B.III.1.d) und 2.c) (S. 20 f. und 28 f.).

728 Vgl. dazu Drittes Kapitel Punkt A.II.1.d) und 2.c) (S. 74 f. und 79).

729 Vgl. dazu Drittes Kapitel Punkt B.II.5. (S. 103 f., Großbritannien) und Drittes Kapitel Punkt C.II.5. (S. 120 f., USA).

730 Zur Bedeutung des objektiven Nettoprinzips für den Verlustausgleich sowie den Verlustabzug, vgl. grundlegend *Arndt/Jenzen*, Verlustverrechnung, DStR 1998, S. 1820 ff.

steuersystematischer Sicht aber nicht gerechtfertigt und infolgedessen auszuschließen.[731] Das Verrechnungsverbot sollte sich dabei auch auf Verluste aus Veräußerungsvorgängen erstrecken, die aufgrund zu kurzer Haltedauern der Wirtschaftsgüter unter keine der genannten Begünstigungen fallen. Durch eine solche Handhabung könnten dahingehende Gestaltungen vermieden werden, Verluste, um ihre schrankenlose Verrechnung zu nutzen, noch kurz vor Erreichen der für die Gewährung der tariflichen Vergünstigung relevanten dreijährigen Mindesthaltedauer zu verwirklichen, Gewinne demgegenüber aber erst nach Überschreiten dieser Frist zu realisieren. Nicht erstreckt werden sollte das Verlustverrechnungsverbot auf die in vorangegangenen oder nachfolgenden Veranlagungszeiträumen aus privaten Veräußerungsvorgängen erzielten Gewinne, wie dies insbesondere im österreichischen Steuerrecht der Fall ist. Wie das Bundesverfassungsgericht in seinen neueren Urteilen verdeutlichte, ist die periodenübergreifende Verlustverrechnung als Ausprägung des Nettoprinzips anzusehen und die dadurch bedingte Durchbrechung des Abschnittsprinzips grundsätzlich zulässig.[732] Für ein Abweichen davon ist bei der steuerlichen Erfassung privater Veräußerungsverluste ein Rechtfertigungsgrund nicht ersichtlich. Vor dem Hintergrund der im Rahmen des Steuerentlastungsgesetzes 1999/2000/2002 vorgenommenen Einschränkung des nach § 10d EStG möglichen Verlustrücktrags[733] und in Anlehnung an die im britischen, US-amerikanischen und auch im geltenden deutschen Steuerrecht in § 23 EStG enthaltenen Regelungen erscheint es jedoch sinnvoll, die periodenübergreifende Verlustberücksichtigung auf den unmittelbar vorangegangenen Veranlagungszeitraum und die folgenden Veranlagungszeiträume zu beschränken.

Zusammenfassend bleibt daher festzuhalten, daß die aus der Veräußerung steuerlich zu berücksichtigender Grundstücke und Finanzanlagen erzielten Verluste mit aus anderen privaten Veräußerungsvorgängen desselben oder eines nachfolgenden Veranlagungszeitraums erzielten Gewinnen de lege ferenda verrechenbar sein sollten. Um eine möglichst niedrige steuerliche Gesamtbelastung für den Steuerpflichtigen anzustreben, bietet es sich an, in Anlehnung an das im britischen Steuerrecht relevante Vorgehen, die Verluste zunächst mit jenen Gewinnen zu verrechnen, für die aufgrund des Nichterfüllens der für das Vorliegen eines langfristigen Veräußerungsgewinns vorgesehenen dreijährigen Mindesthaltedauer der prozentuale Abschlag und die tarifliche Besonderheit keine An-

---

731 Vgl. *Saathoff*, Verlustberücksichtigung, FR 1998, S. 923 ff.

732 Vgl. BVerfG v. 22.7.1991 – 1 BvR 313/88 -, NJW 1992, S. 168 f.; BVerfG v. 30.9.1998 – 2 BvR 1818/91, BVerfGE 99, 88, 96. Vgl. dazu auch: *Arndt/Jenzen*, Verlustverrechnung, DStR 1998, S. 1819 ff.; *Grotherr*, Disposition, BB 1998, S. 2341 f.; *Reiff*, Verlustabzug, DStZ 1998, S. 859 ff.; Erstes Kapitel Punkt III.1.d) (S. 20 f.).

733 Vgl. dazu *Grützner*, Einkommensteuer, NWB 1999, F. 3b., S. 5250 f.; *Raupach/Böckstiegel*, Verlustregelungen, FR 1999, S. 492 ff.

wendung finden. Im Anschluß daran sollten die noch verbleibenden Verluste mit den unter die Vergünstigung des prozentualen Abschlags fallenden Veräußerungsgewinnen in der Reihenfolge zunehmender steuerlicher Begünstigung verrechnet werden.

VII. Meldepflichten der Kreditinstitute zur Gewährleistung der steuerlichen Erfassung privater Veräußerungserfolge

1. Alternativen zur Gewährleistung der steuerlichen Erfassung privater Veräußerungserfolge

Maßnahmen zur Gewährleistung der steuerlichen Erfassung privater Veräußerungserfolge sind bei einer Ausdehnung des Besteuerungstatbestands im Hinblick auf die auch bei der tatsächlichen Durchsetzung des Besteuerungsanspruchs herzustellende Gleichheit der Steuerpflichtigen unerläßlich.[734] Die im geltenden deutschen Steuerrecht enthaltenen Regelungen sind hierfür nicht ausreichend.[735] Zwar hat die Finanzverwaltung bei der Veräußerung von Grundstücken und bei der Veräußerung von GmbH-Anteilen aufgrund der von den Notaren für grunderwerbsteuer- bzw. einkommensteuerliche Zwecke zu erfüllenden Meldepflichten die Möglichkeit der Kontrolle, so daß für diese Veräußerungsvorgänge eine Neuregelung nicht notwendig ist und auch nicht sinnvoll erscheint. Bei den sonstigen, dem Bereich der Finanzanlagen zuzuordnenden Wirtschaftsgütern liegen entsprechende Kontrollmöglichkeiten aber nicht vor.

Alternativen zur Gewährleistung der Erfassung solcher Veräußerungserfolge werden insbesondere im österreichischen und im US-amerikanischen Steuerrecht deutlich.[736] Während im österreichischen Steuerreformgesetz 2000 vom 14.7.1999 ab dem 1.10.2001 die tatsächliche Besteuerung der Finanzanlagen über den Einbehalt einer Quellensteuer in Höhe von 25 % des Veräußerungsgewinns durch die Kreditinstitute angestrebt wird, dienen im US-amerikanischen Steuerrecht die von den mit Finanzanlagegeschäften betrauten Personen zu erfüllenden Meldepflichten der Verwirklichung dieser Zielsetzung. Der Einbehalt einer Quellensteuer in Höhe von 31 % der von den Meldepflichtigen an ihre Zahlungsempfänger vorgenommenen Zahlungen ist im US-amerikanischen Steuerrecht nur hilfsweise für jene Fälle vorgesehen, in denen die Zahlungsempfänger den Meldepflichtigen ihre Steuernummer nicht mitgeteilt haben oder sich diese als falsch herausgestellt hat. Auch im österreichischen Steuerrecht wird der Quellensteuerabzug durch die Kreditinstitute voraussichtlich aber keine

---

[734] Vgl. Zweites Kapitel Punkt C.III.1. und D. (S. 56 ff. und 61).

[735] Vgl. Erstes Kapitel Punkt B.III.3. und Zweites Kapitel Punkt D. (S. 29 ff. und 61).

[736] Zu den nachfolgenden Ausführungen vgl. Drittes Kapitel Punkt A.IV.2. (S. 83 ff., Österreich) und Drittes Kapitel Punkt C.III.2.b) und c) (S. 122 ff., USA).

Wirkung entfalten, da der österreichische Verfassungsgerichtshof die dafür vorgesehenen Regelungen mittlerweile für verfassungswidrig erklärt und aufgehoben hat und eine Neuregelung bisher unterblieben ist.

Für das deutsche Steuerrecht ist de lege ferenda die gesetzliche Verankerung eines von den Kreditinstituten vorzunehmenden Quellensteuerabzugs gleichfalls nicht zu befürworten. Vor dem Hintergrund des derzeit für Einkünfte aus Kapitalvermögen geltenden Zinsabschlags von 30 % könnte ein höherer Quellensteuersatz wohl nicht vorgesehen werden. Dadurch würde aber - unabhängig davon, ob der Abzug vom Veräußerungspreis oder vom Veräußerungsgewinn vorzunehmen wäre - lediglich sichergestellt, daß bei der Veräußerung privater Finanzanlagen der Veräußerungsgewinn nicht völlig von der Besteuerung ausgenommen werden kann. Die Überprüfung, ob Steuerpflichtige mit einem über dem Quellensteuersatz liegenden persönlichen Steuersatz letztlich tatsächlich mit diesem belastet werden, wäre der Finanzverwaltung ohne zusätzliche Informationen auch weiterhin nicht möglich. Vielmehr würde die endgültige Belastung dieser Steuerpflichtigen nach wie vor von ihrer Ehrlichkeit bei der Erstellung ihrer Steuererklärungen abhängen. Die dadurch bedingte Ungleichbehandlung unehrlicher "besserverdienender" Steuerpflichtiger im Vergleich zu Steuerpflichtigen, deren persönlicher Steuersatz nicht mehr als 30 % beträgt und bei denen somit die Steuerschuld durch den Quellensteuerabzug in vollem Umfang abgedeckt wäre bzw. denen ein Erstattungsanspruch zustehen würde, ist mit einer gerechten, an der wirtschaftlichen Leistungsfähigkeit orientierten Besteuerung nicht zu vereinbaren. In der Literatur wird die durch den Zinsabschlag bei der Besteuerung von Kapitaleinkünften hervorgerufene vergleichbare Situation im Hinblick auf die sich aus dem Zinsurteil des Bundesverfassungsgerichts ergebenden Vorgaben zur Gleichmäßigkeit der Besteuerung überwiegend scharf kritisiert.[737] Zwar hat der Bundesfinanzhof in zwei neueren Entscheidungen[738] die Verfassungsmäßigkeit der Zinsbesteuerung ausdrücklich bestätigt, diese Entscheidungen sind jedoch mittlerweile beim Bundesverfassungsgericht anhängig.[739]

Gegen die gesetzliche Verankerung eines von den Kreditinstituten vorzunehmenden Quellensteuerabzugs spricht ferner die Problematik, die sich bei Depot-

---

737 Vgl. *Austrup*, Zinsbesteuerung, 1994, S. 97 ff.; *Harenberg*, Anmerkung, FR 1997, S. 493 f.; *Miebach*, Bankgeheimnis, 1999, S. 168 ff.; *Rüth*, Bankgeheimnis, DStZ 2000, S. 31 ff.; *Schumacher*, Verfassungswidrigkeit, FR 1997, S. 1 ff.; *Tipke/Kruse*, AO-Kommentar, § 30a Tz. 22 ff.; *Tipke/Lang*, Steuerrecht, 1998, S. 417 m.w.N.; a.A. *Vogt/Kramer*, Verfassungsmäßigkeit, DStZ 1999, S. 493.

738 BFH v. 15.12.1998 - VIII R 6/98 -, BStBl. II 1999, S. 138 ff.; BFH v. 22.2.1999 - VIII B 29/98 -, BFH/NV 1999, S. 931.

739 Az. 2 BvR 284/99 und 2 BvR 574/99.

abgängen ergibt, denen keine Veräußerung zugrunde liegt. Der Einbehalt einer Quellensteuer ist dort nicht durchführbar, da es an einem Veräußerungsentgelt fehlt. Um den Finanzbehörden Nachfragen betreffend des Verbleibs dieser Finanzanlagen zu ermöglichen und um Steuerumgehungen der Steuerpflichtigen zu unterbinden, müssen ihnen solche Vorgänge aber ebenfalls bekannt werden. Die im österreichischen Steuerreformgesetz 2000 hierzu enthaltenen Bestimmungen, bei Nichtvorliegen anderer Informationen eine Veräußerung der Finanzanlagen zu ihrem gemeinen Wert zu unterstellen und gemäß dem sich daraus ergebenden Veräußerungsgewinn eine Quellensteuer an die Finanzverwaltung abzuführen, ist nicht zu befürworten. Wie der österreichische Verfassungsgerichtshof in seiner Erkenntnis vom 15.5.2000 verdeutlichte, stellt die Verpflichtung der Kreditinstitute, eine Quellensteuer selbst dann abzuführen, wenn ihnen die für die Steuerentrichtung erforderlichen finanziellen Mittel nicht zur Verfügung stehen bzw. von ihren Kunden auch nicht ohne weiteres beschafft oder zurückerlangt werden können, einen Verstoß gegen den Gleichheitssatz dar.[740]

Für die Ablehnung der Einführung einer Quellensteuer zur Sicherstellung der Erfassung privater Veräußerungserfolge sprechen darüber hinaus die laufenden Bemühungen der Mitgliedstaaten der Europäischen Union zur Vereinheitlichung der Erfassung der Zinseinkünfte. Im Juni 2000 hat sich der Europäische Rat darauf geeinigt, innerhalb eines Zeitraums von zwei Jahren eine Richtlinie zur Zinsbesteuerung zu verabschieden, in der als Kernelement zur Sicherstellung der Zinsbesteuerung der Informationsaustausch zwischen den Mitgliedstaaten hinsichtlich der an nichtansässige Personen gezahlten Zinsen enthalten sein soll.[741] Da auch bei einer umfassenderen Besteuerung privater Veräußerungserfolge die Zusammenarbeit der europäischen Staaten anzustreben ist, erscheint es sinnvoll, für die zukünftige Erfassung privater, den Bereich der Finanzanlagen betreffender Veräußerungserfolge unmittelbar dem Vorbild der Europäischen Union für die Zinseinkünfte zu folgen und anstelle eines Quellensteuerabzugs gesetzliche Meldepflichten zu implementieren. Dies gilt um so mehr, als die Verabschiedung der Richtlinie zur Zinsbesteuerung daran gekoppelt ist, daß wichtige Drittländer, wie z.B. die Schweiz, Liechtenstein und Monaco, sowie abhängige und assoziierte Staaten, wie z.B. die Isle of Man und die Kanalinseln, denen Meldepflichten derzeit unbekannt sind, für Nichtansässige gleichfalls einen In-

---

740 Vgl. VfGH v. 15.3.2000, G 141/99 u.a., ÖStZ 2000, S. 232 ff. Vgl. auch Drittes Kapitel Punkt A.IV.2. (S. 87 f.).

741 Vgl. *Härtel*, Zinsbesteuerung, Wirtschaftsdienst 2000, S. 388; *Mueller*, Einigung, IWB 2000, Aktuell, Heft 12, S. 569 f.; *Selling*, Binnenmarkt, IStR 2000, S. 418 ff. Für einen Überblick über die bisher im Zusammenhang mit der Verabschiedung einer Zinsrichtlinie gemachten Vorschläge vgl. *Nachreiner*, Richtlinie, DStZ 1999, S. 486 ff.

formationsaustausch einführen.[742] Sofern ein einheitliches Vorgehen bei der Zinsbesteuerung gelingt, sollte ein derartiges Vorgehen auch zur Sicherstellung der Besteuerung von Veräußerungserfolgen möglich sein.

Vor dem Hintergrund dieser Überlegungen erscheint die gesetzliche Verankerung spezieller Meldepflichten für den Bereich der Finanzanlagen im deutschen Steuerrecht de lege ferenda sinnvoll, um die tatsächliche Durchsetzung des damit in Zusammenhang stehenden Besteuerungsanspruchs zu gewährleisten.[743] Diesen Meldepflichten sollten die Kreditinstitute unterliegen. Zum einen sind sie von den Steuerpflichtigen unmittelbar mit der Durchführung privater Finanzanlagegeschäfte betraut. Zum anderen sind sie aber auch bei der Einschaltung von Wertpapierhandelshäusern, die nicht als Kreditinstitute zu qualifizieren sind, über die Verwaltung der Depotkonten ihrer Kunden an solchen Finanzanlagegeschäften beteiligt und damit darüber auch informiert. Die Meldepflichten sollten dergestalt sein, daß die Kreditinstitute jährlich Mitteilungen an die Finanzbehörden übersenden, aus denen sich für die einzelnen Kunden die Art und die Menge der im Verlauf eines Kalenderjahres von den Depotkonten abgegangenen Finanzanlagen einschließlich der dabei an sie gezahlten Beträge ergibt. Um den Finanzbehörden den Abgleich dieser Angaben mit den von den Steuerpflichtigen in ihren Steuererklärungen gemachten Angaben zu erleichtern, sollten die Steuerpflichtigen - in Anlehnung an das US-amerikanische Vorgehen – gegenüber den Kreditinstituten zur Angabe ihrer Steuernummer verpflichtet werden. In die Mitteilungen wären auch die nicht mit einer Veräußerung verbundenen Depotabgänge aufzunehmen,[744] da den Finanzbehörden dadurch in diesen Fällen ebenfalls die Kontrolle des tatsächlichen Verbleibs der Finanzanlagen und der sich daraus ergebenden Steuerpflichten ermöglicht würde.

Angesichts der durch die Einführung gesetzlicher, von den Kreditinstituten im Zusammenhang mit den Finanzanlagegeschäften ihrer Kunden zu erfüllenden Meldepflichten der Finanzverwaltung gewährten Kontrollmöglichkeiten und den damit im Hinblick auf die Verwirklichung des Gebots der Steuergerechtigkeit zu erzielenden Vorteilen, sollte ihre Einführung uneingeschränkt zu befürworten sein. Dem könnte entgegenstehen, daß durch eine solche Regelung in besonderer Weise sowohl auf den "Informationsfluß" zwischen den Steuerpflichtigen und der Finanzverwaltung als auch auf die Betätigung der Kreditinstitute eingewirkt wird, da diese für öffentliche Zwecke in Anspruch genommen werden. Es ist

---

742 Vgl. *Mueller*, Einigung, IWB 2000, Aktuell, Heft 12, S. 570.

743 Für die Verankerung gesetzlicher, von den Kreditinstituten zu erfüllender Meldepflichten setzt sich bei der Zinsbesteuerung nachhaltig *Austrup* (Zinsbesteuerung, 1994, S. 124 ff. und 138) ein.

744 Beispielhaft sei hier nur die Aushändigung von Wertpapieren an den Steuerpflichtigen selbst genannt.

daher zu prüfen, ob die hier vorgeschlagene Regelung mit den Grundrechten der Kreditinstitute und den Grundrechten ihrer Kunden zu vereinbaren ist. Sofern dies der Fall sein sollte, müßte im Gegenzug zur Verankerung gesetzlicher Meldepflichten § 30a AO - und dort vor allem das in Abs. 2 enthaltene Verbot, von den Kreditinstituten zum Zwecke der allgemeinen Überwachung Mitteilungen über die bei ihnen geführten Konten zu verlangen - entsprechend geändert bzw. aufgehoben werden. In der Literatur wird dies hinsichtlich der bei der Zinsbesteuerung bestehenden vergleichbaren Problematik bereits heute vielfach gefordert.[745]

2. Meldepflichten der Kreditinstitute aus verfassungsrechtlicher Sicht

a) Das Recht auf informationelle Selbstbestimmung (Art. 2 Abs. 1 i.V.m. Art. 1 Abs. 1 GG)

Das in Art. 2 Abs. 1 i.V.m. Art. 1 Abs. 1 GG verankerte allgemeine Persönlichkeitsrecht umfaßt auch die als Recht auf informationelle Selbstbestimmung bezeichnete Befugnis des einzelnen, grundsätzlich selbst zu bestimmen, wann und innerhalb welcher Grenzen seine persönlichen Daten offenbart werden.[746] Seine besondere Konkretisierung hat das Recht auf informationelle Selbstbestimmung im sog. Volkszählungsurteil[747] des Bundesverfassungsgerichts erfahren, in dem es um die Möglichkeiten und Gefahren der automatischen, EDV-gestützten Datenverarbeitung ging.[748] Danach ist es für die freie Entfaltung der Persönlichkeit entscheidend, daß dem einzelnen Schutz gegen die unbegrenzte Erhebung, Speicherung, Verwendung und Weitergabe seiner persönlichen Daten gewährt wird. Zwar hat das Bundesverfassungsgericht den Begriff der "persönlichen Daten" nicht ausdrücklich definiert. Doch macht es deutlich, daß ein breiter Schutzbereich gewährt werden soll, unter den neben den die persönlichen Verhältnisse betreffenden, auch die die sachlichen Verhältnisse betreffenden Angaben einer bestimmten oder bestimmbaren Person fallen.[749] Selbst wenn daher in bezug auf

---

745 Vgl. stellvertretend *Arbeitsgruppe "Steuerausfälle"*, Überprüfung, StB 1994, S. 449; *Austrup*, Zinsbesteuerung, 1994, S. 127 f.; *Miebach*, Bankgeheimnis, 1999, S. 295 ff.; *Neuwald*, Reichweite, 1999, S. 188 f.; *Tipke/Kruse*, AO-Kommentar, § 30a Tz. 22 ff.

746 Vgl. BVerfG v. 17.7.1984 - 2 BvE 11, 15/83 -, BVerfGE 67, 100, 142 f.; BVerfG v. 27.6.1991 - 2 BvR 1493/89 -, BVerfGE 84, 239, 279 f. Vgl. dazu grundlegend *Leibholz/Rinck/Hesselberger*, GG-Kommentar, Art. 2 Rz. 105 ff.; *Simitis*, Selbstbestimmung, NJW 1984, S. 398 ff. Für einen Überblick zur Entwicklung des Rechts auf informationelle Selbstbestimmung vgl. *Leist*, Schranken, 2000, S. 6 ff.

747 BVerfG v. 15.12.1983 - 1 BvR 209, 269, 362, 420, 440, 484/83 -, BVerfGE 65, 1 ff.

748 Vgl. *Leibholz/Rinck/Hesselberger*, GG-Kommentar, Art. 2 Rz. 105; *Leist*, Schranken, 2000, S. 13 ff.

749 Vgl. BVerfG v. 15.12.1983 - 1 BvR 209, 269, 362, 420, 440, 484/83 -, BVerfGE 65, 1, 42 f.

die hier zur Meldepflicht vorgesehenen Finanzanlagegeschäfte der Steuerpflichtigen die Auffassung vertreten werden sollte, daß es sich dabei nicht um die persönlichen Verhältnisse des einzelnen betreffende Sachverhalte handelt,[750] würden diese zumindest als sachliche, einer bestimmten Person zuordenbare Verhältnisse unter den Schutzbereich des Rechts auf informationelle Selbstbestimmung fallen. Ein Verstoß gegen das Recht auf informationelle Selbstbestimmung muß damit allerdings noch nicht verbunden sein. Vielmehr sieht das Bundesverfassungsgericht den einzelnen als sich innerhalb der Gemeinschaft entfaltende, auf Kommunikation angewiesene Persönlichkeit an, die es gebietet, ihm personenbezogene Informationen nicht ausschließlich im Sinne eines absoluten, uneinschränkbaren Rechtes zuzurechnen.[751] Indem das Bundesverfassungsgericht die grundsätzliche Zulässigkeit eines staatlichen Informationsbedürfnisses bejaht, fordert es aber zugleich den verfassungsrechtlichen Schutz des einzelnen vor den Gefahren der modernen Informationswirtschaft. Dieses Spannungsverhältnis wird von ihm dadurch aufgelöst, daß es staatliche Eingriffe in das Recht auf informationelle Selbstbestimmung nur unter bestimmten Voraussetzungen zuläßt. Danach bedarf es für die Zulässigkeit eines Eingriffs eines überwiegenden Allgemeininteresses, einer gesetzlichen Grundlage, die den Grundsätzen der Normklarheit und der Verhältnismäßigkeit entspricht, und verfahrensrechtlicher Vorkehrungen durch den Gesetzgeber, die der Gefahr einer Verletzung des Persönlichkeitsrechts entgegenwirken.[752]

Während bei den hier vorgeschlagenen Meldepflichten der Kreditinstitute der Grundsatz der Normklarheit bei entsprechender Ausgestaltung der gesetzlichen Neuregelung unproblematisch sein sollte, stellt sich die Frage, ob für ein solches Vorgehen ein überwiegendes Allgemeininteresse besteht und es mit dem Grundsatz der Verhältnismäßigkeit vereinbar ist. Zum Allgemeininteresse an der Informationserhebung für steuerliche Zwecke wird vom Bundesverfassungsgericht eine insoweit eindeutige Auffassung vertreten, als es ein überwiegendes Interesse an der Offenlegung steuerlich erheblicher Angaben grundsätzlich aner-

---

750 So der BFH in seinem Urteil v. 20.1.1988 (I B 72/87, BStBl. II 1988, S. 412), in dem es um eine Mitteilung des deutschen an das französische Finanzministerium über die Zahlung einer inländischen GmbH an einen französischen Staatsangehörigen auf dessen Konto bei einer Bank in Luxemburg ging. Zur Kritik an diesem engen Schutzbereichsverständnis vgl. *Leist*, Schranken, 2000, S. 21 ff.

751 Vgl. BVerfG v. 15.12.1983 - 1 BvR 209, 269, 362, 420, 440, 484/83 -, BVerfGE 65, 1, 43 f.; BVerfG v. 9.3.1988 - 1 BvL 49/86 -, BVerfGE 78, 77, 85; BVerfG v. 27.6.1991 - 2 BvR 1493/89 -, BVerfGE 84, 239, 279 f. Vgl. auch *Leibholz/Rinck/Hesselberger*, GG-Kommentar, Art. 2 Rz. 106.

752 Vgl. BVerfG v. 15.12.1983 - 1 BvR 209, 269, 362, 420, 440, 484/83 -, BVerfGE 65, 1, 43 f.; BVerfG v. 27.6.1991 - 2 BvR 1493/89 -, BVerfGE 84, 239, 279 f. Vgl. auch *Leist*, Schranken, 2000, S. 40 ff.

kennt. Begründet wird dies mit einer Art "Teilhabeprinzip": Da der Staat den Bürgern und Unternehmen den besonderen Schutz, die Ordnung und die Leistungen der staatlichen Gemeinschaft gewähre, sei es zulässig, diese an den finanziellen Lasten zur Aufrechterhaltung des staatlichen Lebens zu beteiligen. Wie das Bundesverfassungsgericht verdeutlicht, ist die Bemessung des jeweiligen Lastenanteils unter Berücksichtigung des Gleichheitsgrundsatzes aber nur durchführbar, wenn Daten zur Verfügung stehen, die die Gleichmäßigkeit der Besteuerung ermöglichen.[753] Vor diesem Hintergrund ist der der Finanzverwaltung durch die Meldepflichten der Kreditinstitute gewährte Einblick in die persönlichen Daten der Kunden als durch ein überwiegendes Allgemeininteresse gedecktes Vorgehen zu werten. Während die im deutschen Steuerrecht gegenwärtig enthaltenen Regelungen die Besteuerung der die Finanzanlagen betreffenden privaten Veräußerungsvorgänge nicht sicherstellen können und diese Problematik bei einer Ausdehnung des Besteuerungstatbestands noch an Bedeutung gewinnt,[754] können durch die gesetzliche Verankerung von den Kreditinstituten zu erfüllender Meldepflichten die für die Gleichmäßigkeit der Besteuerung in diesem Bereich benötigten Informationen weitestgehend erlangt werden.

Ob die angestrebten Meldepflichten darüber hinaus auch dem Grundsatz der Verhältnismäßigkeit entsprechen, hängt davon ab, ob der dadurch bedingte Eingriff in das Recht auf informationelle Selbstbestimmung des Steuerpflichtigen zur Sicherstellung der Erfassung privater Veräußerungserfolge geeignet, erforderlich und verhältnismäßig im engeren Sinne ist.[755] Als geeignet ist eine Maßnahme prinzipiell dann anzusehen, wenn sie die Herbeiführung des angestrebten Erfolges fördert.[756] Insoweit kann an der Zulässigkeit von den Kreditinstituten in bezug auf die Finanzanlagegeschäfte ihrer Kunden zu erfüllender Meldepflichten nicht gezweifelt werden. Der Zugriff auf diese Daten und die darüber der Finanzverwaltung ermöglichte Abstimmung mit den in den Steuererklärungen der Steuerpflichtigen enthaltenen Angaben, läßt im Finanzanlagebereich eine

---

753 Vgl. BVerfG v. 17.7.1984 - 2 BvE 11, 15/83 -, BVerfGE 67, 100, 143; BVerfG v. 27.6.1991 - 2 BvR 1493/89 -, BVerfGE 84, 239, 280. Vgl. auch *Arndt*, Gutachten, 2000, S. 25; *Leist*, Schranken, 2000, S. 59.

754 Vgl. Erstes Kapitel Punkt B.III.3. (S. 29 ff.) und Zweites Kapitel Punkt C.III.1. und D. (S. 56 ff. und 61).

755 Zu den nachfolgenden Ausführungen vgl. auch *Arndt/Rudolf*, Öffentliches Recht, 2000, S. 39 ff.; *Jarass*, in: Jarass/Pieroth, GG-Kommentar, 2000, Art. 20 Rdnr. 83 ff.

756 Vgl. BVerfG v. 20.6.1984 - 1 BvR 1494/78 -, BVerfGE 67, 157, 173 m.w.N.; BVerfG v. 10.4.1997 - 2 BvL 45/92 -, BVerfGE 96, 10, 23.

Art "gläsernen Steuerbürger"[757] entstehen, dessen Kontrolle nahezu umfassend ist. Die angestrebten Meldepflichten werden daher dem Kriterium der Geeignetheit, bei dem es um die generelle Zwecktauglichkeit eines gewählten Mittels geht, gerecht. Demgegenüber ist bei der Prüfung der Erforderlichkeit zu untersuchen, ob es nicht andere Mittel gibt, mit deren Hilfe der verfolgte Zweck in gleichem Umfang erreicht werden kann, in die grundrechtlich geschützte Rechtsposition des Bürgers jedoch weniger eingegriffen wird.[758] Mögliche alternative Vorgehensweisen zu den Meldepflichten der Kreditinstitute könnten darin bestehen, zukünftig bei ihrer Außenprüfung flächendeckende Kontrollmitteilungen in bezug auf die Depotkonten ihrer Kunden zuzulassen, oder aber der Finanzverwaltung entsprechende Auskunftsersuchen zu gestatten.[759] Um die Besteuerung privater Veräußerungsgewinne in dem über gesetzliche Meldepflichten zu erzielenden Umfang zu gewährleisten, müßten jedoch sämtliche Kreditinstitute zeitlich fortlaufend geprüft bzw. die an sie gerichteten Auskunftsersuchen jährlich durchgeführt werden. Sofern dies sichergestellt werden könnte, würde zwar im Rahmen dieser Vorgehensweisen die Finanzverwaltung die zur Kontrolle der steuerlichen Erfassung der Veräußerungserfolge benötigten Daten nicht automatisch erhalten. Der damit verbundene Eingriff in das Recht auf informationelle Selbstbestimmung des einzelnen dürfte dem durch die Verankerung von Meldepflichten bedingten allerdings vergleichbar sein, da die Finanzverwaltung letztlich die gleichen, den Steuerpflichtigen betreffenden persönlichen Informationen erhalten würde. Im Vergleich zu der Einführung jährlicher Meldepflichten würden die über eine Ausdehnung der Kontrollmitteilungen oder der Auskunftsersuchen zu gewinnenden Informationen aber regelmäßig später zur Verfügung stehen, da diese Verfahren gewöhnlich mit einer gewissen zeitlichen Verzögerung durchgeführt werden. Sowohl flächendeckende Kontrollmitteilungen als auch flächendeckende Auskunftsersuchen sind infolgedessen nicht zu befürworten.

Abschließend zu klären ist damit noch die Frage, ob durch die Meldepflichten die Verhältnismäßigkeit im engeren Sinne gewahrt und dem Steuerpflichtigen somit zumutbar ist. Um dies zu prüfen, ist in einer Gesamtwertung festzustellen, ob die Schwere des Eingriffs geringer wiegt als der darüber verfolgte Zweck. Ist

---

[757] Dieser Begriff wurde nachhaltig von Bilsdorfer im Zusammenhang mit seiner Untersuchung zu den Informationsquellen und -wegen der Finanzverwaltung geprägt. Vgl. *Bilsdorfer*, Informationsquellen, 1999.

[758] Vgl. BVerfG v. 31.10.1984 - 1 BvR 35, 356, 794/82 -, BVerfGE 68, 193, 218 f.; BVerfG v. 26.4.1995 - 1 BvL 19/94 und 1 BvR 1454/94 -, BVerfGE 92, 262, 273.

[759] Vgl. *Arbeitsgruppe "Steuerausfälle"*, Überprüfung, StB 1984, S. 404 und 448 ff. So im Ergebnis auch *Bilsdorfer*, Auswirkungen, StBp 1997, S. 265, der diese Vorgehensweise für die Zinsbesteuerung fordert. Vgl. auch Erstes Kapitel Punkt B.III.3. (S. 33).

dies nicht der Fall, ist der Eingriff dem Steuerpflichtigen nicht zumutbar.[760] Auch wenn es sich bei den hier vorgeschlagenen Meldepflichten unzweifelhaft um einen schwerwiegenden Eingriff in das Recht auf informationelle Selbstbestimmung des einzelnen handelt, ist das Interesse an der Kontrolle der steuerlichen Erfassung der aus der Veräußerung im Privatvermögen gehaltener Finanzanlagen erzielten Erfolge und die darüber in diesem Bereich mögliche Verwirklichung der Gleichmäßigkeit der Besteuerung als vorrangig anzusehen. Auf der Grundlage der im geltenden deutschen Steuerrecht enthaltenen Regelungen ist diese Gleichheit nicht zu gewährleisten. Vielmehr gehen Schätzungen zufolge bei der Besteuerung privater Veräußerungserfolge nach § 23 EStG bereits heute Steuerbeträge in Milliardenhöhe verloren.[761] Zudem ist von Bedeutung, daß bei der gesetzlichen Verankerung von den Kreditinstituten zu erfüllender Meldepflichten eine Zweckentfremdung der die Steuerpflichtigen betreffenden Daten ausgeschlossen ist. So wird durch § 30 AO das private Geheimhaltungsinteresse des Steuerpflichtigen geschützt, indem er das Steuergeheimnis als Gegenstück zu den Offenbarungspflichten enthält.[762] Dadurch ist auch den vom Bundesverfassungsgericht für die Zulässigkeit einer Einschränkung des Rechts auf informationelle Selbstbestimmung geforderten verfahrensrechtlichen Vorkehrungen, die einer Verletzung des Persönlichkeitsrechts entgegenwirken sollen, Rechnung getragen, so daß auch unter diesem Blickwinkel die Meldepflichten nicht zu beanstanden sind.

Es ist daher festzuhalten, daß durch die hier vorgeschlagenen, von den Kreditinstituten hinsichtlich der Finanzanlagegeschäfte ihrer Kunden zu erfüllenden Meldepflichten nicht gegen das in Art. 2 Abs. 1 i.V.m. Art. 1 Abs. 1 GG verankerte Recht auf informationelle Selbstbestimmung verstoßen wird.

b) Die Berufsfreiheit (Art. 12 GG), die Eigentumsgarantie (Art. 14 GG) und das Gebot der Lastengleichheit (Art. 3 Abs. 1 GG)

Nach Art. 108 GG und dessen einfachgesetzlicher Ausprägung in § 85 AO obliegt es den Finanzbehörden, die Steuern nach Maßgabe der Gesetze gleichmäßig festzusetzen und zu erheben. Unter diesen Aufgabenbereich fällt insbesondere auch die Verpflichtung der Finanzbehörden, die Durchsetzung des Steu-

---

760 Vgl. BVerfG v. 24.5.1977 - 2 BvR 988/75 -, BVerfGE 44, 353, 373; BVerfG v. 17.10.1990 - 1 BvR 283/85 -, BVerfGE 83, 1, 19 m.w.N.; BVerfG v. 15.5.1995 - 2 BvL 19/91, 2 BvR 1206, 1584/91 und 2601/93 -, BVerfGE 92, 277, 327.

761 Vgl. *Nüssgens*, Einkünfte, StWK 2000, Gr. 4, S. 707; *o.V.*, Spekulationsgewinne, DM extra 2000, Sonderheft 50, S. 110; *Schiffer*, Aktuell, StuB 2000, S. 731.

762 Vgl. BVerfG v. 27.6.1991 - 2 BvR 1493/89 -, BVerfGE 84, 239, 280 f. Vgl. auch *Austrup*, Zinsbesteuerung, 1994, S. 127 f.; *Miebach*, Bankgeheimnis, 1999, S. 298; *Schmidt-Bleibtreu/Klein*, GG-Kommentar, 1999, Art. 2 Rdnr. 2c.

eranspruchs, und damit auch die Erfassung privater Veräußerungsgewinne, bei den Steuerpflichtigen zu gewährleisten.[763] Bei den angestrebten Meldepflichten der Kreditinstitute zur Sicherstellung der Besteuerung der Veräußerungsgewinne ihrer Kunden handelt es sich infolgedessen um einen Fall der "gesetzlichen Indienstnahme Privater für Verwaltungsaufgaben",[764] die sich gerade dadurch auszeichnet, daß der Staat in Ermangelung oder zur Schonung eigener Mittel das Verwaltungs- und Finanzpotential Privater kraft Gesetzes zur Erfüllung einer öffentlichen Aufgabe in Anspruch nimmt.[765] Die Maßstäbe, anhand derer eine solche Regelung auf ihre Verfassungsmäßigkeit hin zu überprüfen sind, sind weitgehend anerkannt: Das Grundrecht der Berufsfreiheit (Art. 12 GG), die Eigentumsgarantie (Art. 14 GG) und das Gebot der Lastengleichheit (Art. 3 GG).[766] Dabei erscheint es jedoch sinnvoll, zwischen der Rechtmäßigkeit der Indienstnahme als solcher und der Problematik der Unentgeltlichkeit der Dienste zu unterscheiden und diese beiden Ebenen auch grundsätzlich getrennt voneinander zu betrachten.[767]

aa) Die Rechtmäßigkeit der Indienstnahme als solche

Auf der Ebene der Rechtmäßigkeit der Indienstnahme als solcher ist zunächst zu prüfen, ob die angestrebten Meldepflichten der Kreditinstitute mit der in Art. 12 GG verankerten Berufsfreiheit, die neben der Wahl des Berufs auch dessen

---

763 Vgl. *Hey*, Heranziehung, FR 1998, S. 503; *Trzaskalik*, Steuererhebungspflichten, DStJG 12 (1989), S. 160 ff.

764 Für einen Überblick bezüglich anderer Indienstnahmen Privater, zu denen insbesondere auch die Erhebung der Kapitalertragsteuer durch die Schuldner von Kapitalerträgen zählt, vgl. *Depenheuer*, Arbeitgeber, BB 1996, S. 1218.

765 Vgl. grundlegend *Ipsen*, Indienstnahme, in: Festschrift Kaufmann, 1950, S. 141. Vgl. dazu auch *Ferger*, Verwaltungsaufgaben, 1979, S. 3 ff.; *Plewa*, Verfassungsmäßigkeit, 1978, S. 4 ff.

766 Vgl. *Arndt*, Gutachten, 2000, S. 45; *Depenheuer*, Arbeitgeber, BB 1996, S. 1218 und 1220; *Herrler*, Mitwirkung, 1984, S. 45 und 207; *Hey*, Heranziehung, FR 1998, S. 503 ff.

767 Vgl. *Friauf*, Sonderlasten, in: Festschrift Jahrreiß, 1974, S. 66; *Geurts*, Erfüllungsgehilfen, DB 1997, S. 1999; *Hey*, Heranziehung, FR 1998, S. 502 ff.; *Ipsen*, Indienstnahme, in: Festschrift Kaufmann, 1950, S. 141 ff.; *ders.*, Bevorratungsverpflichtung, AöR 1965, S. 421 ff.; *Ossenbühl*, Erfüllung, VVDStRL 29 (1971), S. 180; Stober, Wirtschaftsverwaltungsrecht, 1989, S. 915 f.; a.A. *Trzaskalik*, Steuererhebungspflichten, DStJG 12 (1989), S. 179 ff. Zu den nachfolgenden Ausführungen vgl. grundlegend *Arndt* (Gutachten, 2000, S. 44 ff.), der die Indienstnahme der Unternehmen im Rahmen der §§ 146, 147 AO untersucht; *Depenheuer* (Arbeitgeber, BB 1996, S. 1218 ff.), der die Indienstnahme der Arbeitgeber bei der Auszahlung des Kindergeldes und *Hey* (Heranziehung, FR 1998, S. 497 ff.), die die Indienstnahme der Banken bei der Durchführung des Zinsabschlags und der Freistellungsaufträge untersucht.

Ausübung umfaßt, zu vereinbaren ist.[768] Den betroffenen Unternehmen wird durch die Meldepflichten die Dispositionsfreiheit über den Einsatz und die Aufgabenbestimmung ihrer Verwaltung in gewissem Umfang entzogen. Zwar kommt diesen Regelungen, da sie nicht auf eine Beeinflussung des jeweiligen Unternehmenszwecks selbst ausgerichtet sind, kein unmittelbar berufsregelnder Charakter zu.[769] Wie das Bundesverfassungsgericht aber in verschiedenen Entscheidungen hervorhob, kann die Freiheit der Berufsausübung auch durch Bestimmungen berührt werden, die aufgrund ihrer tatsächlichen Auswirkungen geeignet sind, die Berufsausübung mittelbar zu beeinträchtigen.[770] Eine solche Beeinträchtigung kann bei den hier vorgeschlagenen Meldepflichten angesichts der damit für die Unternehmen verbundenen administrativen und finanziellen Belastungen, um die für die Erfüllung der Meldepflichten notwendigen personellen und EDV-technischen Voraussetzungen zu schaffen, nicht bestritten werden. Der dadurch bedingte Eingriff in die Freiheit der Berufsausübung ist jedoch zulässig, sofern er verhältnismäßig ist.[771] Während bezüglich der "Geeignetheit" in vollem Umfang auf die Ausführungen zum Recht auf informationelle Selbstbestimmung verwiesen werden kann und diese Voraussetzung daher als erfüllt anzusehen ist, ist bei der "Erforderlichkeit" und der "Verhältnismäßigkeit im engeren Sinne" auf die Besonderheiten dieser Voraussetzungen im Rahmen des Grundrechts der Berufsfreiheit einzugehen.

So ist bei der Prüfung der Erforderlichkeit entscheidend, ob es nicht andere, gleich wirksame Mittel gibt, durch die in die Berufsfreiheit der Kreditinstitute weniger eingegriffen wird.[772] Wie bereits im Rahmen der Erörterung des Rechts auf informationelle Selbstbestimmung dargelegt wurde, sind flächendeckende Kontrollmitteilungen oder flächendeckende Auskunftsersuchen, bei entsprechender Ausgestaltung, grundsätzlich als den Meldepflichten vergleichbare Maßnahmen zur Sicherstellung der Erfassung privater, dem Bereich der Finanz-

---

768 Zum Inhalt des Grundrechts der Berufsfreiheit vgl. stellvertretend *Arndt/Rudolf*, Öffentliches Recht, 2000, S. 128 f.; *Jarass*, in: Jarass/Pieroth, GG-Kommentar, 2000, Art. 12 Rdnr. 1 ff.

769 Vgl. *Arndt*, Gutachten, 2000, S. 48; *Depenheuer*, Arbeitgeber, BB 1996, S. 1218.

770 Vgl. BVerfG v. 30.10.1961 - 1 BvR 833/59 -, BVerfGE 13, 181, 185 f.; BVerfG v. 29.11.1967 – 1 BvR 175/66 -, BVerfGE 22, 380, 383 f.; BVerfG v. 3.11.1982 - 1 BvL 4/78 -, BVerfGE 61, 291, 308 m.w.N.; BVerfG v. 29.11.1989 - 1 BvR 1402, 1528/87 -, BVerfGE 81, 108, 121 f.

771 Vgl. BVerfG v. 12.10.1977 - 1 BvR 217, 216/75 -, BVerfGE 46, 120, 145; BVerfG v. 22.5.1979 - 1 BvL 9/75 -, BVerfGE 51, 193, 208; BVerfG v. 22.1.1997 - 2 BvR 1915/91 -, BVerfGE 95, 173, 183.

772 Vgl. BVerfG v. 16.3.1971 - 1 BvR 52, 665, 667, 754/66 -, BVerfGE 30, 292, 316 m.w.N.; BVerfG v. 5.5.1987 - 1 BvR 724, 1000, 1015/81, 1 BvL 16/82 und 5/84 -, BVerfGE 75, 246, 269; BVerfG v. 14.3.1989 - 1 BvR 1033/82 und 174/84 -, BVerfGE 80, 1, 30.

anlagen zuzurechnender Veräußerungserfolge anzusehen.[773] Der durch diese Vorgehensweisen bedingte Eingriff in das Grundrecht der Berufsfreiheit dürfte dem durch die Einführung gesetzlicher Meldepflichten bedingten aber vergleichbar sein, da die unternehmerische Dispositionsfreiheit den Kreditinstituten, um die für die Bereitstellung der seitens der Finanzverwaltung geforderten Informationen notwendigen Voraussetzungen zu schaffen, letztlich in gleichem Umfang entzogen würde. Im Vergleich zu der Einführung jährlicher Meldepflichten würden die über eine Ausdehnung der Kontrollmitteilungen oder der Auskunftsersuchen zu erlangenden Informationen allerdings regelmäßig später zur Verfügung stehen. Ebenso wie dies im Hinblick auf das Recht auf informationelle Selbstbestimmung der Fall war, sind infolgedessen auch im Hinblick auf das Grundrecht der Berufsfreiheit die vorgeschlagenen Meldepflichten als erforderlich anzusehen.

Bei der Prüfung der Verhältnismäßigkeit im engeren Sinne ist die vom Bundesverfassungsgericht seit dem sog. Apothekenurteil[774] für die Untersuchung der verfassungsrechtlichen Rechtfertigung eines Eingriffs in Art. 12 Abs. 1 GG angewandte "Drei-Stufen-Theorie"[775] zu beachten. Danach ist die Gestaltungsfreiheit des Gesetzgebers um so weiter, je mehr es sich um eine reine Berufsausübungsregelung handelt, und um so enger, je mehr eine Regelung die subjektive oder gar objektive Berufswahl zum Gegenstand hat.[776] Eine reine Berufsausübungsregelung, um die es sich auch bei den angestrebten Meldepflichten handelt, wird dabei prinzipiell bereits dann als zulässig erachtet, wenn vernünftige Erwägungen des Gemeinwohls diese zweckmäßig erscheinen lassen.[777] Wie im Zusammenhang mit der Prüfung der Meldepflichten auf ihre Vereinbarkeit mit dem Recht auf informationelle Selbstbestimmung erläutert wurde, wird vom Bundesverfassungsgericht prinzipiell ein überwiegendes Interesse der Allgemeinheit an der Offenlegung steuerlich erheblicher Angaben bejaht. Für den Bereich der Erfassung privater Veräußerungserfolge gilt dies um so mehr, als selbst im geltenden Recht, das die Erfassung privater Veräußerungsvorgänge nur ausnahmsweise vorsieht, die Besteuerung der den Finanzanlagebereich betref-

---

773 Vgl. Viertes Kapitel Punkt A.VII.2.a) (S. 170).

774 BVerfG v. 11.6.1958 - 1 BvR 596/56 -, BVerfGE 7, 377.

775 Für einen Überblick zu Inhalt und Bedeutung der "Drei-Stufen-Theorie" vgl. stellvertretend *Jarass*, in: Jarass/Pieroth, GG-Kommentar, 2000, Art. 12 Rdnr. 23 ff.

776 Vgl. BVerfG v. 11.6.1958 - 1 BvR 596/56 -, BVerfGE 7, 377, 378. Vgl. dazu auch *Gubelt*, in: Von Münch/Kunig, GG-Kommentar, 2000, Art. 12 Rdnr. 49; *Jarass*, in: Jarass/Pieroth, GG-Kommentar, 2000, Art. 12 Rdnr. 31 ff.; *Pieroth/Schlink*, Grundrechte, 2000, S. 207 ff.

777 Vgl. BVerfG v. 4.10.1983 - 1 BvR 1633, 1549/82, BVerfGE 65, 116, 125 f. m.w.N.; BVerfG v. 14.5.1985 - 1 BvR 449, 523, 700, 728/82 -, BVerfGE 70, 1, 28; BVerfG v. 22.1.1997 - 2 BvR 1915/91 -, BVerfGE 95, 173, 183.

fenden Veräußerungsgeschäfte nicht gewährleistet ist. Bei einer Ausdehnung des Besteuerungstatbestands gewinnt diese Problematik noch an Bedeutung.[778] Die durch die Meldepflichten bei den Kreditinstituten hervorgerufene Zusatzbelastung, die sich insbesondere aus der Bereitstellung des Personals sowie der Schaffung der EDV-technischen Voraussetzungen für die Erfüllung der Meldepflichten ergibt, steht ein entsprechend erhöhter Kontrollvorteil der Finanzverwaltung gegenüber, der die Verwirklichung der Gleichmäßigkeit der Besteuerung in diesem Bereich ermöglicht. Das Vorliegen vernünftiger Gründe des Gemeinwohls kann für die Einführung gesetzlicher Meldepflichten vor diesem Hintergrund nicht geleugnet werden, so daß dieses Vorgehen als mit Art. 12 Abs. 1 GG vereinbar anzusehen ist. Diese Auffassung wird auch durch das sog. Kuponsteuerurteil des Bundesverfassungsgerichts vom 29.11.1967[779] gestützt, das die Verpflichtung der Kreditinstitute zur Einbehaltung und Abführung der Kuponsteuer für die Steuerschuldner zum Gegenstand hatte und diese als zulässige Regelung der Berufsausübung wertete. Dabei führt das Bundesverfassungsgericht zur Begründung insbesondere aus, daß die mit dem Kuponsteuerabzug verbundene Belastung der Kreditinstitute im Vergleich zu den darüber durch die Beseitigung der Privilegierung bestimmter Personen für das Gemeinwohl zu erzielenden Vorteilen weder als unangemessen noch unzumutbar zu beurteilen sei. Vielmehr sei die Inanspruchnahme als erträglich einzustufen, da sie sich an die übliche Tätigkeit der Kreditinstitute anlehne und diese die für den Steuerabzug benötigten Informationen den ihre Kunden betreffenden Depotunterlagen entnehmen könnten.[780] Bei den hier angestrebten Meldepflichten könnten die Kreditinstitute die für die Erfüllung ihrer Pflichten benötigten Informationen ebenfalls den ihre Kunden betreffenden Depotunterlagen entnehmen, so daß auch unter diesem Aspekt die gesetzliche Verankerung der Meldepflichten als zulässige Regelung der Berufsausübung anzusehen ist.

Auf der Ebene der Rechtmäßigkeit der Indienstnahme als solcher ist ferner zu prüfen, ob die vorgeschlagenen Meldepflichten der Kreditinstitute mit der in Art. 14 GG verankerten Eigentumsgarantie zu vereinbaren sind.[781] Zu den schutzfähigen Rechtspositionen des Art. 14 Abs. 1 Satz 1 GG zählen insbesondere die vermögenswerten Rechte, die das bürgerliche Recht einem privaten

---

778 Vgl. Erstes Kapitel Punkt B.III.3. (S. 29 ff.), Zweites Kapitel Punkt C.III.1. und D. (S. 56 ff. und 61).

779 BVerfG v. 29.11.1967 – 1 BvR 175/66 -, BVerfGE 22, 380 ff. Vgl. dazu auch *Leibholz/Rinck/Hesselberger*, GG-Kommentar, Art. 12 Rz. 372 und 916.

780 Vgl. BVerfG v. 29.11.1967 – 1 BvR 175/66 -, BVerfGE 22, 380, 385 f.

781 Zu dem Erfordernis, bei der Indienstnahme Privater neben Art. 12 auch Art. 14 GG zu prüfen, vgl. *Ferger*, Verwaltungsaufgaben, 1979, S. 186 ff. und 217; *Plewa*, Verfassungsmäßigkeit, 1978, S. 175 f. m.w.N., 189 und 222 f.; *Scholz*, in: Maunz/Dürig, GG-Kommentar, Art. 12 Rdnr. 138 ff.

Rechtsträger als Eigentum zuordnet.[782] Nach der Rechtsprechung[783] und der herrschenden Literaturmeinung[784] stellt das Recht am eingerichteten und ausgeübten Gewerbebetrieb gleichfalls Eigentum im Sinne des Art. 14 Abs. 1 Satz 1 GG dar. Dem Begriff des Gewerbebetriebs ist in diesem Zusammenhang die Gesamtheit der sachlichen, personellen, finanziellen und sonstigen Mittel zuzurechnen, die in der Hand des Betriebsinhabers zusammengefaßt den wirtschaftlichen Wert des konkreten Betriebs ausmachen.[785] Geschützt ist die Fortsetzung dieses Betriebs im bisherigen Umfange nach den schon getroffenen betrieblichen Maßnahmen.[786]

Durch die angestrebten Meldepflichten werden sowohl sachliche als auch personelle und finanzielle Betriebsmittel der Kreditinstitute gebunden, indem sie deren freien Verfügung zu privatwirtschaftlichen Zwecken entzogen und statt dessen zur Erfüllung der Meldepflichten einzusetzen sind. Die Fortsetzung des Betriebs im bisherigen Umfange nach den schon getroffenen betrieblichen Maßnahmen ist den Kreditinstituten daher nicht uneingeschränkt möglich, woraus sich ein Eingriff in ihr Recht am eingerichteten und ausgeübten Gewerbebetrieb ergibt. Dabei wird durch die Meldepflichten abstrakt und generell die Eigentumsbefugnis der Kreditinstitute im Vergleich zur bisherigen Rechtslage eingeschränkt. Eine Enteignung im Sinne des Art. 14 Abs. 3 GG, die sich gerade da-

---

782 Vgl. BVerfG v. 19.6.1985 - 1 BvL 57/79 -, BVerfGE 70, 191, 199; BVerfG v. 9.1.1991 - 1 BvR 929/89 -, BVerfGE 83, 201, 208 f. m.w.N.; BVerfG v. 26.5.1993 - 1 BvR 208/93-, BVerfGE 89, 1, 6. Für einen Überblick zum Schutzbereich des Art. 14 GG vgl. stellvertretend *Bryde*, in: Von Münch/Kunig, GG-Kommentar, 2000, Art. 14 Rdnr. 11 ff.; *Pieroth/ Schlink*, Grundrechte, 2000, S. 222 ff.

783 Vgl. BVerfG v. 30.4.1952 - 1 BvR 14, 25, 167/52 -, BVerfGE 1, 264, 276 ff.; BVerfG v. 8.6.1977 - 2 BvR 499/74 und 1042/75 -, BVerfGE 45, 142, 173; BGH v. 30.9.1976 - III ZR 149/75 -, BGHZ 23, 157, 162 f.; BGH v. 28.6.1984 - III ZR 35/83 -, BGHZ 92, 35, 37; BVerwG v. 27.5.1981 - 7 C 34.77 -, BVerwGE 62, 224, 226. In seiner jüngeren Rechtsprechung läßt das Bundesverfassungsgericht die Einordnung offen: vgl. BVerfG v. 22.5.1979 - 1 BvL 9/75 -, BVerfGE 51, 193, 221 f.; BVerfG v. 26.6.1991 - 1 BvR 779/ 85 -, BVerfGE 84, 212, 232; BVerfG v. 12.11.1997 - 1 BvR 479/92 und 307/94 -, BVerfGE 96, 375, 397.

784 Vgl. *Bryde*, in: Von Münch/Kunig, GG-Kommentar, 2000, Art. 14 Rdnr. 18; *Kimminich*, in: Bonner Kommentar, GG, Art. 14 Rdnr. 77 ff.; *Ossenbühl*, Staatshaftungsrecht, 1998, S. 159 ff.; *Papier*, in: Maunz/Dürig, GG-Kommentar, Art. 14 Rdnr. 95.

785 Vgl. BVerfG v. 13.6.1961 - 1 BvR 148/57 -, BVerfGE 13, 225, 229 f; BVerfG v. 8.6.1977 - 2 BvR 499/74 und 1042/75 -, BVerfGE 45, 142, 173; BGH v. 28.1.1957 - III ZR 141/55 -, BGHZ 23, 157, 162 f.; BGH v. 30.9.1976 - III ZR 149/75 -, BGHZ 67, 190, 192. Vgl. auch *Bryde*, in: Von Münch/Kunig, GG-Kommentar, Art. 14 Rdnr. 18 ff.; *Ipsen*, Bevorratungsverpflichtung, AöR 1965, S. 429 f.; *Papier*, in: Maunz/Dürig, GG-Kommentar, Art. 14 Rdnr. 95; *Plewa*, Verfassungsmäßigkeit, 1978, S. 180 ff.

786 Vgl. BGH v. 18.9.1986 - III ZR 83/85 -, BGHZ 98, 341, 351 f. Vgl. auch *Jarass*, in: Jarass/Pieroth, GG-Kommentar, 2000, Art. 14 Rz. 23.

durch auszeichnet, daß eine Regelung final darauf abzielt, konkret und individuell eigentumsrechtliche Positionen zu entziehen, um sie für öffentliche Zwecke in Anspruch zu nehmen, liegt somit nicht vor. Vielmehr sind die Begriffsmerkmale einer Inhalts- und Schrankenbestimmung im Sinne des Art. 14 Abs. 1 Satz 2 GG erfüllt.[787] Voraussetzung für die Zulässigkeit einer solchen Regelung ist, daß sie die Eigentümer nicht unverhältnismäßig im Gebrauch ihrer Eigentümerfreiheit einschränkt und infolgedessen dem Grundsatz der Verhältnismäßigkeit genügt.[788] Sowohl bezüglich der "Geeignetheit" und "Erforderlichkeit" als auch bezüglich der "Verhältnismäßigkeit im engeren Sinne" kann im Grundsatz auf die Ausführungen zum Recht auf informationelle Selbstbestimmung sowie zur Berufsfreiheit und die in diesem Zusammenhang für die Wahrung des Grundsatzes der Verhältnismäßigkeit durch die Meldepflichten angeführten Argumente verwiesen werden. Im Hinblick auf die Verhältnismäßigkeit im engeren Sinne ist jedoch im Rahmen der Prüfung einer Verletzung der Eigentumsgarantie nach Art. 14 GG noch zu berücksichtigen, daß diese beim Recht am eingerichteten und ausgeübten Gewerbebetrieb regelmäßig dann überschritten wird, wenn durch die Regelung in die Substanz des Betriebs eingegriffen wird.[789] Bei der Auferlegung gesetzlicher Meldepflichten dürfte ein Eingriff in die Substanz der Kreditinstitute nicht zu bejahen sein. Zwar werden personelle und finanzielle Betriebsmittel gebunden, doch handelt es sich nur um einzelne Betriebsmittel, die die Rentabilität der Unternehmen nicht in einer die wirtschaftliche Existenz gefährdenden Weise beeinträchtigen, sondern ein eigenbestimmtes Wirtschaften weiterhin zulassen.[790] Diese Auffassung wird wiederum durch das Kuponsteuerurteil[791] des Bundesverfassungsgerichts gestützt. So stellt das Gericht bei der Prüfung eines Verstoßes gegen Art. 14 GG darauf ab, daß die Durchführung

---

787 Vgl. auch *Hey*, Heranziehung, FR 1998, S. 504. Zur Abgrenzung der Inhalts- und Schrankenbestimmungen von Enteignungen vgl. stellvertretend *Pieroth/Schlink*, Grundrechte, 2000, S. 226 ff.

788 Vgl. BVerfG v. 8.4.1997 - 1 BvR 564, 684, 877, 886, 1134, 1636, 1711/84 -, BVerfGE 75, 78, 97 f. m.w.N.; BVerfG v. 26.4.1995 - 1 BvL 19/94 und 1 BvR 1454/94 -, BVerfGE 92, 262, 273.

789 Vgl. BVerfG v. 29.11.1961 - 1 BvR 148/57 -, BVerfGE 13, 225, 229; BVerfG v. 29.11.1967 - 1 BvR 175/66 -, BVerfGE 22, 380, 386; BVerfG v. 8.6.1977 - 2 BvR 499/74 und 1042/75 -, BVerfGE 45, 142, 173. BVerfG v. 29.11.1967 – 1 BvR 175/66 -, BVerfGE 22, 380, 386 f.; BVerfG v. 16.3.1971 – 1 BvR 52, 665, 667, 754/66 -, BVerfGE 30, 292, 325 f., 335; *Jarass*, in: Jarass/Pieroth, GG-Kommentar, 2000, Art. 14 Rdnr. 35; *Leibholz/Rinck/Hesselberger*, GG-Kommentar, Art. 14 Rz. 141, 826 und 926; *Plewa*, Verfassungsmäßigkeit, 1978, S. 222 f.

790 Vgl. Urteil des BVerfG v. 16.3.1971 zur Mineralölbevorratung (– 1 BvR 52, 665, 667, 754/66 -, BVerfGE 30, 292, 325 f., 335), in dem die Frage der Gefährdung der wirtschaftlichen Existenz in den Vordergrund gestellt wird. Vgl. dazu auch *Hey*, Heranziehung, FR 1998, S. 505.

791 BVerfG v. 29.11.1967 – 1 BvR 175/66 -, BVerfGE 22, 380 ff.

des Steuerabzugs die Kreditinstitute nicht mit einer schlechthin unternehmensfremden Tätigkeit belaste und der Gesamtgewinn nicht in maßgeblicher Weise beeinflußt werde. Vielmehr schlage sich die Inanspruchnahme der Kreditinstitute nur in einer geringfügigen Minderung der Rentabilität nieder und bewege sich damit in dem Bereich der Inhaltsbestimmungen des Eigentums, der grundsätzlich dem Gesetzgeber anheimgegeben sei.[792]

Vor dem Hintergrund dieser Überlegungen sind die für die Kreditinstitute angestrebten Meldepflichten und der dadurch in ihr Recht am eingerichteten und ausgeübten Gewerbebetrieb bedingte Eingriff als mit dem Grundsatz der Verhältnismäßigkeit zu vereinbarende Inhalts- und Schrankenbestimmung im Sinne des Art. 14 Abs. 1 Satz 2 GG anzusehen und folglich nicht zu beanstanden. Fraglich könnte allerdings sein, ob ein Verstoß gegen Art. 14 GG nicht unter einem anderen Aspekt der Eigentumsgarantie gegeben ist. Das Bundesverfassungsgericht hat in seinem Beschluß zur Vermögensteuer vom 22.6.1995[793] deutlich gemacht, daß auch der Vermögensertrag am Schutz der vermögenswerten Rechtspositionen als Grundlage individueller Freiheit teilnimmt. In diesem Zusammenhang prüft es die durch die Vermögensteuer bedingte Belastung nicht isoliert, sondern in ihrem Zusammenwirken mit den sonstigen steuerlichen Belastungen und postuliert sodann: "Die Vermögensteuer darf deshalb zu den übrigen Steuern auf den Ertrag nur hinzutreten, soweit die steuerliche Gesamtbelastung des Sollertrages (...) in der Nähe einer hälftigen Teilung zwischen privater und öffentlicher Hand verbleibt."[794] Diese als "Halbteilungsgrundsatz" bezeichnete Auffassung des Bundesverfassungsgerichts wird in der Literatur verschiedentlich dahingehend ausgelegt, daß sie sich über die Vermögensteuer hinaus auf alle Abgabenlasten und sonstigen, von staatlicher Seite auferlegten, sich nur mittelbar vermögensmindernd auswirkenden Dienstleistungspflichten beziehen soll.[795] Im Hinblick auf die Indienstnahme Privater wird dabei die Ansicht vertreten, daß die mit den auferlegten Dienstleistungspflichten einhergehende erhöhte Belastung der Indienstgenommenen nur dann als verfassungsmäßig nach Art. 14 GG einzustufen ist, wenn dadurch die Gesamtbelastung mit hoheitlichen Leistungs- und Abgabenpflichten nicht über die Hälfte des Vermögensertrages hinausgeht.[796] Diese Ausdehnung des Halbteilungsgrundsatzes auf sämtliche Abgabenlasten und sonstigen Dienstleistungspflichten ist kaum haltbar. Das Bundesverfassungsgericht hat in seinem Beschluß diesen Ansatz lediglich be-

---

792 Vgl. BVerfG v. 29.11.1967 – 1 BvR 175/66 -, BVerfGE 22, 380, 386 f.

793 BVerfG v. 22.6.1995 - 2 BvL 37/91 -, BVerfGE 93, 121.

794 BVerfG v. 22.6.1995 - 2 BvL 37/91 -, BVerfGE 93, 121, 138.

795 Vgl. *Arndt*, Gutachten, 2000, S. 47 f. und 52; *Arndt/Schumacher*, Steuerlast, NJW 1995, S. 2604 f.; *Depenheuer*, Arbeitgeber, BB 1996, S. 220; *Lang*, Halbteilungsgrundsatz, NJW 2000, S. 459 f.; *Leisner*, Eigentumswende, NJW 1995, S. 2591 ff.

796 Vgl. *Arndt*, Gutachten, 2000, S. 47 f. und 52; *Depenheuer*, Arbeitgeber, BB 1996, S. 220.

züglich der Vermögensteuer entwickelt und angewendet. Ein Hinweis darauf, daß die dortigen Überlegungen auch für andere Bereiche Gültigkeit haben sollen, läßt sich dem Beschluß nicht entnehmen. Gegen eine solche Auffassung spricht zudem das Urteil des Bundesfinanzhofs vom 11.8.1999[797], in dem dieser die Anwendbarkeit des Halbteilungsgrundsatzes auf die Belastung der Unternehmen mit Einkommen- und Gewerbeertragsteuer verneint. Dieser Fall ist allerdings derzeit beim Bundesverfassungsgericht anhängig.[798] Selbst wenn sich aber die Ansicht durchsetzen sollte, daß sich der Halbteilungsgrundsatz auf sämtliche Abgaben- und Dienstleistungspflichten und somit gleichfalls auf die hier vorgeschlagenen Meldepflichten erstreckt, wäre eine allgemeingültige Aussage darüber, ob dies zu einem Verstoß gegen Art. 14 GG führt, nicht möglich. Vielmehr könnte dies bei den indienstgenommenen Kreditinstituten jeweils nur separat festgestellt werden.[799]

Es ist daher festzuhalten, daß die hier angestrebte Indienstnahme der Kreditinstitute als solche verfassungsrechtlich nicht zu beanstanden ist. Daraus läßt sich aber noch nicht ableiten, daß die Indienstnahme von den Kreditinstituten unentgeltlich hinzunehmen ist.

bb) Die Frage der Kostentragungspflicht

Die angestrebten Meldepflichten führen bei den Kreditinstituten zu einer finanziellen Sonderlast, die bei ihnen zu der sie - wie auch alle anderen Bürger - treffenden allgemeinen Steuerpflicht noch hinzutritt. Es stellt sich daher die Frage, ob diese Sonderbelastung der Unternehmen einen Verstoß gegen das in Art. 3 Abs. 1 GG verankerte Gebot der Gleichheit der Bürger bei der Auferlegung öffentlicher Lasten bedeutet.[800]

Nach der Konzeption des Grundgesetzes ist der Staat ein Steuerstaat.[801] Im Grundsatz zieht folglich jede staatliche Indienstnahme Privater die Vermutung für einen Verstoß gegen das Gebot der Lastengleichheit nach sich.[802] Diese Vermutung ist allerdings in Anlehnung an die Rechtsprechung des Bundesver-

797 Vgl. BFH v. 11.8.1999 - XI R 77/97 -, BStBl. II 1999, S. 771 ff.

798 Az. beim BVerfG: 2 BvR 2194/99.

799 So auch *Arndt*, Gutachten, 2000, S. 52; *Depenheuer*, Arbeitgeber, BB 1996, S. 1220.

800 Vgl. *Arndt*, Gutachten, 2000, S. 52; *Depenheuer*, Arbeitgeber, BB 1996, S. 1220 f.; *Friauf*, Sonderlasten, in: Festschrift Jahrreiß, 1974, S. 65 f.; *Hey*, Heranziehung, FR 1998, S. 506 f.; *Ossenbühl*, Erfüllung, VVDStRL 29 (1971), S. 182 ff. und S. 206 f.; *Plewa*, Verfassungsmäßigkeit, 1978, S. 168 ff. und 206.

801 Vgl. *Isensee*, Steuerstaat, 1977, S. 420 ff.; *Vogel*, Finanzstaat, 1987, S. 1181.

802 Vgl. *Arndt*, Gutachten, 2000, S. 53; *Depenheuer*, Arbeitgeber, BB 1996, S. 1220 ff.; *Friauf*, Sonderlasten, in: Festschrift Jahrreiß, 1974, S. 45; *Hey*, Heranziehung, FR 1998, S. 506 ff.

fassungsgerichts zur Zulässigkeit von Sonderabgaben[803] als widerlegt anzusehen, wenn zwischen dem Indienstgenommenen und der zu erfüllenden öffentlichen Aufgabe eine qualifizierte Beziehung besteht.[804] Der Sache nach wird dies vom Bundesverfassungsgericht in seiner jüngeren Rechtsprechung zur Indienstnahme der Arbeitgeber bei der Arbeitnehmerweiterbildung hervorgehoben, in der es für die Zulässigkeit der Sonderbelastung auf die "Verantwortungsbeziehung" der Belasteten zu der konkreten öffentlichen Aufgabe abstellt.[805] Voraussetzung für das Vorliegen einer solchen "Verantwortungsbeziehung" ist es, daß sich die Indienstgenommenen durch eine besondere Sachnähe zu der Aufgabe auszeichnen, aus der eine besondere Verantwortung für die Erreichung der Aufgabe entspringt.[806] Eine besondere Sachnähe der Kreditinstitute zu der Aufgabe "Sicherstellung der Besteuerung privater Veräußerungsgewinne" kann im Hinblick auf die ihnen hierfür zur Verfügung stehenden Informationen, die letztlich gerade auch den Hintergrund für ihre Inanspruchnahme bilden, nicht bezweifelt werden. Daraus jedoch eine besondere Verantwortung dieser Unternehmen für die tatsächliche steuerliche Erfassung privater Veräußerungsgewinne abzuleiten, ist nicht möglich. Zum einen ist den Kreditinstituten weder die Schuld an der Nichtangabe der Gewinne aus der Veräußerung privater Finanzanlagen zuzurechnen, noch sind sie in besonderer Weise für die Steuerehrlichkeit ihrer Kunden verantwortlich.[807] Ein besonderes Fürsorgeverhältnis zwischen ihnen und ihren Kunden, wie dies beispielsweise zwischen Arbeitgebern und Arbeitnehmern hinsichtlich des Einbehalts der Lohn- und Kirchensteuer von der Rechtsprechung[808] angenommen wird, besteht gleichfalls nicht. Zum anderen sind für die Kreditinstitute auch keine persönlichen Vorteile mit der korrekten Besteuerung ihrer Kunden verbunden, so daß aus dieser Perspektive eine besondere Verantwortung für die Gewährleistung der Besteuerung, die eine unentgeltliche Inanspruchnahme rechtfertigen könnte, auch nicht festgestellt werden kann.[809]

---

803 Vgl. BVerfG v. 10.12.1980 - 2 BvF 3/77 -, BVerfGE 55, 274, 298 ff.; BVerfG v. 6.11.1984 - 2 BvL 19, 20/83, 2 BvR 363, 491/83 -, BVerfGE 67, 256, 276 ff.; BVerfG v. 7.11.1995 - 2 BvR 413/88 und 1300/93 -, BVerfGE 93, 319, 344. Zur Problematik der Zulässigkeit von Sonderabgaben vgl. stellvertretend auch *Tipke/Lang*, Steuerrecht, 1998, S. 52 f.

804 Vgl. *Depenheuer*, Arbeitgeber, BB 1996, S. 1221; *Friauf*, Sonderlasten, in: Festschrift Jahrreiß, 1974, S. 67; *Hey*, Heranziehung, FR 1998, S. 507.

805 Vgl. BVerfG v. 15.12.1987 - 1 BvR 563, 582/85, 974/86 und 1 BvL 3/86 -BVerfGE 7, 308, 337.

806 Vgl. *Depenheuer*, Arbeitgeber, BB 1996, S. 1221; *Hey*, Heranziehung, FR 1998, S. 507.

807 Vgl. *Hey*, Heranziehung, FR 1998, S. 507.

808 Vgl. BAG v. 27.3.1958 - 2 AZR 188/56 -, DB 1958, S. 931 f.; BVerfG v. 17.2.1977 - 1 BvR 33/76 -, BVerfGE 44, 103, 104.

809 Vgl. *Hey*, Heranziehung, FR 1998, S. 505 und 507.

Um dennoch einen Verstoß gegen das Gebot der Lastengleichheit zu verhindern, ist es erforderlich, den Kreditinstituten die für sie mit den Meldepflichten verbundenen finanziellen Belastungen zu kompensieren.[810] Prinzipiell sind hierfür folgende Anknüpfungspunkte denkbar: die Kunden der Meldepflichtigen oder der Staat. Vor dem Hintergrund, daß insbesondere die Nichtangabe privater Veräußerungserfolge durch die Kunden in ihren Steuererklärungen die Meldepflichten notwendig machen, erscheint es sachgerecht, mit den dadurch hervorgerufenen Kosten nicht den Staat, sondern die Kunden zu belasten. Letztlich wird von den Kreditinstituten eine Tätigkeit übernommen, die vor allem den Steuerpflichtigen im Rahmen der von ihnen zu erfüllenden Steuererklärungspflichten zukommt.[811] Zwar sind auch bereits heute schon steuerehrliche Kunden von einer Kostenbelastung betroffen, doch dürften auch sie ein Interesse daran haben, daß im Bereich der Veräußerung privater Finanzanlagen die Besteuerung sichergestellt wird. In diesen Fällen ist folglich die Kostenbelastung ebenfalls als sachlich gerechtfertigt anzusehen.

Für eine Ausgleichspflicht des Staates könnte demgegenüber die Überlegung sprechen, daß er aufgrund der über die Meldepflichten zu gewinnenden Informationen Kosten für die Steuerfahndung, die aus allgemeinen Steuermitteln aufzubringen wären, einspart, die ihm infolgedessen für den Ausgleich der finanziellen Belastungen der Kreditinstitute zur Verfügung stehen. Selbst bei dieser Betrachtungsweise, die den Aspekt der Hinterziehungsprävention in den Vordergrund stellt, ändert sich aber nichts daran, daß den Auslöser für die Meldepflichten das Verhalten einer Vielzahl von Steuerpflichtigen bildet. Es erscheint daher sachgerecht, mit den Kosten die Steuerpflichtigen direkt zu belasten. Zudem wird über ein solches Vorgehen sichergestellt, daß speziell die Bezieher der privaten Veräußerungserfolge mit den entsprechenden Kosten belastet werden und nicht die Allgemeinheit der Steuerzahler hierfür aufkommen muß. Allerdings sollte sich der Gesetzgeber für die indienstgenommenen Kreditinstitute in der Weise verantwortlich zeigen, daß er ihnen die tatsächliche Realisierung ihres Ausgleichsanspruchs gegenüber den Kunden durch eine gesetzliche Kostentragungsregelung verschafft.[812] Für die gesetzliche Verankerung einer solchen Regelung sprechen insbesondere zwei neuere Urteile des Bundesgerichtshofs[813], in denen sich dieser gegen die Zulässigkeit der Bestimmung eines Entgelts für die mit der Verwaltung von Freistellungsaufträgen verbundenen Kosten in den Allgemeinen Geschäftsbedingungen eines Kreditinstituts ausspricht. Auch wenn

---

810 Vgl. *Depenheuer*, Arbeitgeber, BB 1996, S. 1221 f.; *Hey*, Heranziehung, FR 1998, S. 507; *Ossenbühl*, Erfüllung, VVDStRL 29 (1971), S. 206.

811 Vgl. *Hey*, Heranziehung, FR 1998, S. 507 f.

812 Vgl. *Hey*, Heranziehung, FR 1998, S. 507 ff.

813 BGH v. 15.7.1997 - XI ZR 269/96 -, DB 1997, S. 2016 f.; BGH v. 15.7.1997 - XI ZR 279/96 -, DB 1997, S. 2017.

diese Rechtsprechung sowohl bezüglich der Anwendbarkeit des § 8 AGBG als auch bezüglich der Unentgeltlichkeit der den Kreditinstituten in Angelegenheit ihrer Kunden auferlegten Pflichten scharf kritisiert wird,[814] kann nicht ausgeschlossen werden, daß der Bundesgerichtshof in dem vergleichbaren Fall, daß die Kreditinstitute eine Entgeltklausel für die mit den hier angestrebten Meldepflichten verbundenen Kosten in ihre Allgemeinen Geschäftsbedingungen aufnehmen würden, diese ebenfalls als nicht zulässig erachten könnte. Solange eine gesetzliche Kostentragungsregelung zu Lasten der Kunden nicht vorgesehen ist, könnten die Kreditinstitute daher nur versuchen, über vertragliche Vereinbarungen ihre finanziellen Lasten auf die Kunden abzuwälzen. Dagegen ist allerdings einzuwenden, daß in diesem Fall die tatsächliche Durchsetzbarkeit des Ausgleichsanspruchs von den jeweiligen Marktgegebenheiten abhängen würde. Zwar wurde vom Bundesverfassungsgericht im sog. Mineralölbevorratungsbeschluß[815] die Auffassung vertreten, daß die bloße Möglichkeit der Kostenabwälzung auf Dritte dem Ausgleichsbedürfnis genüge.[816] Um einen Verstoß gegen das Gebot der Lastengleichheit zu verhindern, erscheint die bloße Möglichkeit einer Abwälzung aber nicht ausreichend. Vielmehr ist entscheidend, daß sich die Kostenbelastung unabhängig von den jeweiligen Marktgegebenheiten tatsächlich durchsetzen läßt, was für die gesetzliche Verankerung einer Kostentragungsregelung spricht.[817]

3. Schlußfolgerungen

Da sich bei entsprechender Ausgestaltung der hier angestrebten Meldepflichten sowohl ein Verstoß gegen die Grundrechte der Kreditinstitute als auch ihrer Kunden vermeiden läßt, ist ihre gesetzliche Verankerung verfassungsrechtlich nicht zu beanstanden. Im Hinblick auf die über die Einführung solcher von den Kreditinstituten bezüglich der Finanzanlagegeschäfte ihrer Kunden zu erfüllender Meldepflichten bei der steuerlichen Erfassung privater Veräußerungserfolge zu erzielenden Vorteile, ist ihre Einführung vor diesem Hintergrund vielmehr gerade uneingeschränkt zu befürworten. Im Gegenzug ist auch die Aufhebung des in § 30a Abs. 2 AO geregelten, einer solchen Vorgehensweise derzeit entgegenstehenden Verbots der Inanspruchnahme der Kreditinstitute zu fordern.

---

[814] Vgl. *Früh*, Vergütungsanspruch, WM 1998, S. 63 ff. m.w.N.; *Hey*, Heranziehung, FR 1998, S. 508.

[815] BVerfG v. 16.3.1971 - 1 BvR 52, 665, 667, 754/66 -, BVerfGE 30, 292 ff.

[816] Vgl. BVerfG v. 16.3.1971 - 1 BvR 52, 665, 667, 754/66 -, BVerfGE 30, 292, 326 ff. So im Ergebnis auch *Herrler*, Mitwirkung, 1984, S. 224.

[817] Vgl. *Hey*, Heranziehung, FR 1998, S. 507 f.; *Ossenbühl*, Erfüllung, VVDStRL 29 (1971), S. 182 ff. und 206; *Trzaskalik*, Steuererhebungspflichten, DStJG 12 (1989), S. 179.

B. Behandlung von Altfällen

I. Die Frage der Berücksichtigung der Altfälle im Spannungsverhältnis von Rechtsstaatsprinzip und staatlicher Handlungsfähigkeit

Bei einer Ausdehnung der steuerlichen Berücksichtigung privater Veräußerungsvorgänge gilt es den zeitlichen Anwendungsbereich der Neuregelung zu klären. Im Hinblick auf die in der Vergangenheit durch das Inkrafttreten einer Neuregelung vor dem Zeitpunkt ihrer Verkündung hervorgerufenen Streitigkeiten - beispielhaft sei hier nur die Auseinandersetzung um die auf den 1.1.1997 vorgenommenen Änderungen durch das Gesetz zur Fortführung der Unternehmenssteuerreform vom 29.10.1997[818] genannt,[819] die die Abänderung des Wirkungsbeginns auf den Tag der Beschlußfassung des Gesetzes zur Konsequenz hatte[820] - dürfte es wohl weitgehend unbestritten sein, für das Inkrafttreten der hier angestrebten Neuregelung einen frühestens mit dem Tag ihrer Verkündung als dem für die rechtliche Existenz der Regelung relevanten Datum[821] zusammenfallenden Zeitpunkt zu fordern. Noch nicht geklärt ist damit allerdings die Frage, wie die nach der Verkündung der Regelung erfolgte Veräußerung von Wirtschaftsgütern behandelt werden sollte, die vor diesem Zeitpunkt erworben wurden. Für eine strikt an der wirtschaftlichen Leistungsfähigkeit des Steuerpflichtigen orientierte Besteuerung ist es zunächst ohne Bedeutung, ob es sich bei dem erzielten Veräußerungsgewinn um einen aus der Veräußerung eines erst nach dem Zeitpunkt der Verkündung der Neuregelung erworbenen Wirtschaftsguts handelt oder nicht. Die Besteuerung der vorgenannten Altfälle ist in dieser Hinsicht daher grundsätzlich geboten. Zweifelhaft ist jedoch, ob diese Behandlung auch im Hinblick auf die damit verbundene verfassungsrechtliche Rückwirkungsproblematik gerechtfertigt ist.[822]

Das in Art. 20 Abs. 3 GG verankerte Rechtsstaatsprinzip verbürgt neben anderen Elementen auch den Grundsatz der Rechtssicherheit, der vorrangig im Grundsatz des Vertrauensschutzes zum Ausdruck kommt.[823] Danach muß der

---

818 BGBl. I 1997, S. 2590 ff.

819 Stellvertretend dazu vgl. *Goutier/Müller*, Fortsetzung, BB 1997, S. 2242 ff.; *Rödder*, Gesetzgeber, DStR 1997, 1425 f.

820 Gesetz zur Finanzierung eines zusätzlichen Bundeszuschusses zur gesetzlichen Rentenversicherung vom 19.12.1997, BGBl. I 1997, 3121; kritisch dazu *Hey*, Abschaffung, BB 1998, S. 1450.

821 Vgl. BVerfG v. 10.4.1984 2 BvL 19/82 -, BVerfGE 67, 1, 15 m.w.N.; BVerfG v. 14.5.1986 - 2 BvL 2/83 -, BVerfGE 72, 200, 241.

822 Vgl. *Schwenke*, Vertrauensschutz, FR 1997, S. 48; *Tipke*, Steuerrechtsordnung, Bd. I, 2000, S. 155 f. und. 163 f.

823 Vgl. BVerfG v. 19.12.1961 - 2 BvL 6/59 -, BVerfGE 13, 261, 271; BVerfG v. 8.6.1977 - 2 BvR 499/74 und 1042/75 -, BVerfGE 45, 142, 167 f. m.w.N.; BVerfG v. 13.5.1986 - 1

Bürger darauf vertrauen können, daß die Rechtsordnung Kontinuität bewahrt und sein der geltenden Rechtslage entsprechendes Handeln anerkannt bleibt. Dieses Vertrauen wird durch rückwirkende Gesetze, für die es gerade charakteristisch ist, daß sie in zeitlicher Hinsicht auch für Sachverhalte gelten, die zumindest zum Teil vor der Verkündung einer Neuregelung stattgefunden haben, regelmäßig beeinträchtigt.[824] Als verfassungsrechtlich bedenklich sind allerdings nur rückwirkend belastende Gesetze anzusehen. Dazu zählen sowohl die Gesetze, durch die rückwirkend eine Belastung direkt angeordnet wird, als auch jene, durch die eine Vergünstigung eingeschränkt oder aufgehoben wird.[825] Um eine solche rückwirkend belastende Regelung handelt es sich daher auch bei einer Einbeziehung der Altfälle in die Neuregelung zur Besteuerung privater Veräußerungsgewinne. Der Erwerb dieser Wirtschaftsgüter erfolgte zu einem Zeitpunkt, zu dem die Erfassung privater Veräußerungserfolge die Ausnahme und nicht die Regel bildete. Werden diese Wirtschaftsgüter nunmehr in die Besteuerung einbezogen, ist darin ein rückwirkend belastender Eingriff in den in der Vergangenheit begonnenen Sachverhalt zu sehen.

Rückwirkende Gesetze sind aber nicht generell unzulässig. So muß es dem Gesetzgeber zum Erhalt seiner Handlungsfähigkeit möglich sein, auf eine Veränderung der konjunktur-, sozial- oder gesellschaftspolitischen Verhältnisse zu reagieren und entsprechende Gesetzesänderungen durchzuführen.[826] Ebenso muß es dem Gesetzgeber gestattet sein, bestehende Gerechtigkeitslücken, zu denen im geltenden deutschen Steuerrecht auch die regelmäßige steuerliche Nichtberücksichtigung privater Veräußerungsvorgänge zählt,[827] durch Aufhebung oder Än-

---

BvR 99, 461/85 -, BVerfGE 72, 175, 196. Vgl. auch *Leibholz/Rinck/Hesselberger*, GG-Kommentar, Art. 20 Rz. 1566.

824 Vgl. stellvertretend BVerfG v. 8.6.1977 - 2 BvR 499/74 und 1042/75 -, BVerfGE 45, 142, 167 f.; BVerfG v. 3.12.1997 - 2 BvR 882/96 -, BVerfGE 97, 67, 78 f. Vgl. auch *Arndt/Rudolf*, Öffentliches Recht, 2000, S. 34 f.; *Fiedler*, Vertrauensschutz, NJW 1988, S. 1627; *Fischer*, Verfassungsmäßigkeit, 2000, S. 1; *Leibholz/Rinck/Hesselberger*, GG-Kommentar, Art. 20 Rz. 1567 ff.; *Schmidt-Bleibtreu/Klein*, GG-Kommentar, 1999, Art. 20 Rdnr. 29 f.

825 Vgl. BVerfG v. 26.1.1971 - 2 BvL 2/68 -, BVerfGE 30, 129, 140 m.w.N.; BVerfG v. 31.10.1984 - 1 BvR 35, 356, 794/82 -, BVerfGE 68, 193, 221 f.; BVerfG v. 3.12.1997 - 2 BvR 882/96 -, BVerfGE 97, 67, 78 f. Vgl. auch *Offerhaus*, Rechtsstaat, DStZ 2000, S. 12; *Schaumburg*, Planungssicherheit, DB 2000, S. 1885; *Schmidt-Bleibtreu/Klein*, GG-Kommentar, 1999, Art. 20 Rdnr. 31; *Wermeckes*, Änderung, DStZ 1999, S. 479.

826 Vgl. BVerfG v. 22.3.1983 - 2 BvR 475/78 -, BVerfGE 63, 343, 357; BVerfG v. 30.9.1987 - 2 BvR 933/82 -, BVerfGE 76, 256, 347 m.w.N. Vgl. auch *Bauer*, Rückwirkungsverbot, JuS 1984, S. 241; *Leibholz/Rinck/Hesselberger*, GG-Kommentar, Art. 20 Rz. 1534.

827 Vgl. *Schwenke*, Vertrauensschutz, FR 1997, S. 48; *Tipke*, Steuerrechtsordnung, Bd. I, 2000, S. 163 ff.

derung der hierfür ausschlaggebenden Regelungen zu schließen.[828] Insoweit kann es auch erforderlich sein, an in der Vergangenheit liegende Sachverhalte anzuknüpfen und unter Änderung ihrer künftigen Rechtsfolgen auf veränderte Gegebenheiten mit einer Änderung der gesetzlichen Normen zu reagieren.[829]

Die verfassungsrechtliche Problematik rückwirkender Normen besteht demnach darin, daß sie sich im Spannungsverhältnis zwischen dem Grundsatz des Vertrauensschutzes auf der einen und der Notwendigkeit zur Änderung der Rechtsordnung auf der anderen Seite bewegt.[830] Für die Frage des Einbezugs der Altfälle in die Neuregelung zur Erfassung privater Veräußerungsgewinne ist es daher entscheidend, ob die darüber für eine an der wirtschaftlichen Leistungsfähigkeit orientierte Besteuerung zu erzielenden Vorteile es rechtfertigen können, das Vertrauen des Bürgers in den Fortbestand der geltenden Rechtslage zu enttäuschen.

II. Die Rechtsprechung des Bundesverfassungsgerichts zur Zulässigkeit rückwirkender Gesetze

Dem Spannungsverhältnis zwischen dem Grundsatz des Vertrauensschutzes auf der einen und der Notwendigkeit der Änderung der Rechtsordnung auf der anderen Seite trägt das Bundesverfassungsgericht bei seiner Beurteilung rückwirkender Gesetze dadurch Rechnung, daß es deren Zulässigkeit davon abhängig macht, ob mit ihnen eine sog. echte oder eine sog. unechte Rückwirkung verbunden ist. Während es Gesetze, die mit einer echten Rückwirkung verbunden sind, als grundsätzlich unzulässig erachtet, sieht es Gesetze, die eine unechte Rückwirkung beinhalten, als grundsätzlich zulässig an.[831] Eine begriffliche Variante gegenüber dieser vom 1. Senat des Bundesverfassungsgerichts zur Lösung der Rückwirkungsproblematik hervorgebrachten Terminologie wird vom 2. Senat seit dem Jahre 1986 verwendet, indem er die echte Rückwirkung als "Rückbewirkung von Rechtsfolgen" und die unechte Rückwirkung als "tatbestandliche Rückanknüpfung" bezeichnet.[832] Zu unterschiedlichen Ergebnissen führt die

---

828 Vgl. BVerfG v. 31.5.1960 - 2 BvL 4/59 -, BVerfGE 11, 139, 144 ff.; BVerfG v. 19.7.1967 - 2 BvL 1/65 -, BVerfGE 22, 241, 252; BVerfG v. 20.6.1978 - 2 BvR 71/76 -, BVerfGE 48, 403, 416; BVerfG v. 13.3.1979 - 2 BvR 72/76 -, BVerfGE 50, 386, 395 f. m.w.N.

829 Vgl. BVerfG v. 30.9.1987 - 2 BvR 933/82 -, BVerfGE 76, 256, 348 m.w.N.

830 Vgl. stellvertretend BVerfG v. 13.3.1979 - 2 BvR 72/76 -, BVerfGE 50, 386, 395; BVerfG v. 14.5.1986 - 2 BvL 2/83 -, BVerfGE 72, 200, 241 ff.; BVerfG v. 30.9.1987 - 2 BvR 933/82 -, BVerfGE 76, 256, 347 f. Vgl. auch *Leibholz/Rinck/Hesselberger*, GG-Kommentar, Art. 20 Rz. 1534; *Wiesbrock*, Verlustrückstellung, 1999, S. 259.

831 Vgl. stellvertretend BVerfG v. 3.12.1997 - 2 BvR 882/97 -, BVerfGE 97, 67, 78 f.

832 Vgl. BVerfG v. 14.5.1986 - 2 BvL 2/83 -, BVerfGE 72, 200, 242. Vgl. dazu auch *Fischer*, Verfassungsmäßigkeit, 2000, S. 2 ff.

abweichende Terminologie der beiden Senate aber regelmäßig nicht,[833] so daß nachfolgend auf diese Differenzierung verzichtet und die Terminologie des 1. Senats beibehalten werden soll.

Eine echte Rückwirkung liegt vor, wenn die Rechtsfolgen eines Gesetzes für einen Zeitpunkt eintreten sollen, der vor dem Zeitpunkt der Verkündung des Gesetzes liegt. Das Gesetz greift nachträglich zu Lasten des Bürgers in abgeschlossene, der Vergangenheit angehörende Sachverhalte ändernd ein.[834] Diese Form der Rückwirkung ist nach der Rechtsprechung des Bundesverfassungsgerichts grundsätzlich nicht zulässig.[835] Der Vertrauensschutz genießt insoweit Vorrang vor dem Erhalt der staatlichen Handlungsfreiheit. Ausnahmen hiervon bestehen lediglich in solchen Fällen, in denen von einer Vertrauensgrundlage des Betroffenen nicht auszugehen ist, da dieser beispielsweise mit der Änderung der Rechtslage rechnen mußte oder die geltende Rechtslage unklar und verworren war.[836]

Eine unechte Rückwirkung wird demgegenüber durch ein Gesetz entfaltet, das den Eintritt seiner Rechtsfolgen von Sachverhalten abhängig macht, die vor der Verkündung des Gesetzes "ins Werk" gesetzt worden sind.[837] Das Gesetz wirkt auf gegenwärtig noch nicht abgeschlossene Sachverhalte für die Zukunft ein und entwertet damit nachträglich die betroffene Rechtsposition.[838] Vom Bundesverfassungsgericht werden solche Gesetze grundsätzlich als zulässig angesehen.[839] Ein allgemeiner Anspruch auf den Fortbestand einer bestimmten Regelung be-

---

833 Vgl. *Pleyer*, Verlängerung, NJW 1999, S. 3157; *Schaumburg*, Planungssicherheit, DB 2000, S. 1885; *Schwenke*, Vertrauensschutz, FR 1997, S. 45.

834 Vgl. st. Rspr., beispielhaft BVerfG v. 31.5.1960 - 2 BvL 4/59 -, BVerfGE 11, 139, 145 f.; BVerfG v. 28.11.1984 - 1 BvR 1157/82 -, BVerfGE 68, 287, 306 m.w.N.; BVerfG v. 14.5.1986 - 2 BvL 2/83 -, BVerfGE 72, 200, 242 m.w.N.; BVerfG v. 3.12.1997 - 2 BvR 882/97 -, BVerfGE 97, 67, 78 f.

835 Vgl. st. Rspr., beispielhaft BVerfG v. 22.6.1971 - 2 BvL 6/70 -, BVerfGE 31, 222, 224 m.w.N.; BVerfG v. 15.10. 1996 - 1 BvL 44, 48/92 -, BVerfGE 95, 64, 86 f. m.w.N.; BVerfG v. 3.12.1997 - 2 BvR 882/97 -, BVerfGE 97, 67, 78 f.

836 Vgl. BVerfG v. 25.5.1993 - 1 BvR 1509, 1648/91 -, BVerfGE 88, 384, 404; BVerfG v. 15.10.1996 - 1 BvL 44, 48/92 -, BVerfGE 95, 64, 86 m.w.N. Für einen Überblick bezüglich weiterer Ausnahmen vgl. *Arndt/Rudolf*, Öffentliches Recht, 2000, S. 35.

837 Vgl. BVerfG v. 14.5.1986 - 2 BvL 2/83 -, BVerfGE 72, 200, 242; BVerfG v. 3.12.1997 - 2 BvR 882/97 -, BVerfGE 97, 67, 78.

838 Vgl. BVerfG v. 31.5.1960 - 2 BvL 4/59 -, BVerfGE 11, 139, 146; BVerfG v. 16.7.1985 - 1 BvL 5/80, 1 BvR 1023, 1052/83 und 1227/84 -, BVerfGE 69, 272, 309 m.w.N.; BVerfG v. 15.10.1996 - 1 BvL 44, 48/92 -, BVerfGE 95, 64, 86 m.w.N.

839 Vgl. stellvertretend BVerfG v. 31.5.1960 - 2 BvL 4/59 -, BVerfGE 11, 139, 146; BVerfG v. 15.10.1996 - 1 BvL 44, 48/92 -, BVerfGE 95, 64, 86 m.w.N.; BVerfG v. 3.12.1997 - 2 BvR 882/96 -, BVerfGE 97, 67, 78.

steht daher nicht.[840] Grenzen werden vom Bundesverfassungsgericht der gesetzgeberischen Regelungsbefugnis allerdings dort gesetzt, wo sich aus der Abwägung zwischen dem Vertrauensschutzinteresse des Bürgers und dem gesetzgeberischen Anliegen für das Wohl der Allgemeinheit der Vorrang des Vertrauens des einzelnen auf den Fortbestand der bestehenden Gesetzeslage ergibt.[841] In seinen neueren Entscheidungen beurteilt das Bundesverfassungsgericht die Zulässigkeit unechter Rückwirkungen dabei mittlerweile vorrangig an den Grundrechten der Berufsfreiheit (Art. 12 Abs. 1 GG), der Eigentumsgarantie (Art. 14 Abs. 1 GG) und der allgemeinen Handlungsfreiheit (Art. 2 Abs. 1 GG) und bezieht in diese grundrechtliche Bewertung die rechtsstaatlichen Grundsätze des Verhältnismäßigkeit und des Vertrauensschutzes mit ein.[842]

Die verfassungsrechtliche Beurteilung rückwirkender Gesetze wird somit maßgeblich davon beeinflußt, ob mit der zu prüfenden Regelung eine echte oder unechte Rückwirkung verbunden ist. Als wesentliches Abgrenzungsmerkmal für die Unterscheidung dient die Abgeschlossenheit (echte Rückwirkung) bzw. Offenheit (unechte Rückwirkung) eines Sachverhalts.

Für die Beurteilung einer den Bereich der Einkommensteuer betreffenden rückwirkenden Regelung ist es infolgedessen entscheidend, wann der davon betroffene einkommensteuerliche Tatbestand als abgeschlossen anzusehen ist.[843] Das Bundesverfassungsgericht stellt hierfür maßgeblich auf den für die Entstehung der durch den Tatbestand verursachten Steuerschuld relevanten Zeitpunkt und damit auf die Frage ab, ob das Kalenderjahr als Veranlagungszeitraum, in dem der Steuertatbestand verwirklicht wurde, bereits abgelaufen ist.[844] Selbst durch

---

840 Vgl. BVerfG v. 20.6.1978 - 2 BvR 71/76 -, BVerfGE 48, 403, 416 m.w.N.; BVerfG v. 31.10. 1984 - 1 BvR 35, 356, 794/82 -, BVerfGE 68, 193, 221 f.

841 Vgl. BVerfG v. 22.6.1971 - 2 BvL 6/70 -, BVerfGE 31, 222, 225 f. m.w.N.; BVerfG v. 13.5.1986 - 1 BvL 55/83 -, BVerfGE 72, 141, 154 f. m.w.N.; BVerfG v. 5.5.1987 - 1 BvR 724, 1000, 1015/81; 1 BvL 16/82 und 5/84 -, BVerfGE 75, 246, 279 f. m.w.N. Vgl. auch *Fischer*, Verfassungsmäßigkeit, 2000, S. 6; *Schaumburg*, Planungssicherheit, DB 2000, S. 1886.

842 Vgl. BVerfG v. 30.9.1987 - 2 BvR 933/82 -, BVerfGE 76, 256, 347 m.w.N.; BVerfG v. 8.6.1988 - 2 BvL 9/85 und 3/86 -, BVerfGE 78, 249, 283 f.; BVerfG v. 15.5.1995 - 2 BvL 19/91, 2 BvR 1206, 1584/91 und 2601/93 -, BVerfGE 92, 277, 344; BVerfG v. 3.12.1997 - 2 BvR 882/97 -, BVerfGE 97, 67, 79 m.w.N. Vgl. auch *Fischer*, Verfassungsmäßigkeit, 2000, S. 8 f.; *Jarass*, in: Jarass/Pieroth, GG-Kommentar, Art. 20 Rdnr. 67; *Kirchhof*, Rückwirkung, StuW 2000, S. 225; *Schaumburg*, Planungssicherheit, DB 2000, S. 1886; *Seewald*, Steuervorschriften, NWB 1999, S. 1062; *Wermeckes*, Änderung, DStZ 1999, S. 482.

843 Vgl. *Arndt/Schumacher*, Rückwirkung, NJW 1998, S. 1538; *Schaumburg*, Planungssicherheit, DB 2000, S. 1886; *Wiesbrock*, Verlustrückstellung, 1999, S. 263.

844 Vgl. BVerfG v. 14.5.1986 - 2 BvL 2/83 -, BVerfGE 72, 200, 250 ff.

Regelungen, die im Verlauf eines Veranlagungszeitraums mit Wirkung für den Beginn dieses Veranlagungszeitraums verkündet werden, wird demnach lediglich eine unechte Rückwirkung entfaltet. Um eine echte Rückwirkung kann es sich daher nur dann handeln, wenn durch eine Regelung die Rechtsfolge für einen in einem bereits abgelaufenen Veranlagungszeitraum verwirklichten Steuertatbestand nachträglich geändert wird.[845]

Eine Wende bei der Prüfung der Abgeschlossenheit eines Sachverhalts als dem für den Vorrang des Vertrauensschutzinteresses des einzelnen gegenüber dem Erfordernis des Erhalts gesetzgeberischer Handlungsfähigkeit relevanten Zeitpunkt könnte sich im sog. Schiffsbeteiligungsfall des Bundesverfassungsgerichts vom 3.12.1997[846] andeuten, der die rückwirkende Einschränkung der Sonderabschreibungen für Handelsschiffe zum Gegenstand hatte. Während es dabei die Terminologie der echten und unechten Rückwirkung im Grundsatz unberührt läßt, hebt das Gericht erstmals als maßgeblichen Zeitpunkt für den Vertrauensschutz des Bürgers den Zeitpunkt seiner für die Gewährung der Sozialzweckregelung relevanten Disposition hervor. Das Bundesverfassungsgericht führt dazu wörtlich aus:

„Bietet aber ein Steuergesetz dem Steuerpflichtigen eine Verschonungssubvention an, (...) so schafft dieses Angebot für die Disposition in ihrer zeitlichen Bindung eine Vertrauensgrundlage, auf die der Steuerpflichtige seine Entscheidung über das subventionsbegünstigte Verhalten stützt. Er entscheidet sich um des steuerlichen Vorteils willen für ein bestimmtes wirtschaftliches Verhalten, das er ohne den steuerlichen Anreiz so nicht gewählt hätte. Mit dieser Entscheidung ist die Lenkungs- und Gestaltungswirkung des Subventionsangebots abschließend erreicht. Diese Dispositionsbedingungen werden damit vom Tag der Entscheidung an zu einer schutzwürdigen Vertrauensgrundlage."[847]

In der Literatur wird an dieses Urteil teilweise die Hoffnung geknüpft, daß es die Abkehr von der bisher vorrangig von der formalen Entstehung der Steuerschuld ausgehenden Unterscheidung zwischen echter und unechter Rückwirkung hin zu einem einheitlichen handlungsbezogenen Rückwirkungsbegriff bedeute.[848] Auch wenn gute Gründe dafür sprechen mögen, den Vertrauensschutz davon abhängig

---

[845] Vgl. BVerfG v. 10.3.1971 - 2 BvL 3/68 -, BVerfGE 30, 272, 285; BVerfG v. 14.5.1986 - 2 BvL 2/83 -, BVerfGE 72, 200, 250 ff.; BVerfG v. 3.12.1997 - 2 BvR 882/97 -, BVerfGE 97, 67, 80.

[846] BVerfG v. 3.12.1997 - 2 BvR 882/97 -, BVerfGE 97, 67.

[847] BVerfG v. 3.12.1997 – 2 BvR 882/97 -, BVerfGE 97, 67, 80.

[848] Vgl. *Arndt/Schumacher*, Rückwirkung, NJW 1998, S. 1539; *Landsittel/Haug*, Absenkung, BB 1999, S. 2222; *Pleyer*, Verlängerung, NJW 1999, S. 3158; *Schaumburg*, Planungssicherheit, DB 2000, S. 1887.

zu machen, wann die für die Verwirklichung eines Sachverhalts entscheidenden (wirtschaftlichen) Dispositionen getroffen werden,[849] erscheint es sehr zweifelhaft, ob sich diese Auffassung in der zukünftigen Rechtsprechung des Bundesverfassungsgerichts durchsetzen wird. Vielmehr ist es im Hinblick auf die bisher vom Bundesverfassungsgericht zur Rückwirkungsproblematik ergangene Rechtsprechung nicht unwahrscheinlich, daß es sich auf den Standpunkt stellen könnte, daß Lenkungs- bzw. Sozialzwecknormen im Gegensatz zu Fiskalzwecknormen einen stärkeren Vertrauensschutz begründen[850] und eine Übertragung der im Rahmen des Schiffsbeteiligungsfalles angestellten Überlegungen auf Fiskalzwecknormen daher nicht möglich ist.[851] Vor diesem Hintergrund erscheint es sinnvoll, für die Beurteilung der verfassungsrechtlichen Zulässigkeit des Einbezugs der Altfälle in die Neuregelung zur Erfassung privater Veräußerungsgewinne die bisher ständige Rechtsprechung des Bundesverfassungsgerichts in den Vordergrund zu stellen.

III. Würdigung der mit einem Einbezug der Altfälle verbundenen Rückwirkungsproblematik

Die mit einem Einbezug der Altfälle in die Neuregelung zur steuerlichen Berücksichtigung privater Veräußerungserfolge verbundene Rückwirkungsproblematik als einen Fall echter Rückwirkung zu qualifizieren, ist wohl kaum möglich. Zwar wird eine solche Auffassung in der Literatur beispielsweise in bezug auf die durch das Steuerentlastungsgesetz 1999/2000/2002 erfolgte rückwirkende Verlängerung der für § 23 EStG relevanten Haltefristen mit der Begründung vertreten, daß die hiervon betroffenen Wirtschaftsgüter mit Ablauf der bei ihrer Anschaffung für den Besteuerungstatbestand relevanten Haltefristen aus der "Steuerverstrickung" ausgeschieden wären.[852] Dem ist jedoch in Anlehnung an die vom Bundesverfassungsgericht in ständiger Rechtsprechung zur Abgeschlossenheit einkommensteuerrechtlicher Sachverhalte vertretene Auffassung entgegenzuhalten, daß der Besteuerungstatbestand des § 23 EStG erst durch das

---

849 Vgl. *Arndt/Schumacher*, Rückwirkung, NJW 1998, S. 1539; *Friauf*, Gesetzgebung, BB 1972, S. 674 ff.; *Hey*, Abschaffung, BB 1998, S. 1451; *Lang*, Zulässigkeit, WPg 1998, S. 168 ff.; *Offerhaus*, Rechtsstaat, DStZ 2000, S. 13 f.; *Schaumburg*, Planungssicherheit, DB 2000, S. 1887 ff.

850 So beispielsweise auch *Isensee*, Steuervorteile, in: Festschrift Klein, 1994, S. 613 f.; *Kirchhof*, Kontinuität, DStR 1989, S. 268.

851 So im Ergebnis auch *Papier*, Verfassungsproblem, Stbg 1999, S. 56 f.; *Wermeckes*, Änderung, DStZ 1999, S. 483.

852 Vgl. *Birk/Kulosa*, Aspekte, FR 1999, S. 438; *Kupfer*, Grundstücksverkäufe, KÖSDI 2000, S. 12273; *Pleyer*, Verlängerung, NJW 1999, S. 3158; so im Ergebnis auch: *Landsittel/Haug*, Absenkung, BB 1999, S. 2222; *Urban*, Würdigung, INF 1999, S. 391; *Wermeckes*, Änderung, DStZ 1999, S. 485.

Veräußerungsgeschäft verwirklicht und demnach erst mit Ablauf des betreffenden Veranlagungszeitraums als abgeschlossen anzusehen ist.[853] Dieser Auffassung hat sich auch das Finanzgericht Baden-Württemberg in dem von ihm zu dieser Problematik am 26.6.2000[854] ergangenen Beschluß angeschlossen.[855] Während die Anschaffung nur den Beginn der Tatbestandsverwirklichung signalisiere, stelle die Veräußerung das die Besteuerung auslösende Tatbestandsmerkmal dar. Sofern diese aber erst im Anschluß an den nach der Verkündung des Gesetzes festgelegten Wirkungsbeginn eines Gesetzes vorgenommen werde, beinhalte die Besteuerung des diesbezüglich erzielten Veräußerungsgewinns nur einen zukunftsbezogenen Eingriff in einen zum Zeitpunkt der Verkündung noch nicht abgeschlossenen Sachverhalt. Eine verfassungsrechtlich grundsätzlich nicht zulässige echte Rückwirkung sei darin infolgedessen gerade nicht zu sehen.[856] Dies gilt ebenso für einen Einbezug der Altfälle in die Neuregelung zur Erfassung privater Veräußerungsgewinne. Aufgrund der im Zeitpunkt der Verkündung noch fehlenden Veräußerung - als dem für die steuerliche Erfassung des Veräußerungsgewinns ausschlaggebenden Tatbestandsmerkmal - wirkt die Neuregelung lediglich auf einen noch nicht abgeschlossenen Sachverhalt für die Zukunft ein und entfaltet dadurch nicht echte, sondern unechte Rückwirkung. Fraglich ist jedoch, ob es sich dabei nicht gerade um einen der Ausnahmefälle zu der im Grundsatz unbestrittenen verfassungsrechtlichen Zulässigkeit unechter Rückwirkungen handelt.[857] Die vom Finanzgericht Baden-Württemberg im Zusammenhang mit der rückwirkenden Verlängerung der für Grundstücke relevanten Haltefristen angestellten Überlegungen können hier nicht weiterhelfen. So stellt es im Anschluß an die Verneinung einer echten Rückwirkung zur Begründung der seines Erachtens zulässigen rückwirkenden Verlängerung der Haltefristen allein auf die Verfassungsmäßigkeit unechter Rückwirkungen ab, ohne sich mit den vom Bundesverfassungsgericht auch dieser Form der Rückwirkung gezogenen Grenzen auseinanderzusetzen.[858] Gegen diesen Beschluß wurde mittlerweile Beschwerde[859] eingelegt, so daß abzuwarten bleibt, wie der Bundesfinanzhof diese Aussagen bewerten wird. Zumindest bei der hier angestrebten umfassenden Besteuerung privater Veräußerungsvorgänge ist bei der

---

853 Vgl. *Schwenke*, Vertrauensschutz, FR 1997, S. 48; *Stuhrmann*, Steuerentlastungsgesetz, NJW 1999, S. 1661.

854 FG Baden-Württemberg v. 26.6.2000 - 2 V 13/00 -, EFG 2000, S. 1004 f.

855 Vgl. Erstes Kapitel Punkt B.III.1.a) (S. 11).

856 Vgl. FG Baden-Württemberg v. 26.6.2000 - 2 V 13/00 -, EFG 2000, S. 1004 f. So auch *Schwenke*, Vertrauensschutz, FR 1997, S. 48; *Schweyer*, Rückwirkung, BB 1999, S. 2379; *Stuhrmann*, Steuerentlastungsgesetz, NJW 1999, S. 1661; *Urban*, Würdigung, INF 1999, S. 391.

857 Vgl. *Schwenke*, Vertrauensschutz, FR 1997, S. 48 f.

858 Vgl. FG Baden-Württemberg v. 26.6.2000 - 2 V 13/00 -, EFG 2000, S. 1005.

859 Az. beim BFH: IX B 90/00.

Beurteilung der unechten Rückwirkungsproblematik aber zu berücksichtigen, daß von dem Einbezug der Altfälle insbesondere auch die Veräußerung solcher Wirtschaftsgüter betroffen wäre, deren Erwerb bereits längere Zeit, unter Umständen sogar Jahrzehnte, zurückliegt.[860] Es ist daher nicht auszuschließen, daß in diesem Fall das Vertrauen des einzelnen auf den Fortbestand der bestehenden Gesetzeslage als gegenüber dem gesetzgeberischen Anliegen für das Wohl der Allgemeinheit vorrangig anzusehen ist. Um dies abschließend beurteilen zu können, bedarf es einer grundrechtlichen Überprüfung. Als Prüfungsmaßstäbe kommen das Grundrecht der Eigentumsgarantie (Art. 14 Abs. 1 GG) und der allgemeinen Handlungsfreiheit (Art. 2 Abs. 1 GG) in Betracht.[861]

Durch Art. 14 GG wird der vorhandene Bestand des Eigentums geschützt.[862] Verdienstaussichten, Zukunftshoffnungen, Gewinnchancen und Erwartungen des einzelnen fallen demnach grundsätzlich nicht unter den Schutzbereich dieses Grundrechts.[863] Dies gilt insbesondere dann, wenn sich die genannten Möglichkeiten aus dem bloßen Fortbestand einer günstigen Gesetzeslage für den einzelnen ergeben.[864] Die bloße Erwartung des Steuerpflichtigen, einen Gewinn unbeeinträchtigt vom steuerlichen Zugriff des Staates zu erwirtschaften, ist somit nicht durch Art. 14 GG geschützt.[865] Um einen solchen Sachverhalt handelt es sich aber gerade bei einem Einbezug der Altfälle in die Neuregelung zur Besteuerung privater Veräußerungsvorgänge. Letztlich werden lediglich die Gewinnchancen des einzelnen dadurch gekürzt, daß nach der neuen Gesetzeslage

---

860 Vgl. *Korn*, Grundstücksveräußerungen, KÖSDI 2000, S. 12480 f.; *Schwenke*, Vertrauensschutz, FR 1997, S. 48 f.

861 Vgl. *Schweyer*, Rückwirkung, BB 1999, S. 2379 f.; *Wermeckes*, Änderung, DStZ 1999, S. 482.

862 Vgl. BVerfG v. 1.3.1979 - 1 BvR 532, 533/77, 419/78 und 1 BvL 21/78 -, BVerfGE 50, 290, 339 ff. m.w.N.; BVerfG v. 31.10.1984 - 1 BvR 35, 356, 794/82 -, BVerfGE 68, 193, 222; BVerfG v. 25.5.1993 - 1 BvR 345/83 -, BVerfGE 88, 366, 377 m.w.N. Für einen Überblick über den Schutzbereich des Art. 14 GG vgl. *Jarass*, in: Jarass/Pieroth, GG-Kommentar, 2000, Art. 14 Rdnr. 6 ff.; *Wendt*, in: Sachs, GG-Kommentar, 1999, Art. 14 Rdnr. 21 ff.

863 Vgl. BVerfG v. 31.10. 1984 - 1 BvR 35, 356, 794/82 -, BVerfGE 68, 193, 222 f. m.w.N.; BVerfG v. 18.5.1988 - 2 BvR 579/84 -, BVerfGE 78, 205, 211 m.w.N.; BVerfG v. 3.12.1997 – 2 BvR 882/97 -, BVerfGE 97, 67, 77. Vgl. auch *Jarass*, in: Jarass/Pieroth, GG-Kommentar, 2000, Art. 14 Rdnr. 19; *Kimminich*, in: Bonner Kommentar, GG, Art. 14 Rdnr. 84 ff.; *Sachs*, in: Sachs, GG-Kommentar, 1999, Art. 14 Rdnr. 44.

864 Vgl. BVerfG v. 9.2.1983 - 1 BvL 8/80, 16/81; 1 BvR 257/80, 890/80, 1357/81 -, BVerfGE 63, 152, 175. Vgl. auch *Jarass*, in: Jarass/Pieroth, GG-Kommentar, 2000, Art. 14 Rdnr. 19; *Wendt*, in: Sachs, GG-Kommentar, 1999, Art. 14 Rdnr. 44.

865 Vgl. BVerfG v. 28.1.1970 - 1 BvL 4/67 -, BVerfGE 27, 375, 386 m.w.N.; BVerfG v. 17.7.1974 - 1 BvR 51, 160, 285/69, 1 BvL 16, 18, 26/72 -, BVerfGE 38, 61, 83 m.w.N.; BVerfG v. 20.6.1978 - 2 BvR 71/76 -, BVerfGE 48, 403, 416 m.w.N.

private Veräußerungsgewinne prinzipiell in vollem Umfang zur Besteuerung herangezogen werden sollen. Eine übermäßige, die Vermögensverhältnisse des Steuerpflichtigen grundlegend beeinträchtigende Belastung des Bürgers ist darin nicht zu sehen,[866] so daß auch unter diesem Aspekt der Schutzbereich des Art. 14 GG nicht betroffen und das Grundrecht der Eigentumsgarantie daher nicht einschlägig ist.[867]

Als Prüfungsmaßstab für die hier vorliegende Rückwirkungsproblematik verbleibt damit das in Art. 2 Abs. 1 GG verankerte Recht der allgemeinen Handlungsfreiheit.[868] Durch dieses Grundrecht ist jedes menschliche Tun und Unterlassen geschützt, sofern es nicht dem Schutzbereich eines anderen Freiheitsgrundrechts zuzurechnen ist.[869] Einen Eingriff in den Schutzbereich des Art. 2 Abs. 1 GG beinhaltet daher auch die Berücksichtigung der Altfälle bei der angestrebten Neuregelung zur umfassenden Besteuerung privater Veräußerungsvorgänge. Während nach der im Zeitpunkt des Erwerbs relevanten Rechtslage der Steuerbürger diese Wirtschaftsgüter regelmäßig hätte steuerfrei veräußern können, würden daraus erzielte Veräußerungsgewinne bei ihrem Einbezug in den Geltungsbereich der Neuregelung im Grundsatz ungekürzt zur Besteuerung herangezogen.[870] Es ist daher zu prüfen, ob dieser Eingriff verfassungsrechtlich unbedenklich ist, indem er dem Grundsatz der Verhältnismäßigkeit entspricht.[871] Dabei dürfte es weitgehend unbestritten sein, daß die Berücksichtigung der Altfälle für die Verwirklichung einer gerechten, an der wirtschaftlichen Leistungsfähigkeit orientierten Besteuerung sowohl geeignet als auch erforderlich ist. Zu klären ist demgegenüber aber die Frage, ob diese Handhabung dem Steuer-

---

866 Vgl. BVerfG v. 3.7.1985 - 1 BvR 1428/82 -, BVerfGE 70, 219, 230 m.w.N.

867 Vgl. *Schwenke*, Vertrauensschutz, FR 1997, S. 49; *Wermeckes*, Änderung, DStZ 1999, S. 482.

868 Vgl. *Wermeckes*, Änderung, DStZ 1999, S. 482.

869 Vgl. BVerfG v. 8.4.1987 - 2 BvR 909, 934, 935, 936, 938, 941, 942, 947/82, 64/83 und 142/84 -, BVerfGE 75, 108, 153 ff.; BVerfG v. 10.3.1998 - 1 BvR 178/97 -, BVerfGE 97, 332, 340 f. m.w.N. Vgl. auch *Degenhart*, Handlungsfreiheit, JuS 1990, S. 162 ff.; *Pieroth/Schlink*, Grundrechte, 2000, S. 84 f.

870 Vgl. *Schweyer*, Rückwirkung, BB 1999, S. 2380. Zu den Kürzungen, die aufgrund der Scheingewinnbesteuerungsproblematik und der Progressionswirkung vorzunehmen sind, vgl. Viertes Kapitel Punkt A.IV. und V. (S. 153 ff. und 157 ff.).

871 Vgl. BVerfG v. 24.5.1977 - 2 BvR 988/75 -, BVerfGE 44, 353, 373; BVerfG v. 2.3.1977 - 2 BvE 1/76 -, BVerfGE 80, 137, 153 m.w.N. Vgl. auch *Jarass*, in: Jarass/Pieroth, GG-Kommentar, 2000, Art. 2 Rdnr. 21; *Murswiek*, in: Sachs, GG-Kommentar, Art. 2 Rdnr. 21 und 101.

pflichtigen zumutbar und sie damit als verhältnismäßig im engeren Sinne anzusehen ist.[872]

Zwar stellt die Verwirklichung einer gerechten, an der wirtschaftlichen Leistungsfähigkeit orientierten Besteuerung unzweifelhaft ein hochrangiges Gemeinwohlanliegen dar, das es grundsätzlich notwendig erscheinen läßt, dem Gesetzgeber die Änderung dieser Zielsetzung entgegenstehender Regelungen zu gestatten.[873] Zweifelhaft ist jedoch, ob diese Auffassung auch bezüglich eines Einbezugs der Altfälle in die Neuregelung zur Erfassung privater Veräußerungsgewinne vertretbar ist.[874] So gilt es dort zu berücksichtigen, daß die bei der Veräußerung dieser Wirtschaftsgüter aufgedeckten stillen Reserven zumindest teilweise einem Zeitraum zuzurechnen sind, in dem die Besteuerung privater Veräußerungsvorgänge die Ausnahme bildete. In diesen Fällen zur Rechtfertigung der Besteuerung ausschließlich auf den formalen Gesichtspunkt der Vollendung des steuerpflichtigen Tatbestands abzustellen, erscheint nicht sachgerecht. Der Bürger wurde gerade auch vor dem Hintergrund der im Zeitpunkt des Erwerbs geltenden Rechtslage tätig. Durch einen Einbezug der Altfälle in den Anwendungsbereich der Neuregelung wird sein Verhalten aber nachträglich entwertet und im Hinblick auf die vielfach weit in die Vergangenheit zurückreichende Einbeziehung von Wirtschaftsgütern sein Vertrauensschutzinteresse in einem Umfang verletzt, der bei der hier vorliegenden Rückwirkungsproblematik das Vertrauensschutzinteresse als vorrangig und damit auch die Verhältnismäßigkeit im engeren Sinne als nicht eingehalten erscheinen läßt.[875] Daß in den vergangenen Jahren im Rahmen von Steuerreformüberlegungen verschiedentlich auch die umfassendere Besteuerung privater Veräußerungserfolge diskutiert wurde,[876] kann dieser Auffassung nicht entgegenstehen, da es zu einem dahin-

---

872 Vgl. *Schwenke*, Vertrauensschutz, FR 1997, S. 48 f.; Schweyer, Rückwirkung, BB 1999, S. 2380; *Tipke*, Steuerrechtsordnung, Bd. I, 2000, S. 164.

873 Vgl. *Schwenke*, Vertrauensschutz, FR 1997, S. 48 f.; *Tipke*, Steuerrechtsordnung, Bd. I, 2000, S. 164.

874 Vgl. *Schwenke*, Vertrauensschutz, FR 1997, S. 48 f.; *Schweyer*, Rückwirkung, BB 1999, S. 2379 f.

875 Vgl. *Landsittel/Haug*, Absenkung, BB 1999, S. 2222; *Pleyer*, Verlängerung, NJW 1999, S. 3160; *Schwenke*, Vertrauensschutz, FR 1997, S. 49; *Schweyer*, Rückwirkung, BB 1999, S. 2380; a.A. *Tipke*, Steuerrechtsordnung, Bd. I, 2000, S. 164.

876 Vgl. beispielsweise *Bundesministerium für Wirtschaft und Finanzen*, Steuerreform, BMF-Schriftenreihe Heft 17, 1971, S. 83 ff.; *Bundesministerium der Finanzen*, Thesen, BMF-Schriftenreihe Heft 55, 1995, S. 34 f.; *dass.*, Petersberger Steuervorschläge, BMF-Schriftenreihe Heft 61, 1997, S. 23.

gehenden Gesetzesbeschluß, der den Vertrauensschutz des einzelnen hätte beenden können,[877] bisher nicht kam.

Um dennoch einen Verstoß gegen das Recht auf allgemeine Handlungsfreiheit zu verhindern, sollte für die als Altfälle zu qualifizierenden Wirtschaftsgüter eine Übergangsregelung geschaffen werden. Diese könnte dergestalt sein, daß bei der Ermittlung des Veräußerungserfolgs an die Stelle der historischen Anschaffungs- oder Herstellungskosten der gemeine Wert der Wirtschaftsgüter im Zeitpunkt des Inkrafttretens der Neuregelung tritt und nur der diesen Wert übersteigende Teil des Veräußerungspreises in die Besteuerung einbezogen wird. Über ein solches Vorgehen wäre zum einen sichergestellt, daß stille Reserven, die in weit zurückliegenden Zeiträumen gebildet wurden, nicht in die Besteuerung einbezogen werden und somit das Grundrecht der allgemeinen Handlungsfähigkeit eingehalten wird. Zum anderen würde gewährleistet, daß die bei einer völligen Außerachtlassung solcher Veräußerungsfälle im Hinblick auf die Verwirklichung einer gerechten an der wirtschaftlichen Leistungsfähigkeit orientierten Besteuerung resultierenden Bedenken zumindest teilweise abgemildert werden.[878]

Für eine Beschränkung des Einbezugs der Altfälle auf die seit dem Inkrafttreten der Neuregelung bei diesen Wirtschaftsgütern eingetretenen Wertänderungen sprechen auch die vom Bundesverfassungsgericht im sog. Schiffsurteil angestellten Überlegungen. Sollte sich die in der Literatur teilweise vertretene Auffassung bestätigen, daß diese Rechtsprechung bei der rückwirkenden Änderung von Fiskalzwecknormen gleichfalls anzuwenden ist, wäre die Berücksichtigung der Altfälle im Rahmen der Neuregelung zur Erfassung privater Veräußerungsgewinne insofern als bedenklich anzusehen, als bereits in der Anschaffung dieser Wirtschaftsgüter eine vertrauensschutzrelevante Disposition zu sehen ist. Die Frage der Zulässigkeit der Rückwirkung in einem solchen Fall jedoch völlig losgelöst davon zu beurteilen, ob die diesbezüglichen Wirtschaftsgüter vor dem Inkrafttreten der Neuregelung veräußert wurden oder nicht, und dem Steuerpflichtigen infolgedessen einen zeitlich unbegrenzten Vertrauensschutz zu ge-

---

877 Vgl. BVerfG v. 11.10.1962 - 1 BvL 22/57 -, BVerfGE 14, 288, 298; BVerfG v. 3.12.1997 - 2 BvR 882/97 -, BVerfGE 97, 67, 79 m.w.N. Vgl. auch *Leibholz/Rinck/Hesselberger*, GG-Kommentar, Art. 20 Rz. 1634.

878 Vgl. *Birk/Kulosa*, Aspekte, FR 1999, S. 438; *Eilers/Wienands*, Veräußerung, GmbHR 1999, S. 507; *Kupfer*, Grundstücksverkäufe, KÖSDI 2000, S. 12273; *Landsittel/Haug*, Absenkung, BB 1999, S. 2222; *Schwenke*, Vertrauensschutz, FR 1997, S. 49; *Schweyer*, Rückwirkung, BB 1999, S. 2380; *Wendt*, Änderungen, FR 1999, S. 345 und 353. So im Ergebnis auch *Kirchhof-Kommission*, Karlsruher Entwurf, 2001, S. 16.

währen, erscheint nicht sachgerecht.[879] Zumal durch den Einbezug der Altfälle die im Erwerbszeitpunkt vorgenommene Disposition wohl kaum in einem solchen Umfang wirtschaftlich entwertet werden würde, wie dies bei den Schiffsbeteiligungen, deren wirtschaftliche Rentabilität durch die Aufhebung der steuerlichen Subvention in erheblichem Maße reduziert worden ist,[880] die Konsequenz gewesen ist. Vielmehr gilt es bei der Prüfung des Einbezugs der Altfälle in die Neuregelung zur Erfassung privater Veräußerungsvorgänge zu beachten, daß der steuerpflichtige Tatbestand durch die im Zeitpunkt des Erwerbs vorgenommene Disposition zwar begonnen wurde, aber erst durch die im Zeitpunkt der Veräußerung erfolgte Disposition tatsächlich abgeschlossen wird. Vor diesem Hintergrund erscheint es sachgerecht, der durch den Erwerb der Wirtschaftsgüter im Vertrauen auf die geltende Rechtslage vorgenommenen Disposition dadurch Rechnung zu tragen, daß die bis zum Zeitpunkt des Inkrafttretens entstandenen stillen Reserven nicht in die Besteuerung einbezogen werden. Dem nach dem Zeitpunkt des Inkrafttretens der Neuregelung liegenden Veräußerungszeitpunkt ist dadurch Rechnung zu tragen, daß die auf diesen Zeitraum entfallenden Wertsteigerungen steuerliche Berücksichtigung finden.

Sowohl im Hinblick auf die vom Bundesverfassungsgericht in ständiger Rechtsprechung zur Zulässigkeit einer Rückwirkung vertretene Auffassung als auch im Hinblick auf die von ihm im Schiffsbeteiligungsfall hervorgehobene Bedeutung des dispositionsbedingten Vertrauensschutzes läßt sich somit ein Verstoß gegen Art. 2 Abs. 1 GG bei einem Einbezug der Altfälle nur dann vermeiden, wenn sich ihre steuerliche Erfassung auf die bei ihnen seit dem Inkrafttreten der Neuregelung eingetretene Wertänderung beschränkt. Da eine solche Übergangsregelung unter dem Aspekt einer gerechten, an der wirtschaftlichen Leistungsfähigkeit orientierten Besteuerung zudem gerade zu befürworten ist, gilt es abschließend zu klären, ob sie sich auch praktisch umsetzen läßt.[881] So wäre es für ihre Durchführbarkeit zwingend erforderlich, für sämtliche zum Zeitpunkt des Inkrafttretens der Neuregelung im Privatvermögen gehaltenen, dem Bereich der Grundstücke oder dem Bereich der Finanzanlagen zuzurechnenden Wirtschaftsgüter den gemeinen Wert zu ermitteln und festzuhalten. Ob sich dies bewerkstelligen läßt, ist jedoch sehr fraglich. Schwierigkeiten dürften sich dabei vor allem für den Bereich der Grundstücke ergeben, da für sie die individuelle Ausgestaltung und Lage geradezu charakteristisch und dadurch die Verwendung

879 So im Ergebnis auch *Offerhaus*, Rechtsstaat, DStZ 2000, S. 13 f.; a.A. *Schaumburg*, Planungssicherheit, DB 2000, S. 1890.

880 Vgl. *Arndt/Schumacher*, Rückwirkung, NJW 1998, S. 1538.

881 Vgl. *Förster*, Veräußerungsgewinnbesteuerung, in: Festschrift Flick, 1997, S. 735 f.; *Landsittel/Haug*, Absenkung, BB 1999, S. 2222; *Schweyer*, Rückwirkung, BB 1999, S. 2375.

einheitlicher Quadratmeterpreise nahezu unmöglich ist.[882] Doch selbst für den Bereich der Finanzanlagen, bei denen sich der gemeine Wert vielfach den Depotauszügen der Kreditinstitute entnehmen ließe, wäre die Wertermittlung insoweit problematisch, als sich darüber der gemeine Wert nichtnotierter Anteile beispielsweise nicht bestimmen läßt. Zwar sollten bei einer steuerlichen Erfassung der Altfälle die Steuerpflichtigen selbst ein besonderes Interesse daran haben, die für eine exakte Ermittlung des gemeinen Werts der Grundstücke und Finanzanlagen benötigten Informationen zur Verfügung zu stellen. Abgesehen von dem damit für die Steuerpflichtigen und die Finanzverwaltung verbundenen Aufwand, dürften Streitigkeiten und langwierige Rechtsbehelfsverfahren aber sicherlich die Regel bilden.[883] Ein Rückgriff auf die für Zwecke der Erbschaft- und Schenkungsteuer relevanten Bewertungsvorschriften könnte hier kaum weiterhelfen. Zwar wären diese Wertansätze bei den Finanzanlagen wohl zumindest als Näherungslösung akzeptabel. Bei den Grundstücken könnten sie allerdings nicht angesetzt werden, da sie sich dort - selbst nach den aufgrund der Einheitswertbeschlüsse des Bundesverfassungsgerichts[884] bei der Bewertung erforderlich gewordenen Änderungen - auf maximal 50 % des jeweiligen gemeinen Werts belaufen dürften.[885] Daraus den Schluß zu ziehen, die den Bereich der Finanzanlagen betreffenden Altfälle in die Neuregelung einzubeziehen, die den Bereich der Grundstücke betreffenden Altfälle im Gegensatz dazu aber unberücksichtigt zu lassen, wäre im Hinblick auf die mit einem solchen Vorgehen verbundene Ungleichbehandlung der Altfälle als solche sicherlich nicht haltbar.

Vor dem Hintergrund dieser aus praktischer Sicht mit der Einführung einer Übergangsregelung verbundenen Schwierigkeiten, erscheint es infolgedessen vertretbar, von einer rückwirkenden Anwendung der Neuregelung abzusehen und damit letztlich den gleichen Ansatz zu wählen, wie dies im österreichischen Steuerrecht bei der Verlängerung der für den Bereich der Finanzanlagen relevanten Haltefristen ab dem 1.10.2001 der Fall ist.[886] Auch wenn sich dadurch eine Beeinträchtigung der im Rahmen dieser Arbeit angestrebten Steuergerechtigkeit nicht vermeiden läßt, erscheint ein solches Vorgehen im Hinblick auf den

---

882 Vgl. *Förster*, Veräußerungsgewinnbesteuerung, in: Festschrift Flick, 1997, S. 736.

883 Vgl. auch die diesbezüglichen Überlegungen im Rahmen des Entwurfs eines Steuerentlastungsgesetzes 1999/2000/2002 (BT-Drs. 14/23, S. 252), die die gesetzliche Verankerung einer der hier diskutierten Übergangsregelung vergleichbaren Regelung verhinderten.

884 BVerfG v. 22.6.1995 - 2 BvL 37/91 -, BVerfGE 93, 121; BVerfG v. 22.6.1995 - 2 BvR 552/91 -, BVerfGE 93, 122.

885 Vgl. *Sachverständigenkommission Vermögensbesteuerung*, BMF-Schreiben v. 29.5.2000 - IV C7 - S 3030 - 17/00 -, http://www.bundesfinanzministerium.de/fach/index.htm, S. 11; *Scheffler*, Besteuerung, 1998, S. 239.

886 A.A. *Landsittel/Haug* (Absenkung, BB 1999, S. 2222 f.), die den mit einer Übergangsregelung verbundenen Aufwand als bewältigbar ansehen.

ansonsten für die Durchführbarkeit der Übergangsregelung erforderlichen Aufwand und im Vergleich zu den darüber letztlich zu erzielenden steuerlichen Mehreinnahmen durchaus sachgerecht.

Zusammenfassend ist daher festzuhalten, daß im Rahmen der hier vorgeschlagenen Neuregelung zur umfassenderen Besteuerung privater Veräußerungsvorgänge Wirtschaftsgüter, die vor dem Zeitpunkt der Verkündung erworben wurden, nicht berücksichtigt werden sollten. Während es sich bei einem Einbezug dieser Wirtschaftsgüter mit ihren historischen Anschaffungs- oder Herstellungskosten um einen verfassungsrechtlich nicht zulässigen Fall der Rückwirkung handeln würde, stehen der gesetzlichen Verankerung einer Übergangsregelung schwerwiegende Probleme bei der praktischen Durchführbarkeit entgegen.

Fünftes Kapitel: Zusammenfassung der Ergebnisse

Die vorliegende Arbeit liefert einen umfassenden Reformvorschlag zur einkommensteuerlichen Erfassung privater Veräußerungsvorgänge in der Bundesrepublik Deutschland. Danach sind die aus der Veräußerung im Privatvermögen gehaltener Grundstücke und Finanzanlagen erzielten Gewinne bzw. Verluste grundsätzlich unabhängig davon, ob bestimmte Haltefristen nicht überschritten oder bestimmte Beteiligungsgrenzen erreicht wurden, wie dies im geltenden deutschen Steuerrecht nach den §§ 17 und 23 EStG vorausgesetzt wird, zur Besteuerung heranzuziehen. Die aus der Veräußerung des der privaten Lebensführung dienenden Vermögens erzielten Erfolge sind demgegenüber grundsätzlich von der Besteuerung auszunehmen. Von der Besteuerung ebenfalls auszunehmen sind die aus der Veräußerung privater, als Altfälle zu qualizierenden Wirtschaftsgüter erzielten Erfolge. Zur Berücksichtigung der Problematik der Scheingewinnbesteuerung ist ein prozentualer Abschlag auf den Veräußerungsgewinn vorzunehmen. Die Problematik der Progressionswirkung findet über die Anwendung eines begrenzten "averaging" Berücksichtigung. Um die tatsächliche Erfassung der danach steuerpflichtigen privaten Veräußerungserfolge zu gewährleisten, sind von den Kreditinstituten zu erfüllende Meldepflichten vorgesehen.

Den Ausgangspunkt für diesen Reformvorschlag bildete das im allgemeinen Gleichheitssatz (Art. 3 Abs. 1 GG) verankerte Gebot der Steuergerechtigkeit. Speziell für den Bereich der Einkommensteuer folgt daraus, daß die Steuerpflichtigen gemäß ihrer wirtschaftlichen Leistungsfähigkeit, die sich nach ihrer im erzielten Einkommen zum Ausdruck kommenden finanziellen Belastbarkeit bemißt, zur Besteuerung heranzuziehen sind. Wie die Untersuchung gezeigt hat, ist die gegenwärtig nur in den Ausnahmefällen der §§ 17 und 23 EStG vorgesehene Besteuerung privater Veräußerungserfolge im Gegensatz zur generellen Erfassung betrieblicher Veräußerungserfolge natürlicher Personen damit nicht zu vereinbaren. Zwar hat das Bundesverfassungsgericht in der unterschiedlichen Behandlung privater und betrieblicher Veräußerungserfolge bisher keine Verletzung des Art. 3 Abs. 1 GG gesehen, doch sind diese Beschlüsse zu einer Zeit ergangen, in der dem Leistungsfähigkeitsprinzip noch nicht der Stellenwert zukam, der ihm heute beigemessen wird.

Auch wenn sich vor diesem Hintergrund die Forderung nach einer umfassenden Besteuerung sämtlicher privater Veräußerungserfolge aufdrängte, hat die Untersuchung unter Einbezug der im österreichischen, britischen und US-amerikanischen Steuerrecht zur steuerlichen Erfassung privater Veräußerungsvorgänge gewonnenen Erkenntnisse ergeben, daß eine umfassende Besteuerung sämtlicher privater Wirtschaftsgüter de lege ferenda nicht anzustreben ist. Vielmehr gilt es zu berücksichtigen, daß mit einer umfassenden Besteuerung privater Veräußerungsvorgänge verschiedene Problembereiche verbunden sind, die es bei einem Reformvorschlag zu lösen gilt. Als ein besonders bedeutsamer Problembereich haben sich dabei die Fragen zur praktischen Durchführbarkeit herausgestellt. Dies ist sowohl hinsichtlich der für die Ermittlung des Veräußerungserfolgs benötigten Unterlagen als auch hinsichtlich der seitens der Finanzverwaltung vorzunehmenden Kontrolle der tatsächlichen Erfassung der Veräußerungserfolge der Fall. In seiner bereichsspezifischen Konkretisierung für das Steuerrecht verlangt Art. 3 Abs. 1 GG die Gleichheit der Steuerpflichtigen nicht nur bei der normativen Steuerpflicht, sondern auch bei der Durchsetzung des Besteuerungsanspruchs in der Steuererhebung. Ist Letzteres nicht gewährleistet, kann dies die Verfassungswidrigkeit der materiellen Steuernorm zur Folge haben. Daneben bedürfen bei einer Ausdehnung der Steuerpflicht die mit dem Nominalwertprinzip verbundene Problematik der Scheingewinnbesteuerung sowie die sich aus der Erfassung des Veräußerungserfolgs im Veranlagungszeitraum seiner Vereinnahmung ergebende Problematik der Progressionswirkung einer Lösung.

Der Besteuerung der aus der Veräußerung der der privaten Lebensführung dienenden Wirtschaftsgüter erzielten Erfolge stehen vorrangig Probleme bei der praktischen Durchführbarkeit entgegen. So wurde bei der Prüfung eines Einbezugs dieser Wirtschaftsgüter deutlich, daß es den Steuerpflichtigen nicht zumutbar und ihnen teilweise auch gar nicht möglich ist, die für die Ermittlung solcher Veräußerungserfolge erforderlichen Unterlagen und Informationen bereitzuhalten. Im Gegensatz dazu können bei der Veräußerung von Grundstücken und Finanzanlagen beispielsweise über die Einführung von Grundstückslisten und über die Ergänzung der den Steuerpflichtigen zur Verfügung stehenden Depotauszüge die für die Ermittlung der Veräußerungserfolge erforderlichen Informationen ohne wesentlichen Mehraufwand beschafft werden. Darüber hinaus hat sich gezeigt, daß der Einbezug des der privaten Lebensführung dienenden Vermögens im Hinblick auf die seitens der Finanzverwaltung vorzunehmende Kontrolle der tatsächlichen Erfassung der Veräußerungserfolge problematisch ist. Selbst im US-amerikanischen Steuerrecht, das durch seine umfangreichen Meldepflichten einen nahezu "gläsernen Steuerbürger" schafft, ist die Durchsetzung des Besteuerungsanspruchs bei den aus der Veräußerung eigengenutzter Wirtschaftsgüter erzielten Erfolgen nicht gewährleistet. Streitigkeiten bei der Frage der Verfassungsmäßigkeit einer die steuerliche Erfassung dieser Wirtschaftsgüter regelnden Steuernorm wären daher vorprogrammiert. Neben den Problemen bei der praktischen Durchführbarkeit wurden auch materielle Unterschiede zwischen den dem Bereich der privaten Lebensführung zuzurechnenden Wirtschaftsgütern und den dem Bereich der Grundstücke und Finanzanlagen zuzurechnenden Wirtschaftsgütern aufgezeigt, die eine Ungleichbehandlung der Wirtschaftsgüter gerechtfertigt erscheinen lassen. Während es sich bei der Anschaffung eigengenutzter Wirtschaftsgüter wie z.B. Hausrat, Kleidung und privater PKW um Einkommensverwendung, um Konsum, handelt, der im geltenden Einkommensteuerrecht gerade nicht den Anknüpfungspunkt für die Besteuerung bildet, werden Finanzanlagen und vermietete Grundstücke vom Steuerpflichtigen regelmäßig zur Einkunftserzielung eingesetzt. Damit sind die zuletzt genannten Wirtschaftsgüter den einem Gewerbebetrieb bzw. einer selbständigen Tätigkeit dienenden Wirtschaftsgütern, deren Veräußerungserfolge steuerlich grundsätzlich zu berücksichtigen sind, in besonderem Maße vergleichbar. Es hat sich daher als konsequent erwiesen, die daraus erzielten Veräußerungserfolge in die Besteuerung einzubeziehen. Nicht in die Besteuerung einzubeziehen sind als Hauptwohnsitz genutzte Häuser bzw. Wohnungen, da für sie ebenso wie bei den sonstigen, der privaten Lebensführung zuzurechnenden Wirtschaftsgütern der Konsumaspekt im Vordergrund steht. Die Steuerbefreiung in voller Höhe ist allerdings nur dann zu gewähren, wenn die Immobilie von der Anschaffung bis zur Veräußerung ausschließlich zu eigenen Wohnzwecken genutzt wurde. Ist dies nicht der Fall, ist die Steuerbefreiung - in Anlehnung an das im britischen Steuerrecht hierfür relevante Vorgehen - nur anteilig zu gewähren.

Für die danach zur Verwirklichung einer gerechten, an der wirtschaftlichen Leistungsfähigkeit ausgerichteten Besteuerung gebotene umfassende Besteuerung der aus der Veräußerung von Grundstücken und Finanzanlagen erzielten Erfolge, sind Maßnahmen zur Gewährleistung der Durchsetzung des Besteuerungsanspruchs unerläßlich. Wie die Untersuchung gezeigt hat, reichen die im geltenden deutschen Steuerrecht hierfür relevanten Regelungen nicht aus. Zwar hat die Finanzverwaltung bei der Veräußerung von Grundstücken und bei der Veräußerung von GmbH-Anteilen bereits derzeit die Möglichkeit der Kontrolle. Bei den sonstigen, dem Bereich der Finanzanlagen zuzuordnenden Wirtschaftsgütern sind entsprechende Kontrollmöglichkeiten jedoch nicht gegeben. Um auch bei der Veräußerung dieser Wirtschaftsgüter die tatsächliche Durchsetzung des Besteuerungsanspruchs in der Steuererhebung zu gewährleisten, ist – in Anlehnung an das US-amerikanische Vorgehen - die Einführung durch die Kreditinstitute zu erfüllender gesetzlicher Meldepflichten und damit die Abschaffung der derzeit in § 30a AO enthaltenen, einem solchen Vorgehen entgegenstehenden Regelungen zu befürworten. Gegenüber der Einführung eines Quellensteuerabzugs, wie dies im österreichischen Steuerrecht im Rahmen des Steuerreformgesetzes 2000 angestrebt wurde, besitzen die Meldepflichten den Vorteil, daß sie die Besteuerung der Veräußerungserfolge mit dem individuellen Steuersatz der Steuerpflichtigen sicherstellen. Ferner ist mit ihnen der Vorteil verbunden, daß sie selbst bei Depotabgängen, denen keine Veräußerung zugrunde liegt, der Finanzverwaltung die Möglichkeit eröffnen, den Verbleib der Finanzanlagen zu ermitteln. Im Rahmen einer verfassungsrechtlichen Untersuchung der Meldepflichten auf ihre Vereinbarkeit mit den Grundrechten der Kreditinstitute und ihrer Kunden wurde zudem deutlich, daß sie bei geeigneter Ausgestaltung auch verfassungsrechtlich nicht zu beanstanden sind.

Um der mit dem Nominalwertprinzip verbundenen Problematik der Besteuerung von Scheingewinnen Rechnung zu tragen, ist in Abhängigkeit von der Haltedauer des veräußerten Wirtschaftsguts die Vornahme eines prozentualen Abschlags vom Veräußerungsgewinn zu fordern, wie dies auch im britischen Steuerrecht gegenwärtig der Fall ist. Gegenüber einer Indexierung der dem Veräußerungserfolg gegenüberzustellenden Kosten, wie sie im US-amerikanischen Steuerrecht bei Reformüberlegungen diskutiert und im britischen Steuerrecht in der Vergangenheit praktiziert wurde, ist eine solche Vorgehensweise als vorteilhaft anzusehen, da sie die Scheingewinnbesteuerung durch Pauschalierung abschwächt, die Rechtssicherheit des Steuerpflichtigen aber in vollem Umfang erhalten bleibt. Dabei erscheint das britische Vorgehen, für die Gewährung des prozentualen Abschlags eine Mindesthaltedauer von drei Jahren und als maximalen Abschlag einen Prozentsatz von 40 % vorzusehen, auch für deutsche Zwecke geeignet. Vor dem Hintergrund der für die Bundesrepublik Deutschland gegenwärtig relevanten Inflationsrate von durchschnittlich 1-2 % bietet sich ein Abschlag von zunächst 6 % mit einer nachfolgenden jährlichen Steigerung um jeweils zwei Prozentpunkte an.

Zur Berücksichtigung der sich aus der Erfassung der Veräußerungsgewinne im Veranlagungszeitraum ihrer Vereinnahmung ergebenden Problematik der Progressionswirkung ist die Gewährung besonderer ermäßigter Steuersätze, wie sie im US-amerikanischen Steuerrecht zur Anwendung kommen, nicht geeignet, da sie dem Gebot der vertikalen Steuergerechtigkeit zuwiderlaufen. Vielmehr ist de lege ferenda die Durchführung des "averaging" zu befürworten. Danach ist der erzielte Veräußerungsgewinn durch die Anzahl der Haltejahre des veräußerten Wirtschaftsguts zu teilen und der im Veranlagungszeitraum der Veräußerung zu zahlende Steuerbetrag in Abhängigkeit von der sich hieraus für die Veranlagungszeiträume der Haltedauer des Wirtschaftsguts ergebenden Veränderung der Steuerzahllast zu ermitteln. Da ein solches Vorgehen gerade bei langen Haltedauern mit einem kaum bewältigbaren Verwaltungsaufwand verbunden wäre, ist bei Übersteigen einer bestimmten Haltedauer die Zahl der in das averaging einzubeziehenden vorangegangen Veranlagungszeiträume zu begrenzen. Angesichts dessen, daß von der Finanzverwaltung die eine natürliche Person betreffenden Unterlagen prinzipiell zehn Jahre aufbewahrt werden, könnte als zeitliche Obergrenze ein Zeitraum von zehn Jahren festgelegt werden. Im Hinblick auf die für die Gewährung eines prozentualen Abschlags geforderte Mindesthaltedauer von drei Jahren ist es sinnvoll, das "averaging" ebenfalls ab einer Mindesthaltedauer von drei Jahren anzuwenden.

In Übereinstimmung mit der umfassenden Besteuerung der aus der Veräußerung im Privatvermögen gehaltener Grundstücke und Finanzanlagen erzielten Gewinne sind die aus solchen Veräußerungsvorgängen erzielten Verluste steuerlich grundsätzlich zu berücksichtigen. Im Hinblick auf die zur Lösung der Problematik der Scheingewinnbesteuerung und der Progressionswirkung für die Behandlung privater Veräußerungsgewinne vorgesehenen Begünstigungen ist ihre Verrechenbarkeit jedoch auf die mit den aus anderen privaten Veräußerungsvorgängen desselben oder eines nachfolgenden Veranlagungszeitraums erzielten Gewinne zu begrenzen.

Von einem Einbezug der als Altfälle zu qualifizierenden privaten Wirtschaftsgüter, die sich dadurch auszeichnen, daß sie vor dem Inkrafttreten der hier vorgeschlagenen Neuregelung erworben wurden, ist abzusehen. Während es sich bei einer Berücksichtigung dieser Wirtschaftsgüter mit ihren historischen Anschaffungs- oder Herstellungskosten um einen verfassungsrechtlich nicht zulässigen Fall der Rückwirkung handeln würde, stehen der gesetzlichen Verankerung einer Übergangsregelung schwerwiegende Probleme bei der praktischen Durchführbarkeit entgegen.

In einer Gesamtschau hat die Arbeit gezeigt, daß für eine gerechte, an der wirtschaftlichen Leistungsfähigkeit orientierte Besteuerung die umfassende Besteuerung der aus der Veräußerung im Privatvermögen gehaltener Grundstücke und Finanzanlagen erzielten Erfolge unerläßlich ist. Das Festhalten des Gesetzgebers an dem in seinen wesentlichen Grundzügen seit dem Einkommensteuergesetz 1934 unverändert gebliebenen Besteuerungskonzept, private Veräußerungserfolge nur ausnahmsweise zur Besteuerung heranzuziehen, ist daher scharf zu kritisieren. Es bleibt aber die Hoffnung, daß sich das Bundesverfassungsgericht in zukünftig zu dieser Problematik ergehenden Entscheidungen der Bedeutung des Leistungsfähigkeitsprinzips für die Erfassung privater Veräußerungserfolge besinnt und dadurch die Grundlage für eine tiefgreifende Reform, wie sie in der vorliegenden Arbeit vorgeschlagen wird, schafft.

Literaturverzeichnis

Adler/Düring/Schmaltz [Rechnungslegung, 1995]: Rechnungslegung und Prüfung der Unternehmen - Kommentar zum HGB, AktG, GmbHG, PublG nach den Vorschriften des Bilanzrichtlinien-Gesetzes, Teilband 1, 6. Aufl., Stuttgart 1995

Altorfer, W. [Privatvermögen, 1959]: Geschäftsvermögen und Privatvermögen im Einkommenssteuerrecht, Zürich/St.Gallen 1959

Andel, N. [Einkommensteuer, 1980]: Einkommensteuer, in: Neumark, F. (Hrsg.): Handbuch der Finanzwissenschaft, Band II: Öffentliche Unternehmungen - Grundlegung der Lehre von den öffentlichen Einnahmen - Die Lehre von den Steuern - Nichtsteuerliche öffentliche Einnahmen, 3. Aufl., Tübingen 1980, S. 330-401

Arbeitsgruppe "Steuerausfälle" [Überprüfung, 1984]: Überprüfung der Möglichkeiten zur vollständigen Ausschöpfung der Steuerquellen, Landesfinanzministerium Nordrhein-Westfalen, S 1900 - 1122 - V B 5/S 1427 - 2 - V C 5, Teil I-III, in: StB 1984, S. 399-413, 446-452 und 489-498

Arndt, H.-W. [Allgemeines Steuerrecht, 1988]: Grundzüge des allgemeinen Steuerrechts, München 1988

Arndt, H.-W. [Betriebsvermögen, 1989]: Zur Abgrenzung des Betriebsvermögens vom Privatvermögen, in: SteuerStud 1989, S. 221-227

Arndt, H.-W. [Existenzminimum, 1993]: Existenzminimum und Einkommensteuerrecht - Zum Beschluß des Bundesverfassungsgerichts vom 25. September 1992, in: StVj 1993, S. 1-11

Arndt, H.-W. [Gleichheit, 1988]: Gleichheit im Steuerrecht, in: NVwZ 1988, S. 787-794

Arndt, H.-W. [Gutachten, 2000]: Gutachten zur Verfassungsmäßigkeit der "EDV-Zugriffsrechte" in den §§ 146, 147 AO des Entwurfs zum Steuersenkungsgesetz, Mannheim 2000, S. 1-85

Arndt, H.-W. [Leistungsfähigkeit, 1981]: Steuerliche Leistungsfähigkeit und Verfassungsrecht, in: Damrau, J./Kraft, A./Fürst, W. (Hrsg.), Festschrift für Otto Mühl zum 70. Geburtstag 10. Oktober 1981, Stuttgart u.a. 1981, S. 17-39

Arndt, H.-W. [Praktikabilität, 1983]: Praktikabilität und Effizienz - Zur Problematik gesetzesvereinfachenden Verwaltungsvollzuges und der "Effektuierung" subjektiver Rechte, Köln 1983

Arndt, H.-W. [Steuerrecht, 2000]: Steuerrecht, 2. Aufl., Heidelberg 2000

Arndt, H.-W./Jenzen, H. [Verlustverrechnung, 1998]: Verlustverrechnung und Verfassungsrecht - Zu dem Beschluß des BVerfG vom 30.9.1998 und der geplanten Steuerreform 1999/2000, in: DStR 1998, S. 1818-1822

Arndt, H.-W./Piltz, D.J. [Grundzüge, 1996]: Grundzüge des Besonderen Steurrechts, Band I, Ertragsteuer- und Unternehmenssteuerrecht, München 1996

Arndt, H.-W./Rudolf, W. [Öffentliches Recht, 2000]: Öffentliches Recht - Grundriß für das Studium der Rechts- und Wirtschaftswissenschaft, 13. Aufl., München 2000

Arndt, H.-W./Schumacher, A. [Grundrechte, 1993]: Einkommensbesteuerung und Grundrechte - Zum Einfluß grundrechtlicher Entscheidungen des Bundesverfassungsgerichts auf die Entwicklung der Einkommensbesteuerung in der Bundesrepublik Deutschland, AöR, Band 118, 1993, S. 513-590

Arndt, H.-W,/Schumacher, A. [Rückwirkung, 1998]: Echte Fortschritte bei der unechten Rückwirkung?, in: NJW 1998, S. 1538 f.

Arndt, H.-W./Schumacher, A. [Steuerlast, 1995]: Die verfassungsrechtlich zulässige Höhe der Steuerlast - Fingerzeig des BVerfG an den Gesetzgeber?, in: NJW 1995, S. 2603-2605

Atzmüller, M. [Veräußerung, 1998]: Die Veräußerung von Privatvermögen und ihre Auswirkung auf die Liebhabereibeurteilung, in: ÖStZ 1998, S. 6-14

Austrup, J. [Zinsbesteuerung, 1994]: Zinsbesteuerung, Frankfurt am Main/Berlin, u.a. 1994

Balmes, F. [Spekulationsverluste, 2000]: Spekulationsverluste: Praxisprobleme und Musterlösungen für Veranlagungszeiträume bis 1998, in: DStR 2000, S. 1047 f.

Bareis, P. [Systemvergleich, 2000]: Das Halbeinkünfteverfahren im Systemvergleich, in: StuW 2000, S. 133-143

Barnick, F.-M. [Großbritannien, 1975]: Die Besteuerung des Wertzuwachses in Großbritannien, in: RIW/ADW 1975, S. 211-214

Bauer, H. [Rückwirkungsverbot, 1984]: Bundesverfassungsgericht und Rückwirkungsverbot, in: JuS 1984, S. 241-249

Baur, J.F./Stürner, R. [Sachenrecht, 1999]: Sachenrecht, 17. Aufl., München 1999

Beil, J. [Belastungsgrund, 2001]: Der Belastungsgrund des steuerstaatlichen Synallagmas - Zur Zulässigkeit des Welteinkommensprinzips im deutschen internationalen Einkommensteuerrecht, Frankfurt am Main u.a. 2001

Beiser, R. [Beteiligungsveräußerungen, 1993]: Beteiligungsveräußerungen und Endbesteuerung - Gedanken und Vorschläge zur Steuerreform 1993, in: ÖStZ 1993, S. 279-282

Beiser, R. [Endbesteuerung, 1994]: Die erweiterte Endbesteuerung, in: ÖStZ 1994, S. 145-156

Beiser, R. [Kritik, 1995]: Beteiligungsveräußerungen - Kritik und Reform, in: Djanani, C./Kofler, H./Steckel, R. (Hrsg.): Anpassungsprozesse in Wirtschaft und Recht - Europäische Union, Rechnungslegung und Steuern: Festschrift für Hans Lexa zum 60. Geburtstag, Wien 1995, S. 382-393

Beiser, R. [Realteilung, 1991]: Die Realteilung im Umgründungssteuergesetz - Gedanken und Vorschläge zum Begutachtungsentwurf, in: ÖStZ 1991, S. 318-324

Beiser, R. [Spekulationsgeschäfte, 1995]: Drei Fragen zu Spekulationsgeschäften, in: RdW 1995, S. 231-235

Beiser, R. [Systembrüche, 1996]: Systembrüche als Ordnungsprinzip, in: FJ 1996, S. 147

Biergans, E. [Einkommensteuer, 1992]: Einkommensteuer - Systematische Darstellung und Kommentar, 6. Aufl., München/Wien/Oldenbourg 1992

Biergans, E./Stockinger, R. [Einkommensbegriff, 1982]: Zum Einkommensbegriff und zur persönlichen Zurechnung von Einkünften im Einkommensteuerrecht, Teil I und II, in: FR 1982, S. 1-7 und 25-33

Bilsdorfer, P. [Auswirkungen, 1997]: Der Bundesfinanzhof und die Zinsbesteuerung - Das Urteil vom 18.2.1997 und seine praktischen Auswirkungen, in: StBp 1997, S. 262-265

Bilsdorfer, P. [Informationsquellen, 1999]: Die Informationsquellen und -wege der Finanzverwaltung: auf dem Weg zum "gläsernen Steuerbürger"?, 4. Aufl., Bielefeld 1999

Birk, D. [Besteuerung, 1989]: Gleichheit und Gesetzmäßigkeit der Besteuerung - Zum Stellenwert zweier Grundprinzipien in der Steuerreform 1990, in: StuW 1989, S. 212-218

Birk, D. [Leistungsfähigkeitsprinzip, 1983]: Das Leistungsfähigkeitsprinzip als Maßstab der Steuernormen - Ein Beitrag zu den Grundfragen des Verhältnisses Steuerrecht und Verfassungsrecht, Köln 1983

Birk, D. [Unternehmenssteuerreform, 2000]: Das Leistungsfähigkeitsprinzip in der Unternehmenssteuerreform, in: StuW 2000, S. 328-336

Birk, D./Kulosa, E. [Aspekte, 1999]: Verfassungsrechtliche Aspekte des Steuerentlastungsgesetzes 1999/2000/2002, in: FR 1999, S. 433-442

Blümich: Einkommensteuergesetz, Körperschaftsteuergesetz, Gewerbesteuergesetz - Kommentar, Ebling, K. (Hrsg.), München 1999, Stand: 64. Ergänzungslieferung, Juli 1999

BMF-Fachabteilung [Rechtsansichten, 1991]: Aus der Arbeit der BMF-Fachabteilungen – Rechtsansichten des Finanzministeriums zu steuerlichen Zweifelsfragen, in: SWK 1991, A I, S. 265-268

Bonner Kommentar: Bonner Kommentar zum Grundgesetz, Dolzer, R./Vogel, K. (Hrsg.), Heidelberg 1999, Stand: 93. Ergänzungslieferung, Dezember 1999

Bohnenkamp, R. [Fiskus, 2000]: Nerven behalten - Der Fiskus hat Schummler im Visier: Noch gibt es aber keinen Grund zur Panik, in: Wirtschaftswoche vom 24.8.2000, S. 128 f.

Bordewin/Brandt: Kommentar zum Einkommensteuergesetz, Bordewin, A./Brandt, J., Heidelberg 2000, Stand: 203. Ergänzungslieferung, November 2000

Bundesminsterium der Finanzen [Petersberger Steuervorschläge, 1997]: Reform der Einkommensbesteuerung - Vorschläge der Steuerreformkommission - vom 22. Januar 1997, "Petersberger Steuervorschläge", Schriftenreihe des Bundesministeriums der Finanzen, Heft 61, Bonn 1997

Bundesministerium der Finanzen [Thesen, 1995]: Thesen der Einkommensteuer-Kommission zur Steuerfreistellung des Existenzminimums ab 1996 und zur Reform der Einkommmensteuer, Schriftenreihe des Bundesministeriums der Finanzen, Heft 55, Bonn 1995

Bundesministerium für Wirtschaft und Finanzen [Steuerreform, 1971]: Gutachten der Steuerreformkommission 1971, Schriftenreihe des Bundesministeriums der Finanzen, Heft 17, Bonn 1971

Burman, L.E. [Tax Policy, 1999]: The Labyrinth of Capital Gains Tax Policy – A Guide for the Perplexed, Washington 1999

Carl, D./Klos, J. [Finanzmärkte, 1993]: Bankgeheimnis und Quellensteuer im Vergleich internationaler Finanzmärkte, Herne/Berlin 1993

Carl, D./Klos, J. [Kontenwahrheitspflicht, 1991]: Die Kontenwahrheitspflicht - Grundlage der steuerlichen Mitwirkungspflichten der Banken, in: NWB 1991, F. 2, S. 5635-5642

CCH (Hrsg.), British Tax Guide, 3rd edition, Oxfordshire 1991, Latest Update: Supplement Number 320, November 1999

CCH (Hrsg.) [Committee, 1998]: Joint Committee on Taxation's - General Explanation of Tax Legislation Enacted in 1998, Blue Book, Chicago 1998

CCH (Hrsg.) [Reform, 1998]: IRS Restructuring and Reform Bill of 1998, H.R. 2676 - Conference Report as released on June 24, 1998, Chicago 1998

CCH (Hrsg.) [Relief Bill, 1997]: Taxpayer Relief Bill of 1997, H.R 2014 - Conference Report as released on July 31, 1997, Chicago 1997

CCH (Hrsg.), Standard Federal Tax Reporter, 86th edition, Chicago 1998

CCH (Hrsg.), 1999 State Tax Handbook, Chicago 1998

CCH (Hrsg.) [Statutes, 1999]: Tax Statutes and Statutory Instruments – With Concessions and Statements of Practice, Vol. 1A und 1B, Bicester 1999

CCH (Hrsg.) [Tax Guide, 1999]: 2000 US. Master Tax Guide, Chicago 1999

CCH (Hrsg.) [Tax Handbook, 2000]: The CCH Tax Handbook 2000-2001, Bicester 2000

Christoffel, H.G. [Grundzüge, 2000]: Die Grundzüge der Unternehmenssteuerreform 2001, in: StWK 2000, Gr. 7, S. 1-44

Christoffel, H.G. [Steuerbereinigungsgesetz, 2000]: Steuerbereinigungsgesetz 2000 und Familienförderungsgesetz, in: LSW 2000, Gr. 19, S. 1-40

Crouch, H.F. [Investor, 1998]: Investor Gains & Losses, Saratoga 1998

Davies, D. [Residence, 1995]: Booth: Residence, Domicile and UK Taxation, 2nd edition, Butterworths, London/Dublin/Edinburgh 1995

Degenhart, C. [Handlungsfreiheit, 1990]: Die allgemeine Handlungsfreiheit des Art. 2 I GG, in: JuS 1990, S. 161-169

Dehmer, H.: Kommentar zum Umwandlungsgesetz und Umwandlungssteuergesetz, 2. Aufl., München 1996

Demuth, B./Strunk, M. [Besteuerung, 2001]: Die Besteuerung privater Veräußerungsgeschäfte im Sinne des § 23 EStG, in: DStR 2001, S. 57-63

Depenheuer, O. [Arbeitgeber, 1996]: Arbeitgeber als Zahlstelle des Sozialstaates – Zur Indienstnahme privater Arbeitgeber zur Auszahlung des Kindergeldes, in: BB 1996, S. 1218-1222

Deutsche Bundesbank [Finanzierungsströme 1998, 1999]: Die gesamtwirtschaftlichen Finanzierungsströme im Jahr 1998, in: Monatsbericht Juni 1999, Frankfurt am Main 1999, S. 15-58

Deutsche Bundesbank [Finanzierungsströme 1999, 2000]: Die gesamtwirtschaftlichen Finanzierungsströme im Jahr 1999, in: Monatsbericht Juni 2000, Frankfurt am Main 2000, S. 15-60

Deutsche Bundesbank [Vermögenssitutation, 1999]: Zur Entwicklung der privaten Vermögenssituation seit Beginn der neunziger Jahre, in: Monatsbericht Januar 1999, Frankfurt am Main 1999, S. 33-50

Djanani, C. [Außensteuerrecht, 1998]: Internationales Steuerrecht: österreichisches Außensteuerrecht, OECD-Musterabkommen, österreichisches Doppelbesteuerungsabkommen, Wien 1998

Döring, U. [Gerechtigkeit, 1977]: Veräußerungsgewinne und steuerliche Gerechtigkeit – Bemerkungen zum Forschungsprogramm der Betriebswirtschaftlichen Steuerlehre, Frankfurt am Main 1977

Dötsch, E./Pung, A. [Änderung, 1999]: Die Änderung des § 17 des Einkommensteuergesetzes durch das Steuerentlastungsgesetz 1999/2000/2002, in: BB 1999, S. 1352-1358

Dötsch, E./Pung, A. [Körperschaftsteuer, 2000]: Steuersenkungsgesetz: Die Änderungen bei der Körperschaftsteuer und bei der Anteilseignerbesteuerung, in: DB 2000, Beilage Nr. 10, S. 1-27

Dötsch, E./Pung, A. [Reform, 2000]: Die geplante Reform der Unternehmensbesteuerung, in: DB 2000, Beilage Nr. 4, S. 1-19

Domann, R. [Österreich, 1999]: Österreich, Kommentierungsstand: Oktober 1999, in: Mennel, A. /Förster, J., Steuern in Europa, Amerika und Asien, Band II, Herne/Berlin 2000, Stand: 41. Ergänzungslieferung, August 2000

Doralt, W. [Einkommensteuergesetz, 1997]: Einkommensteuergesetz-Kommentar, Teil I bis III, §§ 1-32. - 3. Aufl., Stand: 1.1.1997, Wien 1997

Doralt, W./Ruppe, H.G. [Steuerrecht, 1998]: Grundriß des österreichischen Steuerrechts, Band I, 6. Aufl., Wien 1998

Doralt, W./Ruppe, H.G. [Steuerrecht, 1996]: Grundriß des österreichischen Steuerrechts, Band II, 3. Aufl., Wien 1996

Durchlaub, T. [Privatvermögen, 1993]: Zur Steuerpflicht der Gewinne aus der Veräußerung von Privatvermögen, Berlin 1993

Ebling, K. [Tausch, 1994]: Gewinnrealisierung gemäß § 17 EStG beim Tausch von inländischen wesentlichen Beteiligungen, die im Privatvermögen gehalten werden, in: Kirchhof, P. (Hrsg.), Steuerrecht, Verfassungsrecht, Finanzpolitik, Festschrift für Franz Klein, Köln 1994, S. 801-813

Eckhoff, R. [Rechtsanwendungsgleichheit, 1999]: Rechtsanwendungsgleichheit im Steuerrecht - Die Verantwortung des Gesetzgebers für einen gleichmäßigen Vollzug des Einkommensteuerrechts, Köln 1999

Eggert, J.A./Gornall, J.L. [USA-Geschäft, 1998]: Handbuch USA-Geschäft, Wiesbaden 1989

Eilers, S./Wienands, H.-G. [Veräußerung, 1999]: Die Veräußerung von GmbH-Anteilen nach Maßgabe der geänderten §§ 17, 22 Nr. 2, 23 EStG, Besteuerung von Veräußerungsgewinnen - Geltendmachung von Veräußerungsverlusten, in: GmbHR 1999, S. 505-510

Ernst&Young/BDI [Unternehmenssteuerreform, 2000]: Die Unternehmenssteuerreform - Informationen, Analysen und Gestaltungsempfehlungen zum Steuersenkungsgesetz (StSenkG), 2. Aufl., Bonn/Berlin 2000

Esser, C. [Geldentwertung, 1999]: Ertragsbesteuerung und Geldentwertung - das Problem des "Scheingewinns" (Grundsätzliche Überlegungen für zukünftige Steuerreformen), IFSt-Schrift Nr. 374, Bonn 1999

Faltlhauser, K. [Verlockungen, 1997]: Die Verlockungen der Schedule, in: Kley, M.D./Sünner, E./Willemsen, A. (Hrsg.), Steuerrecht, Steuer- und Rechtspolitik, Wirtschaftsrecht und Unternehmensverfassung, Umweltrecht, Festschrift für Wolfgang Ritter zum 70. Geburtstag, Köln 1997, S. 511-518

Fasselt, T. [Wertsteigerungen, 1948]: Wertsteigerungen und Veräußerungsgewinne als steuerpflichtiges Einkommen, Köln 1948

Fellner, K.-W. [Bankgeheimnis, 2000]: Steuerhinterziehung und Bankgeheimnis, in: RdW 2000, S. 244-247

Fellner, K.-W. [Vermögenszugänge, 1980]: Außerbetriebliche Vermögenszugänge als Tatbestand der Einkommensbesteuerung, in: ÖStZ 1980, S. 22-24

Fellner, K.-W./Zorn, N. [Wechselwirkungen, 1996]: Wechselwirkungen zwischen höchstgerichtlichen Entscheidungen und der Fachliteratur im Bereich des Abgabenrechts, in: ÖJZ 1996, S. 3-16

Ferger, H. [Verwaltungsaufgaben, 1979]: Ausgleichsanspüche bei der Indienstnahme Privater für Verwaltungsaufgaben, Köln 1979

Fiedler, J. [Vertrauensschutz, 1988]: Neuorientierung der Verfassungsrechtsprechung zum Rückwirkungsverbot und zum Vertrauensschutz, in: NJW 1988, S. 1624-1631

Fischer, K. [Verfassungsmäßigkeit, 2000]: Die Verfassungsmäßigkeit rückwirkender Normen, Mannheim 2000, S. 1-12 (noch nicht veröffentlicht)

Flämig, C. [Steuerreformvorschlag, 1969]: Steuerreformvorschlag, 1969, Die Berücksichtigung der schleichenden Geldentwertung im Steuerrecht - Ein Versuch, die Folgen der schleichenden Geldentwertung durch steuerliche Maßnahmen auszugleichen, in: StbKongRep 1969, S. 425-455

Fleischmann, M.S. [Wertpapiere, 1996]: Ermittlung des Spekulationsgewinns bei sammelverwahrten Wertpapieren, in: INF 1996, S. 417-421

Flore, I./Dörn, H./Gillmeister, F. [Steuerfahndung, 1999]: Steuerfahndung und Steuerstrafverfahren - Handbuch für die Strafverteidigung, 2. Aufl., Neuwied/Kriftel 1999

Flume, W. [Differenzgeschäfte, 1978]: Die steuerliche Behandlung privater Differenzgeschäfte, in: DB 1978, S. 1097-1099

Förster, J. [Veräußerungsgewinnbesteuerung, 1997]: Veräußerungsgewinnbesteuerung - Ein Blick über die Grenzen -, in: Klein, F./Stihl, H.P./Wassermeyer, F. (Hrsg.), Festschrift zum 70. Geburtstag von Hans Flick, Köln 1997, S. 721-736

Franke, S.F. [Demokratie, 1984]: Zur politischen Funktion konsensmobilisierender Formeln in der parlamentarischen Demokratie: Das Beispiel des Leistungsfähigkeitsprinzips, in: StuW 1984, S. 32-39

Friauf, K.H. [Gesetzgebung, 1972]: Gesetzesankündigung und rückwirkende Gesetzgebung im Steuer- und Wirtschaftsrecht, in: BB 1972, S. 669-678

Friauf, K.H. [Sonderlasten, 1974]: Öffentliche Sonderlasten und Gleichheit der Steuerbürger, in: Institut für Völkerrecht und ausländisches öffentliches Recht der Universität zu Köln (Hrsg.), Festschrift für Hermann Jahrreiß zum 80. Geburtstag - 19. August 1974 -, Köln u.a. 1974, S. 45-66

Friauf, K.H. [Wesentlichkeitsschwelle, 1995]: Die Wesentlichkeitsschwelle in § 17 EStG als steuerpolitische Manövriermasse?, in: DB 1995, Beilage Nr. 8, S. 1-16

Früh, A. [Vergütungsanspruch, 1998]: Vergütungsanspruch von Banken bei gesetzlich auferlegten Pflichten - Widerspruch zum BGH-Urteil vom 15. Juli 1997 -, in: WM 1998, S. 63-66

Fuisting, B. [Steuerlehre, 1902]: Die Grundzüge der Steuerlehre, Berlin 1902

Fumi, H.-D. [Befugnisse, 2000]: Richter sind uneinig über die Befugnisse der Steuerfahnder – Das "Bankgeheimnis" untersagt Rasterfahndungen bei Kontoinhabern, in: FAZ vom 30.12.2000, S. 22

Fumi, H.-D. [Weitergabe, 2000]: Weitergabe von Erkenntnissen durch die Steuerfahndung anläßlich von Ermittlungen bei einer Bank, in: EFG 2000, Beilage zu Heft 22, S. 170 f.

Gaddum, J.W. [Steuerreform, 1986]: Steuerreform: einfach und gerecht!: Für ein besseres Einkommensteuerrecht, Stuttgart 1986

Gerhold, K. [Beteiligungsgrenze, 2000]: Neue Beteiligungsgrenze und Halbeinkünfteverfahren beim § 17 EStG – Neuregelung der Besteuerung des Veräußerungsgewinns von Anteilen an Kapitalgesellschaften aufgrund des Steuersenkungsgesetzes, in: SteuerStud 2000, S. 578-581

Gerl, C./Sturm, H. [Verschärfung, 1996]: Der neue § 17 Abs. 2 Satz 4 EStG - Eine verunglückte Formulierung oder eine beabsichtigte Verschärfung weit über die Gesetzesbegründung hinaus?, in: DB 1996, S. 1102-1107

Geurts, M. [Erfüllungsgehilfen, 1997]: Private als Erfüllungsgehilfen des Staats am Beispiel des Freistellungsauftrags, in: DB 1997, S. 1997-2001

Goutier, K./Müller, K.-D. [Fortsetzung, 1997]: Verfassungswidrigkeit der rückwirkenden Steuerverschärfungsvorschriften des "Gesetzes zur Fortsetzung der Unternehmenssteuerreform", in: BB 1997, S. 2242-2247

Grotherr, S. [Disposition, 1998]: Steht der Verlustvor- und rücktrag steuerpolitisch zur Disposition? Kritische Beurteilung der Veränderungsvorschläge zu § 10d EStG, Teil I und II, in: BB 1998, S. 2337-2346 und 2392-2398

Grotherr, S. [Scheingewinnbesteuerung, 1987]: Die Scheingewinnbesteuerung im internationalen Vergleich: Analyse der steuerlichen Lösungsansätze in der Bundesrepublik Deutschland, Frankreich, Großbritannien, Japan und den USA, Baden-Baden 1987

Grotherr, S. [Steuerreformbestrebungen, 1985]: Steuerreformbestrebungen in den USA hinsichtlich der Unternehmensbesteuerung, in: RIW 1985, S. 708-716

Grotherr, S. [Vergleich, 1988]: Scheingewinnbesteuerung bei betrieblichen Veräußerungsgewinnen im internationalen Vergleich, in: IWB F. 10, International, Gr. 2, 1988, S. 641-648

Groß, A. [Verrechnung, 2000]: Verrechnung von Spekulationsgewinnen bis 1998?, in: StuB 2000, S. 7-9

Grützner, D. [Änderungen, 2000]: Änderungen der Einkommensteuer durch das Steuerbereinigungsgesetz 1999, in: NWB 2000, F. 3b, S. 5325-5336

Grützner, D. [Einkommensteuer, 1999]: Änderungen der Einkommensteuer durch das Steuerentlastungsgesetz 1999/2000/2002, in: NWB 1999, F. 3b, S. 5241-5260

Grützner, D. [Steuersenkungsgesetz, 2000]: Änderungen der Einkommensteuer durch das Steuersenkungsgesetz, in: NWB 2000, F. 3b, S. 5385-5400

Güntsch, M. [Scheingewinne, 1981]: Nominalwertprinzip und Scheingewinne, in: DB 1981, S. 2568-2571

Haas, F.J. [Verlustausgleichsbeschränkung, 1997]: Verlustausgleichsbeschränkung bei wesentlichen Beteiligungen, in: Schön (Hrsg.), Gedächtnisschrift für Brigitte Knobbe-Keuk, Köln 1997, S. 455-470

Hänsel, G. [Einkünfte, 1998]: "Besondere Einkünfte" im Rahmen des § 28 Abs. 7 EStG 88, in: FJ 1998, S. 128 f.

Härtel, H.-H. [Zinsbesteuerung, 2000]: EU-Zinsbesteuerung weiterhin ungeklärt, in: Wirtschaftsdienst 2000, S. 388

Haller, H. [Steuern, 1981]: Die Steuern - Grundlinien eines rationalen Systems öffentlicher Abgaben, Tübingen 1981

Hamacher, R. [Banken, 1999]: Kontrollmitteilungen bei Banken und funktionaler Kontenbegriff des § 154 AO - Zum Stand der Rechtsprechung, in: DB 1999, S. 1824-1828

Hancock, D. [Policy, 1999]: Taxation Policy and Practice 1998/1999, 6th edition, London/Boston 1999

Harenberg, F.E. [Anmerkung, 1997]: Anmerkung zum BFH-Urteil vom 18.2.1997 VIII R 33/95, in: FR 1997, S. 493 f.

Harenberg, F.E./Irmer, G. [Finanzinstrumente, 1995]: Besteuerung privater DTB-Geschäfte und sonstiger Finanzinstrumente, in: NWB 1995, F. 3, S. 9229-9238

Haritz, D./Slabon, G. [Hindernisse, 1998]: Neue Hindernisse für Unternehmensumstrukturierungen nach dem Gesetzentwurf zur "Steuerreform", in: GmbHR 1998, S. 1159-1163

Hartmann, B./Meyer, B. [Veräußerungsgeschäfte, 1999]: Steuerentlastungsgesetz 1999/2000/2002: Keine Besteuerung eigengenutzter Wirtschaftsgüter im Rahmen privater Veräußerungsgeschäfte gem. § 23 EStG, in: FR 1999, S. 1089-1097

Heinrich, J. [Index-Anleihen, 2000]: Die Besteuerung von Index-Anleihen im Privatvermögen, in: ÖStZ 2000, S. 469-477

Heinz, J./Kopp, J./Mayer, E. [Verkehrsteuern, 1998]: Verkehrsteuern: Grunderwerbsteuer, Kraftfahrzeugsteuer, Versicherungsteuer, Feuerschutzsteuer, Rennwett- und Lotteriesteuer, Achim 1998

Hennig, H.J./Bengard, B. [Änderungen, 1999]: Steuerliche Änderungen des Investmentsrechts durch das Steuerentlastungsgesetz 1999/2000/2002, in: BB 1999, S. 1901-1905

Henning, M./Hundsdoerfer, J./Schult, E. [Progressionsglättung, 1999]: Die Progressionsglättung für außerordentliche Einkünfte nach § 34 Abs. 1 EStG-Entwurf: Steuersätze bis zu 265 %, in: DStR 1999, S. 131-136

Herrler, H. [Mitwirkung, 1984]: Mitwirkung der Banken bei der Besteuerung von Bankkunden, Köln 1984

Herzig, N./Förster, G. [Steuerentlastungsgesetz, 1999]: Steuerentlastungsgesetz 1999/2000/2002: Die Änderung von § 17 und 34 EStG mit ihren Folgen, in: DB 1999, S. 711-718

Herzig, N./Lutterbach, T. [Besteuerung, 1999]: Besteuerung privater Veräußerungsgeschäfte nach dem Steuerentlastungsgesetz 1999/2000/2002, in: DStR 1999, S. 521-527

Herzog, O. [Finanzierungszinsen, 1994]: Neues bei den Spekulationseinkünften: Finanzierungszinsen absetzbar, kein Abflußprinzip, in: RdW 1994, S. 58-60

Herrmann/Heuer/Raupach: Einkommensteuer- und Körperschaftsteuergesetz - Kommentar, Raupach, A. (Hrsg.), 21. Aufl., Köln 1996, Stand: 199. Ergänzungslieferung, November 2000

Herrmann/Heuer/Raupach: Sonderband zum Einkommensteuer- und Körperschaftsteuergesetz - Kommentar, Raupach, A. (Hrsg.), Steuerreform-Kommentierung: Steuerreform 1999/2000/2002, Köln 1999, Stand: Mai 1999

Hey, J. [Abschaffung, 1998]: Die rückwirkende Abschaffung der Sonderabschreibungen auf Schiffsbeteiligungen - Wider steuerliche Planungssicherheit: Anmerkungen zum Beschluß des Zweiten Senats des BVerfG vom 3.12.1997 - 2 BvR 882/97 -, in : BB 1998, S. 1444-1451

Hey, J. [Heranziehung, 1998]: Steuern verwalten durch Banken - Einige grundsätzliche Anmerkungen zur Heranziehung der Banken zu Steuerverwaltungsaufgaben aus Anlaß der BGH-Urteile vom 15.7.1997, in: FR 1998, S. 497-509

Hiller, G. [Wohnung, 2001]: Der zur Wohnung gehörende Grund und Boden, INF 2001, S. 6-10

Höhn, E. [Gewinne, 1961]: Die steuerliche Behandlung von Gewinnen aus dem Privatvermögen in der Schweiz, in: Schweizerisches Zentralblatt für Staats- und Gemeindeverwaltung, 1961, Band 62, S. 201-210

Höhn, E.[Kapitalgewinnbesteuerung, 1955]: Die Besteuerung der privaten Gewinne (Kapitalgewinnbesteuerung), Winterthur 1955

Hörger, H./Mentel, T./Schulz, A. [Steuerentlastungsgesetz, 1999]: Ausgewählte Fragen zum Steuerentlastungsgesetz 1999/2000/2002: Unternehmensumstrukturierungen, in: DStR 1999, S. 565-576

Hoffmann, R. [Arbeitsweise, 1997]: Neue Grundsätze für die Arbeitsweise in den Veranlagungsstellen der Finanzämter (GNOFÄ 1997), in: DStR 1997, S. 1189-1195

Hofmann, R.: Grunderwerbsteuergesetz-Kommentar, 6. Auf., Herne/Berlin 1996

Hofstätter, F./Reichel, K. [Einkommensteuer, 1998]: Die Einkommensteuer - Kommentar, Wien 1998, Stand: 22. Ergänzungslieferung, Juni 1998

Homer, A./Burrows, R. [UK Taxation, 2000]: Tolley's Tax Guide 2000-01, Croydon 2000

Huemer, E. [Steuerpflicht, 1996]: Die unbeschränkte Steuerpflicht natürlicher Personen - innerstaatliches Recht und Doppelbesteuerungsabkommen, Wien 1996

Huster, S. [Rechte, 1993]: Rechte und Ziele: Zur Dogmatik des allgemeinen Gleichheitssatzes, Berlin 1993

IBFD (Hrsg.): European Tax Handbook 2000, Amsterdam 2000

IBFD (Hrsg.) [Steuerberater Handbuch Europa, 1998]: Steuerberater Handbuch Europa, Länderdarstellungen – Berufsrecht – Querschnittdarstellungen –

Rechtsvorschriften – Verwaltungsverlautbarungen – Rechtsprechung, Bonn 1998

Icking, J. [Einkommensteuerrecht, 1993]: Deutsches Einkommensteuerrecht zwischen Quellen- und Reinvermögenszugangstheorie, Wiesbaden 1993

Inland Revenue (Hrsg.) [Assessment, 1997]: Self Assessment: A General Guide to Keeping Records (SA/BK4), London 1997

Inland Revenue (Hrsg.) [Capital Gains, 1998]: Capital Gains Tax – An Introduction (CGT1), London 1998

Inland Revenue (Hrsg.) [Chattels, 1998]: Chattels and Capital Gains Tax (IR 293), London 1998

Inland Revenue (Hrsg.) [Enquiries, 1997]: Tax Bulletin: Self Assessment: Enquiries into Tax Returns by Local Tax Offices, SA Special Edition, London 1997

Inland Revenue (Hrsg.) [Letting, 1999]: Letting and Your Home (IR87), London 1999

Inland Revenue (Hrsg.) [Non-residence, 1998]: Notes on Non-residence (SA 109 Notes), London 1998

Inland Revenue (Hrsg.) [Notes, 1998]: Notes on Capital Gains (SA 108 Notes), London 1998

Inland Revenue (Hrsg.) [Penalties, 1997]: Self Assessment – Penalties for Late Tax Returns (SA/BK 6), London 1997

Inland Revenue (Hrsg.) [Residence, 1998]: Private Residence Relief (IR 283), London 1998

Inland Revenue (Hrsg.) [Shares, 1998]: Shares and Capital Gains Tax (IR 284), London 1998

Inland Revenue (Hrsg.) [Surcharges, 1997]: Self Assessment – Surcharges for Late Payment of Tax (SA/BK 7), London 1997

Inland Revenue (Hrsg.) [Taper Relief, 1998]: Taper Relief (IR 279), London 1998

Inland Revenue (Hrsg.) [Tax Reform]: Capital Gains Tax Reform: The 1998 Finance Act – A Guide for Inland Revenue Officers and Tax Practitioner, London 1998

Institut der Wirtschaftsprüfer [Hinweise, 2000]: Die Unternehmenssteuerreform: Hinweise für die Beratungspraxis, in: FN-IDW 2000, Sonderbeilage zu Heft 11/2000, S. 1-48

Institut der Wirtschaftsprüfer [Unternehmensbewertungen, 2000]: IDW Standard: Grundsätze zur Durchführung von Unternehmensbewertungen (IDW S 1) (Stand: 28.6.2000), in: FN-IDW 2000, S. 415-441

Institut "Finanzen und Steuern" [Geldentwertung, 1999]: Ertragsbesteuerung und Geldentwertung - das Problem des "Scheingewinns" (Grundsätzliche Überlegungen für zukünftige Steuerreformen), IFSt-Schrift Nr. 374, Bonn 1999

Internal Revenue Service (Hrsg.) [Aliens, 2000]: U.S. Tax Guide for Aliens, Publication 519 (Cat.No. 15023T), Washington 2000

Internal Revenue Service (Hrsg.) [Dispositions, 2000]: Sales and Other Dispositions of Assets, Publication 544 (Cat.No. 15074K), Washington 2000

Internal Revenue Service (Hrsg.) [Examination, 2000]: Examination of Returns, Appeal Rights, and Claims for Refund, Publication 556 (Cat.No. 15104N), Washington 2000

Internal Revenue Service (Hrsg.) [Home, 2000]: Selling Your Home, Publication 523 (Cat.No. 15044W), Washington 2000

Internal Revenue Service (Hrsg.) [Identification Number, 2000]: Request for Taxpayer Identification Number and Certification, Form W-9, (Cat.No. 10231X), Washington 2000

Internal Revenue Service (Hrsg.) [Instructions, 1999]: 1999 Instructions for Forms 1099, 1098, 5498, and W-2G (Cat.No. 11409F, Washington 1999

Internal Revenue Service (Hrsg.) [Investments, 2000]: Investment Income and Expenses (Including Capital Gains and Losses), Publication 550 (Cat.No. 15093R), Washington 2000

Internal Revenue Service (Hrsg.) [Recordkeeping, 1999]: Recordkeeping for Individuals, Publication 552 (Cat.No. 15100V), Washington 1999

Internal Revenue Service (Hrsg.) [Requester, 2000]: Instructions for the Requester of Form W-9, Request for Taxpayer Identification Number and Certification (Cat.No. 20479P), Washington 2000

Internal Revenue Service (Hrsg.) [Schedule D, 2000]: 2000 Instructions for Schedule D, Capital Gains and Losses (Cat.No. 24331I), Washington 2000

Internal Revenue Service (Hrsg.) [Withholding, 1998]: Withholding of Tax on Nonresident Aliens and Foreign Corporations, Publication 515 (Cat.No. 15019L), Washington 1998

Ippisch, E. [Teilwerteinlage, 1985]: Teilwerteinlage bei Überschußeinkünften? - Zur Frage der AfA-Bemessungsgrundlage bei erstmaliger Verwendung von Wirtschaftsgütern des Privatvermögens im Rahmen von Überschußeinkunftsarten, DStR 1985, S. 263-265

Ippisch, E. [Wechsel, 1987]: AfA-Volumen beim Wechsel von Wirtschaftsgütern - zugleich eine Replik auf Paus, INF 1987, S. 73 -, INF 1987, S. 224-226

Ipsen, H.P. [Bevorratungsverpflichtung, 1965]: Gesetzliche Bevorratungsverpflichtung - Erläutert am Modell des Gesetzes über Mindestvorräte an Erdölerzeugnissen vom 9. September 1965 (BGBl. I S. 1217), in: AÖR 1965, S.393-440

Ipsen, H.P. [Indienstnahme, 1950]: Gesetzliche Indienstnahme Privater für Verwaltungsaufgaben, in: Um Recht und Gerechtigkeit, Festgabe für Erich Kaufmann zu seinem 70. Geburtstag - 21. September 1950, Stuttgart/Köln 1950, S. 141-161

Ipsen, J. [Staatsrecht II, 1998]: Staatsrecht II - Grundrechte, 2. Aufl., Neuwied/Kriftel 1998

Isensee, J. [Steuerstaat, 1977]: Steuerstaat als Staatsform, in: Stödter, R./Thieme, W. (Hrsg.), Hamburg, Deutschland, Europa, Festschrift für Hans Peter Ipsen, Tübingen 1977, S. 409-436

Isensee, J. [Steuervorteile, 1994]: Vertrauensschutz für Steuervorteile - Ein Folgeproblem der Wirtschaftslenkung durch Steuer am Beispiel des § 3a EStG, in: Kirchhof, P./Offer-haus, K./Schöberle, H. (Hrsg.), Steuerrecht - Verfassungsrecht - Finanzpolitik, Festschrift für Franz Klein, Köln 1994, S. 611-630

Jachmann, M. [Gleichheit, 2000]: Steuergesetzgebung zwischen Gleichheit und wirtschaftlicher Freiheit - Verfassungsrechtliche Grundlagen und Perspektiven der Unternehmensbesteuerung, Stuttgart/München u.a. 2000

Jachmann, M. [Vereinfachung, 1998]: Grundthesen zu einer Verbesserung der Akzeptanz der Besteuerung, insbesondere durch Vereinfachung des Einkommensteuerrechts, in: StuW 1998, S. 193-207

Jacob, F. [Steuermoral, 1994]: Taxes are what we pay for a civilized society - Steuermoral und Steuerkultur vor dem Hintergrund des US-amerikanischen Steuersystems, in: IStR 1994, S. 366-370

Jahndorf, C./Lorscheider, S. [Besteuerung, 2000]: Verfassungswidrige Besteuerung außerordentlicher Einkünfte gem. § 34 Abs. 1 Satz 2 EStG, in: FR 2000, S. 433-440

Jakob, D. [Gesetzesänderungen, 1998]: Das US-amerikanische Steuerreformgesetz ("Taxpayer Relief Act") vom 5. August 1997 - ausgewählte Gesetzesänderungen, Auswirkungen auf internationale Transaktionen und den deutschen Steuerzahler, in: IStR 1998, S. 129-137

Jakob, W. [Einkommensteuer, 1996]: Einkommensteuer, 2. Aufl., München 1996

Jarass, H.D./Pieroth, B.: Grundgesetz für die Bundesrepublik Deutschland: Kommentar, 5. Aufl., München 2000

Jenzen, H. [Untersuchung, 1998]: Energiesteuern im nationalen und internationalen Recht. Eine verfassungs-, europa- und welthandelsrechtliche Untersuchung, Frankfurt am Main u.a. 1998

Juchum, G. [Reform, 2000]: Zur Reform des § 34 Abs. 1 EStG, in: DB 2000, S. 343-349

Kanzler, H.-J. [Behandlung, 2000]: Problematik der steuerlichen Behandlung von Veräußerungsgewinnen, in: FR 2000, S. 1245-1254

Kanzler, H.-J. [Schedule, 1999]: Steuerreform: Von der synthetischen Einkommensteuer zur Schedulenbesteuerung? oder: die Schedule ist tot! Es lebe die Schedule!, in: FR 1999, S. 363-367

Kirchhof-Kommission [Karlsruher-Entwurf, 2001]: Karlsruher Entwurf zur Reform des Einkommensteuergesetzes, Heidelberg 2001

Kirchhof, P. [Besteuerung, 1985]: Der verfassungsrechtliche Auftrag zur Besteuerung nach der finanziellen Leistungsfähigkeit, in: StuW 1985, S. 319-329

Kirchhof, P. [Einnahmen, 1990]: Staatliche Einnahmen, in: Isensee, J./Kirchhof, P. (Hrsg.), Handbuch des Staatsrechts, Band IV, Finanzverfassung - Bundesstaatliche Ordnung, 2. Aufl., Heidelberg 1999, S. 87-233

Kirchhof, P. [Erneuerung, 1998]: Der Auftrag des Grundgesetzes zur Erneuerung des Steuerrechts, in: Stbg 1998, S. 385-389

Kirchhof, P. [Kontinuität, 1989]: Kontinuität und Vertrauensschutz bei Änderungen der Rechtsprechung, in: DStR 1989, S. 263-270

Kirchhof, P. [Rückwirkung, 2000]: Rückwirkung von Steuergesetzen, in: StuW 2000, S. 221-231

Kirchhof, P. [Ungleichbehandlungen, 1988]: Empfiehlt es sich, das Einkommensteuerrecht zur Beseitigung von Ungleichbehandlungen und zur Vereinfachung neu zu ordnen?, Gutachten F, in: Ständige Deputation des Deutschen Juristentages (Hrsg.), Verhandlungen des siebenundfünfzigsten Deutschen Juristentages in Mainz 1988, Band I und II, München 1988, S. F 1 - F 6

Kirchhof/Söhn: Einkommensteuergesetz-Kommentar, Kirchhof, P./ Söhn, H., Heidelberg 2000, Stand: 104. Ergänzungslieferung, November 2000

Klein: Abgabenordnung einschließlich Steuerstrafrecht - Kommentar, Klein, F. (Hrsg.), 7. Aufl., München 2000

Klein, F. [Zulässigkeit, 1995]: Zur Frage der verfassungsrechtlichen Zulässigkeit von Einschränkungen des objektiven Nettoprinzips, dargestellt an § 4 Abs. 5 Satz 1 Nr. 1 EStG, in: DStZ 1995, S. 630-632

Knobbe-Keuk, B. [Unternehmenssteuerrecht, 1993]: Bilanz- und Unternehmenssteuerrecht, 9. Aufl., Köln 1993

Kohler, G. [Vermietung, 1998]: Steuerleitfaden zur Vermietung - Erläuterungen zu den Gesetzesänderungen; Verordnungen, Durchführungserlasse, Wichtige Einzelentscheidungen des BMF; Rechtsprechung des VwGH und VfGH, 6. Aufl., Wien 1998

Kohler, T.L. [Besteuerung, 1978]: Besteuerung bei Inflation - Mit Jahresabschlußanalysen, Wiesbaden 1978

Kohlrust-Schulz, M. [Veräußerungsgewinne, 1999]: Die Besteuerung privater Veräußerungsgewinne nach dem Steuerentlastungsgesetz 1999/2000/2002, in: NWB 1999, F. 3, S. 10775-10784

Kommission zur Reform der Unternehmensbesteuerung [Brühler Empfehlungen, 1999]: Brühler Empfehlungen zur Reform der Unternehmensbesteuerung - Bericht der Kommission zur Reform der Unternehmensbesteuerung eingesetzt vom Bundesminister der Finanzen, BMF-Schriftenreihe Heft 66, Bonn 1999

Koniarski, L. [Leistungsfähigkeit, 1984]: Einkommen als Maßstab steuerlicher Leistungsfähigkeit, München 1984

Koppensteiner, K. [Grundstückspekulationsgewinne, 1966]: Die Besteuerung der Grundstückspekulationsgewinne nach § 23 EStG, in: ÖStZ 1966, S. 27-30

Korn, K. [Grundstücksveräußerungen, 2000]: Private Grundstücksveräußerungen nach § 23 EStG – Steuerverschärfungen und Gestaltungsmöglichkeiten, in: KÖSDI 2000, S. 12479-12499

Korn, K./Strahl, M. [Wirkungen, 2000]: Gesetzesänderungen durch das Steuersenkungsgesetz: Überblick - Wirkungen - Handlungsbedarf, in: KÖSDI 2000, S. 12582-12608

Korn, K./Strahl, M. [Zweifelsfragen, 1999]: Erste Zweifelsfragen und letzte Gestaltungshinweise in 1998 zum Entwurf eines "Steuerentlastungsgesetzes", in: KÖSDI 1999, S. 11824-11832

Korntner, F. [Leitfaden, 1997]: Leitfaden des österreichischen Einkommensteuerrechts - Grundzüge und Grundsätze, Wien 1997

Kraeusel [Änderungen, 1999]: Änderungen im Steurrecht durch das Steuerentlastungsgesetz 1999/2000/2002, Teil I und II, in: DStZ 1999, S. 401-416 und 431-443

Kraft, C. [Steuergerechtigkeit, 1991]: Steuergerechtigkeit und Gewinnermittlung: Eine vergleichende Analyse des deutschen und US-amerikanischen Steuerrechts, Wiesbaden 1991

Kramer, J.-D. (Hrsg.) [Steuerrecht, 1990]: Grundzüge des US-amerikanischen Steuerrechts, Stuttgart 1990

Krause-Nehring, E. [Behandlung, 1972]: Die steuerliche Behandlung der langfristigen capital gains und losses im Bundessteuerrecht der USA, Berlin 1972

Krawitz, N. [Anmerkungen, 2000]: Betriebswirtschaftliche Anmerkungen zum Halbeinkünfteverfahren, in: DB 2000, S. 1721-1727

Kroschel, J. [Income Tax, 2000]: Die Federal Income Tax der Vereinigten Staaten von Amerika, Düsseldorf 2000

Kroschel, J. [Unterschiede, 2000]: US-Einkommensteuerrecht: Systematische Unterschiede zum deutschen Recht, in: RIW 2000, S. 286-295

Kroschel, J./Wellisch, D. [Umverteilung, 1998]: Der Taxpayer Relief Act von 1997 - Die USA können sich Umverteilungen wieder leisten, in: IStR 1998, S. 494-501

Kulemann, G./Harle, G. [Halbeinkünfteverfahren, 2000]: Das Halbeinkünfteverfahren aus der Sicht des Anteilseigners - Darstellung des Systemwechsels in der Körperschaftsteuer aufgrund des Steuersenkungsgesetzes, in: SteuerStud 2000, S. 531-537

Kupfer, G. [Grundstücksverkäufe, 2000]: Grundstücksverkäufe als private Veräußerungsgeschäfte, in: KÖSDI 2000, S. 12271-12280

Lademann/Söffing: Kommentar zum Einkommensteuergesetz, 4. Aufl., Stuttgart/München/Hannover u.a. 1997, Stand: 128. Ergänzungslieferung, Juli 2000

Landsittel, R./Haug, A. [Absenkung, 1999]: Die verfasungswidrige Absenkung der wesentlichen Beteiligung an Kapitalgesellschaften nach § 17 Abs. 1 EStG 1999, in: BB 1999, S. 2218-2223

Lang, J. [Bemessungsgrundlage, 1981/88]: Die Bemessungsgrundlage der Einkommensteuer - Rechtssystematische Grundlagen steuerlicher Leistungsfähigkeit im deutschen Einkommensteuerrecht, Köln 1981/88

Lang, J. [Einkommensteuer, 1987]: Die einfache und gerechte Einkommensteuer: Ziele, Chancen und Aufgaben einer Fundamentalreform, Köln 1987

Lang, J. [Einkommensteuerrecht, 1981]: Liebhaberei im Einkommensteuerrecht - Grundsätzliches zur Abgrenzung einkommensteuerbarer Einkünfte, in: StuW 1981, S. 223-234

Lang, J. [Entwurf, 1993]: Entwurf eines Steuergesetzbuches, Schriftenreihe des Bundesministeriums der Finanzen, Heft 49, Bonn 1993

Lang, J. [Familienbesteuerung, 1983]: Familienbesteuerung - Zur Tendenzwende der Verfassungsrechtsprechung durch das Urteil des Bundesverfassungsgerichts vom 3.11.1982 und zur Reform der Familienbesteuerung, in: StuW 1983, S. 103-125

Lang, J. [Halbteilungsgrundsatz, 2000]: Wider Halbteilungsgrundsatz und BVerfG - Der BFH verbleibt an der Grenze konfiskatorischer Besteuerung, in: NJW 2000, S. 457-460

Lang, J. [Reform, 2000]: Die Unternehmenssteuerreform - eine Reform pro GmbH, in: GmbHR 2000, S. 453-462

Lang, J. [Reformentwurf, 1985]: Reformentwurf zu Grundvorschriften des Einkommensteuergesetzes, Münsteraner Symposion Band II, Köln 1985

Lang, J. [Zulässigkeit, 1998]: Verfassungsrechtliche Zulässigkeit rückwirkender Steuergesetze, in: WPg 1998, S. 163-174

Lang, M. [Werbungskosten, 1998]: Schuldzinsen als Werbungskosten bei Veräußerungsgewinnen nach den §§ 30 und 31 EStG, in: Rill, H.P. (Hrsg.): Festschrift 100 Jahre Wirtschaftsuniversität in Wien - Dargebracht vom Fachbereich Rechtswissenschaft, Wien 1998, S. 429-446

Lang, M. [Schuldzinsen, 1996]: Schuldzinsen als Werbungskosten, in: FJ 1996, S. 123-128

Leibholz/Rinck/Hesselberger: Grundgesetz für die Bundesrepublik Deutschland - Kommentar an Hand der Rechtsprechung des Bundesverfassungsgerichts, Leibholz, G./Rinck, H.-J./Hesselberger, D., 7. Aufl., Köln 1999, Stand: 36. Ergänzungslieferung, November 1999

Leisner, W. [Eigentumswende, 1995]: Steuer- und Eigentumswende - die Einheitswert-Beschlüsse des Bundesverfassungsgerichts, in: NJW 1995, S. 2591-2596

Leist, M. [Schranken, 2000]: Verfassungsrechtliche Schranken des steuerlichen Auskunfts- und Informationsverkehrs, Frankfurt am Main u.a. 2000

Lenneis, C. [Schuldzinsen, 1996]: Zum Doppelabzug von Schuldzinsen als Werbungskosten, in: FJ 1996, S. 248 f.

Littmann/Bitz/Hellwig: Das Einkommensteuerrecht - Kommentar, Bitz, H./ Hellwig, P. (Hrsg.), 15. Aufl., Stuttgart 1988, Stand: 45. Ergänzungslieferung, November 2000

Lübben, H./Zühlke, R. [Außenprüfungen, 1999]: Anfertigung von Kontrollmitteilungen bei Kreditinstituten im Rahmen von Außenprüfungen, in: StBp 1999, S. 169-177

Lutz, G. [Erfassung, 1973]: Die steuerliche Erfassung realisierter stiller Reserven des Anlagevermögens in den EWG-Staaten Belgien, Bundesrepublik Deutschland, Frankreich, Großbritannien und Niederlande – Ein rechtsvergleichender Beitrag zur Frage der Begünstigung gewerblicher Kapitalgewinne in der Bundesrepublik, Frankfurt am Main 1973

Maiterth, R./Semmler, B. [Substitution, 2000]: Kritische Anmerkungen zur geplanten Substitution des körperschaftsteuerlichen Anrechnungssystems durch das sogenannte "Halbeinkünfteverfahren" im Zuge des Steuerreformgesetzes, in: BB 2000, S. 1377-1387

Mann, F.K. [Ideale, 1978]: Steuerpolitische Ideale - Vergleichende Studien zur Geschichte der ökonomischen und politischen Ideen und ihres Wirkens in der öffentlichen Meinung 1600-1935, Stuttgart/New York 1978

Maunz-Dürig: Grundgesetz - Kommentar, Maunz, T./Dürig, G./Herdegen, M./Herzog, R./u.a. (Hrsg.), München 1999, Stand: 36. Ergänzungslieferung, Oktober 1999

May, G. [Financial Instruments, 1995]: Landesbericht Vereinigte Staaten, in: CDFI 1995 Volume LXXXb, Tax Aspects of Derivative Financial Instruments, Rotterdam 1995, S. 615-650

Mayr, G./Walter, T. [Beteiligungsveräußerung, 1998]: VfGH bejaht Schuldzinsenabzug bei Beteiligungsveräußerung - Anmerkung zu VfGH 25.6.1998, B 125/97, in: RdW 1998, S. 767 f.

McDaniel, P.R./Ault, H.J. [Taxation, 1989]: Introduction to United States International Taxation, 3rd edition, Deventer 1989

Mennel, A. [Steuersysteme, 1973]: Steuerrecht und Steuersysteme im internationalen Vergleich, in: StuW 1973, S. 1-14

Merkenich, K. [Einkommensteuerrecht, 1982]: Die unterschiedlichen Arten der Einkünfteermittlung im deutschen Einkommensteuerrecht, Berlin 1982

Mertens, P./Döllinger, W./Lämmermann, G./Meyer, H./Purucker, G./Riedel, K./Riefler, K.-M. [Verfahren, 1977]: Substanzerhaltung bei Scheingewinnbesteuerung - Verfahren und Simulationsuntersuchungen, München 1977

Miebach, R. [Bankgeheimnis, 1999]: Das Bankgeheimnis - Verfassungsrecht und § 30a AO, Köln u.a. 1999

Moore, M.R. [United Kingdom, 2000]: in: IBFD (Hrsg.), Taxation of Individuals in Europe, United Kingdom, Volume VI, Amsterdam 2000, Latest update: Supplement Number 22, November 2000

Mueller, J. [Einigung, 2000]: Einigung des Europäischen Rats in Feira auf Grundsätze der Zinsbesteuerung, in: IWB Aktuell, Heft 12, 2000, S. 569 f.

Müller-Brühl, F.J. [Kreditinstitute, 1990]: Ermittlungen bei Kreditinstituten in Steuerverfahren ihrer Kunden - Voraussetzungen, Methoden, Rechtsmittel, Bielefeld 1990

Müller-Gatermann, G. [Podiumsdiskussion, 2000]: Podiumsdiskussion auf der Steuerfachtagung am 22. September 1999, in: WPg 2000, S. 78-88

Müssener, I. [Großbritannien, 2000]: Großbritannien, Kommentierungsstand: April 2000, in: Mennel, A./Förster, J., Steuern in Europa, Amerika und Asien, Band I, Herne/Berlin 2000, Stand: 41. Ergänzungslieferung, August 2000

Müssener, I. [USA, 1998]: USA, Kommentierungsstand: August 1999, in: Mennel, A./Förster, J., Steuern in Europa, Amerika und Asien, Band II, Herne/Berlin 2000, Stand: 41. Ergänzungslieferung, August 2000

Nachreiner, A. [Richtlinie, 1999]: Der Vorschlag für eine EU-Richtlinie zur Besteuerung von Zinserträgen und die Auswirkungen im Falle seiner Umsetzung, in: DStZ 1999, S. 486-491

Neumark, F. [Einkommensbesteuerung, 1947]: Theorie und Praxis der modernen Einkommensbesteuerung, Bern 1947

Neuwald, P. [Reichweite, 1999]: Das steuerliche Bankgeheimnis - Reichweite und Verfassungsmäßigkeit des § 30a AO, Augsburg 1999

Niemann, U. [Mitunternehmer, 1992]: Der Mitunternehmer und der wesentlich Beteiligte im Sinne des § 17 EStG - Festbeitrag zum 65. Geburtstag von Adalbert Uelner am 27. Oktober 1992, in: DStZ 1992, S. 679-684

Nüssgens, H.-J. [Einkünfte, 2000]: Einkünfte aus privaten Veräußerungsgeschäften, in: StWK 2000, Gr. 4, S. 703-708

Oesch, M.P. [Behandlung, 1975]: Die steuerliche Behandlung der Wertzuwachsgewinne auf dem beweglichen Privatvermögen, Bern 1975

Offerhaus, K. [Rechtsstaat, 2000]: Die Steuerreform - eine Herausforderung an den Rechtsstaat, in: DStZ 2000, S. 9-14

Offerhaus, K. [Steuerreform, 1998]: Kritische Auseinandersetzung mit den Vorschlägen zur Steuerreform, in: WPg 1998, S. 1035-1043

Ohmer, M. [Grundlagen, 1997]: Die Grundlagen der Einkommensteuer - Gerechtigkeit und Effizienz, Frankfurt am Main 1997

Ossenbühl, F. [Erfüllung, 1971]: Die Erfüllung von Verwaltungsaufgaben durch Private, in: VVDStRL 29 (1971), S. 137-209

Ossenbühl, F. [Staatshaftungsrecht, 1998]: Staatshaftungsrecht, München 1998

o.V. [Abgabenordnung, 2000]: Abgabenordnung - Zulässigkeit von Sammelauskunftsersuchen an Kreditinstitute über Wertpapieranlagen in Luxemburg - Hinweis zum Urteil des FG Münster v. 7.12.1999 - 6 K 5022/99 S -, in: IWB 2000, Heft Nr. 12, F. 1 Kurznachrichten, S. 443

o.V. [Kerninflation, 2001]: Kerninflation abermals höher, FAZ v. 12.1.2001, S. 14

o.V. [Spekulationsgewinne, 2000]: Spekulationsgewinne - Ausgereizt, in: DM extra 2000, Ihr Geld 2001, Sonderheft 50, S. 110 f.

o.V. [Steuerentlastungsgesetz, 1999]: Erläuterungen zum Steuerentlastungsgesetz 1999/2000/2002 in ABC-Form, in: LSW 1999, Gr. 5, S. 1293-1378 o.V. [Steuerspardose, 2000]: GmbH könnte Steuerspardose werden - Diskussion um Mißbrauch der Unternehmenssteuerreform, FAZ vom 30.8.2000, S. 26

o.V. [Steuerveranlagung, 1997]: Steuerveranlagung: Arbeitsanleitung für die Finanzämter, in: StWK 1997, Gr. 2, S. 99-104

o.V. [Verluste, 1999]: Verluste aus Spekulationsgeschäften, in: StWK 1999, Gr. 27, S. 661 f.

Papier, H.-J. [Verfassungsproblem, 1999]: Steuerreform als Verfassungsproblem, in: Stbg 1999, S. 49-59

Peter, A. [Finanzinnovationen, 1998]: Die steuerrechtliche Behandlung von Finanzinnovationen, in: FR 1998, S. 545-555

Pieroth/Schlink [Grundrechte, 2000]: Grundrechte - Staatsrecht II, 16. Aufl., Heidelberg 2000

Plewa, D. [Verfassungsmäßigkeit, 1978]: Die Verfassungsmäßigkeit der Indienstnahme Privater für Verwaltungsaufgaben am Beispiel des Gesetzes über Mindestvorräte an Erdölerzeugnissen vom 9.9.1965 i.d.F. v. 4.9.1975, Speyer 1978

Pleyer, M. [Verlängerung, 1999]: Verfassungswidrige Verlängerung der "Spekulationsfristen" durch das Steuerentlastungsgesetz 1999/2000/2002, in: NJW 1999, S. 3156-3160

Pohmer, D. [Inflation, 1983]: Vermögenssicherung, Inflation und Einkommensbesteuerung - zur technischen Möglichkeit einer Umgestaltung des Einkommensteuerrechts -, in: Enke, H./Köhler, W./Schulz, W. (Hrsg.), Struktur und Dynamik der Wirtschaft, Festschrift zum 60. Geburtstag von Karl Brandt, Freiburg im Breisgau 1983, S. 383-408

Pratt, J.W./Kulsrud, W.N. [Federal Taxation, 1996]: Federal Taxation, 1997 Edition, Chicago/Bogotá/Boston et al.

PricewaterhouseCoopers [Steuersenkungsgesetz, 2000]: Unternehmenssteuerreform 2001 - Analyse aller wesentlichen Änderungen mit Praxishinweisen, Gestaltungsempfehlungen und Checklisten, Freiburg u.a. 2000

Puhl, E. [Tarifermäßigung, 1988]: Die geplante Tarifermäßigung nach § 34 EStG, in: DB 1988, S. 878-880

Quantschnigg, P. [Rechtslage, 2000]: Welche Rechtslage ergibt sich nach dem aufhebenden Erkenntnis, in: ÖStZ 2000, S. 235 f.

Quantschnigg, P./Schuch, W. [Einkommensteuer, 1993]: Einkommensteuer-Handbuch, Einkommensteuergesetz 1988 samt Kommentierung und Durchführungsverordnung, Wien 1993

Raupach, A. [Niedergang, 1985]: Niedergang des deutschen Einkommensteuerrechts, Möglichkeiten der Neubesinnung, in: Birk, D. (Hrsg.), Niedergang oder Neuordnung des deutschen Einkommensteuerrechts?, Münsteraner Symposion, Band 1, Köln 1985

Raupach, A. [Steuerreform, 1998/99]: Erfahrungen aus der Steuergesetzgebung für die Steuerreform, in: Herzig, N./Günkel, M./Niemann, U. (Hrsg.), Steuerberaterjahrbuch 1998/99 zugleich Bericht über den 50. Fachkongreß der Steuerberater in Köln, 13. und 14. Oktober 1998, Köln 1999, S. 7-56

Raupach, A./Böckstiegel, M. [Verlustregelungen, 1999]: Die Verlustregelungen des Steuerentlastungsgesetzes 1999/2000/ 2002, FR 1999, S. 487-503, 557-573 und 617-628

Reiff, G. [Verlustabzug, 1998]: Der Verlustabzug im Lichte des Gleichheitsgrundrechts – Anmerkungen zum Verhältnis von Art. 3 Abs. 1 GG zu § 10d EStG, in: DStZ 1998, S. 858-863

Richter, H. [Vorteile, 1998]: Vorteile bei Anwendung der geplanten Neuregelung des § 34 EStG für betriebliche Veräußerungsgewinne und Abfindungen, in: DStR 1998, S. 1950-1952

Richter, H. [Neugestaltung, 1994]: Marktorientierte Neugestaltung des Einkommensteuersystems, Heidelberg 1994

Riebsamen, H. [Spekulationssteuer, 2000]: "Die Ehrlichen bleiben die Dummen" - Spekulationssteuer auf dem Prüfstand/Bankgeheimnis hindert Finanzbeamte an Überprüfungen realisierter Kursgewinne, in: FAZ-S vom 27.2.2000, S. 33

Risthaus, A. [Grundstück, 1999]: Steuerentlastungsgesetz 1999/ 2000/2002: Änderungen im Bereich der Einkünfte aus Kapitalvermögen, der Einkünfte aus privaten Veräußerungsgeschäften und rund ums Grundstück im Privatvermögen, in: DB 1999, S. 1032-1037

Risthaus, A. [Steuerbereinigungsgesetz, 1999]: Erneute Änderung des § 23 EStG im Rahmen des Steuerbereinigungsgesetzes 1999, in: FR 2000, S. 128-132

Risthaus, A. [Zweifelsfragen, 2000]: Zweifelsfragen zur Neuregelung der Besteuerung privater Grundstücksveräußerungsgeschäfte nach § 23 EStG - BMF-Schreiben vom 5.10.2000 IV C 3 – S 2256 – 263/00 mit Anmerkungen -, in: DB 2000, Beilage Nr. 13, S. 1-24

Risthaus, A./Plenker, J. [Verlustverrechnungsmöglichkeiten, 1999]: Steuerentlastungsgesetz 1999/2000/2002 - Geänderte Verlustverrechnungsmöglichkeiten im Rahmen der Einkommensteuerfestsetzung, in: DB 1999, S. 605-610

Ritz, C. [BAO-Kommentar, 1999]: Bundesabgabenordnung-Kommentar, 2. Aufl., Wien 1999

Rödder, T. [Gesetzgeber, 1997]: Wie der Gesetzgeber rückwirkend steuerliche Dispositionsgrundlagen zerstört - Ein entrüsteter Zwischenruf zum kommenden "Gesetz zur Fortsetzung der Unternehmenssteuerreform" -, in: DStR 1997, S. 1425 f.

Rödder, T. [Neukonzeption, 2000]: Die Neukonzeption der Unternehmensbesteuerung aus der Sicht der Beratungspraxis, in: WPg 2000, S. 57-70

Rödder, T./Schumacher, A. [Anwendung, 2000]: Unternehmenssteuerreform 2001: Wesentliche Änderungen des Steuersenkungsgesetzes gegenüber dem Regierungsentwurf und Regeln zu seiner erstmaligen Anwendung, in: DStR 2000, S. 1453-1460

Rödder, T./Schumacher, A. [Unternehmenssteuerreform, 2000]: Unternehmenssteuerreform 2001 - Eine erste Analyse des Regierungsentwurfs aus Beratersicht, in: DStR 2000, S. 353-368

Roh, S.C. [Finanzanlagen, 1997]: Steuern und Finanzanlagen - Die Steuerproblematik des internationalen Portfolio-Managements im Überblick von der Schweiz, Deutschland und den USA, Bamberg 1997

Rolletschke, S. [Kontrollmitteilungen, 1999]: Kontrollmitteilungen der Steuerfahndung in Bankverfahren: Ein Auslegungsdissens zwischen dem VIII. und VII. Senat des BFH, in: DStZ 1999, S. 887-896

R & R [Schuldzinsenabzug, 1999]: Schuldzinsenabzug bei Beteiligungsveräußerung, in: FJ 1999, S. 3 f.

Rosarius, L. [Immobilienbereich, 2000]: Private Veräußerungsgeschäfte im Immobilienbereich nach dem BMF-Schreiben vom 5.10.2000 - Teil I und II, in: INF 2000, S. 673-680 und 708-716

Rose, G. [Ertragsteuern, 1997]: Betrieb und Steuer: Grundlagen zur betriebswirtschaftlichen Steuerlehre, Buch 1, Die Ertragsteuern, 15. Aufl., Wiesbaden 1997

Rose, M. [Neuordnung, 1994]: Eine konsumorientierte Neuordnung des Steuersystems für mehr Entscheidungsneutralität, Fairneß und Transparenz, in:

Bühler, W./Kirchhof, P./Klein, F. (Hrsg.), Steuervereinfachung, Festschrift für Dietrich Meyding, Heidelberg 1994, S. 233-251

Roser, F./Tesch, B. [Chancen, 1999]: Neue Chancen und Risiken bei Besteuerung von Termingeschäften, in: EStB 1999, S. 30-32

Rüth, H.H. [Bankgeheimnis, 2000]: Zum sogenannten steuerlichen Bankgeheimnis - 50 Jahre Bankenerlass und § 30a AO, in: DStZ 2000, S. 30-41

Rützel, G. [Inflation, 1995]: Handels- und Steuerbilanz in Zeiten schleichender Inflation - Dargestellt am Beispiel von Deutschland, den Niederlanden und der Europäischen Gemeinschaft, Bergisch Gladbach/Köln 1995

Rumball, S.B. [United Kingdom, 1994]: United Kingdom Law and Practice, in: Butterworths (Hrsg.), Offshore Service, London/Edingburgh/Dublin 1999, Latest Update: Supplement Number 53, February 1999

Ruppe, H.G. [Einkunftsquellen, 1978]: Möglichkeiten und Grenzen der Übertragung von Einkunftsquellen als Problem der Zurechnung von Einkünften, in: Tipke (Hrsg.), Übertragung von Einkunftsquellen im Steuerrecht, DStJG 1, Köln 1978, S. 7-40

Ruppe, H.G. [Privatvermögen, 1990]: Die Veräußerung von Privatvermögen - Zweifelsfragen und Gestaltungsmöglichkeiten nach der Steuerreform, in: SWK 1990, A I, S. 257-264

Ruppe, H.G. [Spekulationsgewinnbesteuerung, 1990]: Zweifelsfragen bei der Spekulationsgewinnbesteuerung - Anmerkungen zu den Richtlinien des Bundeministerium für Finanzen, in: NZ 1990, S. 1-5

Saage, J. [Ausgleich, 1998]: Die Besteuerung der Veräußerungsgewinne und der Ausgleich der steuerlichen Vorbelastungen, in: StuW 1998, S. 231-239

Sachverständigenkommission Vermögensbesteuerung: BMF-Schreiben v. 20.5.2000 - IV C7 - S 3030 - 17/00, http://www.bundesfinanzministerium.de/fach/index.htm, S. 1-34

Saathoff, J. [Verlustberücksichtigung, 1998]: Steueroase Deutschland? Verlustberücksichtigung und Besteuerung von Vermögenszuwächsen im internationalen Vergleich – Mit kritischen Anmerkungen zu aktuellen Reformbestrebungen und zum Mindestbesteuerungskonzept der SPD, FR 1998, S. 917-934

Sachs: Grundgesetz - Kommentar, Sachs, M. (Hrsg.), 2. Aufl., München 1999

Saunders, G./Smailes, D./Antczak, G. [Income Tax, 1999], Tolley's Income Tax 2000-01, 85th edition, Tolley, Croydon 2000

Schanz, G. [Einkommensbegriff, 1896]: Der Einkommensbegriff und die Einkommensteuergesetze, in: FinArch 13. Jahrgang, Band 1, 1896, S. 1-87

Schaumburg, H. [Leistungsfähigkeitsprinzip, 1995]: Das Leistungsfähigkeitsprinzip im internationalen Steuerrecht, in: Lang, J. (Hrsg.), Die Steuerrechtsordnung in der Diskussion: Festschrift für Klaus Tipke zum 70. Geburtstag, Köln 1995, S. 125-151

Schaumburg, H. [Planungssicherheit, 2000]: Rückwirkung und Planungssicherheit im Steuerrecht, in: DB 2000, S. 1884-1891

Schaumburg, H./Rödder, T. [Unternehmenssteuerreform, 2000]: Unternehmenssteuerreform, Gesetze - Materialien - Erläuterungen, München 2000

Scheffler, W. [Besteuerung, 1998]: Besteuerung von Unternehmen - Band I: Ertrag-, Substanz- und Verkehrsteuern, 3. Aufl., Heidelberg 1998

Schelle, K./Arnim, v. H.H./Borell, A./Lau, D./Meng, D. [Steuersystem, 1971]: Der Weg zu einem zeitgemäßen Steuersystem - Diskussionsbeiträge zur Reform des materiellen Steuerrechts, Karl-Bräuer-Institut des Bundes der Steuerzahler e.V., Wiesbaden 1971

Schiffer, K.J. [Aktuell, 2000]: Aktuell beraten, in: StuB 2000, S. 731 f.

Schiffers, J. [Steuerreform, 1997]: Geplante Änderung der §§ 17 und 34 EStG im Rahmen der Steuerreform 1998/99 - Auswirkungen und Beratungserwägungen, in: DStR 1997, S. 765-769

Schlüter, W. [Optionsgeschäfte, 2000]: Der Anwendungsbereich des § 23 Abs. 1 Satz 1 Nr. 4 EStG bei der Besteuerung von Optionsgeschäften, in: DStR 2000, S. 226-230

Schmalenbach, E. [Scheingewinne, 1922]: Die steuerliche Behandlung der Scheingewinne, Vortrag gehalten anläßlich der ersten betriebswirtschaftlichen Tagung veranstaltet von der Gesellschaft für wirtschaftliche Ausbildung in Frankfurt am Main am 25. und 26. November 1921, 2. und 3. Aufl., Jena 1922

Schmidt, L. [Anmerkung, 1994]:Anmerkung zu BFH v. 10.11.1992 VIII R 40/89, in: FR 1994, S. 158

Schmidt: Einkommensteuergesetz-Kommentar, Schmidt, L. (Hrsg.), 19. Aufl., München 2000

Schmidt-Bleibtreu, B./Klein, F.: Kommentar zum Grundgesetz, 9. Aufl., Neuwied u.a. 1999

Schneeloch, D./Trockels-Brand, T. [Anrechnungsverfahren, 2000]: Körperschaftsteuerliches Anrechnungsverfahren versus Reformpläne, in: DStR 2000, S. 907-915

Schneider, D. [Leistungsfähigkeit, 1978]: Steuerbilanzen - Rechnungslegung als Messung steuerlicher Leistungsfähigkeit, Wiesbaden 1978

Schön, W. [Steuersenkungsgesetz, 2000]: Zum Entwurf eines Steuersenkungsgesetz, in: StuW 2000, S. 151-159

Scholl, R. [Gewinn, 2000]: Ärger statt Gewinn, in: Wirtschaftswoche vom 3.8.2000, S. 147

Schulte, W. [Absenkung, DB 2000]: Die geplante Absenkung der Beteiligungsgrenze des § 17 EStG im System des Einkommensteuerrechts, in: DB 2000, S. 1043-1047

Schumacher, R. [Verfassungswidrigkeit, 1997]: Die Verfassungswidrigkeit der neuen Zinsbesteuerung, in: FR 1997, S. 1-7

Schwenke, M. [Vertrauensschutz, 1997]: Rückwirkung von Gesetzen und Vertrauensschutz im Lichte der aktuellen Steuerreformdiskussion, in: FR 1997, S. 45-50

Schweyer, E. [Rückwirkung, 1999]: Der neue § 17 EStG und das alte Problem mit der Rückwirkung, in: BB 1999, S. 2375-2381

Seewald, O. [Steuervorschriften, 1999]: Rückwirkende Änderung von Steuervorschriften, in: NWB 1999, S. 1061 f.

Segebrecht, H. [Einnahme-Überschußrechnung, 1996]: Einnahme-Überschußrechnung nach § 4 Abs. 3 EStG, 9. Aufl., Herne/Berlin 1996

Seifert, M. [Überblick, 2000]: Überblick über das Steuersenkungsgesetz, in: LSW 2000, Gr. 19, S. 41-64

Selling, H.-J. [Binnenmarkt, 2000]: Steuerharmonisierung im europäischen Binnenmarkt – Ein Überblick -, in: IStR 2000, S. 417-424

Sendlhofer, R. [Spekulationsertragsteuer, 1999]: Die Spekulationsertragsteuer aus finanzwissenschaftlicher Sicht, in: ÖStZ 1999, S. 534-537

Sigloch, J. [Analyse, 2000]: Unternehmenssteuerreform 2001 - Darstellung und ökonomische Analyse, StuW 2000, S. 160-176

Sichtermann, S. [Bankauskunft, 1984]: Bankgeheimnis und Bankauskunft in der Bundesrepublik Deutschland sowie in wichtigen ausländischen Staaten, 3. Aufl., Frankfurt am Main 1984

Simitis, S. [Selbstbestimmung, 1984]: Die informationelle Selbstbestimmung - Grundbedingung einer verfassungskonformen Informationsordnung, in: NJW 1984, S. 398-405

Söffing, G. [Nettoprinzip, 1988/89]: Verletzung des Nettoprinzips, in: Curtius-Hartung, R./Herzig, N./Niemann, U. (Hrsg.), Steuerberaterjahrbuch 1988/89 zugleich Bericht über den 40. Fachkongreß der Steuerberater in Köln, 3. bis 5. Oktober 1988, Köln 1989, S. 123-145

Söhn, H. [Aufwendungen, 1980]: Betriebsausgaben, Privatausgaben, gemischte Aufwendungen, in: Söhn (Hrsg.), Die Abgrenzung der Betriebs- oder Berufssphäre von der Privatsphäre im Einkommensteuerrecht, DStJG 3, Köln 1980, S. 13-102

Söhn, H. [Besteuerung, 1995]: Erwerbsbezüge, Markteinkommenstheorie und Besteuerung nach der Leistungsfähigkeit, in: Lang, J. (Hrsg.), Die Steuerrechtsordnung in der Diskussion, Festschrift für Klaus Tipke zum 70. Geburtstag, Köln 1995, S. 343-364

Smailes, D./Walton, K. [Capital Gains Tax, 2000]: Tolley's Capital Gains Tax 1998-99, 23rd edition, Croydon 2000

Stahl, R. [Fünftelregelung, 2000]: Optimierungsgestaltungen zur "Fünftelregelung", in: KÖSDI 2000, S. 12338-12344

Statistisches Bundesamt [Eilbericht, 2001]: Preisindices für die Lebenshaltung - Bundesergebnisse, Monatlicher Eilbericht Dezember 2000, Stuttgart 2001

Statzkowski, T. [Besteuerungsrecht, 1996]: Zum inländischen Besteuerungsrecht gem. § 20 Abs. 3 und § 24 Abs. 4 Satz 2 UmwStG bei beschränkt steuerpflichtigen Einbringenden, die eine wesentliche Beteiligung i.S.v. § 17 EStG als Gegenleistung für die Sacheinlage erhalten, in: DB 1996, S. 399-403

Steichen, A. [Markteinkommenstheorie, 1995]: Die Markteinkommenstheorie, in: Lang, J. (Hrsg.), Die Steuerrechtsordnung in der Diskussion, Festschrift für Klaus Tipke zum 70. Geburtstag, Köln 1995, S. 365-390

Sterzenbach, K.-H. [Anteile, 2000]: Zur Veräußerung von Anteilen an Kapitalgesellschaften nach dem Steuersenkungsgesetz, in: StuB 2000, S. 923-925

Steuerrechtliche Abteilung [Beschlüsse, 1988]: Empfiehlt es sich, das Einkommensteuerrecht zur Beseitigung von Ungleichbehandlungen und zur Vereinfachung neu zu ordnen?, Teil N, Sitzungsbericht über die Verhandlungen der steuerrechtlichen Abteilung am 28. und 29. September 1988, in: Ständige Deputation des Deutschen Juristentages (Hrsg.), Verhandlungen des siebenundfünfzigsten Deutschen Juristentages in Mainz 1988, Band I und II, München 1988, S. N 1 - N 216

Steuerreformkommission (Hrsg.) [Bericht, 1998]: Bericht der beim Bundesministerium für Finanzen eingerichteten Steuerreformkommission über Möglichkeiten von vereinfachenden, strukturbereinigenden und belastungsausgleichenden steuerpolitischen Maßnahmen im Zuge der "Steuerreform 2000", Wien 1998

Stober, R. [Wirtschaftsverwaltungsrecht, 1989]: Handbuch des Wirtschaftsverwaltungs- und Umweltrechts, Stuttgart u.a. 1989

Stoll, G. [Spekulationsgeschäfte, 1957]: Einkommensteuerrechtliche Behandlung von Einkünften aus Spekulationsgeschäften, in: ÖStZ 1957, S. 37-46

Strahl, M. [Hinweise, 2000]: Aktuelle Hinweise zu § 17 EStG, in: KÖSDI 2000, S. 12260-12271

Streck, M. [Gemeinschaft, 1993]: Das Recht der Europäischen Gemeinschaft und seine Durchsetzung in der Steuerberaterpraxis, in: DStR 1993, S. 417-425

Stuhrmann, G. [Steuerentlastungsgesetz, 1999]: Die wesentlichen ertragsteuerlichen Änderungen durch das Steuerentlastungsgesetz 1999/2000/2002 vom 24.3.1999, in: NJW 1999, S. 1657-1663

Sydow, S. [Besteuerung, 2000]: Besteuerung außerordentlicher Einkünfte gem. § 34 EStG, in: NWB 2000, F. 3, S. 10761-10770

Takacs, P. [Ermäßigung, 1996]: Zur Ermäßigung der Einkommensteuer-Progression, in: FJ 1996, S. 170-172

Take, R. [Anmerkung, 1998]: Anmerkung zum Urteil des BVerfG v. 30.09.98, 2 BvR 1818/91, in: DStR 1998, S. 1746 f.

Thiele, C. [Steuerrecht, 1998]: Einführung in das US-amerikanische Steuerrecht, Wien 1998

Thornton, G. [Regime, 1995]: Personal Taxation - The New Regime, 2nd edition, CCH, Bicester 1995

Tiley, J./Collison, D. [UK Tax Guide, 2000]: Tiley and Collison's UK Tax Guide 2000-01, 18th edition, Butterworths, London 2000

Tipke, K. [Deklarieren, 1999]: Über Deklarieren und Verifizieren, in: Kirchhof, P./Jakob, W./Beermann, A., Festschrift für Klaus Offerhaus zum 65. Geburtstag, Köln 1999

Tipke, K. [Einkünfteermittlung, 1973]: Die dualistische Einkünfteermittlung nach dem Einkommensteuergesetz, in: Kruse, H.W. (Hrsg.), Festschrift für Heinz Paulick zum 65. Geburtstag 9. Mai 1973, Köln 1973

Tipke, K. [Steuergerechtigkeit, 1980]: Über Steuergerechtigkeit in Steuergesetzgebung, Steuerverwaltung und Steuergerichtsbarkeit - Vom politischen Schlagwort zum Rechtsbegriff und zur praktischen Anwendung, in: StuW 1980, S. 281-297

Tipke, K. [Steuerrechtsordnung, 2000]: Die Steuerrechtsordnung, Band I, 2. Aufl., Köln 2000

Tipke, K. [Steuerrechtsordnung, 1993]: Die Steuerrechtsordnung, Band I-III, Köln 1993

Tipke, K. [System, 1971]: Steuerrecht - Chaos, Konglomerat oder System, in: StuW 1971, S. 2-17

Tipke, K./Lang, J. [Steuerrecht, 1998]: Steuerrecht, 16. Aufl., Köln 1998

Tipke/Kruse: Abgabenordnung - Finanzgerichtsordnung - Kommentar zur AO und FGO (ohne Steuerstrafrecht), Tipke, K./Kruse, H.W., 16. Aufl., Köln 1996, Stand: 92. Ergänzungslieferung, September 2000

Trzaskalik, C. [Steuererhebungspflichten, 1989]: Die Steuererhebungspflichten Privater, in: Friauf, K.H. (Hrsg.), Steuerrecht und Verfassungsrecht, DStJG 12, Köln 1989, S. 157-186

Turcon, R.J./Zimmer, D. [Direktinvestitionen, 1994]: Grundlagen des US-amerikanischen Gesellschafts-, Wirtschafts-, Steuer- und Fremdenrechts - Rechtliche Rahmenbedingungen für ausländische Direktinvestitionen in den USA, Nördlingen 1994

Unvericht, W. [Schwachstellen, 2000]: Schwachstellen des Steuersenkungsgesetzes - Alternativen, in: BB 2000, S. 797-801

Urban, B. [Neuregelung, 1999]: Kritische Würdigung der Neuregelung des § 23 EStG durch das geplante Steuerentlastungsgesetz 1999/2000/2002, in: NWB 1999, Meinungen – Stellung-nahmen, S. 661-665

Urban, B. [Würdigung, 1999]: Kritische Würdigung der Neuregelung des § 23 EStG durch das Steuerentlastungsgesetz 1999/2000/2002, in: INF 1999, S. 389-393

Urban, J. [Steuerfalle, 1999]: Der Antrag nach § 34 EStG 1999 als Steuerfalle?, in: FR 1999, S. 781-787

Van Lishaut, I. [Gesellschaftersicht, 2000]: Die Reform der Unternehmensbesteuerung aus Gesellschaftersicht, in: StuW 2000, S. 182-196

Vogel, K. [Finanzstaat, 1987]: Der Finanz- und Steuerstaat, in: Isensee, J./Kirchhof, P. (Hrsg.): Handbuch des Staatsrechts der Bundesrepublik Deutschland, Heidelberg 1987, S. 1151-1185

Vogel, K. [Steuergerechtigkeit, 1975]: Steuergerechtigkeit und soziale Gestaltung, DStZ/A 1975, S. 409-415

Vogt, M./Kramer, A. [Verfassungsmäßigkeit, 1999]: Verfassungsmäßigkeit der Zinsbesteuerung und "Bankgeheimnis" (zugleich Anmerkung zum BFH-Urteil vom 15. Dezember 1998 VII R 6/98), in: DStZ 1999, S. 491-493

Von Münch, I./Kunig, P.: Grundgesetz-Kommentar, Band 1, Präambel Art. 1-19, 5. Aufl., München 2000

Wacker, R. [Rechtsprechung, 2000]: Wesentliche Beteiligungen gem. § 17 EStG - Aktuelle Rechtsprechung -, in: NWB 2000, F. 3, S. 11251-11272

Wagner, F.W. [Leitideen, 1999]: Leitideen einer neuen Steuerordnung: Warum eine konsequente Reform der Einkommens- und Gewinnbesteuerung zu einer Konsumbesteuerung führt, in: Harzburger Steuerprotokoll 1998 / 37. Steuerfachtagung des Steuerberaterverbandes Niedersachsen – Sachsen-Anhalt e.V. in Bad Harzburg vom 23. bis 25. September 1999, Köln 1999, S. 25-42

Wagner, F.W. [Steuer, 1998]: Eine Einkommensteuer muß eine konsumorientierte Steuer sein, in: Smekal, C./Sendlhofer, R./Winner, H. (Hrsg.), Einkommen versus Konsum – Ansatzpunkte zur Steuerreformdiskussion, Heidelberg 1999, S. 15-32

Walz, W.R. [Steuergerechtigkeit, 1980]: Steuergerechtigkeit und Rechtsanwendung - Grundlinien einer relativ autonomen Steuerrechtsdogmatik, Heidelberg/Hamburg 1980

Warren, S.E. [Capital Gains, 1998]: Capital Gains After the Taxpayer Relief Act of 1997 - Tax Relief or Mental Strain?, in: The Tax Adviser 1998, S. 398-402

Wassermeyer, F. [Abgrenzung, 1980]: Die Abgrenzung des Betriebsvermögens vom Privatvermögen, in: Söhn, H. (Hrsg.), Die Abgrenzung der Betriebs- oder Berufssphäre von der Privatsphäre im Einkommensteuerrecht, DStJG 3, Köln 1980, S. 315-337

Weber-Grellet, H. [Verlustabzug, 1998]: Verlustabzug auch bei sonstigen Einkünften - Anmerkung zum Beschluß des BVerfG vom 30.9.98, 2 BvR 1818/91, in: DStR 1998, S. 1781-1783

Weber-Plank, M. [Kontrollmitteilungen, 1997]: Die Anfertigung von Kontrollmitteilungen bei der steuerlichen Außenprüfung von Kreditinstituten im Lichte der aktuellen Verwaltungsauffassung zu § 30a AO, Teil I und II, in: StBp 1997, S. 169-173 und 201-207

Weininger, H. [Besteuerung, 1974]: Die Besteuerung von Bodenwertsteigerungen im geltenden Recht und die Probleme von Bodenwertzuwachssteuern, München 1974

Weisflog, W.E. [Steuergerechtigkeit, 1995]: Steuergerechtigkeit in Großbritannien, in: Lang, J. (Hrsg.), Die Steuerrechtsordnung in der Diskussion, Festschrift für Klaus Tipke zum 70. Geburtstag, Köln 1995, S. 537-554

Welke, H.G. [Banken, 2000]: Kontrollmitteilungen anläßlich einer Betriebsprüfung bei Banken, in: StWK 2000, Gr. 2, S. 379-382

Wendt, M. [Änderungen, 1999]: Steuerentlastungsgesetz 1999/2000/2002 - Änderungen bei betrieblichen und privaten Veräußerungsgewinnen, in: FR 1999, S. 333-355

Wendt, M. [Bemerkungen, 1999]: Einige Bemerkungen zum Aufsatz von Urban, in: FR 1999, S. 787

Wendt, R. [Vereinfachung, 1988]: Empfiehlt es sich, das Einkommensteuerrecht zur Beseitigung von Ungleichbehandlungen und zur Steuervereinfachung neu zu ordnen?, in: DÖV 1988, S. 710-722

Wendt, R. [Tarifbegrenzung, 1993]: Steuerreform und Tarifbegrenzung für gewerbliche Einkünfte als Rechtsproblem - Sicherung des Wirtschaftsstandorts Deutschland durch Senkung des Spitzensteuersatzes ausschließlich für gewerbliche Einkünfte?, in: FR 1993, S. 1-8

Wermeckes, B. [Änderung, 1999]: Das Steuerentlastungsgesetz 1999/2000/2002 und dessen rückwirkende Änderung des EStG im Lichte des Verfassungsrechts - Zur verfassungsrechtlichen Zulässigkeit rückwirkender Steuergesetze -, in: DStZ 1999, S. 479-486

Weyand, R. [Banken, 1997]: Kontenauswertungen infolge Betriebsprüfungen bei Banken, in: INF 1997, S. 554-556

Whitehouse, C. [Principles, 2000]: Revenue Law - Principles and Practice, 18th edition, Butterworths Tolley, Croydon 2000

Wiesbrock, M.R. [Verlustrückstellung, 1999]: Die Verlustrückstellung im Steuer- und Verfassungsrecht, Frankfurt am Main u.a. 1999

Wiesner, W. [KWG-Novelle, 1986]: Die abgabenrechtlichen Begleitmaßnahmen zur KWG-Novelle, in: ÖStZ 1986, S. 222-231

Wissenschaftlicher Beirat beim Bundesministerium der Finanzen [Gutachten, 1967]: Gutachten zur Reform der direkten Steuern (Einkommensteuer, Körperschaftsteuer, Vermögensteuer und Erbschaftsteuer), Bad Godesberg, den 11. Februar 1967, Schriftenreihe des Bundesministeriums der Finanzen, Heft 9, Bonn 1967

Wiswesser, R. [Inflation, 1997]: Einkommens- und Gewinnbesteuerung bei Inflation - Analyse bestehender Steuersysteme und Entwicklung eines Reformvorschlags, Frankfurt am Main u.a. 1997

Wittmann, R. [Besteuerung, 1993]: Besteuerung des Markteinkommens - Grundlinien einer freiheitsschonenden Besteuerung, in: StuW 1993, S. 35-46

Wittmann, R. [Markteinkommen, 1992]: Das Markteinkommen - einfachgesetzlicher Strukturbegriff und verfassungsdirigierter Anknüpfungsgegenstand der Einkommensteuer?, Augsburg 1992

Wolff-Diepenbrock, J. [Systematik, 1994]: Zur Entstehungsgeschichte und Systematik des § 17 des Einkommensteuergesetzes, in: Kirchhof, P./Offerhaus, K./Schöberle, H. (Hrsg.), Steuerrecht, Verfassungsrecht, Finanzpolitik, Festschrift für Franz Klein, Köln 1994, S. 875-887

Writzmann, G. [Betrachtung, 1998]: § 37 EStG 1988 - " Eine kritische Betrachtung", in: Heidinger, G./Bruckner, K.E. (Hrsg.), Steuern in Österreich, Gestern - heute - morgen, Festschrift des Fachsenats für Steuerrecht zum 50-Jahr-Jubiläum der Kammer der Wirtschaftstreuhänder, Wien 1998, S. 483-493

Zschiegner, H. [Anpassungen, 2000]: Inflationäre Anpassungen für 1999 und 2000 beim Einkommensteuerrecht der USA, in: IWB F. 8, USA Gr. 2, S. 1033-1036

Zschiegner, H. [Einkommensteuerrecht, 1998]: Das Einkommensteuerrecht der USA, Teil I - IV, in: IWB F. 8, USA, Gr. 2, 1998, S. 919-996

Zschiegner, H. [Nonresident-Aliens, 2000]: US-Einkommensbesteuerung von "nonresident aliens", in: IWB F. 8, USA Gr. 2, S. 1071-1078

Mannheimer Beiträge zum Öffentlichen Recht und Steuerrecht

Herausgegeben von Hans-Wolfgang Arndt

Band 1 Hans-Wolfgang Arndt/Klaus Fischer/Klaus Richrath/Hanns-Stephan Wüst: Umwelterhaltung und Umweltgestaltung im kommunalen Bereich. Das Umweltstatut Alsenz-Obermoschel. 1994.

Band 2 Helmuth Beck: Die Differenzierung von Rechtspflichten in den Beziehungen zwischen Industrie- und Entwicklungsländern. Eine völkerrechtliche Untersuchung für die Bereiche des internationalen Wirtschafts-, Arbeits- und Umweltrechts. 1994.

Band 3 Michael Riotte: Die ertragsteuerliche Behandlung der Spaltung von Unternehmen. Eine steuersystematische Analyse der zugrundeliegenden Gewinnrealisierungstatbestände. 1994.

Band 4 Andreas Birk: Die Besteuerung der Grundstücksnutzung in Deutschland. Eine steuersystematische Analyse unter besonderer Berücksichtigung der Verhältnisse in Frankreich. 1994.

Band 5 Bettina Kempka: Gewinnrealisierung bei der Überführung von Wirtschaftsgütern zwischen Stammhaus und Betriebsstätte. Eine Analyse der systemkonformen steuerlichen Behandlung stiller Reserven. 1995.

Band 6 Hans-Wolfgang Arndt: Rechtsfragen einer deutschen CO_2-/Energiesteuer entwickelt am Beispiel des DIW-Vorschlages. 1995.

Band 7 Roland Mörsdorf: Das belgische Bundesstaatsmodell im Vergleich zum deutschen Bundesstaat des Grundgesetzes. 1996.

Band 8 Christian Göbes: Die Unternehmensbesteuerung in Deutschland und Großbritannien vor dem Hintergrund des europäischen Integrationsprozesses. Eine qualitative und quantitative Analyse unter besonderer Berücksichtigung der steuerlichen Gewinnermittlung. 1996.

Band 9 Andreas Schumacher: Erträge aus privaten Kapitalforderungen im Einkommensteuerrecht. 1996.

Band 10 Gerhard Schmidt: Die Rechnungslegung nach der Equity-Methode im konsolidierten Abschluß. Ein Beitrag zur Entstehung, Anwendung und Ausgestaltung des Verfahrens vor dem Hintergrund der Bestimmungen in der Europäischen Union und der Verlautbarungen internationaler Organisationen. 1996.

Band 11 Jürgen Haun: Hybride Finanzierungsinstrumente im deutschen und US-amerikanischen Steuerrecht. Eine Analyse ihres grenzüberschreitenden Einsatzes aus steuersystematischer und ökonomischer Sicht. 1996.

Band 12 Horst Schaefer: Der verfassungsrechtliche Steuerbegriff. 1997.

Band 13 Arno Probst: Die Behandlung der Anteile von Minderheitsgesellschaftern innerhalb der Besteuerung der Konzernunternehmung. Eine steuersystematische Analyse konzerninduzierter betriebswirtschaftlicher Interessenvielfalt. 1997.

Band 14 Marion Winkelmann: Steuerumgehung durch die Einschaltung ausländischer Kapitalgesellschaften. Eine Untersuchung des Normenkonkurrenzverhältnisses zwischen § 42 AO und den §§ 7 ff. AStG sowie § 50 d Abs. 1 a EStG. 1997.

Band 15 Karin Brodhag: Vergleich der Besteuerung deutscher und französischer Kapitalgesellschaften unter besonderer Berücksichtigung der ertragsunabhängigen Besteuerung. 1997.

Band 16 Stefan Jeß: Die Übertragung privaten Grundbesitzes im Wege vorweggenommener Erbfolge. Eine Analyse der steuerlichen Folgen verschiedener Gestaltungsformen vor und nach der Reform des Erbschaftsteuer- und Schenkungsteuergesetzes 1996. 1997.

Band 17 Kirsten Kaltenhäuser: Möglichkeiten und Perspektiven einer Reform der Organisation der Wirtschaftsverwaltung – eine rechtshistorische, rechtsvergleichende und rechtspolitische Betrachtung des Industrie- und Handelskammerwesens. 1998.

Band 18 Hans-Christian Bärtels: Die erbschaft- und schenkungsteuerliche Behandlung der deutsch-französischen Unternehmensnachfolge. 1998.

Band 19 Michaela Boll: Die Gebührenpflicht des Nichtstörers für polizeiliche Maßnahmen. Zur Zulässigkeit der Erhebung staatlicher Schutzgebühren. 1998.

Band 20 Holger Jenzen: Energiesteuern im nationalen und internationalen Recht. Eine verfassungs-, europa- und welthandelsrechtliche Untersuchung. 1998.

Band 21 Michael R. Wiesbrock: Die Verlustrückstellung im Steuer- und Verfassungsrecht. 1999.

Band 22 Matthias Leist: Verfassungsrechtliche Schranken des steuerlichen Auskunfts- und Informationsverkehrs. 2000.

Band 23 Timo Kieser: Sonderabgaben als Steuern. 2000.

Band 24 Thomas Fetzer: Die Besteuerung des Electronic Commerce im Internet. 2000.

Band 25 Johannes Beil: Der Belastungsgrund des steuerstaatlichen Synallagmas. Zur Zulässigkeit des Welteinkommensprinzips im deutschen internationalen Einkommensteuerrecht. 2001.

Band 26 Monika Reimer: Die steuerliche Erfassung privater Veräußerungsgewinne. Reformüberlegungen für die deutsche Besteuerung unter Berücksichtigung der Rechtslage in Österreich, Großbritannien und den USA. 2001.

Peter Lang · Europäischer Verlag der Wissenschaften

Claudia-Regine Nerius

Johannes Lehmann-Hohenberg (1851–1925)

Eine Studie zur völkischen Rechts- und Justizkritik im Deutschen Kaiserreich

Frankfurt/M., Berlin, Bern, Bruxelles, New York, Oxford, Wien, 2000. 278 S.
Rechtshistorische Reihe. Bd. 217
Verantwortlicher Herausgeber: Jörn Eckert
ISBN 3-631-36063-0 br. DM 89.– / € 45.50*

Gegenstand der Arbeit sind Leben und Werk des Kieler Professors für Mineralogie und Geologie Johannes Lehmann-Hohenberg sowie sein Beitrag zur Rechts- und Justizkritik im Deutschen Kaiserreich. Hierzu wird sein Weg vom politisch eher uninteressierten Naturwissenschaftler über die Anfänge als Reformer in den Bereichen von Religion und Erziehung hin zum unermüdlichen und hartnäckigen Streiter für Reformen auf allen Gebieten des Rechts- und Justizwesens nachgezeichnet. Nach der Darstellung der Grundlagen seiner Rechts- und Justizkritik werden Hauptziele und Inhalt der Kritik im einzelnen herausgearbeitet. Abschließend erfolgt eine Bewertung der kritischen Ideen Lehmann-Hohenbergs und deren Einordnung in die Traditionslinien der Entwicklung des völkischen Rechtsdenkens.

Aus dem Inhalt: Biographischer Überblick – Anfänge des gesellschaftlichen und sozialreformerischen Wirkens Lehmann-Hohenbergs – Sein rechts- und justizkritisches Wirken – Grundlagen und Inhalt seiner Rechts- und Justizkritik – Bewertung und historische Einordnung der Rechts- und Justizkritik Lehmann-Hohenbergs

Kolibri 360 GmbH
Ferdinand-Jühlke-Straße 7
99095 Erfurt, Deutschland
produktsicherheit@kolibri360.de

Druck:
CPI Druckdienstleistungen GmbH
im Auftrag der
Kolibri 360 GmbH
Ferdinand-Jühlke-Str. 7
99095 Erfurt